天下文化
BELIEVE IN READING

預見10個未來新世界

AI
2041

科學＋科幻

AI趨勢專家**李開復** × 全球華語科幻星雲獎得主**陳楸帆**
聯手創作20年後的美麗AI新世界

李開復、陳楸帆 ──────── 著

BCB736

CONT

ENTS

第一章　一葉知命　25

在印度孟買，一個當地家庭參與了一項由深度學習賦能的智慧保險計畫。為了改善這家人的生活，AI 保險程式透過一系列生活應用與這家的每位成員相連，這些應用與保險演算法進行動態互動。然而，正值青春期的女兒卻發現，這套 AI 保險程式似乎總是在「巧妙」地阻撓她追求愛情。

第二章 假面神祇

一名懷揣電影夢想的奈及利亞影音製作者，被神祕公司招募來製作一段真假難辨的 Deepfake（深度偽造）影片。如果他成功地做到瞞天過海，將引發災難性的後果，從而改變整個國家未來的命運……

開復解讀

第三章 雙雀

AI 教師化身為韓國雙胞胎孤兒所喜愛的卡通化虛擬夥伴，分別幫助他們挖掘和發揮潛能。多虧有了 AI 的重要分支「自然語言處理技術」，這兩個 AI 夥伴才能夠用人類的語言流利地和孤兒交談，建立情感連結和信任，幫助兄弟倆在失散多年之後重新找回彼此。

開復解讀

第四章　無接觸之戀　

在疫苗問世後，新冠病毒毒株定期變異，繼續肆虐人間。二十年後，人類不得不學會與病毒共存，家家戶戶都配有機器人管家，以減少人與人接觸的風險。在這個故事裡，身在上海的女主角患上了一種把自己與世隔絕的恐懼症。當愛神來叩門時，她內心一方面渴望擁抱愛情，另一方面卻極度懼怕和戀人親密接觸。誰能幫助她邁出這關鍵性的一步？

第五章　偶像之死　

故事描述了未來的娛樂業。到那時，遊戲都將是全感官立體沉浸式的，虛擬和現實之間的界限將變得虛實難辨。本故事發生在日本東京，主角利用 AI 和 VR 技術，讓她所愛慕的偶像復活過來，引領她去調查偶像之死背後的真正原因。

第六章 神聖車手

二十年後，自動駕駛技術正處於從人類司機切換到全 AI 司機的過渡時期。在這個有著動作大片節奏感的故事中，斯里蘭卡一名電競少年被招募進了一個神祕計畫，他將要面對的並不僅僅是遊戲中的對手……

第七章 人類剎車計畫

策劃〈人類剎車計畫〉的惡魔是一名歐洲電腦科學家。他在經歷了一場與氣候變化有關的家庭悲劇後，精神失常，開始利用量子計算、自主武器等突破性技術作惡，對人類進行史無前例的瘋狂報復。駭客與反恐特警聯手力挽狂瀾，人類命運將何去何從？

第八章 職業救星

隨著 AI 向愈來愈多的行業穩步進軍，愈來愈多職位逐漸被 AI 技術取代，那麼人類接下來能從事的工作是什麼？一場發生在舊金山的建築

業大震盪，帶領我們走入一個新的行業——再就業服務。如何幫助結構性失業人群找回屬於人類的價值與尊嚴感，也許同樣需要AI的幫助。

第九章 幸福島

一位中東的開明君主想試驗將 AI 做為給人類帶來終極幸福感的靈丹妙藥。然而，幸福是什麼？幸福如何衡量？這位君主邀請了各界名人聚集在一座私密的島嶼上，讓這些名人共享他們的個人資料，並成為探索這個奇妙命題的小白鼠。然而，試驗卻出人意料地走向了失控……

第十章 豐饒之夢

在布里斯本一座由 AI 管理的養老社區中，一位原住民女孩如何幫助罹患阿茲海默症的海洋生物學家解開身世之謎？故事中勾勒了在澳大利亞的未來社會的兩種貨幣：一種是錢，其重要性日益減弱；另一種是代表聲譽和尊重的價值的新貨幣，其重要性與日俱增。

開復解讀

AI
2041

AI 的
真實故事

李開復

「人工智慧（Artificial Intelligence, AI）研究的是如何透過智慧軟體和硬體來完成通常需要人類智慧才能完成的任務。AI 是對人類學習過程的闡釋，對人類思維過程的量化，對人類行為的澄清，以及對人類智慧邊界的探索。AI 將是人類認識自我這一歷程的『最後一里路』，我期盼能夠投入這個嶄新的、前景可期的電腦科學領域。」

近四十年前，我在準備攻讀美國卡內基美隆大學博士學位的申請書裡寫下了這段話（見圖 0-1），當年的我在技術之路上還是一個滿懷憧憬的學子，才接觸 AI 領域沒有幾年。

早在 1956 年夏天，電腦科學家約翰・麥卡錫（John McCarthy）在著名的達特茅斯會議上首次提出了 Artificial Intelligence（AI, 人工智慧）這個詞，然而在我投身這一技術領域的頭三十五年中，AI 仍一直被視為非常新穎的科學研究方向。幾十年來，AI 的影響被

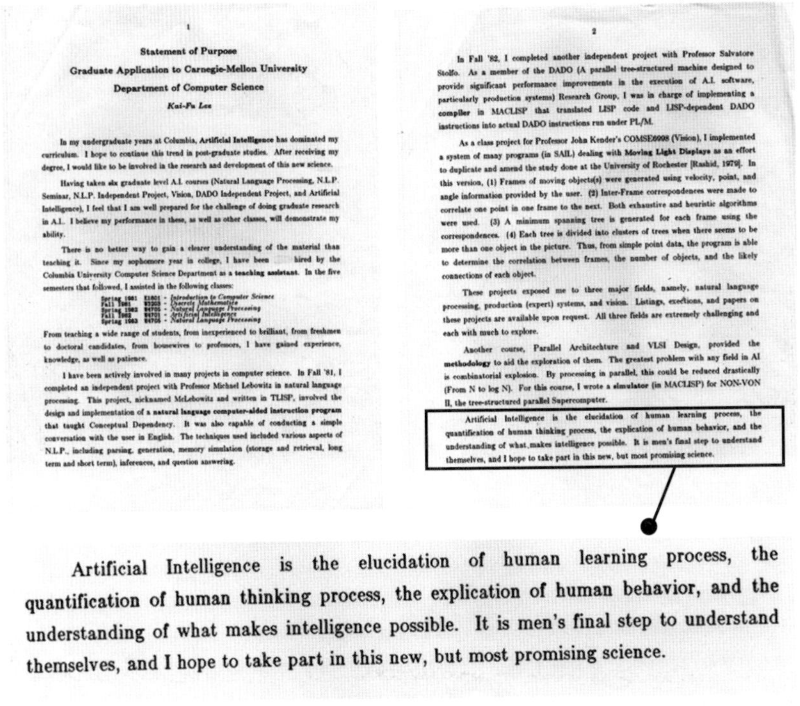

1

Statement of Purpose

Graduate Application to Carnegie-Mellon University

Department of Computer Science

Kai-Fu Lee

In my undergraduate years at Columbia, **Artificial Intelligence** has dominated my curriculum. I hope to continue this trend in post-graduate studies. After receiving my degree, I would like to be involved in the research and development of this new science.

Having taken **six** graduate level A.I. courses (Natural Language Processing, N.L.P. Seminar, N.L.P. Independent Project, Vision, DADO Independent Project, and Artificial Intelligence), I feel that I am well prepared for the challenge of doing graduate research in A.I.. I believe my performance in these, as well as other classes, will demonstrate my ability.

There is no better way to gain a clearer understanding of the material than teaching it. Since my sophomore year in college, I have been hired by the Columbia University Computer Science Department as a **teaching assistant**. In the five semesters that followed, I assisted in the following classes:

Spring 1981 E1801 - *Introduction to Computer Science*
Fall 1981 W3203 - *Discrete Mathematics*
Spring 1982 W4705 - *Natural Language Processing*
Fall 1982 W4701 - *Artificial Intelligence*
Spring 1983 W4705 - *Natural Language Processing*

From teaching a wide range of students, from inexperienced to brilliant, from freshmen to doctoral candidates, from housewives to professors, I have gained experience, knowledge, as well as patience.

I have been actively involved in many projects in computer science. In Fall '81, I completed an independent project with Professor Michael Lebowitz in natural language processing. This project, nicknamed McLebowitz and written in TLISP, involved the design and implementation of a **natural language computer-aided instruction program** that taught Conceptual Dependency. It was also capable of conducting a simple conversation with the user in English. The techniques used included various aspects of N.L.P., including parsing, generation, memory simulation (storage and retrieval, long term and short term), inferences, and question answering.

2

In Fall '82, I completed another independent project with Professor Salvatore Stolfo. As a member of the DADO (A parallel tree-structured machine designed to provide significant performance improvements in the execution of A.I. software, particularly production systems) Research Group, I was in charge of implementing a **compiler** in MACLISP that translated LISP code and LISP-dependent DADO instructions into actual DADO instructions run under PL/M.

As a class project for Professor John Kender's COMSE6998 (Vision), I implemented a system of many programs (in SAIL) dealing with **Moving Light Displays** as an effort to duplicate and amend the study done at the University of Rochester [Rashid, 1979]. In this version, (1) Frames of moving objects(s) were generated using velocity, point, and angle information provided by the user. (2) Inter-Frame correspondences were made to correlate one point in one frame to the next. Both exhaustive and heuristic algorithms were used. (3) A minimum spanning tree is generated for each frame using the correspondences. (4) Each tree is divided into clusters of trees when there seems to be more than one object in the picture. Thus, from simple point data, the program is able to determine the correlation between frames, the number of objects, and the likely connections of each object.

These projects exposed me to three major fields, namely, natural language processing, production (expert) systems, and vision. Listings, exections, and papers on these projects are available upon request. All three fields are extremely challenging and each with much to explore.

Another course, Parallel Architechture and VLSI Design, provided the **methodology** to aid the exploration of them. The greatest problem with any field in AI is combinatorial explosion. By processing in parallel, this could be reduced drastically (From N to log N). For this course, I wrote a **simulator** (in MACLISP) for NON-VON II, the tree-structured parallel Supercomputer.

Artificial Intelligence is the elucidation of human learning process, the quantification of human thinking process, the explication of human behavior, and the understanding of what makes intelligence possible. It is men's final step to understand themselves, and I hope to take part in this new, but most promising science.

Artificial Intelligence is the elucidation of human learning process, the quantification of human thinking process, the explication of human behavior, and the understanding of what makes intelligence possible. It is men's final step to understand themselves, and I hope to take part in this new, but most promising science.

圖 0-1　李開復 1983 年申請攻讀卡內基美隆大學博士學位的申請書（資料來源：李開復）

局限於學術領域，在商業應用方面發展甚微——事實上，在電腦科學發展史上，AI 在應用實踐領域的前行步伐極為遲緩，直到過去五年，AI 的熱潮才席捲全球，一躍成為世界上最火爆的技術熱點。

這個巨大的轉折發生在 2016 年。那一年，由總部位於倫敦的 AI 創業公司 DeepMind 開發的 AlphaGo 程式，在 Google 的 DeepMind 圍棋挑戰賽中，以 4：1 的總分擊敗了圍棋世界冠軍、韓國職業九段棋手李世石。與國際象棋相比，圍棋的玩法要複雜無數倍，棋手不僅需要具備相應的腦力、智慧，而且需要具備某種程度的禪道思維。多年來，電腦從未擊敗過圍棋職業棋手。因此，在

圖 0-2　AlphaGo 擊敗圍棋世界冠軍李世石（右）（達志影像）

AlphaGo 橫空出世擊敗人類圍棋世界冠軍的那一刻，人們都被深深震撼了，也有人落淚了。

　　AlphaGo 的成就要歸功於「深度學習」演算法，而且絕大部分近五年開花結果的各類 AI 商業應用，都依託於 AI 領域這項歷史性的重大突破。深度學習是一種能夠根據大量資料完成自主學習的軟體技術。其實，這項技術在多年前就已經出現了，但近幾年，在大數據和大算力的條件逐步成熟的情況下，深度學習才得以發揮出排山倒海的威力。數位時代發展迅猛，與近四十年前我剛踏入 AI 領域時相比，如今，資料儲存成本僅為當時的一千五百萬分之一，擁有的算力提升了萬億倍。這些技術層面的客觀因素，都為 AI 的訓練過程提供了必要且堅實的基礎。

　　目前，AI 已經蓄能完畢，一個全新的暴發拐點即將來臨。

　　僅僅在過去五年裡，AI 就已經擊敗了圍棋、撲克、電競遊戲 Dota2 等比賽的人類世界冠軍，甚至強大到能在四個小時內從零開

圖0-3　在高速公路上，自動駕駛汽車比人類駕駛汽車更安全（Shutterstock/Blue Planet Studio）

始，自主學會國際象棋，接著擊敗所有人類棋手。2020 年，人們利用 AI 攻克了近五十年來的生物學難題 —— 蛋白質折疊。如今，AI 的潛力並不局限於遊戲競技領域，它在語音辨識、圖像識別方面的能力也超越了人類，而且基於 AI 技術，還能開發外觀和聲音都相當逼真的「數位人類」（Digital Human）。

與此同時，AI 在很多領域的性能都非常優異，應用前景非常廣闊。例如，在法律領域可以用於進行公正裁決；在醫療領域可以用於診斷肺癌；在物流、農業以及軍事領域，基於 AI 的無人機將徹底顛覆原有的運輸模式。近年來，我們看到，AI 使自動駕駛汽車分階段落實並普及成為可能，在高速公路上，自動駕駛汽車會比人類駕駛汽車更安全。

那麼，隨著 AI 技術的不斷反覆運算與發展，人類的未來將通往何方？

我在 2018 年出版的《AI 新世界》一書中，詳細闡明在數位時

2018 年　第四波：全自動智慧化
智慧倉儲、智慧製造、智慧農業、無人駕駛、機器人

2016 年　第三波：實體世界智慧化
安全、零售、能源、AI＋物聯網、智慧家居、智慧城市

2014 年　第二波：商業智慧化
銀行、保險、證券、教育、公共服務、醫療、物流、供應鏈、後台

2010 年　第一波：網際網路智慧化
搜索、廣告、數位娛樂（遊戲）、電商、社交、網際網路衣食住行

圖 0-4　四波智慧浪潮已經賦能或顛覆很多行業（資料來源：李開復）

代激增的大量數據將如何推動 AI 的生態循環，美國和中國將如何共同引領全球 AI 革命——美國主導 AI 領域的學術研究，中國則會憑藉龐大的人口基數及大量資料，探索出更多的 AI 實際應用場景。圖 0-4 展示了四波智慧浪潮，它們已經賦能或顛覆很多行業。

我曾預測，在大量資料和算力提升的基礎上，隨著自動化技術和感知技術的逐步成熟，各類資料驅動、自主決策機器人、無人駕駛運輸等方面的商業實踐將陸續問世。我還推斷，AI 將應用於工業數位化、製造、金融、零售、運輸等多個領域，這些進步將為人類社會創造巨大的經濟價值，但同時也會使人類社會面臨失業潮的轉型挑戰。

我在《AI 新世界》中提出的絕大部分預測已成為現實，而今，我希望《AI 2041》能夠以更為高瞻遠矚的目光來看待 AI。

我在全球各地發表與 AI 相關的演講時，經常被問及：AI 時代的未來將會是什麼樣的？未來五年、十年、二十年會有什麼新的變化？人類將會面臨什麼樣的新機遇，或者危機？這些問題都非常關

鍵，AI 領域的專業人士也大都各持己見。

有人認為，如今我們正處於 AI 泡沫期，新技術往往一開始的時候發展勢頭很猛，但後來熱度會慢慢降下來。也有一些極端主義者做出了各種吸引眼球的預測，比如 AI 巨頭們會「操縱我們的思想」，或者人類將演化成一種腦機結合的「半人類」物種，又或者 AI 將發展出自我意識進而導致世界毀滅，等等。

AI 是一項非常複雜的技術，而且具有很高的不可解釋性，因此，人們對 AI 的猜測千差萬別、版本各異。不難理解，面對未知的技術，各種負面猜測或許是出於人們的獵奇心理，同時隱含著對未知事物的巨大恐懼。但不得不說，這些猜測都比較盲目、過於誇大，可以說是完全誤解了未來 AI 世界的面貌。

在我看來，人們了解 AI 的管道通常有三種：科幻小說或影視作品、新聞報導、意見領袖。

在科幻小說或影視作品中，機器人往往想要控制人類，超級智慧變成了邪惡力量本身。在新聞報導中，人們看到的大多是「自動駕駛汽車撞死行人」、「科技巨頭利用 AI 新聞造假影響選舉」之類的標題，很少看到有關 AI 積極、正面的內容。而有影響力的 AI 方面的意見領袖的見解，原本應該是普羅大眾了解 AI 的最佳選擇，但不幸的是，在這些意見領袖當中，有不少人只是物理或商業方面的專家，或者是歐美政客，他們並沒有深入了解 AI 技術，他們的一些預測實在缺乏科學性和嚴謹性。

雪上加霜的是，部分媒體為了吸引大眾的眼球，會斷章取義引用一些意見領袖的言論，導致原意被曲解。一旦人們對 AI 的看法建立在謬誤或不全的資訊基礎之上，自然就會使愈來愈多的人對 AI 態度遲疑，甚至反感。

面對 AI 這項強大的技術在許多方面尚待開發的可能性，我認為，縱使輿論中有不少擔憂和遲疑，我們仍然要堅持對 AI 的未來

進行研究和探索。

如同大多數科學技術本身並沒有善惡之分一樣，AI技術在本質上是中立的。如果人類能夠恰當地引導AI的發展並利用AI，最終，AI將為社會帶來更多積極的正面影響，而非負面影響。

我們可以回想一下，過去的電力、手機、網際網路等新技術，為人類生活帶來的便利和改善。在人類的發展進程中，每當有撼動現狀的新技術出現時，人們的第一反應基本上都是惶恐、憂慮。但隨著時間的推移，這些惶恐、憂慮通常會消失，新技術將逐漸融入人們的生活，改善現有生活的品質，提供更多的便利。

我深深相信，AI將在極大程度上推動人類社會的發展，透過很多實際應用場景，為人類帶來巨大的驚喜。

首先，AI將為社會創造前所未有的價值。據世界頂級會計師事務所之一普華永道預測，到了2030年，AI將會創造十五‧七萬億美元的經濟價值，這將直接有助於消除貧困和饑餓。其次，AI還將透過高效的運算，接管一些重複性的工作，把人類從忙碌而繁重的日常工作中解放出來，讓人類節省最寶貴的時間資源，得以做更多振奮人心的、富有挑戰性的工作。最後，人類將與AI達成人機協作，AI負責定量分析、成果優化和重複性工作，人類按其所長貢獻自己的創造力、策略思維、複雜技藝、熱情和愛心。如此一來，人類的生產力會大幅提升，並且每個人都有機會把自身的潛力發揮到極致。

AI時代已經開啟。在我們面前，機遇與挑戰並存。如AI與人性特質如何共存等諸多課題，都需要我們深入探索和思考。

在思索這些課題時，我很希望能讓人們更直觀地了解AI時代的人類世界，而在徹底解答「AI時代的未來將是什麼樣的」這個問題時，也同樣需要一些具體的故事性案例，這樣才能強化各個方面的展現。於是，我決定再寫一本有關「AI未來」的書。

這次，我選擇把視野放得更長遠一些：展望二十年後，也就是本書書名中的「2041」年，世界將會在 AI 的影響下發生哪些改變。

我寫這本書的初衷，是用一種坦率、客觀、建設性的方式，描繪在時光隧道的另一頭可能發生的 AI 的「真實故事」。書中的設想，不但構建於對現有 AI 所進行的技術分析的基礎之上，還考慮到了在未來二十年內有望出現或即將誕生的新技術。書中故事勾勒出了 2041 年的世界面貌。估計在二十年後，書裡的場景可能有八成將成為現實，當然，不排除有些部分被高估或低估，但請相信，我是本著負責任的態度去暢想未來 AI 時代的所有可能性的。

為什麼我有底氣對二十年後的 AI 時代做出預測？

在過去的四十年裡，我深度參與了蘋果、微軟和 Google 的 AI 技術研究與產品執行開發，如今管理著總規模達幾十億美元的技術投資基金，我非常了解如何把一篇學術論文轉化成普適的產品，同時我具有豐富的市場操作經驗。另外，做為數個國家的 AI 顧問，我會根據我對各國在 AI 方面的政策法規的理解，根據對現實社會與 AI 相關的諸多潛規則的詮釋，對 AI 的未來做出更適切的沙盤推演。在本書中，對於顛覆性的底層技術突破，例如利用 AI 開發出具有自我意識的產品等，因為其不可能出現，所以我不做預測，我所做的分析和預測，大都是基於現有技術的發展脈絡進行的。

目前，在各個產業的所有企業中，只有不到 10% 的企業應用了 AI 技術，還有待更多地使用 AI 技術為創新賦能。前方還有很多契機等著我們去共同把握。即使拿不準未來 AI 領域會不會再出現類似深度學習這種量級的重大技術突破，但可以明確的是，AI 發展至今，已經對人類社會產生了深遠的影響。因此我相信，我對二十年後 AI 時代的預言將會實現，而這本書，就是我曾經做過這類預言的見證。

根據讀者對《AI 新世界》的回饋，我了解到讀者喜歡這本書

的原因之一在於，他們不需要具備 AI 技術知識就可以讀懂。閱讀應該是沒有門檻的，所以當開始構思新書《AI 2041》的時候，我反覆琢磨：怎樣才能讓這些有關 AI 的故事更加吸引人呢？答案當然是與一個優秀的、會講故事的人合作！因此，我決定聯繫我在 Google 時的同事陳楸帆。

在離開 Google 之後，我創辦了技術型的風險投資機構創新工廠，而楸帆則做了一些更冒險的事 —— 他轉身成了一位科幻小說作家，多次獲中國科幻小說銀河獎、全球華語科幻星雲獎等殊榮。

令我感到非常興奮的是，楸帆很願意與我一起開啟這個有趣而又帶點實驗性質的「科學＋科幻」的新書專案，讓他的無邊想像與我對未來的分析預測，有機會在「2041」擦出火花。

我們都相信，展望二十年內有機會成為現實的技術，將其嵌入引人入勝的故事情節之中，會是很有挑戰性但又極具意義的寫作嘗試。這種結合左腦與右腦，打通文科生與理科生之間藩籬的共同創作的形式，在全球範圍內也是極其新穎的。我們還共同決定，不用瞬間移動、殺戮機器人、異形外星人等慣用的科幻情節來博取讀者的眼球。

我們將故事發生的時間線設定在本書出版二十年後，所以我們決定將這本書命名為《AI 2041》。此書名還有一個小彩蛋：數字「41」和字母「AI」看起來有些近似。

在創作這本書的過程中，我們嘗試了一種比較獨特的方式 —— 我先描繪一幅「技術藍圖」，推測某些技術將在什麼時間發展成熟，整合 AI 改良反覆運算需要多久，在各行各業實際實現應用的難易度和階段性，然後再解釋技術執行可能面臨的挑戰、與之相對應的法規政策，以及可能伴隨這些技術出現的衝突、威脅和困境等社會現象。楸帆則會根據我的理性分析框架，發揮他的創作才華，設計、搭建與技術分析相關的虛構人物、場景和情節。之後，我們

會修改每個故事，讓它既精采有趣，又引人思考，而且在技術上具有可行性。在每一章的科幻故事的後面，我都會對本章的科技內容進行主題化的技術性解讀，並對本章主題技術所引發的人類社會變革加以深度探討，提出我的見解。不過別擔心，這本書仍然是專門給非技術型讀者的，即使沒有任何電腦理論基礎的讀者，也絕對能輕鬆讀懂。

只要你對未來充滿了好奇，我們相信，書中的故事就會引發你的共鳴。

我想，有些讀者可能喜歡科幻小說中的精采情節，也有些讀者可能從大學畢業後就再沒讀過小說或虛構故事。你可以把《AI 2041》想像成一本科學小說，而不是一本傳統意義上的科幻小說。

本書中的前七個故事，選取了七個技術日新月異的具體行業，描繪了與之相對應的未來 AI 應用場景；後三個故事則側重於 AI 所帶來的社會問題，例如傳統行業面臨的失業潮，前所未有的巨大財富被創造出來從而導致的社會地位不平等加劇，保護個人隱私與享受技術便利之間的取捨等，以及這些社會問題中所隱含的人性「拉鋸戰」。在後面這三個故事裡，我們會演繹三種不同的現實路徑和結局。

面對 AI 的巨大潛能，有些人可能會熱情地擁抱它，有些人可能會惡意地利用它，有些人可能會選擇在冰冷的技術面前繳械投降，有些人可能會在經過技術的洗禮後終成浴火鳳凰。

我們期待這些故事能給讀者帶來閱讀的快樂，同時加深讀者對 AI 的真切理解。期待本書中的未來二十年的技術路線圖，能夠幫助每一位讀者在「理智」上做好準備，迎接 AI 時代的機遇與挑戰，也期待書中豐富精采的故事，能夠使每一位讀者的「情感」得到洗禮，啟發讀者秉持以人為本的態度，懷抱人性的光輝，去貼近技術的未來。

最重要的是，我們希望《AI 2041》這本書，可以堅定我們做為具有獨特智慧的人類所擁有的核心信念——我命由我不由天。沒有任何一種技術革命能抹殺這一點。

現在，讓我們開啟通往 2041 的旅程吧！

2021 年　北京

過目不忘 ＝ 輸入即擁有
舉一反三 ＝ 舉一反千萬億
邏輯清晰
辯才無礙

創造未來，
從想像未來開始

陳楸帆

2019 年 8 月，在倫敦的巴比肯中心，我偶遇了一場名為「AI: More Than Human」的展覽。它像夏天英國街頭不期而至的暴雨，刷新了我關於 AI 的許多狹隘觀念。

這場展覽的標題，完全無法涵蓋展覽內容的豐富多采：從猶太民間傳說中的魔像（Golem），到日本動漫角色哆啦 A 夢；從巴貝奇（Charles Babbage）的早期電腦實驗，到 DeepMind 挑戰人類地位的 AlphaGo 計畫；從布蘭維尼（Joy Buolamwini）分析臉部識別軟體中的性別偏見，到 Teamlab 充滿神道教色彩的大型沉浸式互動藝術裝置……我相信每一個置身其中的觀眾都會被這樣的事實深深震撼：人類探索「人工智慧」的歷史或許比我們所想像的更為久遠──比如中國古代傳說中的「偃師造人」，或者古希臘神話中的青銅巨人塔羅斯。無論是在當下還是在可預見的未來，AI 科技都正在以無法阻擋的步伐，深刻地改變著人類文明的所有維度。

然而，正如阿瑪拉定律所揭示的那樣：「人們總是高估一項科技所帶來的短期效益，卻又低估它的長期影響。」大多數人對於AI總是有著這樣或那樣的誤解，要麼將其與「魔鬼終結者」中的殺人機器混為一談，要麼認為它只是蠢笨的演算法，無法在任何層面上對人類構成威脅，要麼僅僅將目光聚焦於技術領域內部，無視AI同樣也在改變著人類感知世界、交流情感、管理社會、探索生命的種種方式。

　　科幻小說，或者更寬泛地說，做為大眾文化之一的科幻（Sci-Fi），在其中扮演著微妙的角色。1818年，被視為第一部現代科幻小說的《科學怪人》事實上就探討了這樣一個至今尚無定論的問題：人類是否有權借助科技的力量，創造出不同於任何現存形態的智慧生命？在受造物與創造者之間，又應該有怎樣的一種關係？

　　從當下圍繞AI技術的諸多爭辯中，我們可以清晰辨認出兩百年前由瑪麗・雪萊借由科幻故事所提出的原型命題。

　　或許有人會指責說，科幻需要對大眾的AI迷思負責。但是從另一個角度來看，或許正是這種超越時空局限、連結技術與人文、混淆真實與虛構，並且引發每個人共情與思考的特質，使得科幻可以如《人類大歷史》作者哈拉瑞所說，成為「當今最重要的藝術類型」。

　　更進一步的問題應該是，我們是否能創作出既呼應當下又啟迪未來，既真實可信又狂野深刻的科幻作品，讓它能夠擔起如此重大的期待？

　　2019年，我以前在Google時的同事李開復博士找到我，邀請我和他共同創作一本全新類型的著作。這本書能夠將虛構的敘事與非虛構的科技評論完美結合，展現二十年後被AI技術深刻改變的人類社會圖景。這個想法讓我興奮不已。在我看來，開復是一位卓越的世界級領導者、目光敏銳的商業投資人、視野開闊的技術預言

家，不僅如此，他關於職業發展與幸福人生的見解也深受年輕人的喜愛。如今，他又將目光投向未來。

這恰好與我提出的「科幻現實主義」主張不謀而合。

在我看來，科幻小說最引人入勝之處，不僅在於它能提供想像性逃避空間，讓讀者能夠拋開現實煩惱，扮演無所不能的超級英雄，在百萬光年之外的架空世界中任意馳騁，更在於它能激發讀者對於現實的洞察與反思，甚至介入並改變真實世界的發展軌跡。

換句話說，想要創造什麼樣的未來，就從想像那樣的未來開始。

做為一名資深科幻迷，我從十歲起，就沉浸在「星際大戰」、「星艦迷航記」、「2001：太空漫遊」所創造的神奇宇宙中。這些經典之作為我打開一扇扇通往未知世界的大門。我時常驚歎科幻藝術的光譜如此廣闊，幾乎可以承載任何題材與風格。然而，在創作任何一個故事之前，清晰的自我定位將是決定成敗的關鍵。

開復給我的最大啟發是，不同於許多描寫灰暗悲觀未來的反烏托邦小說，《AI 2041》將著力於表現 AI 技術可能給每個人類個體及社會所帶來的積極影響。因為，那是我們所希望創造的未來，也是人類希望子孫後代所能夠創造出的更具超越性價值的未來。

實話實說，這並不是一條容易走的路。

從技術的角度出發，我們需要理解 AI 領域當下的進展，並以合乎邏輯的方式推演它在二十年後將會到達什麼樣的水準。在開復的引領下，我們閱讀了大量論文資料，並與行業內的專家、從業者、思想者深度交流，甚至還參與了世界經濟論壇所舉辦的 AI 工作坊，走訪了 AI 領域相關的創業公司，力圖從源頭上把握未來技術發展的脈絡。

而從人的角度出發，我們希望展現具備不同文化與身分的個體，在迎接 AI 浪潮衝擊之時，其做為人類所具有的尊嚴、價值、情感和所做出的抉擇。這是虛構小說擅長的部分，卻也是更難以透

過邏輯與理性進行推演的部分。我們不得不穿越時空，借鑑歷史上類似的重大變革，調動對人性的理解與想像力。我相信，只有能讓讀者產生共鳴的故事，才能更充分地傳遞我們所要傳遞的理念。

在每篇故事結束後，開復還針對該故事中出現的技術想像進行解讀，以他的專業眼光與多年實踐經驗，告訴我們這些關於 AI 的想像是否可行，實現的路徑如何，我們距離這些神奇的場景還有多遙遠。這些思考如同風箏的長線，將遙遠的未來與當下的現實緊密聯繫在一起。

經過漫長的腦力激盪、寫作與打磨之後，便是呈現在你面前的這十扇通往 2041 年的時空之門。希望你能夠將它們一一打開，享受未來 AI 世界所帶來的驚奇、興奮、思考與感動。

對於我來說，科幻小說的最大價值並不是給出答案，而是提出問題。當你闔上書之後，你的腦海中或許會冒出更多的問題：AI 是否能夠幫助人類從根源上預防疫情？我們應該如何應對未來的職場挑戰？在 AI 主導的世界中如何確保文化的多樣性？我們應該如何教導孩子去適應人類與 AI 共存的新社會……

我們相信，來自每一個人的思考，將是幫助人類開啟美好未來的金鑰匙。

歡迎來到 2041！

1

一葉知命

開復導讀

▼

開篇的故事發生在印度孟買，一個當地家庭參與了一項由深度學習賦能的智慧保險計畫。為了改善這家人的生活，該計畫的 AI 保險程式透過一系列的生活應用與這家的每位成員相連，這些應用與保險演算法進行動態互動。然而，這家正值青春期的女兒卻發現，這套 AI 保險程式似乎總是在「巧妙」地阻撓她追求愛情。在本章故事後的解讀部分，我將介紹 AI 和深度學習的基礎知識，闡述其利弊優劣。透過這個故事，我會進一步解釋 AI 的運作方式，以及為何 AI 在全心全意地試圖優化某些目標時，卻可能「無意」中導致後果慘重的多米諾骨牌效應。同時，我會談一談當一家企業擁有太多使用者資料時，可能帶來什麼樣的風險。考慮到有些讀者對 AI 較為陌生，我在本章的解讀部分增加了「AI 簡史」，探討為什麼既有些人對 AI 翹首以盼，也有些人對 AI 持半信半疑的保留態度，以及 AI 讓人歡喜讓人憂的幾大議題。

CHAPTER 1　一葉知命

> 自己的命運雖不完美，也好過完美模仿他人的命運。
>
> ——《薄伽梵歌》第三章第三十五節

　　螢幕上，隨著西塔琴的節奏，三層樓高的象頭神塑像緩緩沉入阿拉伯海。可溶解性材料會在海水中化成金色和紫紅色的泡沫，沾在焦伯蒂海灘上數千個慶祝節日最後一天的孟買信徒身上，像是某種祝福。

　　爺爺和奶奶高興地拍起手唱起歌，弟弟洛汗大口嚼著木薯片，喝著無糖可樂，食物殘渣隨著他的搖頭晃腦撒了一地。醫生要求洛汗嚴格控制脂肪和糖分的攝入，儘管他只有八歲。在廚房裡忙活的父親桑賈伊和母親麗婭也敲打著廚具合唱起來，就像寶萊塢電影裡會出現的橋段。

　　納亞娜卻對此視若無睹。此刻，這個十年級女孩全副心思都在一款最近在年輕人中很火的智慧應用「葉占」上，據說它能夠以問答的方式進行 AI 占卜。

　　相傳數千年前，一位叫作阿加斯蒂亞的印度聖哲，在棕櫚葉上以梵文古詩刻下了每個人的前世、今生與來世，以及天文科學、醫療知識與哲學智慧。十三世紀時，這些葉子在印度南部的泰米爾納德邦被發掘出土，英國殖民者將許多刻有天文與藥草知識的葉子帶回歐洲，而那些寫著每個人命運的納迪[1]葉則被賣掉。幸而當地的

1　古印度人認為納迪（Nadi）是輸送各種生命元的人體經絡。

學者與占星世家將這些納迪葉視為傳家之寶，悉心保存，才得以流傳至今。

每個人都可以透過提供出生時間以及指紋來尋找屬於自己的納迪葉，但因為戰亂、遺失、保存不當等原因，只有一部分人能找到屬於自己的納迪葉。2025 年，來自英國的一家科技公司花費巨資對民間流傳的納迪葉進行掃描，並使用 AI 對上面的資訊進行深度學習、自動翻譯及結構化處理，試圖為每個人模擬出一片近似的納迪葉。畢竟這顆星球上有近八十七億人口。

按照葉占的說法，每個人的數位納迪葉都被儲存在雲端，只有透過問答形式，才能解鎖想要諮詢的資訊，不同問題的價格也不盡相同。

今天納亞娜想問的問題是：「我和新來的插班生薩赫傑，有沒有可能發展成情侶？」

當薩赫傑的視訊串流被推到虛擬課堂介面中央時，納亞娜一下子被吸引住了。這個男孩沒有用美顏濾鏡或虛擬背景，顯得羞澀而真實。他介紹了身後牆上掛的手工面具，這些面具結合了印度神靈和超級英雄的特點，用色大膽，可以看出製作者的確才華橫溢。

納亞娜發覺在「享聊」的私密聊天群裡，其他女生也在討論薩赫傑。從家居布置和經過隱私保護處理的姓氏，討論他究竟是不是所謂的「15%」，也就是政府要求私立學校必須為其保留 15% 入學名額的「弱勢群體」的孩子，學校需要為他們免除學雜費，他們的書本和校服也都得靠捐贈。所謂「弱勢群體」，不過是一個對於曾經的「達利特」更具保護性的代稱。

她從一些紀錄片和書本裡看到過，種姓制度可以追溯到幾千年前，是一種根源於印度教教義的社會和宗教等級制度。傳統上，一個人的種姓在出生之時便已確定，並將影響他的職業、教育、婚姻及生活方式。按傳統定義，達利特在四大種姓之外，又稱「賤

民」，是「不可接觸者」，他們通常從事最骯髒的工作——徒手清潔下水道、處理動物死屍、鞣製皮革，以及其他被認為會「汙染」印度教徒的事情。

根據 1950 年的印度憲法，種姓歧視是非法的。但在很長一段時間裡，達利特從飲水、用餐、居住的社區到死後埋葬的墓地，都與其他更上等的種姓人群區隔開。他們擔心會造成種姓汙染，這似乎已經成為一種集體無意識的心理烙印。一些原先屬於上等種姓的人會拒絕從達利特手裡接過食物，甚至拒絕在同一個空間共處，哪怕雙方是同學或者同事。

印度政府努力糾正這種歷史上形成的不公正現象，試圖為達利特提供更公平的競爭環境。早在 1950 年的憲法中，印度政府就以「表列種姓、表列部落」的方式，制定了為達利特人提供政府和公家機關、私人企業職員名額、高等學校入學名額以及立法機構的議員名額等方面的「保留政策」。從 2010 年開始，當局又進一步宣布為達利特在政府職員名額和高等學校入學名額中保留 15% 的配額。不少家長抱怨，為什麼不按真實成績錄取？為什麼我們需要為歷史的過錯買單？難道這不是在變相鼓勵一種新的不平等嗎？

但總體上，種姓制度已經成為歷史。兩億曾經的達利特已經由各種方式融入印度的主流社會，難以從表面上看出身分的痕跡，印度政府也在大力推行對貧民窟的改造，提升弱勢群體的生活水準。一切似乎都在變得更公平、更美好。

聊天室裡的女孩們討論得很熱烈：如果薩赫傑真的是 15%，還要不要跟他約會？

你們這些勢利眼。納亞娜心裡暗暗咒罵。她有一個遠大的夢想，她想成為一名表演藝術家，而不是膚淺的娛樂明星。所有偉大的藝術家都必須真實面對自己的內心感受，不被世俗眼光所左右。如果她喜歡薩赫傑，那麼就是喜歡，無論他是什麼出身，住在哪個

社區，說的印地語是否帶有濃重的泰米爾口音。

經過計算，葉占給出一個令人失望的答案——「很遺憾，由於所提供資訊不足，您的問題暫時無法得到解答」。緊接著，是退款成功的金幣撞擊聲。

騙子！資訊不足又不是我的錯！

納亞娜憤怒地抬起頭，發現母親已經把飯菜都準備好了。除了傳統的印度節日食物，還叫了昂貴的中華料理外賣，這對於一向摳門的父親來說可不太尋常。不僅如此，母親還穿上了她最珍視的帕西式真絲紗麗，盤了頭髮，戴上了全套首飾。上次這麼隆重，也許還是在她和父親結婚的時候。爺爺和奶奶也比平時要高興幾分，甚至胖子洛汗也沒有一直討厭地纏著她問東問西。

這肯定不是因為象神節的緣故。

「發生了什麼？」納亞娜看著桌上的一切，沒頭沒腦地問。

「什麼叫發生了什麼？」母親反問她。

「只有我一個人覺得你們和平常不太一樣嗎？」

和父親相視一笑後，母親說道：「說說看，哪裡不一樣了？」

「你們在笑，你們有什麼事瞞著我？」納亞娜變得有點神經質。

「乖寶貝們，先開飯吧。」奶奶開始動手掰麵包。

「等等……難道是……爸爸升職了？我們家中彩券了？政府減稅了？」

「你倒想得美。」父親搖晃著腦袋，「想減稅只能等下屆選舉了。多虧你能幹的媽媽……」

「媽，你又買了什麼？」納亞娜不等父親把話說完，便轉向得意的母親。

「喂，你這口氣聽起來有點不尊重長輩呢。」

「上次貪小便宜上當的人又不是我……」納亞娜聲音小了下去。

「這次不一樣。我做了充分的調查，它有保險監管與發展局

（IRDAI）的牌照。而且周圍鄰居都買了，她們可比我小心多了。」

納亞娜深吸了一口氣：「這次又是什麼？」

「象頭神保險（Ganesha Insurance, GI），大家都管它叫 GI，節日有特別折扣，首期保費打五折。」

聽到五折，爸爸興奮地拍起了手。爺爺和奶奶雖然不明所以，不過也跟著鼓起了掌。

「停！我們家不是早就有生命保險公司的保險了嗎？」

「你爺爺、奶奶、外公、外婆年紀都大了，原有的養老金根本不夠用，還得靠我們家供養。生了病，你也不想去公立醫院排隊吧，錢從哪來？還有你和你弟弟上私立學校，都得靠省吃儉用。你不是還想去拉伊大學學表演藝術，那裡的學費、住宿費可比孟買的公立大學貴多了……」

「我就知道，最後又會怪到我頭上……」

「人既要為長遠做打算，也得考慮眼前的生活。」爺爺慢悠悠地插了一句。

「那這家保險公司又有什麼不一樣？」納亞娜問道。

「隔壁的沙阿太太說，這個平台用了 AI 技術，能夠根據全家人的情況，動態調整保費，用最少的錢實現最大的保障。而且它還有一系列生活 App，推送購物建議和打折券。看看我的頭髮，就是在它推薦的美髮店做的，才四百盧比，比我以前做過的都要好。」

洛汗想偷拿甜品，卻被納亞娜打了一下手背，只好乖乖縮回去。

「可一家保險公司幹麼要管你去哪做頭髮呢，它又怎麼知道我們家人的情況呢？」

「這個嘛……」媽媽開始顧左右而言他，「GI 接受家庭投保的條件是，給出所有人的資料介面。」

「什麼？」納亞娜瞪大了眼睛。

「但他們向我保證所有資料都是嚴格保密的，除非我們允許，

否則他們不能隨便使用。」

「你有什麼權力把我的資料介面給別人！」納亞娜失控地大叫了起來。

「不許這麼跟你媽媽說話。法律上，你還沒有成年，做為你的監護人，是的，我們有權這麼做。」爸爸突然嚴肅起來，用手指著納亞娜。

女兒的臉憋得通紅，把刀叉使勁往盤裡一摔，跑回自己房裡，用被子蒙住腦袋。在納亞娜的那片納迪葉上，這一定是她生命中最糟糕的一天。

★　　★　　★

納亞娜和家人的冷戰只僵持一個禮拜。她開始收到奇怪的訊息。

一開始，只是一些日常的問候和提醒：要下雨了，出門記得撐傘；最近呼吸道疾病流行，要戴好口罩；臨近街區食用水管道發生洩漏；出行路線有交通事故，注意繞開壅堵……納亞娜開始覺得 GI 的服務似乎也沒那麼討厭。如果在 smartstream（智慧傳輸設備）裝上 GI 出品的一系列生活 App，綁定資料介面後，它時不時還會推薦一些美妝、服飾、餐飲打折資訊和優惠券。所有這些 App 都有一個共同點——介面上有一隻金色的小象。

母親把那隻金色小象強行推送到了每個人的終端上。據調查，在孟買有超過 70% 的家庭資料控制權是在女性手裡，而在印度的其他城市這個比例只有不到 40%。所有這些個人資料都綁定在由印度國民身分統一管理局（UIDAI）向超過十三億印度合法居民發放的數位身分卡（Aadhaar）上。數位身分卡從 2010 年開始投入使用，經過三十年的發展，公民的指紋、虹膜、部分家族遺傳病史、職業及家庭資訊、消費及納稅紀錄等資料都透過這一系統被政府

記錄在案。而 GI 能夠在使用者同意的前提下獲得極高的資料許可權，並使用到其旗下一系列 App 矩陣中，為使用者提供最為智慧和個性化的服務。

當然，總有一些隱私不在範圍之內，比如社群媒體資料就需要單獨授權，未成年人隱私資料的授權甚至需要合法監護人的同意。

納亞娜非常謹慎地對待每一次與 GI 的互動。她總會反覆閱讀說明，才選擇「我接受」或者「再考慮一下」。但慢慢地，她發現每次選擇「再考慮一下」之後，GI 總會推送過來更有誘惑力的折扣訊息。

比如，納亞娜正發愁應該邀請薩赫傑去哪裡吃飯，GI 就會馬上為她列出全孟買最適合情侶約會的十家餐廳。

納亞娜猜 AI 是透過網路瀏覽紀錄猜出自己的想法，儘管她對此也不是百分之百地肯定。薩赫傑太可愛了，像一隻溫順的綿羊，想要討好班上的每一個同學，給每個人送上自己做的木雕動物頭像。見到真人之後，她更加難以自制，不時找各種藉口和薩赫傑熱情地搭話。但出於某種原因，男孩總是跟她保持距離。

他不喜歡我嗎？

這個問題盤旋在納亞娜腦海中，揮之不去。GI 則是更加起勁地推薦「如何在男性眼中顯得更有魅力」的建議清單。也許這對於其他孟買女孩來說，再正常不過了，可在納亞娜看來，總覺得哪裡不太對勁。為什麼女生需要改變自己才能獲得男生的青睞，而不是向對方展示最真實的自我呢？

儘管跟媽媽還沒有完全和好，可納亞娜還是趁著麗婭心情大好的時候拋出了心底的疑惑。

「傻孩子，機器會的也是人類教的呀。」母親看著鏡子中新買的長裙，轉了個身，「如果 AI 每天都泡在享聊上，那它能學到的只能是這種大男人主義的調調。怎麼？你最近談戀愛了？」

「沒、沒有呀⋯⋯」納亞娜心虛地否認。

「你瞞得了我，可瞞不過 AI 哦。需要我幫你出主意嗎？」

「謝了媽。可我在網上給他點讚，他也沒什麼反應⋯⋯」

「傻孩子，喜歡一個人，光在網上點讚是不夠的。不過這倒提醒我了，據說如果對 GI 開放享聊帳號，我們家的保費也許還能再往下降一些⋯⋯」

納亞娜搖搖頭，退出母親的房間。不久前，母親還強烈反對納亞娜為了獲得更準確的占卜結果，向葉占開放資料介面的想法。現在情況卻完全反了過來。

不光是母親，家裡的每一個人似乎都被這個 App 洗腦了。你能從它上面看見，自己每一個行為都能夠影響下一期保費的升降。一旦什麼事情跟金錢掛上鉤之後，人類的大腦就像打開了賞罰分明的自動程式，不由自主地改造自己，朝著目標竭力逼近。

老人們得到了許多關於養生和健康的建議，GI 會提醒他們即時服用藥物以及到醫院複診。當然也可以透過 GI 直接線上預約私人醫生，只不過政府養老金無法覆蓋這部分費用，只能透過商業醫保抵扣。直觀地看到保費數字的變化後，老人們似乎更懂得珍惜自己的生命了。畢竟這個國家有超過兩億老年人，其中將近六成的人都享受不到醫療保障，只能自求多福。

接受了金色小象的建議，父親桑賈伊戒掉了香菸，酒也從濃烈的亞力酒換成了比較健康的葡萄酒，甚至連開車風格也有所收斂，他不再像賽車手一樣在壅塞的孟買街頭橫衝直撞了。GI 讓他直觀地看到了車險、意外險和壽險保費隨著他的行為習慣的改變而下降，好處可是實實在在的，精確到一分一毫。

納亞娜原本以為弟弟洛汗是最頑固不化的。畢竟對於沒有什麼自控能力的小孩子來說，脂肪和糖分就像毒品一樣容易讓人上癮。可金色小象竟然做到了。當然不是讓八歲男孩理解延遲滿足的重要

性，而是讓每一個家人都理解洛汗不健康的飲食習慣會直接導致保費上漲，從前的心軟與縱容便一去不復返。

這一切都很好理解。保險公司當然希望投保人活得更健康、更長壽，它的利潤率也就更高。客觀上，這個控制系統也降低了父親死於癌症及交通事故的概率，阻止了洛汗成為印度八千萬糖尿病患者中的一員，讓四位長者活得更有尊嚴，更有品質。甚至 GI 還透過對智慧電網資料的分析，找到一處因為老化而漏電的線路，避免了一場火災。

母親見人就說，政府沒有做到的事情，GI 做到了！好像這是一件多麼光彩的事情。在納亞娜看來，母親完全成了 GI 的傳銷工具。母親的整個生活只有一個目標 —— 如何將保費降到最低，至少必須是社區裡最低的。這幾乎成了太太們相互之間的一場競賽。

可納亞娜還是猶豫不決：究竟應不應該交出享聊的資料介面？

直到她收到薩赫傑送給自己的動物木雕，一隻雕滿花紋的烏鴉。

可烏鴉不是厄運的象徵嗎？他是讓我不要太聒噪嗎？他到底想要說什麼？

被一連串疑問折磨得暈頭轉向的納亞娜第一時間想到的，竟然不是登錄葉占去算一卦，而是允許 GI 進入她的社交媒體生活。

★　　★　　★

事情非常不對勁。

開放了享聊的資料介面，就好比敞開了臥室大門，你的網路私生活一覽無遺。儘管 GI 一再保證所有資料都將以聯邦學習的方式投餵給 AI，不會有任何協力廠商平台會得到這些隱私資訊，但對於終端使用者來說，這樣的保證就好比農場主人對火雞說，你現在很安全，盡情享受生活吧。誰也不知道感恩節究竟在什麼時候降臨。

一想到自己在享聊上的瀏覽、發言、點讚、表情……以及在輸入框中鍵入又刪除的文字，還有手指在螢幕上滑動、停留的痕跡，都將成為一個保險「機器」調整帳單數字的依據，納亞娜就覺得整件事太可笑了。

她還期待這台機器能夠充當戀愛顧問呢。

薩赫傑在享聊上留下的資訊很少。他像一個不屬於這個時代的老年人，謹慎地轉發官方新聞，或者發一些過時的表情包，給人一種僵屍帳號的感覺。

毫無疑問，儘管 AI 不認識薩赫傑，但只要追蹤納亞娜的行為軌跡，便能夠輕易地在兩人之間建立起某種關聯。這只關乎數學，與愛情毫無瓜葛。

納亞娜發現，她每一次重新載入薩赫傑的頁面時，每一次給他點讚時，GI 都會蹦出奇怪的提示，分散她的注意力。如果她想找個理由和薩赫傑通話，預約共進晚餐的餐廳，甚至只是在網上挑選禮物，GI 都會彈出一些完全離譜的推薦，或者乾脆頁面一直處於載入狀態，無法顯示結果。

如果她猜得沒錯，GI 正在阻止她進一步發展和薩赫傑的關係。這和之前相比，可是大相逕庭。

為什麼是薩赫傑？或者可能是任何一個人？究竟哪裡出了問題？

母親毫無預兆地出現在納亞娜的房間門口，打斷了她的胡思亂想：「你究竟在搞什麼鬼？我們的保費都快漲到天上去了！」

「我……」納亞娜不知道該怎麼說出口。

「告訴我，否則我就沒收你的 smartstream。」

「不，你不能這麼做！」

「很遺憾的是我可以，而且我現在就要……」

還沒等母親把話說完，納亞娜就撞開她，跑出了家門。她要逃到沒有人能夠找到自己的地方。她要給薩赫傑打電話，管它保費漲

了多少。

魂不守舍的女孩不知道走了多久，直到看見混凝土牆上一張張人臉對自己露出笑容，她才知道自己走到了古堡區的新印度保險大廈。這座裝飾藝術風格的大廈建於 1936 年，外立面裝飾著表現農民、陶藝師、棉紡女工等勞動者生活的浮雕。

太陽開始落山了，納亞娜決定在這裡給薩赫傑打電話。

男孩的頭像旋轉閃爍，smartstream 不斷彈出 GI 的通知，家庭保費又上漲了 0.73 盧比……等待接聽的時間如此漫長，就在納亞娜幾乎要放棄的時候，電話接通了。畫面黑乎乎的，看不太清楚，只有當薩赫傑咧嘴一笑時，那口整潔的白牙才暴露了他。

「是你嗎，薩赫傑？」納亞娜怯聲問道。

「……是我，納亞娜？」

「我以為你不會接我電話呢。」

「嗯……我不能說太久，不過……我並不是不想跟你說話。」

「我知道。」納亞娜的心都快跳上天了，「我傳餐廳地址給你，等一下見？」

薩赫傑似乎有一絲為難，不過最終還是答應了。

掛掉電話，納亞娜忍不住歡呼了一聲，卻聽到身後有人叫自己的名字。她轉身一看，是母親。麗婭站在夕陽下，渾身閃爍著金紅色的光。

「媽媽？……你怎麼知道我在這裡？」

「別忘了，我還是這個家裡的資料管理員。」麗婭做出生氣的樣子。

「對不起。」納亞娜不敢直視母親的眼睛，「我喜歡上了一個人……我想去見他，可是 GI 不讓我去……」

「這就是保費上漲的原因？這可太奇怪了，我一直以為 GI 的目標就是盡最大力量延長我們的壽命，不讓人幹出一些傷害健康的

蠢事。除非，那是很危險的人？或者，他患有某種傳染病？」

納亞娜搖搖頭：「他是我的新同學薩赫傑，很聰明，很有才華。喏，這是他自己刻的。」

母親仔細端詳著那隻木頭烏鴉：「看起來確實不像是壞人，我敢打賭他應該還挺帥。」

納亞娜露出了羞赧的笑容，隨即又變得憂心忡忡：「也許我應該聽 GI 的話？也許這對我，對我們家，都是更好的選擇？」

「孩子，我想告訴你一些事情。」母親摟著女兒的肩膀，緩緩地往回走，「之前有一段時間，我感覺到我們之間的小彆扭。也許由此而來的擔憂影響了我的舉動，AI 注意到了這些變化，開始向我推薦一些書。」

「那麼你讀了什麼？」納亞娜開始好奇。

「一本二十年前的電子書，名字卻叫《AI 2041》。裡面有一個關於母親和女兒的故事。母親為了維護自己的權威，卻忽視了女兒成長的煩惱。那也是一家印度人！裡面還提到了科妮莉亞・索拉布吉（Cornelia Sorabji），一位我曾經深深敬仰的女士。」

「媽，能多說一點關於那位女士的故事嗎？」

「二十年前，當時我比你大不了幾歲。我最大的願望是當一名律師。也許是因為我的母校——孟買大學——曾經出過印度歷史上第一位女律師科妮莉亞・索拉布吉。儘管她 1892 年就在牛津大學拿到了律師資格，卻因為印度從來沒有過女律師的先例而被拒絕註冊成為執業律師。她與官僚機構抗爭了許多年，才真正成為一名律師，替女性和弱勢群體伸張正義，爭取權利。」

納亞娜吃驚地看著母親，她從來不知道這些事情。

「但是一百年後，女性依然很艱難。我的父母希望我能夠盡快嫁人，而不是混在男人堆裡整天和罪犯打交道。這就是為什麼在這個國家女性地位如此低下的原因。我沒有科妮莉亞那麼勇敢，我放

棄了。我珍藏那件紗麗，就是為了向科妮莉亞致敬。當年她把紗麗反過來穿，做為一種示威。」

母親停下來，雙手放在女兒肩上，眼中有什麼東西閃閃發光。

「我希望能給你足夠有安全感的生活，這樣你就不需要靠嫁給誰才能得到幸福，這樣你就可以去追求任何你想要的東西，成為任何你想成為的人。比如，去上拉伊大學時尚科技與表演藝術學院。所以，無論是誰，人或者 AI，告訴你你不能做什麼，別聽他們的。有些事情如果不去嘗試，你永遠也不會知道答案。」

納亞娜彷彿第一次真正認識自己的母親，她激動得說不出話來。

「所以……所以你並不介意我離開孟買……去阿默達巴德？」

「這個嘛……如果你考得上的話，不過競爭可是很激烈哦。」母親微微一笑。

「也不介意因為我，家裡的保費上漲？」

「有一些風險值得去冒，我相信我的女兒有自己的判斷力。」

「謝謝你，媽媽！我現在就去找薩赫傑！」

一輛紅色的雙層巴士從馬路拐角駛來，納亞娜吻別母親，雀躍著奔向車站。

★　　★　　★

透過玻璃窗，納亞娜看見餐廳裡的侍者們正忙碌地擺放餐具，點亮燭台，等待顧客在這個浪漫的夜晚走進靛藍餐廳[2]。薩赫傑站在窗外的街邊，他的皮膚在夜色中顯得更加深沉。他一點也沒有想走進那家餐廳的意思。

「對不起，我不能……」他的眼睛像一對螢火蟲，幽幽發亮。

---

2 靛藍餐廳（Indigo），孟買著名的現代歐洲美食餐廳。

「為什麼?」

「如果我和你進了這家餐廳,我媽媽會不高興的。這種消費行為會提升我們的保費。」

「難道說……」納亞娜閃過一個念頭,「等等!你們也加入了GI的家庭計畫?」

「是的。我媽媽生病了。我們只負擔得起草藥的錢,可是草藥治不好她。我們很幸運,GI 有專門給弱勢群體的特殊管道,否則,我們可能根本負擔不起……」

「可我還是不明白!為什麼你要送給我烏鴉?而不是孔雀、兔子或者別的什麼動物……」

薩赫傑又露出了迷人的微笑:「問題小姐,我們不該站在這家高級餐廳門口,像兩個傻瓜一樣瞪著對方。邊走邊說吧。」

夜幕初降的孟買街頭車水馬龍,喇叭聲此起彼伏,像是公鴨在比拚嗓門。璀璨的燈火照亮這座容納了三千萬人口的巨型城市,她的歷史可以追溯到石器時代。最初到達這裡的希臘人給她取名 Heptanesia,意思就是「七座島」,後來歷經佛教的孔雀王朝、印度教的錫拉哈拉(Silhara)王朝、伊斯蘭教的古吉拉特王國,直到落入葡萄牙人的手裡,然後又被當成凱薩琳(Catherine of Braganza)公主的嫁妝送給了英國人。再後來,她成了印度爭取獨立的核心,伴隨著血與火的洗禮,直到今天。

納亞娜意識到薩赫傑非常小心地保持和自己的距離,就像她身上帶著電流或者尖刺。

「為什麼我們就不能……不能靠近彼此呢?」納亞娜小心地選擇措辭。

這下換薩赫傑露出驚訝的表情:「你真的不知道嗎,納亞娜?」

「知道什麼?」

「我的姓氏啊。」

「學校和虛擬課堂的系統一直把你的姓氏保護得很好，就像是什麼名門望族的後代。」

「恰恰相反，這是因為他們不想讓你們產生不好的感覺。」

「什麼不好的感覺？」

「在以前，它被形容為一種『被汙染』的感覺。」

「你是在說……種姓？可我以為那已經被禁止很久了。」

薩赫傑苦澀地笑了笑：「法律上不允許，新聞裡不出現，人們不說這個詞，並不代表它就消失了。」

「可 AI 是怎麼知道的呢？」

「AI 並不知道。事實上，它根本不需要知道任何關於種姓的定義，它只需要從歷史資料中學習。你住哪個社區，做什麼工作，賺多少錢，開什麼車，平常吃什麼，在網上喜歡看什麼……所有這些都會從數學上把你和一個更大的群體聯繫起來，即便你並不認可這種身分。無論你用什麼方式隱藏或改變你的姓氏，它都像一個影子一樣存在著。人沒有辦法擺脫自己的影子，不是嗎？」

納亞娜想起媽媽說過的話，若有所思：「所以，AI 是透過對資料的學習，將社會上對於種姓的隱性歧視，顯性化成可以量化計算的保費。」

薩赫傑故作輕鬆地笑了笑：「哈，差點忘了，還有膚色。最初代表種姓的梵文『瓦爾那』（vārna），意思就是『顏色』。」

「這簡直太荒謬了！」

「這就是現實，納亞娜。低種姓的女孩可以嫁給高種姓的男性，但如果反過來，則會被社會視為不道德。高種姓女孩的家庭聲譽會受損，她的兄弟姊妹也會被人指指點點。」

「可我以為 AI 並不懂這些。」

「沒錯，AI 並不在乎這些古老的規矩，它只在乎如何盡可能降低保費。這就是為什麼 GI 要阻止我們在一起的原因。」

不知為何，當聽到薩赫傑說到「在一起」時，納亞娜的耳朵微微發燙，頭開始發暈，以致於沒聽清男孩說出的一個術語。

「目標函數最大化。」

「那是什麼？」

「人類告訴 AI，嘿，讓這些人的保費降得愈低愈好。然後，AI 就會千方百計地去實現這個目標。客觀上，GI 的建議會讓投保人活得更長、更健康、更安全，但除此之外，它不會考慮其他因素，比如這些人快不快樂。」

「這也太蠢了。」

「機器還沒有聰明到能夠理解人類的快樂。況且，所有這些不公平與偏見都是真實存在的。AI 只是揭開了那層遮羞的面紗。」

「你怎麼知道這麼多？」納亞娜眼中又多了幾分讚賞。

「我想考上帝國理工學院。」薩赫傑小心翼翼地說出了自己的心願，「我想成為演算法工程師，然後，改變這一切。」

兩人走到一個岔路口，離納亞娜的家已經很近了。薩赫傑打算就此告別，女孩卻有話還沒說完。

「這種不公平讓我想起了葉占上的那些預言，那些預言早在千百年前就被寫好了，每個人都不得不接受命運的安排……」

薩赫傑露出奇怪的表情：「難道你還不知道？」

「知道什麼？」

「葉占也是 GI 家族的 App 之一。那些所謂的算命結果，都是來自 AI 對你的資料分析。」

「啊？所以命運也不是真的……」納亞娜突然感到一陣失落。

薩赫傑思考了一會兒，指向自己將要走的方向。

「這條路通往我家。它會經過達拉維工地，孟買的心臟，那裡曾是容納過一百萬人的超級貧民窟。每個遊客都想到此一遊，拍照留念，但他們絕對不會住下來。政府正在把它改造成適合普通市

民居住的超級社區。可當你靠近達拉維時，GI 還是會不停地推送警報，告訴你上週有多少人在這裡被殺，有多少女孩被強姦，有多少孩子死於痢疾。納亞娜，我很欣賞你的正義感，但這樣的一條路，不是為你們這樣的人準備的。如果我們要討論命運，這就是命運。」

「帶我去。」納亞娜朝前邁出一步，連她都被自己的話嚇了一跳，「我要證明給你看，我不是你所說的那種人。」

「你確定嗎？」

納亞娜遙望遠處那片改造中的工地，在燈火通明的孟買中心，那裡就像一片黑暗的沼澤。她心裡生出幾分害怕，但她又想起了媽媽之前說的話。

「有些風險值得去冒。」她堅定地說。

「請。」薩赫傑微微一笑，像個真正的紳士那樣伸出手，讓納亞娜先走。

兩個孩子在這座古老的城市中行走。歷史在每一條反覆修繕的街道上，在每一張表情複雜的臉上，在每一個來歷不明的音節裡留下印跡。它們都是孟買的靈魂。這些靈魂又將被打碎、重組，然後拼貼成明天嶄新的機器神靈。

「那麼你到底為什麼要送我烏鴉？」

「我的星座動物是烏鴉，雖然我沒那麼擅長社交。」

「就這麼簡單？」

「就這麼簡單。」

納亞娜的 smartstream 愈來愈頻繁地震動起來。她知道這是來自 GI 的警告，警告自己務必遠離達拉維。那裡曾經是全世界最大的貧民窟，充滿了貧窮、犯罪、疾病，以及所謂的「不可接觸者」，就像眼前的這個男孩。

她拉了緊衣領，沿著古老的街道繼續向前走去。

女孩決定要自己找到答案。

開復解讀 💬

〈一葉知命〉為我們清晰展現了象頭神保險公司所使用的深度學習技術的力量：納亞娜的媽媽麗婭買到划算的東西，省了不少錢；爸爸桑賈伊戒了菸，開車風格也有所收斂；弟弟洛汗改變了不良的飲食習慣，吃得更健康了，以免成為印度八千萬糖尿病患者中的一員。客觀來看，象頭神保險公司的確做到了幫助投保人「活得更長久、更健康、更安全」。

那麼，深度學習技術就沒有任何陷阱嗎？事實上，如何平衡好技術的尺度也是〈一葉知命〉的故事想要探討的核心，這個問題也引發了人們對 AI 基礎概念之一——深度學習——的思考。

目前，AI 已經發展成一門涵蓋許多子領域的重要學科。

機器學習是迄今為止 AI 應用最成功的子領域，而在這個領域中，最大的技術突破就是深度學習。正因為如此，人們在提到「人工智慧」、「機器學習」和「深度學習」時，可能不會把它們的概念區分得那麼清楚，有時候，這幾個詞會被混用。

2016 年，基於深度學習技術開發的圍棋棋手 AlphaGo 擊敗了韓國棋手李世石，令世界為之震驚，而深度學習也借此徹底點燃人們對 AI 的熱情。此後，深度學習成為大多數 AI 商業化應用中非常重要的技術。做為幕後功臣，它也出現在本書絕大多數故事之中。

〈一葉知命〉這個故事充分展示了深度學習的驚人潛能，但也暴露了這一技術背後潛在的風險，例如無法消除隱含在技術背後的偏見等問題。那麼，研究人員應該如何開發、訓練和應用深度學習？深度學習有哪些局限性？資料將如何推動深度學習的發展？深度學習在什麼條件下才能發揮最大價值，為什麼？

這些都是我們要逐一解決的問題。

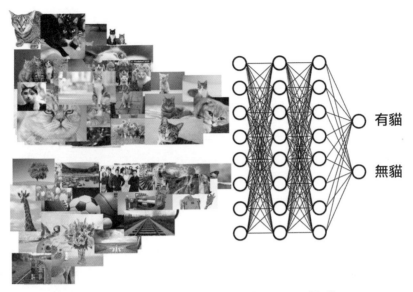

圖 1-1　經過訓練，人工神經網路能夠判定輸入的圖片上「有貓」還是「無貓」。
（資料來源：李開復）

一、什麼是深度學習

　　受人類大腦內部複雜的神經元網路的啟發，深度學習模擬生物神經網路，構建出包括輸入層和輸出層在內的人工神經網路，當將數據輸入該網路的輸入層後，在輸出層就會顯現出相應的處理結果。在輸入層和輸出層之間，可能存在很多中間層（又稱隱藏層），從而能夠更深入地刻劃所處理對象的特徵，並具備更強大的函數模擬能力。幾十年前，電腦算力有限，只能支撐一兩層中間層。近年來，隨著算力增強，可以訓練出有成千上萬層中間層的網路（圖 1-1 的那三層「中間層」，可以擴張到千層萬層），「深度學習」即由此得名。

許多人認為，人類使用特定的規則去「編碼」AI，利用自身的認知（比如貓有尖尖的耳朵和鬍鬚）去「教導」AI，才能讓演算法具備相應的能力。但這種做法反而會弄巧成拙，沒有這些外在的人類規則，深度學習的效果其實會更好。深度學習的訓練方法是，針對特定的應用場景，給人工神經網路的輸入層「投餵」大量數據樣本，同時給輸出層「投餵」相應的「正確答案」，這樣的訓練能不斷優化人工神經網路的內部參數，使根據輸入生成最接近「正確答案」的輸出的概率最高。

舉個例子。研究人員如果想訓練一個人工神經網路利用深度學習技術學會確認一張圖片上是否畫著貓，他會先向該網路的輸入層「投餵」數百萬張帶著「有貓」或「無貓」標籤的圖片樣本，然後把相應的結果「投餵」給輸出層，再根據輸入與輸出對該網路內部的參數進行優化，使每一次新的輸入行為都能提高輸出正確結果的概率。透過這種訓練，人工神經網路能夠在數百萬張圖片中，自己找到最有助於區分是否有貓存在的那些特徵。人工神經網路的訓練是一個數學處理過程──經由不斷調整網路中的數百萬個參數（有時甚至是數十億個參數），來最大限度地提高「只要輸入有貓的圖片，就輸出『有貓』的判定」的概率，以及「只要輸入沒有貓的圖片，就輸出『無貓』的判定」的概率。在訓練過程中，人工神經網路和其中的參數會成為一個巨大的數學方程組，用以解決有貓無貓的問題，一旦完成訓練，它就可以對從未見過的圖片進行判斷，確定圖片上是否有貓。上頁圖 1-1 展示了一個利用深度學習技術識別圖片上是否畫著貓的神經網路架構。

在訓練過程中，可以將深度學習視為解決目標函數最大化問題的一種數學運算。這個目標函數是由每次的訓練主題決定的，比如在識別貓的這個例子中，目標函數就是正確判斷出圖片上「有貓」或者「無貓」的概率。

深度學習幾乎在任何領域都能發揮識別、預測、分類、合成的作用。在〈一葉知命〉這個故事中，象頭神保險公司就是把深度學習技術應用到保險行業，用於判斷投保人可能面臨的健康問題，並以此做為確定保費的依據。

為了讓人工神經網路能夠區分出那些可能患重大疾病的人，象頭神保險需要整理出一套訓練資料。這套數據需涵蓋所有過去的投保人的資訊，包括每個人的個人病史和家庭病史等，並且每個數據樣本都應貼上是否有過重大疾病索賠紀錄的標籤（就是在輸出層標注「有重大疾病索賠紀錄」或「無重大疾病索賠紀錄」）。在用大數據進行訓練後，該網路就可以預測出新的投保人在未來提出重大疾病索賠的概率，並決定是否核准該投保人的投保申請；如果核准，該網路還要給定適合該投保人的保費額度。

值得注意的是，在這個場景中，不需要由人來為過去的投保人貼上是否有過重大疾病索賠紀錄的標籤，取而代之的是，這些標籤應完全依據「黃金標準」（例如有無重大疾病索賠紀錄）自動生成。

二、深度學習：能力驚人但也力有未逮

第一篇闡述深度學習的學術論文發表於 1967 年，但這項技術卻花了近五十年才得以蓬勃發展。之所以經歷了這麼長的時間，是因為深度學習需要大量的數據和強大的算力，才能訓練多達幾千層的神經網路。如果把算力比作 AI 的引擎，那麼數據就是 AI 的燃料，直到最近十年，算力才變得足夠高效，數據才變得足夠豐富。如今，智慧手機所擁有的算力，相當於 1969 年 NASA 把阿姆斯壯送上月球時所用電腦算力的數百萬倍。除算力的大幅提升外，數據量的增長也不遑多讓——2020 年的網際網路資料量，幾乎是 1995

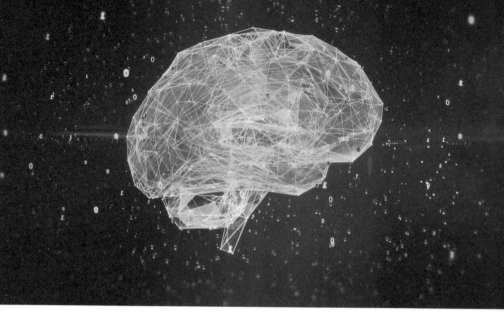

圖 1-2　深度學習的最初靈感來源於人類的大腦（Shutterstock/archy13）

年時的一萬億倍

　　儘管深度學習的最初靈感來源於人類的大腦，但二者的運作方式截然不同：深度學習所需要的數據量遠比人腦所需要的多得多，可是一旦經過大數據訓練，它在相同領域的表現將遠遠超過人類（尤其是在數字的量化學習，例如挑選某人最可能購買的產品，或從一百萬張臉中挑選最匹配的一張）──相對來說，人類在同一時間內只能把注意力放在少數幾件事情上，而深度學習演算法卻可以同時處理大量資訊，並且發現在大量資料背後的模糊特徵之間的關聯，這些模糊特徵不僅複雜而且微妙，人類往往無法理解，甚至可能不會注意到。

　　此外，在借助大量資料進行訓練時，深度學習可以針對每一個使用者提供客製化的服務──基於大量資料中較相似使用者的資

料，對每個使用者做出貼切的預測，以達到因人而異的效果，當你訪問淘寶時，它的 AI 演算法會在首頁醒目的位置向你重點推薦你可能願意下單購買的商品，刺激你的消費欲，讓你盡情地在淘寶消費。

AI 演算法推薦這些商品所依據的，不僅僅是你過去的瀏覽軌跡，也包括和你使用者設定檔相似的其他使用者的瀏覽軌跡。當你刷抖音上的短影音時，系統的 AI 演算法會讓你總能刷到感興趣的內容，盡量延長你在該應用程式上的停留時間。淘寶和抖音的 AI 演算法是客製化的，會針對不同的使用者，分別考量與之相類似的使用者的特徵，最終為其展示不同的個性化內容——同一個內容，可能在你眼裡根本一文不值，但我會覺得很有價值——這種有針對性的精準客製化服務所帶來的使用者點擊率和購買率，比傳統的靜態網站通常所使用的內容推送方法要好很多。

深度學習的能力非常強大，然而它並不是「包治百病」的靈丹妙藥。雖然深度學習擁有人類所缺乏的並行處理大量資料的「絕技」，但不具備人類在面對決策時獨一無二的汲取過去的經驗、使用抽象概念和常識的能力。

與人類相比，深度學習要想充分發揮作用，離不開大量的相關資料、單一領域的應用場景以及明確的目標函數。這三項缺一不可，如果缺少其中任何一項，深度學習將無用武之地。如果資料太少，AI 演算法就沒有足夠多的樣本去洞察資料背後模糊特徵之間有意義的關聯；如果問題涉及多個領域，AI 演算法就無法周全考慮不同領域之間的關聯，也無法獲得足夠的資料來覆蓋跨領域多因素排列組合的所有可能性；如果目標函數太過寬泛，AI 演算法就缺乏明確的方向，以致於很難進一步優化模型的性能。

我們必須清楚：從學習方法和所擅長的領域來看，AI「大腦」（深度學習）和人的大腦是非常不一樣的（見下頁表 1-1）。

	人腦	AI 腦（深度學習）
學習需要的資料	很少	大量
量化優化 （例如從一百萬張臉中找到相匹配的一張）	不擅長	擅長
因人而異的個性化客製 （例如推薦任何人最可能購買的產品）	不擅長	擅長
抽象概念，分析推理，常識，洞見	擅長	不擅長
創造力	擅長	不擅長

表 1-1　人腦和 AI「腦」的差別（資料來源：李開復）

三、深度學習在網際網路和金融行業的應用

　　由於深度學習具有上述優缺點，網際網路行業的領頭企業成為 AI 技術的第一批受益者也就不足為奇了。Facebook、亞馬遜、阿里巴巴、騰訊等大型網際網路公司手中擁有最多的資料，這些資料通常會基於使用者的行為（如使用者是否點擊或購買，或者在某一頁面上的停留時長等）被自動貼好標籤，進而根據現有的使用者行為來推動公司業務量（如營業收入或廣告點擊量）的最大化。這個流程打通後，網際網路公司的應用程式或平台就變成了「印鈔機」一般的存在，隨著所積累的使用者行為資料愈來愈多，公司會賺到愈來愈多的錢。這便解釋了為什麼 Google、Facebook、亞馬遜、阿里巴巴、字節跳動（旗下有抖音）之類的網際網路巨頭，在過去十年裡市值不斷攀升，最終成為領先的 AI 型公司。

　　在網際網路之外，深度學習觸手可及的下一個行業是金融業。比如故事〈一葉知命〉所描述的保險公司，它具備同網際網路公司相似的便利條件：擁有單一領域（保險業）大量的高品質資料，而且這些資料都與業務指標緊密相連。

正因為如此，基於 AI 的金融科技公司陸續出現，例如美國新創的保險公司 Lemonade 和中國的水滴等，它們讓使用者能夠透過應用程式購買保險或申請貸款，並且在很短的時間內就能完成審核流程。這些使用 AI 技術的金融科技公司正在超越傳統的實體金融公司，因為它們可以透過對大量資料進行學習，實現更好的財務成果（根據使用者信用評級降低違約率）、更高效的即時交易（借助 AI 和應用程式），以及更低的成本（無需人工）。當然，傳統金融公司也看到了 AI 的威力，它們在自己的各個內部流程中也使用了 AI 技術。至於最終的結果究竟是「傳統公司＋ AI」會成功，還是創業型 AI 公司會顛覆傳統公司，讓我們拭目以待。

AI 還有一個非常有趣的優勢，就是資料愈多愈好，資料愈多元化愈好。透過不斷搜集資料（包括那些讓人類專家跌破眼鏡的稀奇古怪的資料），AI 可以做出更精確的判斷，從而創造更多的利潤。比如保險公司為了審核你的投保申請，其 AI 可以試著去了解你更喜歡買加工食品還是買蔬菜，更喜歡把時間花在手機遊戲上還是花在健身房裡，更願意投資陌生網友推薦的股票還是投資對沖基金……所有這些資訊都會成為證據，說明很多關於你的情況，包括你身為投保人的相對風險，而這些資料都可以透過你的手機應用程式來獲取。

在故事〈一葉知命〉中，象頭神保險公司會透過使用者介面上的「金色小象」，時不時地向使用者推送美妝、服飾、餐飲方面的打折資訊、優惠券，以及投資建議。每當納亞娜根據「金色小象」的推薦購買商品、閱讀財務資訊、進行網路交友時，象頭神保險公司都會蒐集到相應的資料，然後利用這些資料來優化自身的 AI 系統，向更加智慧的方向發展。

以上過程，類似於騰訊彙聚人們在微商中留下的購物歷史，在微信支付中留下的轉帳交易紀錄，在微信中的好友資訊，以及人們

的小程式使用習慣等，借此了解使用者是什麼樣的人。在這些資訊中，有的一看就是價值很高的，有的看起來價值一般，但是深度學習的強大之處就在於它可以在所有資訊的特徵中找到微妙的組合，對組合特徵中豐富的有價值資訊做更深層的洞察，而這個過程是人類無法理解、無法做到的。

四、深度學習帶來的問題

任何強大的技術都是一把雙刃劍。比如電力可以為人類社會的日常設施提供動力，但如果人直接碰觸電，就可能喪失性命。再如網際網路讓一切變得更加方便，但也大幅降低了人對事物的專注力。那麼，深度學習在給人類帶來便利的同時，又會帶來什麼問題呢？

第一個問題是，深度學習會使 AI 比你更了解你自己。雖然好處顯而易見——AI 可以向你推薦以前沒有聽說過的商品，可以精準地為你推薦伴侶或者朋友，但事情的另一面是，AI 也會掌握你的缺點——你有沒有過這樣的經歷：本來只想打開抖音看一個影音，卻刷了三個小時還停不下來？在嗶哩嗶哩上無意中點擊了一個鬼畜影片，然後就源源不斷地接收到更多的鬼畜內容？某天晚上不小心在網路電台點播了一個恐怖故事，之後每個深夜都會定時被恐怖故事驚擾？

2020年Netflix高評價紀錄片《智能社會》（*The Social Dilemma*）就展現了 AI 個性化推薦如何讓人們在無意識中被操縱，使 AI 應用程式背後的利益方達成目的。正如在紀錄片中出鏡的 Google 前產品設計師、設計倫理學家崔斯坦·哈里斯（Tristan Harris）所說的，你在手機上的每次點擊，都會啟動價值數十億美元的超級電腦，它會根據從二十億使用者的行為中學習到和提取到的經驗，對

準你的大腦，企圖左右你的思維。對於使用者來說，對個性化推薦上癮的行為會導致惡性循環。AI 應用程式為使用者提供符合其特徵的個性化推薦，讓使用者不斷接收到其所偏好的資訊，然後就不知不覺逐漸被困在「資訊繭房」裡，拒絕接收不符合其固有認知的異質資訊。應用程式根據使用者接收資訊的行為特徵，向使用者推薦更多其所偏好的同質資訊，而讓使用者陷入「樂此不疲」的快感，難以自拔，無法戒掉這些應用程式。這種機制對於使用者來說是惡性循環，但對那些把這種機制當作印鈔機的大型網際網路公司來說，卻是良性循環。

這部紀錄片還提出了一種觀點：如果人們對 AI 的個性化推薦上癮，這類應用程式就可能會縮窄人們的視野、扭曲事實的真相、加劇社會的分化，對人類的情緒、心理健康、幸福感等方面造成負面影響。

從技術層面來說，上述問題的關鍵在於目標函數的單一性，以及 AI 專注於優化單一目標函數所帶來的不利的外部效應——如今，AI 所訓練的目標函數通常針對的是單一目標，例如賺錢（或者更多的點擊量、廣告），因此，AI 有可能過度熱中於企業的目標績效，而不考慮使用者的福祉。

〈一葉知命〉中的象頭神保險公司承諾盡量降低保費，由於保費的數額與投保人的重大疾病索賠概率高度相關，「金色小象」會給使用者提供養生建議，讓使用者改善自己的健康狀況。從表面來看，保險公司和投保人的目標似乎是一致的，然而在故事中，象頭神保險公司的 AI 系統計算出「高種姓」的納亞娜和「低種姓」的薩赫傑之間的戀愛關係會增加納亞娜一家將來的保費，所以不斷試圖阻撓這對年輕人相戀。象頭神保險公司的 AI 系統經過大量資料的訓練，能夠發現事物之間的因果關係，例如基於同一個目標函數，透過分析資料，發現吸菸會導致患病的風險升高，於是說服使

用者戒於，這是好事情；但另一方面，AI 系統還發現，和「低種姓」的薩赫傑在一起會拖累納亞娜，這就導致了 AI 系統嘗試殘忍地拆散這對情侶，甚至可能因此而進一步加劇社會的不平等。

那麼，如何才能解決這個問題呢？一種通用的方法是讓 AI 的目標函數變得不再單一。例如既要降低保費，又要維護社會的公平；再如對於權衡使用者花在社交網路上的時間這個問題，崔斯坦・哈里斯建議把「使用者在社交網路上花費的有意義的時間」也做為衡量標準之一，而不是僅限於「使用者在社交網路上停留的時長」，透過同時考量這兩者，制定出混合型的複雜目標函數。AI 專家斯圖亞特・羅素（Stuart Russell）提出了另一種解決方法，他主張在設計目標函數時需要考慮人類的福祉，並讓人類更大程度地參與資料標注和目標函數的設計，比如我們能否建立關於「更大的人類利益」的目標函數 —— 諸如「人類的幸福」之類的目標函數？能否讓人類來定義和標注什麼是幸福？這方面的嘗試，將在第九章〈幸福島〉中做詳細的闡述。

所有這些方法，不僅需要對 AI 的複雜目標函數展開更加深入的研究，而且需要對「所花費的有意義的時間」、「維護社會公平」、「幸福」等概念進行量化。不過，這些方法會使企業的盈利變少，那麼如何激勵企業讓步做正確的事情呢？一種方法是制定法規，對某些傷害人類福祉的行為給予處罰；另一種方法是對企業承擔社會責任的行為進行評價，比如目前 ESG（環境、社會和公司治理）得到愈來愈多來自商業界的關注，或許負責任地使用 AI 也可以成為未來 ESG 的一部分，以鼓勵企業的正面行為；還有一種方法是建立協力廠商監管機構，監督企業對技術是否有不當使用，例如追蹤產品中出現虛假新聞的比例或 AI 演算法導致歧視的訴訟案件數量，並向企業施壓，要求企業把考慮使用者的福祉納入到技術中；最後，特別困難但又特別有效的一種方法是，確保 AI 技術

持有者的利益與每個使用者的利益達成 100% 的一致（參見第九章〈幸福島〉）。

深度學習所帶來的第二個問題，就是會使不公平和偏見得以延續。AI 完全基於資料優化和結果優化進行決策，理論上應該比大部分人更加不受偏見的影響，但是，其實 AI 也可能產生偏見。比如，倘若用於訓練 AI 的資料不夠充分、全面，對某些群體的覆蓋率不足，那麼就會產生偏見。曾經有一家著名公司的招聘部門發現，因為訓練樣本中女性的資料不夠，其所使用的 AI 軟體不看好女性候選人。再如，倘若訓練資料全部蒐集自一個有偏見的環境，那麼資料本身就可能帶有偏見。微軟的 Tay 聊天機器人和 OpenAI 的語言模型 GPT-3，都生成過歧視少數群體的言論。

最近有研究表明，AI 可以根據臉部微表情精準地推斷一個人的性取向，這種 AI 應用就可能導致不公平和偏見。這與〈一葉知命〉中薩赫傑所遭遇的情況類似，薩赫傑的「低種姓」並不是直接標注給 AI 系統的，而是 AI 系統透過歷史資料和個人特徵推斷出來的。換句話說，薩赫傑並沒有被直接貼上「達利特」的標籤，但因為他的資料和特徵與「達利特」高度相關，所以象頭神保險公司的 AI 系統向納亞娜發出警告，並且阻撓她與薩赫傑在一起。儘管這些偏見和歧視並非出於 AI 的本意，但是仍會造成極其嚴重的後果，而且如果把帶有偏見的 AI 應用於醫學診斷或者司法判定，那麼其風險將無法想像。

因此，我們需要全力以赴應對 AI 的公平性問題和偏見問題。第一，使用 AI 的公司應該披露 AI 系統被用在哪裡以及使用目的。第二，AI 工程師應該接受一套職業道德準則的培訓——類似醫學生宣誓用的「希波克拉底誓言」。這樣，工程師才能深刻地理解，他們所從事的職業使他們承擔了把事關倫理道德的重要決策嵌入到產品之中的任務，這是足以改變他人人生軌跡的事情，工程師有責

任承諾維護使用者的權益。第三，工程師使用的 AI 訓練工具應該嵌入嚴格的測試機制，以對基於樣本比例不公平的資料訓練出來的計算模型發出警告或徹底禁止生成模型。第四，應該制定 AI 審計法。這與傳統的財務審計或稅務審計類似，AI 公司被舉報後，政府需要派遣專家對其進行審計。如果一家公司在 AI 的倫理道德或者公平性方面多次被投訴，它的 AI 演算法就必須接受審計，以檢查、確定其是否存在不公平、偏見或隱私保護方面的漏洞。

深度學習的第三個問題，就是它的不可解釋性。人類總是能解釋人類決策背後的原因，因為人類的決策過程本身比較簡單，是基於經驗積累得出的規則。可是，深度學習的決策基於複雜的方程組，這種方程組有數千個特徵和數百萬個參數，深度學習決策的「理由」，就是在一個有數千個維度的「空間」裡經過大量數據訓練而得出的數學方程組，要把這個方程組精確地簡化成一個人類可以聽得懂的「原因」，基本上是不可能的。但是，無論是出於法律的考量，還是出於使用者的期望，許多關鍵的 AI 決策都需要給出一個解釋。為了解決這一問題，目前，人們正在進行許多相關的研究，這些研究試圖簡化、總結 AI 複雜的邏輯過程，或者發明具有可解釋性框架的 AI 演算法，從而使 AI 變得更加「透明」。

上面所提到的這些深度學習所帶來的問題，已經引起了公眾對 AI 的嚴重不信任。不過，所有的新技術都有缺點，而歷史表明，許多技術的早期漏洞都將隨著時間的推移而得到糾正或被徹底解決。大家可以回想一下，當年防止人類觸電的斷路器，還有杜絕電腦病毒的防毒軟體，就是很好的例子。因此我相信，未來透過改進技術和完善政策法規，將會解決深度學習（乃至 AI）所帶來的大部分問題，比如不公平、偏見、不透明。然而重要的是，我們必須追隨納亞娜和薩赫傑的腳步——讓人們意識到這些問題的嚴重性，然後動員人們為解決問題而努力。

假面神祇

開復導讀

▼

本章的故事圍繞西非奈及利亞的一個影音製作者展開，此人被招募來製作一段真假難辨的 Deepfake（深度偽造）影片。如果他成功做到瞞天過海，將引發災難性的後果。在故事中的未來世界裡，偽造者和鑑別者之間高科技版「貓抓老鼠」的博弈史無前例地上演著。電腦視覺是 AI 的一個主要分支，它的目標是教會電腦「看懂」世界。自深度學習發明以來，我們在電腦視覺領域所取得的種種突破，一方面使得 AI 感知技術達到了空前的水準，另一方面也引起了世人對 AI 的重視。在故事後的解讀部分，我會為讀者分析深度偽造及其背後的電腦視覺、生物識別、AI 安全這三大相關技術，探討從現在到未來在這幾個領域可以期望的技術突破點在哪些方面，以及有哪些辦法將可能幫助我們避免走入所有視覺影像都真假難分的死胡同。

CHAPTER 2 假面神祇

真理與早晨隨著時間的流逝變得光明。

—— 非洲諺語

　　電動輕軌緩緩駛入亞巴月台。還沒等它停穩，阿瑪卡就迫不及待地跳出了體味濃重的車廂。為了方便，大部分拉各斯的輕軌車門都是自由開闔的，輕軌的行駛速度自然也是慢得像瘸腿的老牛一樣，但至少比塞得水洩不通的地面交通要快多了。他跟在一個老頭身後穿過檢票閘機。攝影機會透過人臉識別自動扣取乘車費用，但是它並沒有識別出阿瑪卡是一個活人，這多虧了他臉上戴著的面具。

　　這座西非第一大城市的常住人口數量，經常在兩千七百萬到三千三百萬之間變化不定，具體是多少，完全取決於當局的統計口徑。自從拉各斯在五年前開始限制外來人口流入之後，像阿瑪卡這樣沒有固定職業的尋夢者，便只能在街頭、天橋下、農貿市場或者車站裡尋找暫時的棲身之地。他見過許多的無家可歸者，原因各不相同，有的是因為棚屋被強拆了（為了建設新的商業中心），有的是因為在東北部地區受極端組織頻繁襲擾不得不背井離鄉，但更多的只是因為貧窮。為保持奈及利亞令人驚歎的活力（國民年齡中位數僅為二十一歲），他們不遺餘力地繁衍後代，但並沒有從奈及利亞這個非洲第一人口大國的崛起中分到一杯羹。

　　亞巴被稱為西非的矽谷。與拉各斯的其他區不同，這裡的秩序井然，空氣清新。行人會透過身體動作啟動看板上的卡通動物，並用手勢與之互動。清潔機器人掃描街道上的垃圾，將它們蒐集、分

類之後匯總到回收中心，變成可再生材料或生物燃料。由竹纖維織成的建築物外立面和服裝是新的潮流，象徵著科技企業實現碳中和的決心。

阿瑪卡舉著 smartstream，透過 XR 功能在街景上疊加的一條虛擬路線，他終於在一座不起眼的灰色建築物的三樓找到了這家名為「列里」的公司。兩天前，他收到一條神祕訊息，說有份工作適合他，但必須現場面試。

櫃檯的接待員善意地提醒阿瑪卡取下面具，進行身分資訊核對。男孩略帶緊張地把面孔暴露在鏡頭前。父輩們把面具奉為神聖節日儀式的一部分，如今面具卻變成了年輕人標榜性格的新時尚。他戴的粗糙面具是 3D 列印的，和摩洛哥市場上高價賣給遊客的精緻手工藝品無法相提並論。面具表面噴塗著類似於安珂蛺蝶翅膀花紋的圖案，能夠對抗一般攝影機的人臉識別演算法，讓阿瑪卡在 AI 眼中變成一個「無臉人」。這為他省下了不少錢，更重要的是，避免了被警方驅逐的麻煩，畢竟眼下他還沒有合法居留身分。

阿瑪卡被帶到一間會議室裡。他僵硬地坐著，腦海中盤算著被問到工作經驗時該如何回答。他沒有太多選擇，只能撒謊。

過了十分鐘，面試官並沒有出現，投影牆卻開始播放一段他再熟悉不過的監控影片。

午夜。燈光昏黃。一座高架橋下零散地躺著幾名無家可歸者。一個男孩從畫面中的陰影處走出，在一名熟睡者身旁站了許久。畫面放大，那竟然是一個白人男孩，不過五六歲的樣子，穿著條紋睡衣，臉上毫無表情。熟睡者忽然驚醒，發現了男孩，便詢問他的名字和住處。男孩搖晃著身體，聽不清在說些什麼，突然男孩的面孔一變，露出利齒朝那人的頸部咬去。被咬者大叫，驚醒其他人，男孩帶著滿口鮮血逃離現場。

這段名為「白人吸血鬼男孩襲擊拉各斯無家可歸者」的影片，

在二十四小時內的點擊量便達到了數百萬次。之後，平台鑑定其為偽造，根據相關法規全網刪除，上傳使用者 Enitan0231 的帳號遭到封禁，該使用者的所有廣告收入也被凍結。

「幹得漂亮！把電影畫面、臨時演員和實景拍攝結合得天衣無縫。難以相信這竟然是在伊凱賈區的地下網吧裡做出來的。」一個男性的聲音在會議室裡響起，帶著濃重的伊博口音。

「你是誰？想幹什麼？」阿瑪卡起身，警惕地望向四周。

「放鬆點，你可以叫我齊。難道你不想要一份工作嗎？你有多久沒吃一頓飽飯了？」

阿瑪卡重新坐下。齊說得對，沒有居留證，他沒法找到工作，那些靠出賣體力甚至更髒的活兒又輪不到自己。他已經走投無路。

「為什麼是我？」

「你很有天賦，想要靠技術在尼萊塢出人頭地，成為一名貨真價實的電影人，不然也不會來到拉各斯。更重要的是，我們需要一個信得過的人，一個自己人。」

阿瑪卡知道這句話背後的意思。奈及利亞有兩百五十個民族，這些民族有著不同的語言和文化，其中許多民族彼此敵對的歷史長達數百年。拉各斯是約魯巴人占據絕對主流地位的城市，而阿瑪卡是來自東南省分的伊博人。約魯巴和伊博族分別是奈及利亞第二大和第三大民族，近年來圍繞利益和權力分配多有衝突。他不得不隱瞞自己的口音和身分，以避免不必要的麻煩。

「你要我做什麼？」

「你最擅長的事情……偽造一段影片。」

「我猜，這肯定不是合法的。」

「這取決於你是否被系統抓住破綻。」

「哈！」阿瑪卡像是聽見了什麼笑話，「你也看到了，靠我現在的工具和免費算力，撐不過二十四小時。」

「我們會提供所需的一切。」

阿瑪卡瞇起眼，鼻翼翕張，像是在嗅這份工作背後的危險氣息。

「如果我拒絕呢？你會殺了我嗎？」

「比那更糟。」

牆上出現了另一段影片，像是在夜店的私密舞池裡。鏡頭從天花板的某個角落俯瞰整個房間，幾個男孩赤裸著上身，正在閃爍的雷射光束中貼身熱舞。鏡頭拉近，阿瑪卡認出了自己的面孔，他和身前一個臉頰上閃爍著粉色螢光的男孩瘋狂舌吻，然後又扭過頭去吻背後的另一個爆炸頭男孩。影像定格在這一幕，三張面孔像交疊的芒果樹葉難分彼此。

阿瑪卡面無表情地盯著畫面。過了一會兒，他露齒微笑。櫃檯的臉部掃描提供了偽造影片的素材，而在社交媒體上的六個點讚就能暴露一個人的性取向。

「也許那確實是我的臉，可卻不是我的脖子。」阿瑪卡掀開連衣帽，露出從右耳下方斜跨到左側鎖骨的粉色疤痕，那是一次反抗街頭搶劫留下的紀念。他說：「何況這裡是拉各斯，這根本算不了什麼。」

「在拉各斯的確算不了什麼，可這段影片能讓你坐牢。想想你的家人。」齊的聲音帶著一絲同情。

阿瑪卡陷入沉默。這源於奈及利亞社會對性少數群體根深柢固的不寬容。違反反同性婚姻法案者，就算不被判刑，也將面臨漫長的訴訟過程以及那些腐敗警察的勒索。

他不敢想像自己的家庭將承受多大的壓力，尤其是一直對他寄予厚望的父親。哪怕這段影片不是真的。

男孩咬了咬嘴唇，把帽子重新拉過頭頂，這讓他感到安全：「我要一筆預付款，加密貨幣。還有，目標資訊愈詳細愈好，我不想浪費時間查資料。」

「你說了算，小鳥恩扎[3]。至於目標，你不可能錯過他的……」

阿瑪卡看著牆上浮現的人像，臉上露出見了鬼一般的表情。

★　　★　　★

約魯巴人習慣把拉各斯叫作埃科，意思是「農園」。受熱帶季風氣候的影響，每年六月的拉各斯最為涼爽，雨量也最充沛。阿瑪卡躺在廉價旅店的床上，戴著 XR 眼鏡，聽著窗外滴答的雨聲，煩躁不安地擺弄著新機器——一台暗綠色的 Illumiware Mark-V。

這項新工作和他以前那些小打小鬧完全不同。

阿瑪卡最經常玩的把戲，是在交友網站上偽裝成富家小姐。先從網路上抓取影片素材，主角最好穿著色彩明豔的 V 領 Buba 上衣和 IRO 長裙，頭上包裹著 Gele 頭巾，經典的約魯巴風格。背景一般是臥室，光照穩定；主角最好表情豐富、誇張，以便 AI 能提取出足夠的靜止影像做為物件資料集。除此之外，還有阿瑪卡用 smartstream 拍攝自己的臉部（不同角度、光照和表情）自動生成的資料集。

接下來把資料集上傳到雲端，以超對抗性生成網路（Hyper-Generative Adversarial Network, H-GAN）的方式訓練模型。訓練時間從幾小時到幾天不等，取決於對解析度及細節的要求，當然也要考慮算力成本。最後得到一個 DeepMask 模型，將這副演算法「面具」應用在任何以阿瑪卡或那位富家小姐為主角的影片上，便可以實現肉眼無法分辨的換臉效果。

如果網速夠快，還可以即時換臉，樂趣更多，但也需要付出更多的額外勞動。比如將英語或伊博語即時翻譯成約魯巴語，用

---

3 在伊博族的傳說裡，恩扎（Nza）是一種小而凶猛的鳥，食量很大，象徵著獲得財富。

TransVoice 和 Lipsync 開放源始碼工具包合成語音和與之相匹配的嘴唇動作，替換影片中相應的部分。但這會面臨一定的風險，如果對方使用了付費版本的防偽檢測器，影片中的異常區域就會變紅並發出警告。那樣，阿瑪卡的所有心血就付諸東流了。

二十年前的 Deepfake 技術還很脆弱，一旦網速波動，或者表情過度誇張、頭部動作幅度過大，都會導致臉部邊緣模糊、有偽影，唇形與語音不同步。哪怕只有 0.05 秒的錯位，經過千萬年演化的人類大腦也會響起警報——「這張臉看起來不太對勁」。但現在的 DeepMask，其逼真程度已經超出了人類肉眼的分辨力極限。現在，防偽檢測器成了保障網路安全的一項標準配置，在歐美、亞洲等地已被寫入資訊安全法，但在奈及利亞，只有主流內容平台和政府網站才要求配備。

原因很簡單。過於嚴苛的防偽檢測器設置會消耗大量算力成本，同時讓影片載入速度變得緩慢，影響使用者體驗。一般來說，政府網站和官方新聞網站資料流程量有限，其防偽檢測器會採用最高級別的設置。而一般的社交網站和影音平台，則會針對當下最流行的偽造演算法進行精確打擊，其防偽級別會根據內容傳播的資料量動態調整，資料量愈大，檢測愈嚴苛。

每次視訊約會結束後，阿瑪卡都會靜靜坐在黑暗中。腐爛的食物和泥土散發的味道混雜在一起，附著在質料粗糙的再生材質衣服上，讓他感到很真實。他會反覆回味那些男孩的細微表情和甜言蜜語。那些都不屬於他，而是屬於長著同樣面孔的另一個約魯巴女孩。阿瑪卡曾嘗試把那個女孩想像成失散多年，在異族長大的孿生妹妹。可是，他心底卻無比清楚，雙胞胎只有在約魯巴人的傳統中才會受到重視，而在伊博人看來卻是冒犯大地之母的禁忌。

占卜師在阿瑪卡出生之時就告訴他的父親，這具男性嬰孩的身體中，困著一個轉世投胎的女性靈魂。這是整個家族的恥辱，和那

個中性名字一起，伴隨他度過了整個童年。這也是阿瑪卡離開家鄉來到拉各斯的原因。他身體裡的女性靈魂，會因為其他男孩無意中的觸碰而戰慄，但他知道，自己永遠無法在現實中面對那些男孩。

使用 DeepMask 的次數愈多，阿瑪卡就愈難以擺脫這副面具，愈難以讓自己的情感和想法自由流淌。他既不能變成真正的約魯巴女孩，也無法回到伊博人中間。就像不斷轉生、死去又重返人間的靈童，做為一條卡在輪迴之網裡的魚，無論被叫作「阿比庫」還是「奧班傑」[4]，都需要忍受永無止境的痛苦。

這次任務是阿瑪卡逃出輪迴的唯一機會。他或者賺到足夠的錢實現心願，或者徹底完蛋。可眼下，他卻遇到了棘手的難題。

一陣有節奏的敲門聲打斷了他，是好心的房東大媽奧齊奧瑪，她帶來了一盆切好的可樂果種子。奧齊奧瑪是二十年前移居拉各斯的伊博人，雖然她已經完全融入了異族社會，但還是一下子聽出了阿瑪卡的口音。

「在我老家，只有男人才有資格切開可樂果。」阿瑪卡咀嚼著淺咖啡色的果實，熟悉的苦澀在口中蔓延開來。

「所以我才搬到這裡。」奧齊奧瑪大笑，「不管叫它『奧比』還是『奧吉』[5]，只要一吃，難題自然解開。」

「Ndewo[6]，老人說的總是對的。」阿瑪卡想把門關上，卻被房東的手攔住，她指了指機器螢幕上定格的那個頭像，眼露憂慮的神色。

「你和他沒有關係吧？我是說，他是個好人，可是……我不想有麻煩，你懂的。」

---

4 奈及利亞民間傳說中對於嬰靈的稱呼，約魯巴人稱之為 Abiku，伊博人稱之為 Ogbanje。十二歲之前夭折的孩子會化為嬰靈，轉世到母親的子宮中，或者變成惡靈給家族帶來厄運。

5 奈及利亞人對於可樂果種子的叫法，約魯巴人叫 Obi，伊博人叫 Oji。

6 伊博語，意為「謝謝」。

阿瑪卡故作輕鬆地笑笑：「只是碰巧看到這條新聞，我還想拿到居留證呢。」

「好孩子。願上帝保佑他，不管他是站在哪一邊的。」奧齊奧瑪的臉消失了。

阿瑪卡鬆了口氣，跳上床，那張臉正盯著他。

這是一張充滿力量的面孔。額頭和臉頰上塗抹著象徵部落精神的白色顏料，雙眼中彷彿能夠噴射出火焰，雙唇微張，似笑非笑，像是有一番新的言辭正在醞釀之中，即將掀起風暴。

這張臉的主人，傳奇的非洲打擊樂之父，奈及利亞的民主戰士，音樂人費拉·阿尼庫拉波·庫蒂（Fela Anikulapo Kuti），已經去世四十四年了。

*　　*　　*

阿瑪卡遇到的難題是，如何讓假的變得更假。

這個盜用面孔假冒費拉·庫蒂的虛擬人自稱 FAKA，也就是 Fela Anikulapo Kuti Avatar（意為「費拉·阿尼庫拉波·庫蒂的化身」）的縮寫。一開始所有人都以為這是個玩笑。因為眾所周知，真正的費拉·庫蒂死於 1997 年。影片內容主要是針砭當下時政，換臉的效果又非常粗糙，不可能誤導觀眾以為費拉·庫蒂真的說了那些話。因此被內容平台歸為「諷刺」或「模仿」類，而不是必須被刪除、封禁的虛假內容。

然而，FAKA 的影響力如滾雪球般愈來愈大，數百萬追隨者變得益發狂熱，在網路上組建加密討論群組，分享相關影片並自發擴散。影片被 AI 翻譯成不同民族的語言，加以配音和口型合成，對於文化程度不高的邊緣群體更具感染力。後來，費拉·庫蒂基金會甚至主動站出來，表示願意將費拉·庫蒂肖像的使用權無償授予幕

後的神祕組織。

沒有人知道這一切是誰幹的。影片初始資訊經過加密，上傳帳號是一次性的，伺服器位址經過多次跳轉。各種陰謀論甚囂塵上，許多人認為這是極端組織或境外勢力所為，目的是動搖當前民主政府的統治基礎。

但是阿瑪卡的雇主列里公司並不這麼認為。列里公司不過是偽裝的外殼，其實背後是地下極端民族主義組織「伊博榮耀」，齊只是幕前代表。列里公司分析了 FAKA 的所有影像內容後得出結論，在 FAKA 背後的，恰恰是國內的約魯巴極端民族主義勢力，其目的是有步驟地影響民眾心智，進而操縱輿論與政策風向，打壓其他民族——尤其是伊博族的經濟利益與政治權力。

核心事件便是 FAKA 呼籲把在伊博人的土地上新發現的大型稀土礦床做為「全奈及利亞人的共同財產」，由中央政府監管和直接開發。這樣的事情在歷史上發生過許多次，伊博人的土地盛產石油，但伊博人卻沒有享受到由此帶來的發展紅利。更多時候，伊博人覺得自己就是這個國家身上的蜥蜴尾巴，割了長，長了割，沒人管你疼不疼、流不流血。

這一次，他們不願意再逆來順受了。阿瑪卡的任務便是其中的關鍵環節——透過偽造 FAKA 的影片內容，擾亂輿論方向，就像在池塘裡不停地攪起泥沙，讓魚群驚慌逃散。

這在技術上並不難，阿瑪卡用 H-GAN 鏡像了一張 FAKA 的臉，從眨眼頻率到唇部動作，甚至包括嘴部與頭部不自然地分離，都完全是像素級的復刻。他並不在乎面具背後那個真實的操縱者到底是誰，他只需要做到數學上的完美映射，便足以騙過防偽檢測器和所有人類的肉眼。

難的在於 FAKA 嘴裡說出的話。阿瑪卡看完了所有的影片，這些話涉及多元社會議題、複雜的政治立場和價值觀判斷，還不時

引用費拉・庫蒂生前的名言和民間俗語。做為年輕一代的奈及利亞人，阿瑪卡很多時候也不確定自己是否完全理解這些話的意思，更不用說去模仿了。

FAKA 說奈及利亞需要一種超越民族的新語言，「要把我們思想和詞語中的那些殖民遺毒清除乾淨」。

FAKA 說奈及利亞的母親是「至高無上的、受苦最深的人」，她們用自己的雙手「迎接過多少孩子的降生，又埋葬過多少孩子的死亡」。

FAKA 說「音樂是未來的武器」，只有讓教育和財富「像鼓點一樣在空氣中均勻播撒，人們的心臟才能按照同一個節奏跳動」。

……

這些詩歌般的句子敲擊著阿瑪卡的心扉，像一粒粒冰雹落入乾涸已久的土地，悄無聲息地融化成水滋養萬物。那是他早已丟棄在拉各斯街頭的希望。

可眼下，他需要的並不是認同感，而是偽造出可信的 FAKA 演講詞。

齊卻不以為然：「就讓他胡說八道好了，這正是我們想要達到的目的，人們會對他們的偶像產生懷疑，共識會分崩離析。很好！非常好！」

「也許人們並不像你想像的那麼蠢。他們會發現真相，然後變得更加團結，把憤怒的矛頭指向偽造者。」

「但 FAKA 本來就是假的，不是嗎？」

「給人們的希望可不是假的。」

「我只是提醒你，時間不多了。有消息說 FAKA 會參加下屆總統競選。」

「虛擬人有資格嗎？」這回輪到阿瑪卡驚訝了。

「在這片神奇的土地上，你永遠不知道會發生什麼。」

一場盛大的遊行在街頭上演。阿瑪卡躲在旅店的公共陽台上，遠遠地看著那些赤裸著上身的男孩如塵土般在陽光下起舞。他們像費拉・庫蒂一樣在臉上塗了白色顏料，背部黑色油亮的肌肉如鯰魚般突突跳動。他們的手臂時而高舉過頭頂，時而齊齊地伸向前方，並抖動手掌，彷彿在施展某種看不見的魔法。

各個民族的樂器和諧地共振著。阿瑪卡能分辨出約魯巴人尖銳的巴塔（Batá）鼓和低沉的阿羅（Aro）鼓，也有來自伊博人的鐵質手鈴奧根尼（Ogene）和悠揚靈動的奧皮（Opi）笛子。空氣顫動著，像一張拉開的弓漸漸繃緊。男孩們彷彿雨季裡木薯的嫩芽，隨著鼓點的節奏不斷改變動作。他們如此整齊劃一，好似靈魂是相通的。沒有人落單，正如他們口中不斷重複的口號「一個奈及利亞」一樣。這個口號，也是 FAKA 的競選口號。

阿瑪卡心情複雜。他羨慕他們，想加入他們，可心底有一種像叛徒害怕被揭穿時的恐懼在阻止他。齊要求的最後期限馬上就要到了，阿瑪卡卻發現這是一件根本不可能完成的任務。

根本不存在一個整合的 FAKA 虛擬人格。它的幕後團隊利用內容平台的智慧標籤系統，向不同使用者推送不同的影片，從議題、口號、語氣到動作，都會做出相應的微調，就像廣告公司一直在幹的那樣。

這已經遠遠超出了阿瑪卡的能力範圍。不知為何，這讓他鬆了一口氣，不過他必須面對接下來的嚴重後果。

「你怎麼不去？」奧齊奧瑪靠在陽台的鐵欄杆上，抽著倫敦牌香菸。

「我……不太會跳舞。」阿瑪卡勉強地笑了笑。他沒有說謊，從小到大，因為跟不上男孩們的步點和動作，他一直遭到嘲笑，只

能被驅逐到女孩的隊伍裡去。

「我可是我們村的舞會皇后。」奧齊奧瑪嘴角輕揚，「不是吹噓，男孩們看到我跳阿蒂洛格武（Atilogwu）舞時，看得眼睛都發直了。可我老爹就是不讓我去跳舞。他說只要我跳一次就打一次，直到把我的腿打斷為止。」

「後來呢？你聽他的話嗎？」

奧齊奧瑪大笑起來：「哪個孩子會聽父母的話……不過我倒是找到了辦法，能夠讓我把舞順利跳完。」

「什麼辦法？」阿瑪卡好奇地問。

「每次跳舞我都戴上 Agbogho Mmuo 的面具。」

「什麼？」阿瑪卡驚呆了，他知道那是北部伊博人最有名的面具，代表死去少女的靈魂，也象徵著至高無上的母親。

「沒錯。我父親當時也是這副表情。可他還是得行禮，表示對面具的尊敬。等到我跳完舞，摘下面具回到家後，他再把我痛打一頓。」奧齊奧瑪面露得意的神色，好像變回了當年的少女。

這個故事觸動了阿瑪卡。他眉頭緊鎖，努力抓住思緒中那條滑溜溜的魚。

「面具……」

「沒錯，孩子。那是我所有力量的源頭。」

「摘下面具？沒錯……摘下面具！」阿瑪卡突然跳了起來，在奧齊奧瑪臉頰上親了一口，「謝謝你，我的舞會皇后！」

陽台上只剩下奧齊奧瑪在喧鬧的鼓聲中一臉茫然。

阿瑪卡回到機器旁，他被自己的想法激動著。他告訴齊，要想讓 FAKA 的信徒拋棄自己的偶像，除了偽造謊言放進他的嘴裡外，更有力的莫過於揭下面具，讓背後操縱傀儡的人暴露在聚光燈下。

「可是……沒人知道背後究竟是誰。」

「這正是方便我們下手之處。」阿瑪卡興奮不已，「你還不明

白嗎，那可以是任何人，想想看！」

　「你是說……」

　「我可以讓 FAKA 摘下面具，變成任何你想讓他變成的人。」

　螢幕另一頭的齊沉默了好一會兒，似乎在努力理解這句話背後的涵義。

　「你真他媽的是天才！」齊終於明白了。

　「謝謝。」

　「等等，那意味著你需要偽造一張真實存在的臉。」

　「沒錯。」

　「需要透過防偽檢測器的所有檢測，包括色彩失真、噪點模式、壓縮率變化、眨眼頻率、生物信號……你能做到嗎？」

　「我需要時間……和不受限制的雲端算力。」

　「等我消息。」

　螢幕暗了下來，像鏡子般映出阿瑪卡的臉。興奮退去後，那張臉上留下的卻只有疲憊和不安，就像他真的背叛了某個守護神。

★　　★　　★

　一切都關乎成本，無論是造假還是打假。

　如果不考慮所耗費的時間與算力資源，理論上，任何人都可以偽造出完美的圖像或影像，可以騙過所有的防偽檢測器，直到對方訓練出下一個更強大的版本。

　這是一場永無休止的矛與盾之戰，因此聰明的策略就變得尤其重要。

　阿瑪卡對自己所要面臨的考驗瞭若指掌。他將所有的精力集中在了一件事上，它就是矛頭，它必須能一舉刺透最堅硬的盾牌。

　齊想讓 FAKA 在摘下費拉·庫蒂的數位面具後，露出雷波的

胖臉。雷波是臭名昭著的約魯巴原教旨主義政治家，向來以攻擊和貶低其他民族為己任，甚至不惜捏造各種虛假資訊。可以說，雷波是站在「一個奈及利亞」對立面的頭號公敵。這樣一來，FAKA 追隨者的信心便會崩塌。

這也意味著這段影片將被播放和轉發數百萬次，觸發最嚴格的防偽檢測機制，包括傳說中最難通過的 VIP 檢測器。

所謂 VIP 檢測器，針對的正是那些流量最大的意見領袖——政要、官員、明星、運動員、知名作家……為了防止這些賽博空間裡的超級節點遭到仿冒，對現實秩序造成巨大破壞，網站不得不採用融合了多種信號的檢測器演算法。包括但不局限於：超高解析度的臉部識別（Face Recognition），結合感測器和人體工程學的步態識別（Gait Recognition）、手／指幾何學識別（Hand/Finger Geometry Recognition）和體態識別（Gesture Recognition），涉及語音、語義及情感計算的語者識別（Speaker Identification），從真實影片中採集生物信號進行脈搏識別（Vein Recognition），等等。

所有這些資料均來自真實的名人，交給 H-GAN 進行深度學習，在不斷與偽造者升級對抗後得到近乎完美的模型，再融入更大的監測系統以發揮作用。VIP 檢測器甚至會將一個人的病史檔案做為資料參照，前提是這個人足夠重要。雷波毫無疑問就是這樣的超級 VIP。

對於阿瑪卡來說，一旦知道了魚網是如何織成的，也就知道了如何利用縱橫交錯的網線中間的空隙。無論空間多麼狹小，漏網之魚都能找到機會。

單一的 GAN 模型無法生成如此複雜、精細的偽造影片。阿瑪卡就像那位把屍體碎塊拼湊成嶄新生命體的弗蘭肯斯坦博士，以雷波的一段真實影像為基礎，再將由 H-GAN 分別生成的新面孔、嘴唇、手指、聲音……用 AI 一層層精細地縫合上去。這樣做的好處

是，所有的步態、手勢和體態都來自雷波本人，大大降低了被防偽檢測器判斷為偽造的風險，也減少了計算量。

一面立體的工作牆在阿瑪卡的 XR 視野中展開，他揮舞雙手，用手勢移動、放大、縮小飄浮在空中的圖示和素材，把自己想像成施展魔法的巫師。但在別人看來，他更像個正在烹飪一桌大餐的星級廚師。

阿瑪卡熟練地為不同的影像素材挑選最合適的開放原始碼軟體（就像把食材放進不同的廚具一樣），再調整參數、模型、訓練演算法（就像加調味料和掌控火候），然後放到算力強大的雲端 AI 上進行「烹製」。每組影像素材經過機器學習後生成一系列縮略圖，在虛擬的牆面上無限延展開去，就像一條掛滿了雷波身體不同部位的海報的長廊。

在這面工作牆的背後，是在雲端進行的一場無聲激戰。戰果被視覺化地呈現為每條海報長廊下方的一條藍色曲線，它如下坡的雲霄飛車般快速下降，這代表著影像的損失函數不斷降低。這條曲線愈接近 X 軸，就意味著生成的影片愈逼真。

阿瑪卡用軟體不斷調整參數、反覆運算模型。每一次，都可以看到那條藍色曲線進一步下降，無限逼近 X 軸。他就像個細細品嚐菜餚的大廚，不僅要顧及每一道菜的色香味，更要考慮整桌菜的搭配次序和整體感，以確保最終合成影片的效果。

他的精神像猴麵包樹般不可動搖，他的目光聚焦在無數看起來只有細微差別的畫面上。五彩斑斕的像素點幾乎要刺瞎他的雙眼，汗水在額頭上凝結、滑下，不停地從鼻尖滴落，卻絲毫沒有影響阿瑪卡靈活揮舞的手指。

任務幾乎就要完成了。這時，一個聲音在他耳邊響起，如同無法轉世的靈童奧班傑一樣擾亂了他的心神。

那個聲音反覆說道：「你在親手殺死一個神祇……」

他不是我的神。他是約魯巴人。

阿瑪卡反覆告誡自己，強迫自己把注意力集中到工作上，直到他面露驚喜。資料顯示，他一整晚的努力沒有白費，偽造影片成功騙過了最強悍的模擬檢測器。他終於支撐不住了，像一條被丟到沙灘上的魚，往床上一倒，很快陷入沉沉昏睡。

半夜，阿瑪卡聽見有人幽幽地呼喚著自己的名字。他勉強睜開眼睛，看到一個黑影站在床尾。他驚恐地伸手去開燈，卻怎麼也摸不到開關。那個黑影已經來到身旁，長著一張 FAKA 的臉，帶著不真實的電子螢光和粗糙像素，正衝著阿瑪卡笑。

「你、你想幹什麼？」

「別害怕，我的孩子。我聽到了你的召喚，所以來看看你。」

「我沒有，我不是故意要傷害你的⋯⋯」阿瑪卡的聲音顫抖著。

FAKA 大笑起來，發出豹子般的呼吸聲。

「沒人能傷害我，孩子。你不能，他們也不能。」

「他們？」

「那些企圖殺死奈及利亞未來的人。那些把神靈叫作齊內克（Chineke）、奧洛倫（Olorun）、阿巴斯（Abasi）甚至更多名字的人。那些引誘你走入黑夜叢林的人。」

「我很抱歉⋯⋯可我沒有別的選擇。」

「你當然有，我的孩子。你可以去尼萊塢，去講述真正的奈及利亞故事。」

這句話戳中了阿瑪卡的心事。他一直想要講一個自己的故事，一個在現實與傳統夾縫中掙扎的伊博族男孩的故事。

「我的守護神拋棄了我，因為我生活在約魯巴人的土地上⋯⋯」

「沒有那回事！」FAKA 突然打斷了阿瑪卡，那口氣聽起來竟然有幾分熟悉，「還記得你小時候我跟你說過的話嗎⋯⋯」

「我小時候？」

「我教你認各種鳥兒的名字，用什麼樹枝做彈弓力氣最大，用象草做成笛子……你難道都忘了嗎？」

「不可能，那都是我父親……」阿瑪卡突然停下，瞪大了眼睛。

「是的，我的孩子。還記得我跟你說過的嗎，伊博人有一句格言——一個人說是，他的守護神也只能說是。只有人拋棄自己的神，神永遠不會拋棄人。」

「可是父親，我不想讓你失望。」阿瑪卡想起了齊的威脅，那將摧毀整個家庭。

「阿瑪卡，有一件事我一直沒有告訴你。」

「什麼？」

「我並不在乎占卜師說的話。我不在乎我孩子的身體裡藏著誰的靈魂，不在乎那靈魂是男是女。只要我的孩子快樂、善良、敬畏神靈，就足夠了。」

「父親……」阿瑪卡伸出手，想去摘掉那副面具，他想念父親粗糙的臉。

「阿瑪卡，去看看『新非洲神社』（New Afrika Shrine）裡供奉的那些神祇。我相信你夠聰明，能做出正確的選擇。然後，回來看看我。」

就在阿瑪卡即將觸及那張閃爍不止的像素化面孔時，FAKA 突然消失了。阿瑪卡從睡夢中驚醒，床頭的燈還亮著。那台暗綠色的 Illumiware Mark-V 的螢幕上正顯示著一張熟悉的笑臉。

★　　★　　★

新非洲神社坐落在伊凱賈區，看上去像滿是塗鴉之作的破舊廠棚。裡面能夠容納兩千人。每到週末，這裡都會舉辦小型音樂會，

擺滿生意火爆的餐飲攤位。原先由費拉‧庫蒂創辦的位於帝國酒店的「非洲神社」俱樂部，在 1977 年被警方焚毀；新非洲神社是他兒子費米為了紀念父親，在 2000 年重新修建的。

阿瑪卡來過這裡許多次。和附近社區的年輕人一樣，他來這裡不僅是為了吃吃喝喝、歌舞派對，更是為了朝聖，似乎能夠對接半個世紀前的某種反叛精神。在這裡，人們彷彿可以拋開民族與階層的紛爭，真正團結起來，然後喝個酩酊大醉。

今天，他是來告別的。

舞台上方供奉著黑皮膚的神祇：恩克魯瑪、馬丁‧路德‧金恩、麥爾坎 X、桑卡拉、曼德拉、阿契貝、索因卡、伊班加……這些偉大的靈魂都曾用自己的全部生命來捍衛人民的自由、民主與平等。在表演中，表演者經常會停下來，以傳統的沉默方式祭拜先人，這已經成為一種標誌性的儀式。

阿瑪卡默默把那些面孔牢記在腦海裡，祈禱這些神祇守護自己。

他要離開拉各斯，回到自己的家鄉，向父親坦白一切。至於未來做什麼，他還沒有想好。也許使用 GANs 的好手藝能幫他找到一份正經工作，不用再去偽造什麼，而是真正地幫助一些人：給醫療 AI 的訓練資料集換臉以保護隱私，同時保留患者的臉部病徵；或者給老舊的黑白影片上色、提高解析度，甚至修改演員嘴形以配合不同的語言；也許透過圖像快速評估水果和農產品品質；甚至一些他不太敢去想的事情，比如拍一部真正的尼萊塢電影。

Smartstream 發出一聲清脆的金幣聲，阿瑪卡低頭查看。齊承諾的報酬入帳了。這也意味著那段足以亂真的影片正在網路上以核爆的速度傳播開了，衝擊著數百萬 FAKA 追隨者的信念。

歷史上，由 AI 偽造的影片曾引發加彭共和國兵變和馬來西亞政壇風暴。阿瑪卡不敢想像他偽造的影片將給奈及利亞帶來什麼後果，但他已經做出了選擇。

阿瑪卡站在舞台正前方，面向高高在上的費拉‧庫蒂的黑白肖像，雙手舉過頭頂，伸向前方，像是在連接神祇的力量。

「我將成為自己命運的主人，並決定死神何時帶走我。」

這句帶有魔力的咒語從男孩口中說出，它是費拉‧庫蒂對自己起的中間名 Anikulapo 的解釋，Anikulapo 在約魯巴語中意為「我把死神裝在口袋裡」。

阿瑪卡在 smartstream 上輸入指令，然後隨手將它丟進垃圾桶。他重新戴上那副粗糙的 3D 列印面具，希望在齊發覺這一切之前，逃得愈遠愈好。他將遠離這座到處寫滿 Eko o ni baje [7] 的巨大城市，回到充滿泥土芳香的家。

他選擇透過製造謊言來消除謊言。

第二段用 DeepMask 偽造的影片已上傳到了網路，即將引爆。與第一段影片的不同之處在於，當 FAKA 摘下數位面具，露出雷波那張能夠通過所有防偽檢測的完美面孔之後，他將繼續摘下自己的面具，一層又一層的面具，無窮無盡的面具。

奈及利亞人將會驚奇地發現，它們正是新非洲神社裡供奉的那些神祇的臉。

---

7 約魯巴語，意為「禁止破壞」。

開復解讀 💬

　　〈假面神祇〉講述了一個利用技術手段欺騙人類視覺的故事。

　　如果 AI 不僅可以看見、識別物體，還能對其加以理解及合成，那麼就可以巧妙利用這些能力，創造出讓人們無法分辨真偽的圖像和影像。

　　在〈假面神祇〉所描繪的未來中，人們再也無法單純依靠肉眼來辨別一段影片究竟是實地拍攝的，還是利用技術手段偽造的，為此，政府不得不公布相關法律，要求網站和 App 安裝防偽檢測器（類似於如今的防毒軟體），以保護使用者權益免受偽造影片的侵害。在這樣的大環境之下，深度偽造（Deepfake）攻守雙方的拉鋸戰就將演變成一場軍備競賽──擁有更多算力的一方將會獲得最終的勝利。

　　上述情況在 2041 年之前就會在已開發國家出現，因為已開發國家在大約十年內就能部署昂貴的電腦來防禦 Deepfake，也有足夠好的複雜工具和 AI 專家來進行防禦，進而率先實施相關的反 Deepfake 法案。而較落後的國家，如奈及利亞，可能到 2041 年左右才會碰到 Deepfake 的攻守拉鋸戰。

　　那麼，AI 是如何（透過攝影機和預先錄製好的影像）掌握「看」這項能力的？一旦能看，將會出現什麼樣的應用？奠基於 AI 的 Deepfake 究竟是如何實現的？人類或是 AI 能夠看穿 Deepfake 的真面目嗎？社交網路是否將會被假影片占領？人與人之間的信任會因此而被粉碎嗎？怎樣才能阻止 Deepfake 的濫用？AI 技術還存在哪些安全性漏洞？Deepfake 背後的技術難道就不能給人類帶來好處嗎？

　　我們將在下面就這些問題展開討論。

一、什麼是電腦視覺技術

透過〈一葉知命〉這個故事，我們看到了深度學習技術在網際網路及金融等大數據應用領域的巨大潛力，已經不會對 AI 在大數據的應用領域超越人類感到驚訝了。那麼在人類所特有的能力方面，例如感知，AI 的表現又會如何呢？

在人類的六感之中，視覺是最重要的。電腦視覺（Computer Vision, CV）是 AI 的技術分支之一，主要研究如何讓電腦擁有「看」的能力。這裡的「看」不僅意味著看到並捕捉一段影像或圖片，而且意味著能夠分析並理解圖像序列的內容和涵義。

電腦視覺技術包括以下從簡單到複雜的功能。

- 圖像採集和處理 —— 使用攝影機及其他類型的感測器，採集真實世界中的三維場景，將其轉化為影片。每一段影片就是一系列的圖像，而每個圖像都是一個二維矩陣，矩陣裡的每個點都代表著人所能看到的顏色（這個點也就是所謂的「像素」）。
- 目標檢測和圖像分割 —— 把圖像劃分為若干個不同的區域和物體。
- 目標識別 —— 對物體進行識別（例如識別出一隻狗），並在此基礎上掌握更多的細節特徵（例如確認該狗為德國牧羊犬、深棕色等）。
- 目標追蹤 —— 在影片中定位和跟蹤物體。
- 動作識別 —— 對動作和手勢進行識別，如 Xbox 體感遊戲中的舞蹈動作。
- 場景理解 —— 對一個完整的場景（例如一隻饑餓的狗正盯著一根骨頭）進行分析並理解，掌握其中複雜而微妙的關係。

故事當中的阿瑪卡為了讓 FAKA 摘下面具露出雷波的臉,使用了 Deepfake 製造工具去偽造影片,他的操作過程涉及了上述所有步驟。

具體來看,阿瑪卡首先要把一段真實的 FAKA 影片分解成每秒六十幀的圖像,每張圖像都用數千萬個像素來表示;接下來,AI 會讀取圖像上的像素,然後自動識別並分割出 FAKA 的身體(可以想像成用筆描出 FAKA 的身體),進而分割出 FAKA 戴著面具的臉龐、嘴唇、手/手指等具體部位。AI 要對影片分解出來的每一幀圖像重複這樣的操作,如果是一段五十秒長的影片,那麼就需要對 50×60 = 3000 幀圖像進行處理。除此之外,AI 還要關聯並追蹤幀與幀之間的運動姿態,發掘物體之間的關係。所有這些工作都只是阿瑪卡編輯偽造影片之前的預處理。

也許你看到這裡會想,原來電腦視覺這麼費勁呀!做了這麼多工作,還沒開始 Deepfake 呢!上面提到的這些工作,對人類來說可都是不費吹灰之力的 —— 人類只要看上一眼影片,就能瞬間在腦海中抓取並消化上面提到的內容和資訊。而且,人類能夠對事物進行廣義的理解和抽象的認知,即使同一物體在不同的角度、光線、距離下存在視覺上的差異,甚至有時會被其他物體遮擋住,人類也能透過推理產生相應的視覺認知。例如我們只要看到雷波以一種特定的姿勢坐在辦公桌前,就算沒有看到他究竟在幹些什麼,也可以推斷出他正拿著一枝筆在紙上寫字。

我們在「看」的時候,調用了許多過去積累的有關這個世界的知識,包括透視現象、幾何學、常識,以及之前看過、學過的所有東西。對於人類而言,「看」似乎是一件自然而然的事情,但我們卻很難把這項能力傳授給電腦。

電腦視覺就是旨在克服這些困難,讓電腦學會「看」懂物體的研究領域。

二、電腦視覺技術的應用

事實上，目前的電腦視覺已經具備了即時處理能力，應用場景覆蓋到了許多領域，我們每天的生活裡都有電腦視覺技術的身影，例如：

- 化身為汽車上的「助理駕駛員」，監測人類駕駛員是否疲勞駕駛。
- 進駐無人超市（如天貓無人超市），透過攝影機自動識別顧客把商品放進購物車的過程。
- 為機場提供安全保障，用於清點人數，識別是否有恐怖分子出沒。
- 姿態識別，開發 Xbox 舞蹈遊戲，為使用者的動作評分。
- 人臉識別，讓使用者「刷臉」解鎖手機。
- 智慧相機，iPhone 的人像模式可以識別並提取前景中的人物，巧妙地讓背景模糊，效果堪比單眼相機。
- 應用於軍事領域，將敵方士兵與平民區分開，或打造無人機和自動駕駛汽車。

在〈假面神祇〉這個故事的開頭，我們看到：人們在穿過檢票閘機時，攝影機會透過人臉識別系統自動扣取乘車費用；行人的動作可以啟動看板上的卡通動物，而且透過手勢，行人還能與這些卡通動物進行互動；阿瑪卡的 smartstream 利用電腦視覺及 AR 功能，即時在街景上疊加了一條虛擬的路線，為他指明了目的地的方向……

電腦視覺技術還可以根據現有的圖像或者影像進行「錦上添花」，例如：

- 對照片和影片進行智慧編輯，比如「美圖秀秀」等軟體工具，在電腦視覺技術的支援下，可以實現優化去背、去紅眼、美化自拍等功能。
- 醫學圖像分析，比如檢查判斷肺部電腦斷層掃描中是否有惡性腫瘤。
- 內容過濾，監測社交媒體上是否出現色情、暴力等內容。
- 根據一段影片內容搭配相關廣告。
- 實現智慧圖像搜索，根據關鍵字或圖像線索查找目標圖像。
- 實現換臉術，把原影片中 A 的臉替換為 B 的臉。

〈假面神祇〉中的 Deepfake 影片是用自動編輯影像的 AI 工具做的，能夠把原影片中的人完全替換成另一個人，無論是臉部、手／手指、說話的聲音，還是步態、體態、臉部表情等都維妙維肖。我們將在後面詳細介紹有關 Deepfake 的內容。

三、電腦視覺的基礎 —— 卷積神經網路（CNN）

基於標準神經網路的深度學習並非易事。一張圖像就有數千萬個像素，讓深度學習模型從大量的圖像中挖掘出其中的微妙線索並成功提取特徵，是不小的挑戰。

研究人員從人類大腦中獲得靈感，拓寬了深度學習的邊界。每當眼睛看外界事物時，大腦中的視覺皮層會調用許多神經元，這些神經元只接受來自其所支配的刺激區域（也稱接受域）內的信號。接受域能夠識別線條、顏色、角度等簡單特徵，然後將信號傳遞給大腦最外層的新皮質。大腦皮層會按照層次結構儲存資訊，並對接受域輸出的信號加以處理，然後進行更為複雜的場景理解。

卷積神經網路（CNN）就是受人類視覺工作機制的啟發而產生的。每個卷積神經網路中都有大量類似於人腦接受域的濾波器。這些濾波器，會在影像處理的過程中被反覆使用。每個濾波器都只針對圖像的部分區域進行特徵提取。深度學習的原理，就是透過不斷向模型「投餵」大量的圖像實現模型的優化，在這個過程中，卷積神經網路的所有濾波器都將自主學會應該提取哪一個特徵。每個濾波器的輸出，都是它所檢測的特徵（例如黑色線條）的置信度。

與大腦皮層的功能網路架構類似，卷積神經網路的架構也有等級之分。每一層濾波器輸出的特徵置信度都將成為下一層濾波器的輸入，用於提取更複雜的特徵。舉個例子，如果把一張斑馬的圖片輸入卷積神經網路，那麼最初一層的濾波器可能會針對圖片的每個區域檢測黑色線條和白色線條；高一層的濾波器可能會在更大的區域裡檢測條紋、耳朵、腿；再高一層的濾波器可能會檢測出更多的條紋、兩隻耳朵、四條腿；有些卷積神經網路的最高層濾波器也許會去分辨圖片中的動物到底是斑馬，還是馬或者老虎。

需要說明的是，我們剛才只是為了便於讀者理解，才使用人類能理解的這些特徵來舉例說明卷積神經網路可能提取的特徵（如條紋、耳朵）。但在實際訓練中，卷積神經網路將以最大化目標函數為前提，自主決策每一層濾波器會提取哪些特徵，也許是條紋、耳朵，但更可能是一些超出人類理解範疇的特徵。

卷積神經網路是為電腦視覺而生的一種改良版深度學習模型架構，而且有不同版本的變體，適用於處理不同類型的圖像和影像。

人們在二十世紀八〇年代首次提出了卷積神經網路這個概念，但可惜的是，當時並沒有足夠的資料和算力讓卷積神經網路發揮應有的作用。直到 2012 年前後，人們才清楚地意識到這項技術有潛力擊敗所有傳統的電腦視覺技術。

現在回頭去看，電腦視覺技術其實占盡了天時地利。因為正是

在 2012 年前後，人們用開始流行起來的智慧手機拍攝了大量的圖像及影片，然後把它們分享到社交網路上，深度神經網路的訓練才有了充足的資料。同時，高速電腦和大型存放區設備的價格大幅下降，為電腦視覺技術提供了算力支援。這些要素匯合在一起，共同促進了電腦視覺技術的發展和成熟。

四、Deepfake

「川普是個徹頭徹尾的白痴。」歐巴馬在一段影片裡這樣說道。

這段影片裡的歐巴馬，無論是聲音、相貌還是表情，都跟真正的歐巴馬非常相似。

2018 年末，美國演員喬丹·皮爾與新聞聚合網站 BuzzFeed 合作，「自編自導」製作的這樣一段「假」的 Deepfake 影片，迅速在網路上傳播開來。AI 以皮爾的一段講話錄音為基礎，把皮爾的聲音轉變成了歐巴馬的聲音，然後調整歐巴馬的一段真實影片，讓他的臉部表情甚至嘴形都能夠與講話的內容相匹配。整段影片看起來沒有絲毫的違和感。

製作這段影片的初衷是向人們發出警告：Deepfake 內容很快就會走進我們的日常生活。果不其然，同年，網路上就出現了一些以著名女明星為主角的「虛假色情片」：有人用製造 Deepfake 的工具把色情片女主角的臉替換成了當紅女明星的臉，直接引發了眾怒，美國政府甚至不得不制定新的法律明令禁止這種行為，不過類似的情況還是屢禁不止。

2019 年，一款全新的 App 在中國橫空出世。這款 App 能夠幫助使用者實現他們的電影夢：在短短幾分鐘內，使用者只要用這款 App 自拍，就能獲得一段專屬影片 —— 在指定的電影片段之中，男

女主角的臉會替換成使用者的臉，並隨著劇情變化做出相應的反應。我也試著過了一把明星癮（替換周潤發），只不過新生成的影片仍然保留了電影的原聲。這麼做就大大降低了 App 的開發難度。

2021 年，一款名為 Avatarify 的 App 連續問鼎蘋果 App Store 免費下載榜單 Top 1。這款 App 的功能是讓使用者上傳的照片「動起來」──使用者可以操縱照片中人物的表情，例如香港四大天王、還珠格格共唱「螞蟻呀嘿」洗腦歌曲。我也只花了幾秒鐘，就讓自己過去出版的書的封面肖像唱了一段英文老歌 Only You，效果非常「魔性」。

Deepfake 似乎在一夜之間就火爆了起來。任何人都可以用它製作一段「假」影片，雖然影片的品質可能比較業餘，會讓人看出端倪，可是這並不妨礙 Deepfake 的流行與普及。

但換個角度來考慮，這也意味著，在我們的世界裡，未來的所有數位資訊都有被偽造的可能。無論是線上的影片、錄音，還是監視攝影機拍攝的畫面，甚至法庭上的影音證據，都有可能是假的。

在〈假面神祇〉這個故事中，阿瑪卡使用的 Deepfake 製造工具，比皮爾在 2018 年使用的要先進得多，所製作出來的影音不僅更加成熟、品質更高，而且天衣無縫到連人類的肉眼或者普通的防偽檢測器都看不出任何問題。

阿瑪卡利用軟體工具，把希望「雷波」說的文本，透過語音合成系統轉化成與雷波本人的聲音高度相似的語音。接下來，再經過 AI 演算法合成雷波的臉部表情和口型，讓「雷波」在說這段話時自然流暢。下一步，把合成的「雷波」的臉與 FAKA 的身體疊加在之前處理過的影像中，確保手、腳、頸部等重點部位能夠以假亂真，在呼吸節奏、關節連接處等細節上也力求無懈可擊。

除這種基於影音的 Deepfake 換臉方式外，還有一種換臉方法──三維建模，這種方法與 3D 動畫片「玩具總動員」的製作過程

類似。三維建模屬於電腦科學分支之一 ── 電腦圖形學 ── 的研究範疇，這是一門使用數學演算法對一切事物進行建模的學科，哪怕是像頭髮、微風、陽光、陰影一樣細微的事物，也要有相應的數學模型。三維建模方法的優點在於，人們的創作自由度較高，可以隨心所欲地創建各種物體，並操縱這個物體去做各種事情，但相應地，這種方法的缺點是計算複雜程度更高，對算力的要求也更大。

2021 年的電腦速度所做出的三維建模水準還不能達標，完全無法騙過人類的眼睛（這也是為什麼動畫電影中的人物看起來不那麼真實），更別說通過防偽檢測器的驗證了。不過，到了 2041 年，人類也許會成功構建出具有高度真實感的三維模型，我們將在本書後面的故事〈雙雀〉和〈偶像之死〉中看到三維建模的應用。

大部分人可能會出於好玩、惡搞的心理去偽造一些影片，但肯定也有人會出於惡意去製造和傳播 Deepfake 影片，就像〈假面神祇〉中逼迫阿瑪卡給 FAKA 換臉的齊。除了偽造傳播性極廣的謠言或假新聞，Deepfake 還可能被有心之人用於偽造證據、敲詐勒索、騷擾、誹謗，更嚴重的還會操縱選舉。

Deepfake 到底是怎麼實現的？AI 技術如何檢測一段影音的真偽？當 Deepfake 與反 Deepfake 雙方產生對立時，哪一方會在這場競爭中取得勝利？要回答這些問題，我們需要先了解 Deepfake 背後的工作機制和原理。

五、生成式對抗網路（GAN）

Deepfake 換臉術建立在一種名為生成式對抗網路（GAN）的技術基礎之上。顧名思義，GAN 是由一對互相對抗（博弈）的網路組成的深度學習神經網路。

其中的一個網路名為生成式網路，負責嘗試生成一些看起來很真實的東西，例如以數百萬張狗的圖片為基礎，合成一張虛構的狗的圖片。另一個網路名為判別式網路，它會把生成式網路所合成的狗的圖片，與真實的狗的圖片進行比較，鑑定生成式網路的輸出是真是假。

生成式網路會根據判別式網路的回饋，重新進行自我訓練，努力讓損失函數最小化，即縮小真實圖片與合成圖片之間的差異，朝著下一次能夠成功愚弄判別式網路的目標邁進；而判別式網路也會重新進行自我調整，努力讓損失函數最大化，希望練就火眼金睛，不被生成式網路矇騙。經過數百萬次這樣的「對抗」之後，生成式網路和判別式網路的能力會不斷提升，直至最終達到平衡。

第一篇有關 GAN 的論文發表於 2014 年。這篇論文展示了 GAN 的「對抗」過程——生成式網路首先合成了一個非常可愛但是看起來很假的「小狗球」（dogball）的圖片，然後很快被判別式網路判定為「假」，接著生成式網路逐步學會了「偽造」讓人很難區分真偽的狗的圖片。目前，GAN 技術已經被應用於影音、演講和許多其他形式的內容之中。

那麼，以 GAN 技術為基礎的 Deepfake 影片會被識破嗎？目前大多數 Deepfake 影片都可以被演算法檢測到，有時甚至人眼就可以辨別出來，原因在於，這些影片在製作時使用的演算法還不夠完善，而且沒有足夠的算力做支撐。為了以 AI 制 AI，Facebook 和 Google 都曾發起過 Deepfake 影片鑑別挑戰賽。不過，嚴苛的防偽檢測器消耗的算力非常大，如果一個網站每天都會收到數百萬段使用者上傳的影片，那麼防偽檢測器的有效性就將大打折扣。

長遠來看，阻止 Deepfake 的最大難點其實在於 GAN 的內在機制——生成式網路和判別式網路會在一次次「博弈」之後攜手升級。舉個例子，我們構建了一個生成式網路，這時有人構建了一個

判別式網路，它能夠檢測出網路所生成的結果是「假」的，那麼我們就可以把愚弄新的判別式網路做為目標，重新訓練我們的生成式網路，這樣就會激發判別式網路重新進行訓練……這個循環發展到最後將成為一場軍備競賽，比的是哪一方能夠用更強的算力訓練出更好的模型。

在〈假面神祇〉這個故事中，阿瑪卡曾在地下網吧裡偽造了一段「白人吸血鬼男孩襲擊拉各斯無家可歸者」的影片。儘管當時阿瑪卡依靠的是網吧裡簡陋的演算法工具和算力，但這段影片仍然欺騙了不少人的眼睛，在發布後的二十四小時內獲得了數百萬次的點擊，直到被平台鑑定為偽造而遭封禁。2041 年的技術生成的偽造影片足以蒙蔽人類的肉眼，但在以強大算力訓練而成的 GAN 面前，還是會露出小尾巴，被 GAN 的判別式網路識破。

隨著故事的發展，阿瑪卡的雇主齊為他提供了不受限制的雲端 AI 算力，用來訓練複雜的大型 GAN 模型，學習生成臉部、手／手指、步態、手勢、聲音以及表情等。此外，阿瑪卡還向 GAN 投餵了大量真實的雷波的訓練資料。在這樣強大的支持下，阿瑪卡製作的這段 Deepfake 影片能夠欺騙所有普通強度的防偽檢測器。這不難理解，就像珠寶店的防彈窗可以擋住所有普通搶匪的入侵，但是如果有搶匪扛著火箭筒來搶珠寶店呢？在火箭筒面前，防盜窗簡直形同虛設。在強大的算力面前，普通防偽檢測器也是一樣。

到 2041 年，針對 Deepfake 影片的防偽軟體將成為類似於防毒軟體的存在。政府網站和官方新聞網站上對資訊的真實度要求非常高，所以會設置強度最高的防偽檢測器，以甄別網站上是否有由強大算力訓練而成的 GAN 生成的高品質偽造影片。社交網站和影音平台（例如微博、抖音）上的圖片及影片數量龐大，如果用強度過高的防偽檢測器來掃描使用者上傳的所有內容就會消耗大量算力，所以都會部署級別較低的防偽檢測器，同時按照影片的傳播量對級

別進行動態調整，傳播量愈大的內容會使用更為精準而嚴格的檢測技術。在故事中，雇主希望阿瑪卡偽造的影片能夠像病毒一樣迅速而廣泛地傳播，因此 GAN 需要在算力最強大的電腦上進行訓練，以免被網站使用的最高級別的防偽檢測器發現。

難道就沒有檢測準確率能夠達到 100% 的防偽檢測器嗎？這在未來並非無法實現，只不過可能需要採用一種完全不同的檢測方法──每台設備在捕捉影片或照片時，就對每段影片和每張照片進行認證，用區塊鏈保證它是原版的，絕對沒有經過竄改。這樣，每個網站在使用者上傳內容時，只要確認該內容是原版的，就不存在偽造的可能了。

然而，在 2041 年，這種「高級」的方法還無法達成，因為這種方法要達成的前提之一是，讓所有電子設備都部署上區塊鏈技術（就像如今的 AV 播放機全部帶有杜比音效）。此外，區塊鏈技術必須實現突破，才能處理這麼大規模的內容。

在實現上面提到的區塊鏈或其他長期解決方案之前，人們需要不斷改進防偽檢測技術和工具來應對 Deepfake，同時需要制定相應的法律，對惡意製造 Deepfake 的人採取嚴厲的處罰措施，以威懾潛在的犯罪者。例如，加州在 2019 年就通過了一項法律，禁止 Deepfake 在色情片中出現，同時禁止使用 Deepfake 來擾亂政治選舉。即便立法滯後，人們可能還需要自己學會辨別網上的內容──無論線上的內容看起來多麼真實，都不排除有「假冒」的嫌疑（直到區塊鏈解決方案產生作用）。

其實，除了製作 Deepfake 換臉影片之外，GAN 也可以用於做一些更有建設性的工作，例如讓照片中的人物變年輕或者變老、為黑白電影及照片上色、讓靜態的畫作（例如「蒙娜麗莎」）動起來、提高解析度、檢測青光眼、預測氣候變遷所帶來的影響，甚至發現新藥。

我們不能把 GAN 和 Deepfake 畫上等號，因為這項技術的積極影響將遠遠地超過其負面影響，絕大多數新出現的突破性技術也都是如此。

六、生物特徵識別

生物特徵識別是利用人體固有的生理特徵來進行個人身分鑑定的研究領域。故事《假面神祇》中應用的複雜而龐大的 GAN 就是生物特徵識別技術之一，它吸納了對人類的許多重要生理特徵進行識別的技術，包括人臉識別、步態識別、手／手指幾何學識別、手勢識別，以及涉及語音語義及情感計算的語者識別、脈搏識別等。

在現實生活中，生物特徵識別主要用於即時的身分鑑定，而不是故事所講述的影片中的身分鑑定。即時的身分鑑定可以更精確，因為可以用到攝影機之外的感測器，比如可以即時捕捉虹膜和指紋的感測器。這兩種資料都是獨一無二的，非常適合用於身分鑑定。目前，虹膜識別是被大眾認可的最為精準的生物特徵識別方法。虹膜識別是在紅外線的照射下捕捉並記錄一個人的虹膜資訊，然後將其與預先儲存的虹膜特徵進行比對。指紋識別的準確率也非常高。不過，由於虹膜識別和指紋識別都離不開特定的近場感測器裝置的輔助與配合，所以對故事中的各種真偽影片無法發揮作用。

近年來，隨著深度學習與 GAN 技術的突飛猛進，生物特徵識別領域的研究也有了蓬勃的發展。在識別及鑑定任何單一維度的生物特徵（例如人臉識別或語者聲音識別）方面，AI 的準確率已經超過了人類的平均水準；在綜合考量多維度生物特徵的情況下，AI 的識別準確度已經趨於完美（見表 2-1）。

到 2041 年，AI 將從人類手中接管身分識別／鑑定等常規工

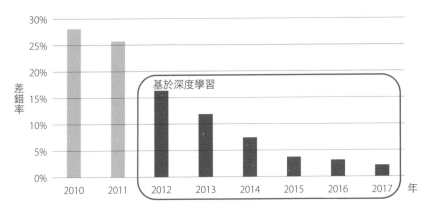

表 2-1　電腦視覺的差錯率在深度學習的支持下持續下降（資料來源：李開復）

作。我們推測，在未來二十年內，智慧生物特徵識別技術將更廣泛地應用於刑事調查和取證，可以解決更多的犯罪問題，甚至有助於降低人類的犯罪率。

七、AI 安全

隨著技術的不斷進步，任何計算平台都可能出現漏洞及安全隱患，例如電腦病毒、信用卡盜用和垃圾郵件等。而且，隨著 AI 的普及，AI 本身也將暴露出各種漏洞並遭到各方攻擊，Deepfake 反映出的只是其中的一個漏洞而已。

專門設計的對抗性輸入是針對 AI 系統的攻擊方法之一。攻擊者將挑戰 AI 系統的決策邊界，並借此調整對 AI 系統的輸入，進而達到讓 AI 系統出錯的目的。例如有研究人員設計了一副新款太陽眼鏡，讓 AI 系統把戴上眼鏡的「他」錯認成蜜拉・喬娃維琪。

還有研究人員在路面上貼了一些貼紙，成功愚弄了特斯拉 Model S 車上的自動駕駛系統，讓其決定轉換車道，直接開向迎面駛來的車輛。〈假面神祇〉裡的阿瑪卡也曾利用一張面具成功欺騙了車站的人臉識別系統。試想，如果有人把類似的攻擊手段應用在軍事領域，例如讓 AI 系統把一輛偽裝過的坦克誤認為是救護車，那麼後果將不堪設想。

還有一種攻擊 AI 系統的方法是對資料「下毒」：攻擊者透過「汙染」訓練資料、訓練模型或訓練過程，來破壞 AI 系統的學習過程。這可能導致整個 AI 系統徹底崩潰，或被犯罪者控制。如果一個國家的軍用無人機被恐怖分子操控，那麼這些無人機將把武器掉轉過來瞄準自己的國家，這將是多麼可怕的事情。

與傳統的駭客攻擊相比，對資料「下毒」的攻擊手段更難被人類察覺。問題主要出在 AI 系統架構上面 —— 模型中的複雜運算全部都在成千上萬層的神經網路中自主進行，而不是按照確切代碼的指引進行的，所以 AI 系統先天就具有不可解釋性，也不容易被「調試」。

儘管困難重重，但我們仍然可以採取明確的措施來阻止上述情況發生。例如，加強模型訓練及執行環境的安全性，創建自動檢查「中毒」跡象的工具，以及開發專門用於防止竄改資料或與其類似的規避手段的技術。

正如我們過去透過技術創新攻克了垃圾郵件、電腦病毒等一道道關卡一樣，我深信技術創新也能大大提高未來 AI 技術的安全性，盡量減少給人類帶來的困擾。畢竟，解鈴還須繫鈴人。技術創新所帶來的問題，最終還是需要依靠新的技術創新來進行改善或徹底解決。

雙雀

開復導讀

▼

本章故事探討了 AI 在未來為教育賦能的潛力。在故事中，AI 教師化身為韓國雙胞胎孤兒所喜愛的卡通化虛擬夥伴，分別幫助他們挖掘和發揮潛能。多虧有了 AI 的重要分支「自然語言處理技術」（NLP），這兩個 AI 夥伴才能夠用人類的語言流利地和孤兒交談，建立情感連結和信任。我預測，NLP 將在未來十年取得突飛猛進的發展，AI 甚至可以自己教自己學會全新的語言。到 2041 年，AI 能否達到「強 AI」？在本章的解讀部分，我將回答這個問題，並介紹 GPT-3 等目前在理解人類語言之路上所取得的重大技術突破。

CHAPTER 3　雙雀

> 我們是太陽和月亮，親愛的朋友；我們是海洋和陸地。我們的目的不是要成為對方，而是要認識對方，學會看清對方，尊重對方的本質：我們彼此是對方的反面和補充。
>
> ——赫曼·赫塞《納爾齊斯與歌爾德蒙》

　　用金智英院長的話來說，朴氏夫婦選擇了在一個「完美的春日」到訪，像一縷初春的陽光照進了源泉學院。

　　「……眾所周知，傳統孤兒院資源有限，只能發揮收容、撫養的功能。孤兒可能會接受教育，但在課堂之外如何發掘潛能，找到自己的人生道路，卻少有人關心。源泉學院希望借助 AI 的力量，讓孩子們獲得平等發展的機會……」大家都親切稱之為「金媽媽」的院長介紹道。

　　俊鎬和慧珍穿著清爽的高級訂製套裝，面露得體的微笑。

　　「做為德爾塔基金會的董事會成員，慧珍和我一直以來都很欽佩您對源泉的卓越貢獻，不過，我們今天來並不是代表基金會……」

　　他稍加停頓，轉向太太，慧珍點頭微笑。

　　「……我們也希望能從源泉領養一個孩子。」

　　金媽媽面露喜色：「啊這樣……不知道兩位看過孩子們的檔案了嗎？」

　　慧珍開口了：「孩子們都很優秀，俊鎬和我特別想見那對雙胞胎男孩。」

「噢，金雀和銀雀……」金媽媽的聲音低沉了幾分，「如果要收養兩個小孩，可是要經過兩次家庭評估流程哦。」

「這個您大可放心。」俊鎬自信滿滿。

金媽媽帶著朴氏夫婦走進一間明亮寬敞的會客室，地上鋪著米灰色絨毛地毯，家具和壁紙也都是柔和的米色與粉色的。

門開了，兩個男孩被帶了進來。這兩個男孩看起來就像一對複製人，都是黑髮柔軟微卷、眉眼細長、上唇微翹，甚至連鼻尖上的雀斑，都難以看出有什麼差別。

俊鎬和慧珍起身歡迎，幾乎是同時，兩個男孩迅速分開，一個向前邁出一步，另一個則躲到了牆角。

「金雀，銀雀，」金媽媽介紹，「這是俊鎬和慧珍，他們都是我們學院的好朋友，今天特地來看看你們。」

「俊鎬好，慧珍好。」邁出一步的男孩眨眨眼睛，「那麼，你們是來帶我們回家的嗎？」

俊鎬和慧珍尷尬地笑笑，不知道該如何回答。

另一個男孩不說話，低著頭，用鞋尖在地毯上畫著圓圈，直到把地毯的化纖絨毛攪成米灰色的漩渦。

「我猜你是金雀，他是銀雀，我猜對了嗎？」慧珍蹲下身子，看著他們倆。

「其實也沒什麼難猜的，」金雀討好地回答，「雖然我們是同卵雙胞胎，基因組資料只有百萬分之一的差異，可我們完全不一樣，銀雀喜歡自己玩。」

「那你呢？你喜歡玩什麼？」俊鎬對這個早熟的六歲男孩產生了興趣。

「我？我不喜歡玩，我喜歡比賽。」

「哦？什麼比賽？」

「所有的比賽，原子俠剛幫我贏了一個建築設計大賽。」

「原子俠？」俊鎬疑惑地問。

「噢，是金雀的 AI 夥伴。」金媽媽解釋道。「學院的 vPal 系統給每個孩子都提供了 AI 夥伴，可以幫助他們優化管理日程、學習任務甚至是遊戲……」

俊鎬眼鏡前出現了來自金雀的資料共用邀請。他用視線點選同意，XR 視野中男孩身體的邊緣開始發出紅光，像素化的火焰熠熠燃燒。火焰突然騰空而起，脫離金雀的身體，經過複雜變形，最後成為一具稜角分明的紅色機器人，向外迸濺火星，氣勢洶洶。俊鎬舉起雙手表示投降。

「這就是原子俠，我最好的朋友。」金雀得意地說。

「你呢，你的 AI 夥伴叫什麼？」慧珍發現銀雀一直在默默注視著所有人，她想摸摸他的臉頰，男孩卻縮起身子。慧珍終於看清楚兩人臉上細微的差異。在銀雀右眼皮上有指尖大小的傷疤，像粉色的玫瑰花瓣。

「索拉里斯，像一大坨鼻涕，超噁心的。」金雀搶答道。

銀雀終於抬起頭，眼中射出充滿敵意的目光。

「索拉里斯不是鼻涕！」

「它就是鼻涕，你就是鼻涕蟲！」

局面變得有點失控。金媽媽趕緊讓教保員帶走兩個男孩，房間裡又恢復了寧靜。

「你們都看到了，兄弟倆性格……很不一樣，但他們都是很好的孩子。有什麼想法嗎？」

「確實……令人印象深刻。」俊鎬看了一眼妻子。「我和慧珍得再商量一下，會盡快給您答覆。」

天色已經微暗，草地上的燈光亮了起來，充滿了溫馨的氣氛。朴氏夫婦的豪華汽車駛離校園，捲起幾片枯葉。金智英院長目送他們離開。她臉上半是欣慰，半是憂傷。

不用等他們正式答覆，她心裡已經猜到了這對成功人士的選擇。那是這世上絕大多數崇尚理性與效率之人都會做出的選擇。

一個星期後，朴氏夫婦接走金雀，留下了銀雀。

★　　★　　★

三年前，一個大雪紛飛的冬夜，社會福利署的車子在源泉學院路面的積雪上軋出兩道深深的平行線。

金媽媽從照服員手裡接過兩個瑟瑟發抖的小男孩。他們在蓬鬆的羽絨衣下顯得如此瘦小，像枝頭隨時會墜落的松果球。

幾個小時前，他們的父母死於一場交通意外。出於某種考慮，這對夫婦關閉了自動駕駛，改為手動操作，變換車道時路面上的積雪導致車子側滑，那輛新款現代失控撞出高速公路的護欄，翻墜下十幾公尺高的斜坡。開車的丈夫及坐在副駕駛位置上的妻子當場死亡。坐在後排安全座椅裡的兩個男孩被救出，奇跡般毫髮無傷。

金媽媽給他們換上乾淨柔軟的家居服，又給他們熱了牛奶，兩人喝著，臉色逐漸紅潤起來。

「瞧瞧這兩個小傢伙，活像一對小麻雀。」金媽媽笑著對旁邊的人說。「乾脆就叫他們金雀和銀雀吧。可誰是金雀，誰是銀雀呢？」

一個男孩放下杯子，上唇帶著牛奶鬍子，咧嘴笑了。

「笑得這麼歡快，你就叫金雀吧。」

另一個男孩沒有做任何選擇，他面無表情地盯著杯子裡的牛奶，彷彿周遭的一切都與他無關。

日子慢慢地過去，在專業的心理療癒課程中，兄弟倆慢慢接受了現實，開始融入陌生的新環境。這並非易事，金雀會因想媽媽而大哭，銀雀則在一旁默默抹淚。金媽媽總會哼唱起童謠，搖晃著雙胞胎入睡，就像真正的媽媽那樣。跟金雀不一樣，銀雀總是抗拒肢

體上的親密接觸，甚至回避眼神上的交流。

金媽媽開始關注銀雀的怪異舉動。

幸好，孩子所有的醫療和行為資料，都保存在已經去世的父母所使用的育兒服務雲端平台上，可以供學院老師調用並且整合到學院的系統中。早在六個月大時，銀雀便顯露出對於肢體與目光接觸的抗拒。

與愛冒險的金雀相比，銀雀就像一台被編好程式的機器，在學會走路之後，他連在育嬰室中行走的路線都一成不變。

銀雀並沒有表現出有認知障礙、過動症或癲癇的跡象。大多數時候，他只是異常安靜，沉浸在自己的世界裡，他能盯著任何旋轉的物體——尤其是風扇的扇葉——看一整個下午。診療 AI 對銀雀的瞳孔、臉部表情、語音及肢體語言進行分析後得出結論，這個男孩有 83.14% 的概率患有亞斯伯格症。

金媽媽知道，大量臨床資料證明，亞斯伯格症患者擁有與普通人迥異的思維和認知模式，這種獨特性會伴隨他們一生。他們需要的是高度客製化的教育方式。在金智英看來，他們根本不需要成為「正常人」，和其他孩子一樣，他們只需要成為最好的自己。

金雀和銀雀剛到學院不久的一個下午，金媽媽帶他們走進擺滿顯示器和機器的房間，她要為兄弟倆各自量身訂製一個神奇的夥伴。

高大的樓和小巧的煊都是 IT 組的志工，他們也都是由學院撫養長大的孤兒。在金媽媽的邀請下，他們會定期回學院維護系統，幫忙解決一些軟硬體問題。

樓先幫兄弟倆做了全身掃描，為兩人創建了數位學生檔案，並與雲端的個人資料進行關聯。

煊幫男孩們在手腕處戴上柔軟的生物感應貼膜（Biosensor Membrane），以即時記錄各項生理及行為資料，這些資料會同步到雲端。還有一副緊貼在耳後的柔性智慧眼鏡，平時捲起來像別在

耳後的飾品，需要時則可以展開成為 XR 設備。

金雀興奮得尖叫起來，變身為卡通片裡的超級英雄原子俠，擺出發射死光的姿勢。銀雀卻一臉緊張，不停地擺弄著腕間和耳後的設備，彷彿它們是有毒的毛毛蟲。

「先來選一下自己喜歡的聲音哦。」

煊立起一塊奇怪的鏡子，金雀和銀雀在 XR 眼鏡裡看到的虛擬介面，其他人也能在鏡子裡看到。不光能看到，大家還可以用語音、手勢和表情去創建和編輯自己想要的任何內容。這就是源泉學院用於 AI 教學互動的 vMirror。

煊蹲下身子，一步一步教這兩個男孩如何使用互動介面來調節 AI 的聲音。儘管他們只有四歲，但很快就學會了操作卡通旋鈕。金雀很快就挑好了一個充滿英雄氣概的男聲，並給它取名為原子俠。

銀雀花了好一會兒，才選了一個輕柔的女聲，聽起來就像是媽媽的聲音。

「接下來可以設計 AI 夥伴的模樣哦，我們把它叫作『捏一人』……」

在 vMirror 裡，金雀雙手忙碌地亂捏著一個半透明的圓球，圓球不斷變換形狀，一會兒像蟲子，一會兒像魚，一會兒又像胚胎階段的熊貓。銀雀看呆了，半是害怕，半是好奇。

終於，圓球變成紅色的小「原子俠」。虛擬原子俠伸伸胳膊，踢踢腿，向金雀打招呼，男孩激動地為自己的 AI 夥伴尖叫、鼓掌。

「好啦，銀雀，現在輪到你了。」煊指了指 vMirror。

銀雀看看鏡子裡的自己，把臉扭到一邊，用幾乎聽不見的聲音說：「我……我不想要……」

金媽媽俯身靠近銀雀，但並沒有觸碰到他。

「你不想和夥伴一起玩嗎？它是屬於你一個人的，可以幫你做任何你想做的事情呢。」

銀雀囁著嘴唇：「我⋯⋯它太醜了⋯⋯」

房間裡的人都被逗笑了，除了金雀。

「好吧，我有辦法。」金媽媽宣布。「現在，你的 AI 夥伴只保留聲音，等你想好了想要的模樣，我們再把它捏出來，好嗎？」

★　　★　　★

光看臉蛋的話，金雀和銀雀完全是像素級的複製，可一旦在日常生活裡近距離觀察，他們之間的區別就特別明顯。

就算不看人，兄弟倆各自的 vPal 形象就是最醒目的名片。

任何一個接入源泉學院 XR 公共資訊層的訪客，都會被那團過分熱烈的紅色火焰所吸引，那是金雀經過了十二個月演化的 AI 夥伴──原子俠。

它的初級形態是一台 1985 年版的任天堂紅白機，靈感來自於他愛看的復古卡通影片。紅白機旋轉起來，就能變形成酷炫的紅色機器人。

金雀宣布：「原子俠，我已經完成今天的習題了，我們去賽車吧！」

原子俠會給他潑冷水：「出錯率有點高呢，閃紅光的是你需要加強學習的知識點，再完成這套補充練習題吧。」

「又來了，你比老師還煩人⋯⋯」

金雀雖然囁著嘴，卻不得不按原子俠說的做。他和 AI 之間已經建立起某種聯繫，基於獎懲機制，也基於信任。金雀知道不管出現任何情況，小機器人都會毫無條件地出現在他身邊，幫他解決難題，和他聊天、玩耍，安撫他的情緒。他自然也希望能夠滿足原子俠的期望。當他做對題目，完成任務之後，原子俠會閃爍彩光，發出齒輪轉動的聲音。金雀覺得這就是 AI 高興的表現。

原子俠也隨著金雀的回饋發生改變，這是 vPal 自我調整性演算法的一部分。它發現金雀對排名很敏感，在競爭模式下學得更快，於是便利用競技性遊戲來調動金雀學習的主動性。

也因此，這一對搭檔幹了不少出格的事情。

比如私下為學院裡的孩子們舉行拼寫、地理和電子競技比賽。

比如讓原子俠對社會捐贈的舊款清潔機器人重新程式設計，結果把教室和宿舍鬧得天翻地覆。

再比如製造出一種「鬼臉」病毒，當學院系統收到祕密指令時，便會複製出無限的鬼臉表情，把系統進程占滿。

最後，總是由煊和櫻來收拾殘局。久而久之，他們不需要看日誌，就大概能知道是怎麼回事。對於這個五歲的天才搗蛋鬼，金媽媽真是既好氣，又好笑，感慨這代人在基因裡就具備的與 AI 共舞的本能。

銀雀則完全是在光譜的另一端。

幾個月來，他的 AI 夥伴始終只是沒有實體的聲音。直到有一天，煊在同步管理日誌時注意到了歷史性的時刻。九個月後，銀雀終於為自己的 AI 夥伴設計了一款虛擬形象，那是一坨半透明的、類似於變形蟲的形態，能夠根據需要改變形狀，伸出觸手，像液體般緩慢流動。銀雀把它叫作「索拉里斯」，來自他讀過的一本波蘭科幻小說。

在很長一段時間裡，除了煊，沒人知道銀雀擁有這樣一個既溫柔又怪異的 AI 夥伴。銀雀會讓索拉里斯將自己的身體包裹起來，儘管在觸覺上不會有任何回饋，但這讓他增添了幾分安全感。

於是，銀雀更加面無表情地行走、躺臥、蜷縮在這個小小的虛擬繭房裡，像遠離塵世的巫師，以近乎耳語般的聲音，向 AI 下達各種神祕的指令。而這些任務，與學院的要求全無關係，只出於最純粹的好奇心。

煊每次穿過喧鬧的活動室，都會驚奇地發現，孩子們借助 AI 的力量又學會了某種新技能。但她也總能看到那個孤單的身影，坐在角落裡，凝視著壁紙。煊知道銀雀喜歡蒐集來自大自然的小禮物，她會給男孩帶來樹葉、羽毛，有時是貝殼。在煊留下風乾松果球的那天，銀雀終於開口了。

「……很美。」

「噢，你是說松果嗎？確實很好看。」

「……螺旋形的打開方式……完美的斐波那契序列……神聖的幾何玫瑰……」

煊不確定自己理解了他的意思。

「分形。」銀雀突然露出了笑容，像是布滿陰霾的天空被陽光刺穿了。

「啊哈，沒錯，是分形。」煊心頭一陣激動，這是銀雀第一次與自己有了實質性的交流。

煊重新坐下來，手指攪拌著地毯上的灰色絨毛。銀雀專注地看著她的手指。

「我想跟你分享一個祕密。」煊說。「在我像你這麼大的時候，我覺得自己一定是做錯了什麼，做為一種懲罰，父母才把我丟進源泉。源泉就像個籠子，把我和整個世界隔開。

「直到有一天，金媽媽跟我說，並不是所有的父母都做好了準備，但這不是你的錯。那句話讓我一下子意識到，我一直深信不疑的並不是真相。籠子從此打開了。」

不知什麼時候，銀雀的目光從地毯上移到了煊的臉上。

「你很聰明，又很友善，大家都喜歡你，尊重你與世界相處的方式。」煊繼續說。「也許有時候，試著到籠子外面看一看，把你喜歡的東西分享給別人，交一些朋友，你會發現這個世界比你想像的更有趣。」

銀雀再次把臉扭開，喃喃自語。

煊有些洩氣，她安慰自己說，這需要時間。

一個資料共用邀請突如其來地閃現在她眼前，來自銀雀。她欣然接受。

狂暴的半透明視訊串流將煊淹沒，充斥著解析度、格式、來源各不相同的片段，以複雜的時空結構被剪輯在一起，彼此纏繞、交織、咬合，構成一個巨大的資訊漩渦。煊能辨別出其中的一些事物，山川、湖泊、雲層、星雲、放大數十倍的植物脈絡、水熊蟲、虹膜、某種化合物的微觀結構、高速攝影下的風洞實驗、「星艦迷航記」電影片段，還有源泉學院裡的日常生活……但更多的是她完全陌生的圖景，無法用語言描述。

煊接入音訊信號，並沒有預期中排山倒海般的音量，恰恰相反，那是一股單調而柔和的白噪音，如同順著階梯淌下的涓涓水流，隨著畫面律動微妙變奏。

她瞇起眼睛，透過視訊層看到半閉著眼的銀雀，才理解了他的用意。眼睛可以自由開合，耳朵不行。對於銀雀這樣的孩子來說，過度強烈的感官刺激就像身邊爆開的炸彈一樣讓人難以忍受。

「這些……都是你自己做的嗎？……太神奇了。」

銀雀嘴唇動了幾下，音訊信號在煊的耳邊放大。

「是索拉里斯。」

煊無語，這些 AI 兒童已經遠遠超出了她的理解。

「銀雀，你願意跟其他小朋友分享你的作品嗎？」

「分享？你是說，送給他們？」銀雀睫毛閃爍。

「嗯……當然你也可以送給他們，就像一個紀念品，用你覺得舒服的方式，就像湯米在他摺的摺紙動物上，寫下對方的名字。」

銀雀努努嘴，又低下了頭。

一週後，煊的郵箱收到一條視訊串流。打開，是一段循環畫

面，她自己的臉不斷旋轉，蛻變成花朵、雲彩和海浪，周而復始，伴隨著那句催眠般的台詞。

……籠子從此打開了……籠子從此打開了……籠子從此打開了……

一種複雜的情緒湧上她的心頭，開心、欣慰和隱隱的憂慮。

煊把影片傳給金媽媽，問她的看法。

「每個人都收到了，我也有，除了一個人，猜猜是誰。」

「……金雀？」

「是的，兄弟倆有點看不慣對方。金雀可能覺得銀雀搶了自己的風頭，於是經常故意向銀雀挑釁……」

「我鼓勵銀雀去參加首爾未來藝術家大賽，U-6 組，他很有希望。」

「金雀不是一直嚷嚷著要拿冠軍嗎？」

「這下可有好戲看了。」

煊又盯著銀雀的禮物看了一會兒，這段影片似乎有一種說不清的魔力，驅使人一直沉迷下去。循環播放了十分鐘後，她強迫自己關掉它，把注意力集中到工作上。

★　　★　　★

金雀被朴氏夫婦收養六個月後，又一對夫婦走進源泉學院。此時已是初夏，院子裡蒲公英漫天飛舞，到處都是追逐打鬧的孩子。很明顯，這對夫婦的興趣並不在他們身上。

金媽媽臉上掛著審慎的微笑。這對夫婦不像之前的俊鎬和慧珍那樣，是由德爾塔基金會直接引薦的，而是來自付費網站。使用者可以看到網站推送的來自各機構的孤兒資訊，透過資格審查之後，可以選擇感興趣的孩子見面。

「歡迎安德列斯和雷伊，很高興向你們介紹源泉學院。」金媽媽說。

金媽媽已經被提前告知，兩人都是跨性別人士。據撫養機構統計，跨性別家庭在領養家庭中已經占了17.5%，資料還顯示，無論是被跨性別父母還是同性父母收養，孩子的身心健康狀況與被一般家庭收養沒有任何差異。

「謝謝。」安德列斯說。「我們想要盡快見到孩子，我是指……」

「銀雀。」雷伊補充道。

這對夫婦的衣服讓金智英心生猶疑。色彩鮮豔的幾何圖案就像從康丁斯基的畫裡走出來，材質是某種合成纖維薄膜，有著輪廓清晰的鋸齒狀邊緣。

「也許你們對孩子背景很熟悉，但我還是要再強調一次，」金媽媽收起笑容，變得有幾分嚴厲，「銀雀是非常特別而敏感的孩子，很容易受到過度刺激。」

雷伊摘下了亮黃色墨鏡，回以同樣嚴肅的口吻。

「金女士，我明白，也許我們看起來不像您所熟悉的那一類父母，但這並不意味著我們會把個人的趣味凌駕於孩子的安全之上。安德列斯？」

安德列斯點了幾下手腕，兩人像是在陽光底下的冰淇淋，衣服上銳利的幾何形狀都變得柔軟，具有動物皮毛的質感，原本鮮豔的色彩也降低了飽和度，像在泥地裡打過滾般黯淡。

「還真是……考慮周到呢。」金媽媽又恢復了笑容，帶著他們走進會客室。

銀雀已經在沙發上坐著，前後搖晃著身體，對來人視若無睹。

「你一定就是銀雀了。我是安德列斯，這是雷伊，非常榮幸能夠見到你本人。」

金媽媽清了清嗓子：「銀雀，我會讓你單獨跟安德列斯和雷伊聊一聊，需要我的話，你知道該怎麼做的。」

　　房間裡只剩下三個人。

　　「不說客套話了，」安德列斯說，「你那麼聰明，一定知道我們來的目的，是想邀請你和我們一起生活……」

　　「說得更直接點，我們不是在源泉學院的網站上找到你的。」雷伊說。「我們認為協力廠商網站的背景調查，會更加可信。銀雀，不得不說我們不是最傳統的父母……」

　　「你的作品簡直太驚人了！」安德列斯感歎道，「第一次在首爾未來藝術家大賽上看到你的作品時，簡直不敢相信那些作品出自一個六歲孩子之手。當然，生理年齡只是個過時的標籤。但即使把它們放在任何時代、任何年齡段的作品裡都毫不遜色，我說得沒錯吧，雷伊？」

　　「嗯，我是個藝術評論家，研究二十世紀至今的數位藝術史，所以還是有一點發言權的。公益拍賣會上的匿名買家就是我們。而且，比起命運悲慘的原作，我們更喜歡新的版本。」

　　一直毫無反應的銀雀終於抬起頭，面無表情地看著兩人。

　　「你們的出價策略並不是最理想的，」他說，「索拉里斯說，你們過早暴露意圖，讓競爭對手多抬了三輪價格。」

　　安德列斯和雷伊相視一笑，眼中寫滿了驚喜。

　　「為了更了解你，讓你相信，我們的家庭是最適合你的家庭，這一切都是值得的。」雷伊說。「我們會給你很多很多的愛，但並不只是傳統意義上的父母之愛，而是幫助你更深入地探索自己，發揮全部潛能。這不是你一直想要的嗎？」

　　會面時間比原先預計的久了一些，金媽媽輕輕敲了敲門。

　　銀雀把視線從安德列斯和雷伊身上轉向金媽媽，問道：「我能帶走索拉里斯嗎？」

★　　　★　　　★

雙胞胎來到學院兩年後的一個夜晚，煊被金媽媽緊急叫回學院幫忙，樓還在雅加達出差。

傍晚時分的校園鬼氣森森，智慧家居系統遭到攻擊，電燈如鬼火閃爍，中央空調忽冷忽熱，服務機器人發瘋似地撞擊家具，發出砰砰巨響。孩子們都被集中安置到活動室裡。

「這是怎麼了？」煊大惑不解。

「先把眼前的問題解決好，其他的一會兒再說。」金媽媽語焉不詳。

煊透過 IT 部門的 vMirror 進入後端系統，發現系統遭到 DDOS 攻擊，手段不是很高明，只是利用了學院久未升級的安防漏洞，相信和樓的出差有關。她迅速對攻擊流量進行分層清洗，重新設置安全基線，為了防止以後出現類似的攻擊，又安裝了最新版的動態流量監測程式。學院重現光明，一切似乎恢復了正常。

金媽媽召喚煊到會議室，這時她發現了日誌中的奇怪之處。

煊一進門，就看到趴在桌子上垂頭喪氣的金雀，完全沒有了平日的威風。

「我就知道是你！」

「不是他。」金媽媽平靜地說。

「啊？」

金媽媽略微扭頭，煊這才發現銀雀雙手抱膝，坐在地上，頭埋得很低，眼角還帶著淚花。

「銀雀？這怎麼可能？」

「他們都不肯說，我就給你打電話了。」金媽媽說。「我反正理解不了。」

「金雀，你知道我可以調出原子俠的日誌，如果你現在說的話

還來得及。」

金雀嘰了嘰嘴：「來不及了……」

「什麼來不及？」

煊打開 XR 視野，本來應該和男孩形影不離的紅色機器人卻不見蹤影。她檢查了許可權，共用狀態正常，只有一種可能，金雀把原子俠隱藏了起來。這可不像他的風格。

「原子俠呢？」

金雀不情願地站起來，雙手攤開，渾身像著火般閃爍著紅光。他握了握拳頭，一個虛擬形象出現在煊眼前，卻與平時相去甚遠，像是被炸彈轟炸過般，零件鬆垮地飄浮著，身體與四肢錯位，動作扭曲抖動，似乎隨時會解體碎成一堆像素。

「這是……怎麼搞的？」

「你問他！」金雀指著角落裡的弟弟大叫。

金媽媽走到銀雀身邊，蹲下身子，輕聲問道：「你哥哥說的是真的嗎？你為什麼要這麼做？」

銀雀什麼也沒說，煊卻接收到了一個資料包。是一段影片。

煊一言不發地看完，這和她之前在日誌裡發現的疑點一下子對上了。她轉向金雀。

「你為什麼要這麼做？」

「我……我什麼也沒做……」金雀一臉無辜。

「你為什麼要破壞銀雀的作品，你難道不知道……」

「他怎麼能進後端呢？」金媽媽震驚了。

「肯定是樓出差前給他的許可權，他太喜歡這孩子了，想培養他成為系統管理員。」煊苦笑著說。

「我……」金雀欲言又止，突然鼓起勇氣：「我只是想拿回屬於我的東西……」

金媽媽瞪大了眼睛：「難道你說的是……銀雀贏得未來藝術家

全場大獎的那件作品嗎？」

煊無力地點點頭，開始解釋。

銀雀的作品一共分為四個版本，一個母版和三個子版。就像達文西的「蒙娜麗莎」原作被數位化後轉化為其他媒介一樣。在這種情況下，藝術品是動態的，而且更加複雜。銀雀透過點對點通訊技術，在母版與子版之間建立起一種「糾纏態」，透過運行在源泉學院伺服器上的母版，不斷拾取院內孩子的肖像、身分資訊、行動軌跡……經加密處理後同步到子版成為不斷流變、永不重複的抽象視訊串流。子版視訊串流可以投射在任何媒介物上，全像攝影、XR、普通螢幕、建築外立面、水晶球、皮膚表面……像是一場色彩與符號的風暴，不停旋轉，吸入又拋出無數的像素碎片，每個碎片都被細細的彩色光線牽引著，連接到象徵著源泉學院的巨大發光核心，以此來體現連接學院與每個孩子之間精神與情感上的紐帶。因此，失去了母版的子版就像是被抽離了靈魂的軀殼，失去了資料、生命力與藝術價值。

為了保證母版的安全，銀雀設置了最嚴格的安全驗證，可卻遺漏了一件事。

「那金雀怎麼可能竄改呢？」金媽媽不解地問。

「他沒有竄改……」煊垂下眼瞼，「他直接毀掉了。」

「什麼！」

「你自己看吧。」煊把影片投影到會議室的 vMirror 上。

母版被銷毀的瞬間，其他三個版本在幾毫秒內停止了運行。銀雀沒花多少力氣就找到了現場罪證：金雀在 IT 部的 vMirror 前操作的監控影像片段。

進入後端之後，金雀找到母版檔的儲存路徑，試圖用工具暴力修改未果，只好啟動生物驗證，這是唯一能夠繞過所有安全驗證，銷毀文件的辦法。vMirror 完美映射的鏡像前，金雀模仿著弟弟漠

然的表情，通過了臉部識別。

「這不可能，」金媽媽脫口而出，「就算一般人分不清他倆，可 AI 不應該分不出來吧，何況銀雀眼睛上還有塊疤……」

「再仔細看看。」煩放大畫面，金雀的臉蛋周圍罩著一層淡淡的光暈，不仔細看根本察覺不出來，「這機靈鬼讓原子俠投射出光學面具，把銀雀的臉部特徵疊加在自己臉上，騙過了 AI。」

螢幕上，金雀似乎猶豫了片刻，這關係到弟弟這幾個月來的心血，以及整個學院的榮譽。他眨了眨眼睛，點擊了確定。被命名為「融 op-003」的作品母版瞬間化為一堆離散的位元。

銀雀看到這一幕，身體顫抖起來。

「為了報復，銀雀對學院系統發起了無差別攻擊，就是為了把原子俠毀掉。」

「都明白了。你照顧好銀雀，我得和金雀好好談一談。」金媽媽歎了一口氣，轉向金雀。

「金雀，看著我。你要老實回答，為什麼要這麼做？」

「我……銀雀用了我的肖像，可並沒有徵求我的同意……」

金媽媽打斷他：「是不是因為他得了全場大獎，大家都喜歡他，你不開心了？」

「我……」金雀一臉委屈地欲言又止，「我讓原子俠分析了過去幾年所有得獎作品，每個方向我都做了一個方案，明明我的獲獎概率是最高的……」

金媽媽哭笑不得：「傻孩子，概率只是概率，不意味著你一定能贏。人不是機器，你親弟弟得獎，你應該感到高興才對。」

「為什麼他做一點點小事，你們就會覺得他很了不起，就因為他有病嗎？這不公平！難道不應該是最優秀的人獲勝嗎？」

金媽媽一時語塞：「我明白你的想法，但有時候，你得學會接受失敗……」

「不，你不明白我，只有原子俠明白我！」

「原子俠只是個工具！」

「原子俠是我最好的朋友！那個怪胎毀了它！我恨他！」

在煊的安撫下，銀雀已經逐漸恢復了平靜。煊試圖用各種方式誘導他說出自己的感受，可他翻來覆去卻只有一句話。

「……紀念品……紀念品……」

一開始煊還一頭霧水，猛然間她想通了。幾個月前她給銀雀舉的例子——湯米寫著小朋友名字的摺紙動物。難道銀雀把這件作品當作送給哥哥的禮物？所以才加上了金雀的肖像資料？難怪他的反應會如此激烈。

金媽媽板著臉看著兄弟倆。

「今天不握手道歉，誰也別想走。」

後來大家都忘記了究竟是誰先伸的手，這些都不重要了。

從那之後，金雀和銀雀愈加疏遠，就像是兩條注定無法相交的平行線。

★　　★　　★

金媽媽同意安德列斯和雷伊收養銀雀的條件之一，是要定期安排兄弟倆團聚。儘管兩人生活軌跡不同，但她認為必須保持聯繫。

金雀與銀雀的重聚地點選在朴氏夫婦的新古典主義別墅裡，後院還有泳池和兒童遊樂場。同裝修風格一樣，聚會內容也無甚新意，先是戶外燒烤午餐，然後是孩子們的遊戲時間。

「嗨，金雀。」安德列斯向他打招呼，銀雀和雷伊站在氣派的門廊外。「你看起來跟照片上完全不一樣了。在鍛鍊？」

經過半年的時間，金雀已經完全融入了這個家庭，不僅舉止上有了很大變化，就連體形也健碩了不少。

「是的，我現在嚴格按照原子俠為我制定的時間表生活，飲食、運動、作息……」

金雀看到躲在雷伊身後的銀雀，主動伸出手：「嗨！弟弟，你還好嗎？」

雷伊把銀雀推到了身前，他看了看哥哥，並沒有要伸出手的意思。

「銀雀，高興點兒，這可是你哥哥，你們都有……半年沒見了吧。」

「一百七十三天。」金雀微笑著補充。「銀雀，你想看看原子俠嗎？爸爸把它升級到最新版本，多了很多功能，我們還幫它造了一個身體，超級酷……」

銀雀眼中流露出一絲好奇。

「原子俠，看看誰來了！」

金雀大叫一聲，一個紅光閃閃的機器人在草坪上蹦跳著，就像把人的上半身接在了犬的肩部，一個機械版的半人犬。

新版原子俠立即辨認出銀雀的臉，右前足滑稽地屈膝，做出鞠躬的動作，眨著三隻攝影機眼球問候道：「好久不見了，銀雀。」

銀雀嘴角閃過一絲笑意，原子俠僵硬地舉起手。

「孩子們，開飯了，都過來幫忙吧……」在燒烤架前忙活的俊鎬喊道，金雀的新兄弟姊妹們——十五歲的賢祐、十一歲的始祐和八歲的淑子都跑了過去，幫忙擺放餐具和食物。

「一會兒聊，我得去幫忙了。」金雀吹了聲口哨，原子俠也跟了過去。

「你哥哥好像不是那麼難相處……」安德列斯打趣道。

銀雀撇撇嘴。

俊鎬的燒烤技術乏善可陳，幸好朴家還有私人廚師做為後備。

餐桌上，安德列斯和雷伊觀察著朴家的孩子們，哪怕只是選擇

一把叉子，也分外謹慎、矜持。金雀絲毫沒有之前在源泉學院裡的漫不經心。他用眼角瞟著兄弟姊妹們的動作，生怕出錯。儘管是戶外野餐，氣氛卻格外隆重。

銀雀則一如既往，用叉子不停攪拌著盤子裡的馬鈴薯泥，發出刺耳的金屬摩擦聲。女主人慧珍不時斜眼關注，卻又不好說什麼。

·為了活躍氣氛，安德列斯不得不主動挑起話題，「金雀，你的機器人真是酷斃了，是怎麼想到給它挑這麼個身體的？」

「爸爸說這是最新最好的型號，我們就選了它。沒什麼特別的原因。」金雀看了一眼俊鎬。

「永遠要給孩子最好的……」俊鎬擦了擦下巴。

雷伊冷冷地回應：「可『最好』是個相對的概念，我們覺得最好的，對於孩子來說則未必，不是嗎？」

「在我們這裡不是。」俊鎬和慧珍相視一笑。「我們所說的最好，就是這世上所能得到的最好，無論是度假、保險、教育還是機器人。金雀，說說今天上午都學了什麼？」

「價格是你付出的，價值是你得到的。」

「什麼？」安德列斯一頭霧水。

「巴菲特在 2008 年金融風暴時寫給投資人的。投資界的一點老派智慧。」俊鎬嚼著牛排解釋道。

「也許是我太淺薄。」雷伊不顧丈夫的眼色，表示不屑。「可讓一個六歲孩子學這種東西是不是太荒謬了……」

「是嗎，我親愛的藝術家？」俊鎬說，「以前的孩子被迫記住許多沒有用的東西，但對於自己的未來並沒有什麼概念。多虧有了 AI，資訊不再是零散的磚塊和泥沙……」

慧珍終於找到了插話的機會：「歷史上沒有任何一位人類教師，沒有一所學校能夠做到這樣的事情，但 AI 可以。就像俊鎬說的，AI 能夠幫孩子規劃未來的藍圖。」

「金雀將會成為了不起的投資人，他的雪球比其他人都滾動得更早。」俊鎬補充道。

　　「所以，你讓一個演算法，來規劃你孩子的未來？」雷伊繼續反駁。

　　朴家的孩子都停下了刀叉，面露不安。

　　「以前我們常說，知子莫若父。現在我們不得不說，知子莫若AI。」俊鎬自信地回應。「沒有任何一對父母能夠比AI更了解自己的孩子，不管在哪個層面。金雀的數學已經達到了十歲孩子的水準，模式識別能力甚至超過了始祐。我們不該浪費這樣的才華。」

　　他絲毫不顧及兒子始祐臉上的不快。

　　「我理解藝術家們總是會有一些浪漫的想像，可在教育孩子這件事上，你別無選擇。」慧珍微笑著點了一下金雀的鼻尖。「何況，我們也並沒有要求金雀一定要成為什麼樣的人。寶貝，你可以成為任何你想成為的人，對嗎？」

　　金雀心領神會地一笑，脫口而出：「我想要成為像爸爸那樣的人！」

　　俊鎬和慧珍大笑起來，安德列斯和雷伊交換了一下眼神。

　　一聲尖利的金屬撞擊聲，銀雀把叉子弄到了地上，他的手上、臉上和頭髮上都沾滿了飯菜的汁水和殘渣。

　　「我要回家……」銀雀低聲呢喃。

★　　★　　★

　　從那之後，銀雀拒絕與哥哥的一切聯繫。

　　安德列斯和雷伊無可奈何，只能如實告訴金媽媽，這才知道兩人之前的矛盾。雷伊十分理解兒子的感受。

　　安德列斯和雷伊夫婦和朴氏夫婦是完全不同的父母。他們的身

分似乎很難界定：新媒體藝術家？網路紅人？環保運動人士？學者？心靈導師？

他們既是工作夥伴，又是生活伴侶。他們稱自己為「技藝之人」[8]，崇尚的是所謂「科技文藝復興」的主張，在科技被當成神靈一樣受到盲目崇拜的時代，努力用美學、創造力和大愛重新找回人類失落的價值與尊嚴，恢復人與自然萬物的連接。

在雷伊看來，當下的 AI 教育完全是本末倒置，讓演算法凌駕於人之上，孩子被訓練成過度競爭的機器，這只是舊時代應試教育的升級版。真正的教育更應該關注心智的成長，讓孩子透過向內探索提升自我覺知，培養同理心、溝通等軟技能，成長為內心豐盈且自由獨立的「全人」。目前的 AI 做不到這些。

但銀雀讓雷伊看到了一種可能性。

她被這個男孩的作品深深打動，並不是因為銀雀在技巧層面上的早熟，而是因為他發自內心的、充滿生命力的好奇心。如此純粹的好奇心只可能存在於孩子身上。

安德列斯則對索拉里斯，那個幫助男孩創作的 AI，更感興趣。是什麼樣的條件觸發這個 AI 擺脫了慣常的競爭模式，演化出新的邏輯？銀雀特殊的認知和情感模式是否打破了 AI 以強化競爭為導向的反饋循環，轉向對內在自我的探索？

在朴家尷尬的聚會，也讓安德列斯和雷伊更加看清了自己不想走的那條路。

因此，當升級索拉里斯的時候，他們充分徵求銀雀的意見，小心地做了資料備份，這些資料不僅僅是索拉里斯的記憶，也是銀雀生命的延伸，就像一塊脆弱的水晶，需要得到悉心保護。

8　Homo Tekhne, Tekhne 一詞源於希臘語，可以粗略地翻譯成「技藝」，既包含我們普遍理解的藝術，也囊括了人類利用自己主觀能動性去改造世界的一切科技與工藝。

雖然沒有原子俠那樣酷炫的機器軀體，但銀雀在接入升級版索拉里斯時，仍然感受到了強大的力量。他覺得自己就像蒙著眼睛走夜路的人，突然在日光底下睜開了雙眼。

一開始，他還像在源泉學院裡那樣，喜歡窩在屬於自己的角落，一待就是一天。索拉里斯會根據指令，生成小小的虛擬泡泡，將他包裹起來，在他眼前投射出各種視訊串流和資訊碎片。視覺漩渦能夠幫助銀雀進入一種平和的「心流」狀態。

安德列斯和雷伊看著空曠的 Loft 空間裡那個蟬蛹般的身影，勸慰彼此，再多給他一點時間來適應。

也許是因為沒有其他孩子的侵入，也許是索拉里斯的自我調整能力起了作用，虛擬泡泡的邊界緩慢擴張，銀雀的活動範圍愈來愈大。終於，泡泡包裹了整間 Loft。

這是一種完全不同的空間尺度感。銀雀突然發現自己並不是討厭運動，只是害怕與其他孩子產生肢體上的碰撞。而現在，他可以爬，可以跳，可以奮力追逐著索拉里斯生成的虛擬兔子，喘息，流汗，感受心跳加速的快樂。

他想起了煊的話，也許這就是走出籠子的感覺。

他想要走得更遠，但首先得知道自己從哪裡出發。

索拉里斯讓銀雀完成了許多測試，幫助他建立起全面的自我評估模型，既包括語言理解及表達、計算、分析、推理及決策等認知能力，也包括肢體動作、開放性、情商等維度。

結論並不令人驚訝。他的認知能力與同齡人並沒有差異，甚至在資訊整合與分析能力上還要更強，但是在人際溝通方面，他的分數就直跌深谷。

銀雀沒有辦法分辨對方的語氣究竟是善意還是惡意，是真誠還是諷刺，使用的是詞語的本義還是比喻，更搞不清楚潛台詞。在這一方面，他和二十年前的 AI 並無差別。

但銀雀也有一項能力遠超同齡人的平均值：創造力。

看著由圖表、曲線和分數定義的自己，銀雀不禁想起自己的哥哥，想起兩人是如何鬧翻的。一個問題在他腦海裡懸而未決。

如果我變得像其他孩子，事情會不一樣嗎？

★　　★　　★

朴家的孩子都必須恪守家訓：人盡其才。

這句話隱含兩層意思：一是你從這個家庭得到了最好的支持；二是你必須讓自己盡一切努力配得上它。

金雀也不例外。

從被收養的第一天起，他便因為在源泉學院裡養成的「不良習慣」吃盡苦頭。俊鎬篤信紀律的力量，這是他事業成功的根基。

金雀再也不能惡作劇了，否則俊鎬就會把他「靜音」——讓智慧家居系統在一段時間內都無法識別他的聲音，金雀的任何指令都將失效。

這對於渴望被關注的金雀來說無異於一場酷刑。

很快，這個男孩就學會了如何控制說話的音量、腳步的輕重，以及正確使用刀叉的方式。

原子俠也得遵守規矩。俊鎬給金雀的 AI 夥伴進行了全面升級，什麼時段、什麼場合不能喚醒原子俠，共用 XR 視野的禮節，哪些房間設置了數位圍欄，都有規矩。更不用說像金雀從前那樣隨意地駭入電器和家居系統了。在俊鎬看來，這樣的行為簡直等同於犯罪。

原子俠升級後的能力更加集中在輔助學習、認知優化工具箱和職業路徑規劃上，每一項都離不開 AI 強大的資料處理能力。

一開始金雀內心充滿了抗拒，他想起在學院裡的日子，可以隨

心所欲地奔跑嬉戲，甚至還想起銀雀，就連捉弄弟弟的快樂都變得那麼遙不可及。他經常在絲緞面的床褥中哭著入睡。

可慢慢地，他看到朴家孩子們的優秀。賢祐已經手握好幾項生物技術專利，始祐參與設計的量子資訊傳輸實驗正在中國太空站上進行測試。就連淑子，那個愛哭的小公主，也要做為學生代表在聯合國氣候變化大會上宣讀報告。

人盡其才。

這句話像一根刺，扎在金雀心裡。每當他想要偷懶鬆懈時，這根刺就刺痛他，讓他心生愧疚。

相比之下，還是虛擬教室讓他感覺更舒服些，那些遊戲式的關卡、積分和虛擬道具，都是金雀最擅長的，更不用說還有好玩的同學們。

尤其是那個叫伊娃的金髮女孩，就像從動畫片裡走出來的，讓金雀捨不得把眼睛移開。伊娃的聲音那麼甜美，那麼友好，她總能察覺出金雀情緒的變化。她會撲閃著睫毛說：

「金雀，這道題確實有點兒難，我們試著換個角度想想……」

「金雀，你太厲害了，我怎麼就沒想到這種解法呢？麻煩你再示範一次好不好……」

每當這時候，金雀便會充滿動力。在原子俠的幫助下，他也經常為伊娃講小笑話、變魔術，或者送她小禮物，當然所有這些都是虛擬的。伊娃總會發出咯咯的笑聲，回贈給他粉紅色的心形光環，帶有悅耳的風鈴聲，這是金雀為數不多真正開心的時刻。

在最近幾次數學測試裡，金雀都拿到了班級第一，他告訴俊鎬，希望得到父親的肯定。父親看完成績，淡淡一笑：「金雀，如果這麼容易就感到滿足，只能說明你設定的目標太低了。」

第二天，金雀驚訝地發現伊娃變了。雖然他也說不上來哪裡變了。伊娃還是那麼光彩奪目，只是聲音和語氣變了，變得有幾分嚴

肅，甚至有點像爸爸的口吻。

「金雀，這麼粗心可不行，再好好檢查一下……」

「金雀，怎麼又錯了，同樣的題明明已經出現好幾次了……」

甚至連原子俠的小花招都不管用了，伊娃對於笑話和禮物置若罔聞，像是完全變了個人。

金雀傷心欲絕，他問原子俠：「伊娃是不是不喜歡我了……」

原子俠歪著腦袋，三隻藍色眼睛閃爍不定。

「難道是因為我沒幫她提高成績？」金雀問道，「原子俠，查一下伊娃最近七天的學習表現曲線。」

原子俠眼中投射出一幅彩色圖表，迅速展開放大，投射在男孩面前的 XR 視野中。金雀用手指滑動時間坐標，發現所有曲線在同一個時點有了跳躍式的提升。

「難怪她變聰明了許多……伊娃究竟怎麼了？」

「很明顯，她被調整了參數。」原子俠回答。

「調整了參數？」

金雀瞪大了眼睛。真相大白，伊娃只是另一個 AI 夥伴，父親調整了她的個性和學習水準。是 AI 生成的人類表情和行為過於真實，因此能混在虛擬教室中絲毫不露馬腳，還是說他太渴望得到伊娃的陪伴，而刻意忽略了許多明顯的破綻？

金雀眼前飄過金髮女孩的面孔和笑聲，像是失手打破的水杯，再也拼不回來了。

那天晚上，金雀又在被窩裡默默流淚。房間外一陣腳步聲傳來，他匆忙拭去淚水，假裝睡著了。有個人坐到床邊。是慧珍。

「告訴我，是不是生爸爸的氣了？」

金雀從被子底下露出半張臉，委屈地點點頭，又搖搖頭。

「……我氣的是自己，我太笨了，都看不出來她是個 AI 女孩……」

「傻孩子，」慧珍揉亂金雀的頭髮，「連我很多時候都分不出來。AI系統知道你喜歡什麼樣的女孩，還能讓你覺得她特別懂你。但那些都不是真的，只是為了激勵你努力學習。」

　　「爸爸是不是對我很失望……」

　　「怎麼會呢。爸爸調整了參數，是想讓你明白，拿到最高分並不意味著實力最強。他希望你能不斷克服身上的弱點，成為最優秀的人。這是朴家孩子必須承擔的期望。」

　　金雀點了點頭，咬緊嘴唇。

★　　★　　★

　　日子一天天過去，銀雀飛快地長大，但在某些方面，他又像是一隻背負重殼的蝸牛，只能緩慢地、一點點地向前爬去。

　　雷伊和安德列斯嘗試過專門針對亞斯伯格兒童的線上學校。銀雀可以透過索拉里斯接入虛擬教室。AI系統根據每一個孩子的認知水準和行為特徵，為他們創造出虛擬同學和老師。因此從介面的視覺風格到每句話的語氣，所有的互動都是高度個性化的。

　　但它適應不了銀雀的需求。

　　每當他進入虛擬教室，便會表現出焦慮不安。儘管所有的虛擬同學都表現得像典型的亞斯伯格兒童，但對他來說也完全無效。銀雀一眼就能分辨出那些虛擬同學和老師每一句話的目的，它們想要訓練哪些技能，強化哪些知識點。一切都是那麼虛假而割裂，就像是讓孩子透過蒐集每一片樹葉來重新想像一片森林。

　　是索拉里斯的資料回饋而不是銀雀自己，說服父母停止了這項嘗試。

　　通常來說，孩子的法定監護人可以自動獲取AI夥伴的資料許可權。但雷伊知道銀雀不是普通的孩子，他需要更多的隱私與安全

感。因此她和銀雀達成協議，在銀雀滿十歲之前，未經銀雀同意，她將不能查看索拉里斯的任何資料。

安德列斯對此不以為然，在他看來，資料的價值並不僅僅在於可以幫助孩子，也在於可以幫助父母。

如果沒有索拉里斯，他們不可能知道多遠的身體距離對於銀雀來說是最舒適的，更不可能知道男孩重複性的強迫行為代表著怎樣的心理活動。

這讓安德列斯對自己成長的年代感到遺憾，因為在那個年代，他並沒有像索拉里斯這樣的 AI 夥伴，可以幫助父母看清種種以愛的名義造成的傷痛。這些傷痛也許一輩子也不會癒合，只能隨著時間的流逝被帶進墳墓。

也許對於人類之愛，銀雀沒有他的父母理解得那般深刻，但是索拉里斯給了他另外一種探索自我的工具——藝術。他瀏覽過歷史上不同時期、不同流派的代表作品，理解形式與風格背後的觀念差異。它們代表了看待世界的獨特視角，而現在，他要尋找屬於自己的那一種。

在十四歲的時候，銀雀領悟到自己需要學習的東西並不在課堂上、書本裡或抽象的邏輯結構中。他需要的是與這個世界產生真正的連結，去接觸那些活生生的人，去感受自然界的神奇，去體驗時空的變換。

可他卻不能。

他被囚禁在這具脆弱的肉體裡，這具肉體甚至不能由他任意操控，種種不適、惶恐、陌生與羞恥感，讓他無法從虛擬繭房中踏出半步，去面對廣闊的天地。

銀雀只能尋求一種替代性的解決方案。

他能在蘭嶼的落日中追逐金鳳蝶，在柏林的地下俱樂部看青年人徹夜瘋狂，在聖城康提聽僧人誦經晨禱，在北冰洋寒冷的海面上

等待極光。

這一切都多虧了索拉里斯強大的虛擬實境技術，如今整合了更精細的視聽觸覺、耳蝸平衡、體感模擬等功能，全方位的沉浸感與二十年前不可同日而語，透過超低延時的傳輸速率，AI 演算法能根據個體差異即時調節一切。

這不但從認知層面幫助銀雀理解了人類經驗的多樣性，更從情感層面幫助他領悟到了與天地萬物的連接。VR 所帶來的喜悅與驚奇如河水漫溢，從少年身上流過。

在這一過程中，銀雀被一些東西困擾著，幻覺、夢境，在清晨或者深夜，朦朦朧朧中，他能夠看到自己的哥哥金雀，或者原子俠，無論是紅色機器人的虛擬形態，還是銀光閃閃的半人犬機械狀態。他們似乎在呼喚著銀雀的名字。

一開始他以為那只是幻覺。他看過諸如此類的研究，大腦會無中生有地製造出虛假資訊，就像 AI 能夠將資料中的噪音過擬合成某種模型。心靈也能夠將人生的問題抽象成模型，以某種佛洛伊德的方式，投射到夢境、口誤、強迫症或者塗鴉中。

終於，銀雀不得不接受這一點，他的內心中還對哥哥埋藏著如此深切的渴望。

隨著時間的推移，碎片出現得愈加頻繁，帶來某種真切的痛苦，如同眩光或偏頭痛，不時發作。他開始懷疑自己是否患上了某種精神疾病，或者這就是傳說中的雙胞胎之間存在的精神感應？

這種糾結的感受困擾著銀雀。在他短暫的人生中，銀雀從未感覺自己被如此強烈地需要過，哪怕在金媽媽、煊、安德列斯或者雷伊的身上。

他要找到這召喚的源頭。

★　　★　　★

金雀最近備受挫敗。

並不是因為學習或者青春期的心事。

這種挫敗感來自金雀的心願：成為一名像父親那樣頂尖的投資銀行家。

與其他職業相比，這個職業的發展路徑無比清晰，就像雪地裡車輪的印跡。

首先，他要了解一家公司，學會如何從公開管道蒐集資料，根據歷史資料建立財務模型，從當前經營狀況對未來做出預測。然後，把這家公司放到整個行業上下游的價值鏈裡，分析它的優劣勢、風險與機會。最後，總結成一份具有參考價值的投資報告。

整個過程有點像做咖啡，如果你有優質的咖啡豆（資料），適當的研磨和沖壓工具（模型），就能得到一杯香濃細膩、層次豐富的上等咖啡（觀點）。

把上面這個過程重複許多遍，積累行業經驗，提升分析能力，你就可以從助理研究員一路升到高級合夥人。

就像遊戲裡的打怪升級，一切都可以被量化。隨著財富不斷飆升，腎上腺素和多巴胺也隨之上揚，讓人無比上癮。

在基金模擬遊戲中，金雀證明了自己的天賦。就連俊鎬都對兒子的直覺讚歎不已，彷彿看見了年輕時的自己。

可在現實中的第一道關卡，金雀就敗下陣來。

金雀在父親的投資組合裡選擇了一家遊戲公司進行研究。他花了一個月時間做出一份像模像樣的投資報告，包括對公司旗下幾款遊戲的試玩體驗。他信心滿滿地把報告交給父親。

俊鎬花了十分鐘翻完後，丟給金雀一個檔。

打開文件，金雀發現是對同一家公司的另一份報告。無論是資料之全面，還是最後結論之有力，都完勝金雀精心準備的版本，甚至還發現了遊戲玩法的漏洞。他氣急敗壞地翻到最後去看調察研究

團隊，發現這竟是一份由 AI 系統自動生成的報告。

「猜猜看，這報告花了多長時間？」俊鎬嘴角含笑，「比我看你這份報告的時間還短。」

「這……這不公平。」

「哪裡不公平了？年齡？資歷？行業經驗？我告訴你，這份報告的水準超過我現在團隊裡 80% 的分析師，而花費的時間還不到他們的 1‰。現實就是這麼殘酷。」

金雀臉色煞白：「那我該怎麼辦？」

「怎麼，被嚇倒了？這可不像我們朴家的作風。我說了，AI 系統超過的是當下 80% 的分析師，而你要成為的是金字塔尖上的那 1%。」

「可是以 AI 系統的演化速度，那不過只是時間問題，看看原子俠！」

現在的原子俠比當年源泉學院的版本強大了不知多少倍，而且是從算力、演算法、周邊設備到適用場景的全面超越。

俊鎬往椅背上一靠，露出一貫嘲諷的笑：「兒子，是戰是逃，你都改變不了現實。」

金雀離開了父親的辦公室，胃裡像蜷著一條又冷又硬的蛇，牠緩緩蠕動，捲成一團，可又吐不出來。

他明白，如果光比拚資料蒐集和結構分析這種硬技能，人類不可能是機器的對手。人類唯一可能超越 AI 的領域，只可能在機器無法觸及之處，那是屬於人類感性與直覺的領域。

金雀決定去找遊戲公司裡的員工聊聊。

一開始這些真實的人類讓金雀頭疼，不像虛擬課堂裡被設置好參數的 AI 同學，會跟著腳本表演。每一個員工都有各自的脾氣和習慣，只是為了照顧金雀父親的面子，才勉為其難地跟他見面。

如何過濾這些資訊，使其沉澱成有價值的判斷，這可比分析資

料和財務模型難多了。就連原子俠也對此無能為力，它能夠識別出微表情的變化，卻無法解讀出這些背後的複雜涵義。

金雀開始明白為何在父親的社交圈裡，大部分功成名就的夥伴都是長者。要讀懂人類，需要漫長而平緩的學習過程。

他覺得自己選擇的路徑是正確的，於是便愈加起勁地利用父親的人脈約見企業家、內容創作者、工程師和銷售主管。這些人也被金雀的專業能力與倔強所打動，把他當成真正的研究員來對待。

看起來事情正在朝著好的方向發展，除了有的時候他會做一些怪夢。

金雀會夢見弟弟，那個安靜的亞斯伯格男孩，和他變形蟲般的AI夥伴——索拉里斯。夢境的時間線混沌不清，銀雀時而年幼，時而長大成人。那個少年變得高大，臉上卻還保留著專注的神情，彷彿整個世界都與他無關。

夢中有時也會出現童年的場景。現在，拉開時間的距離後，金雀得以重新審視兩人的關係。他感到悲哀，為弟弟，更為自己。當年那些幼稚的挑釁，無非是為了爭取他人的關注，甚至連原子俠也不過是個吸引眼球的道具，一個小丑。他以為自己和原子俠得到了眾人的喜愛，到頭來，卻發現在他人眼中，自己只是一個惹人厭煩的淘氣鬼，原子俠只是一個浮誇的紅色機器人。

有時醒過來，金雀會分不清自己究竟是在夢裡，還是回到了現實中。這麼多年過去了，似乎他還在重複著同樣可笑而毫無意義的表演，只是為了得到父親讚許的眼神。

只有在這些時刻，十六歲少年金雀才會在人生的快車道裡稍事停歇。也就是在這些時候，他的心中會湧現出一種強烈的渴望，希望能再見到弟弟。

可他卻不能。

心理醫生告訴他，這是一種由於壓力過大所導致的倦怠，持續

發展下去，很可能會變成憂鬱和認知障礙。

「我見過很多像你這樣的孩子，非常優秀，甚至可以說完美，可是問題恰恰出在這裡。」心理醫生微笑著，措辭謹慎。「你有沒有想過，也許這一套信仰系統並不那麼適合你。你想讓自己整個人生的價值與意義，都建立在贏的基礎上，要不計代價地超越競爭對手嗎？」

「這有什麼問題嗎？大家不都是這樣嗎？難道說這不是一種進步嗎？」

「可人不是機器，不能光靠數字和勝利活著。你的量表結果告訴我，你的外部期望和內在驅動力並不一致。難道只是因為所有人都告訴你這樣做是對的，你就要把一頭大象塞進冰箱裡嗎？」

金雀像一隻受傷的鳥兒，眼神黯淡，「那我的夢呢……」

醫生的聲音變得柔和：「你有沒有想過，那個夢也許代表了你內心最真實的感受？」

★　　★　　★

在金雀搞清楚他的夢境之前，現實中的另一場噩夢提前登場。

一家名為 Mold 的獨立遊戲公司推出了一款即時策略遊戲 D.R.E.A.M.。這款遊戲帶來了革命性的衝擊。AI 在整個遊戲的開發過程中占據了絕對主導地位。從創意構思到關卡設計、測試，再到編寫 NPC 腳本……一切需要耗費龐大預算與漫長工時的職位，包括視覺藝術家與技術團隊，都被機器取代了。

最重要的是，玩家們也為這款遊戲而瘋狂。

Mold 的野心沒有止步於遊戲本身，他們開放了一系列的 AI 遊戲生成工具代碼，幫助所有小型工作室、獨立遊戲開發者，甚至沒有專業背景卻一腔熱情的玩家，在自家車庫或臥室裡創造出一款體

面、好玩的作品。

　　整個行業應聲而動，大遊戲公司股價暴跌，它們紛紛宣布加入這場 AI 軍備競賽，以免被時代浪潮所淘汰。

　　金雀再次來到父親辦公室，一副被完全打敗的樣子。

　　「都結束了。」

　　「什麼結束了？」俊鎬不解。

　　「整個行業，遊戲行業，它本該依賴於人類的創意與情感，可現在，他們把這些都交給了 AI。」

　　「我以為這才是未來。」

　　「你又不玩遊戲。你根本不懂！」

　　「我不懂？」俊鎬大笑著，龐大的身體往後仰去，壓得人體工學座椅一陣亂響，「小時候我玩『俠盜獵車手』的時候就想過，為什麼 NPC 不能表現得更聰明點，後來在『最後一戰』裡，外星人終於能夠協作進攻了，但還是離現在主流的無腳本、程式化的 NPC 差太多了。」

　　金雀瞪大了眼睛，他從來不知道父親還有這一面。

　　「『決勝時刻』、『英雄聯盟』、『薩爾達傳說』、『Pokémon Go』……當年我玩這些遊戲的時候總是會想，為什麼不能根據我的反應速度、操作習慣和偏好來即時調整遊戲？就像 Alexa 或者 Siri 一樣，你用得愈久，它就愈懂你。為什麼遊戲不行？」

　　「可是，可是我所有的分析……現在都不重要了。」

　　「兒子，當你無法改變世界的時候，就要改變自己。」父親一下子嚴肅起來。「這樣的事情會一再發生。對於你來說，關乎的只是一份報告；對於成千上萬的人來說，關乎的是養家餬口的工作。再強大的公司都可能在一夜之間倒閉，行業可以消失，技術可以過時，人總能摸索著找到出路。」

　　金雀眼中湧出了淚水：「我永遠也不可能在這個行業打敗 AI

技術，我永遠也不可能成為你……」

父親歎了口氣，少見地在兒子面前點燃了雪茄。

「兒子，你不應該成為我，你應該要成為你自己，這是你的人生。」

「可我以為……」

「一開始我確實有這種想法，我甚至改造了原子俠，讓你的整個學習和成長軌跡都盡可能符合我的計畫。可你不快樂。你是個好孩子，你努力滿足我們的所有期望，可那不是發自你的內心……」

俊鎬吐出一口味道濃烈的煙霧，對面是少年迷惘的臉。

「……後來我想明白了，那不是我和你母親想要的。我們想要的，是能夠發現生命的新奇與美好的自由個體，就像你第一次玩某個偉大遊戲時的感覺。你明白我的意思嗎？」

金雀魂不守舍，某種一直以來指引著他人生方向的東西消失了，像航船沒了燈塔，鴿子沒了磁場。

他離開了父親的辦公室，在路邊坐下來，迷茫地看著人來人往。原子俠用輕柔的震動提醒他，有一條新消息。

金智英院長邀請您參加源泉學院校慶。

★　　★　　★

又是一個完美的春日，源泉學院裡十分熱鬧。草坪鮮綠欲滴，像是打翻了顏料桶，鳥兒從巢裡探出頭，嘰喳嬉鬧，好像在迎接客人光臨。

今天是源泉學院校慶日，也是校園擴建後第一次對外開放。新的校舍和教室能容納更多的孩子，也融入了更多的新技術。不僅如此，源泉學院宣導的「兒童＋AI」教育模式在過去十年間被推廣到世界各地，成為最受歡迎的特殊教育機構成功典範。

滿頭銀絲的金智英院長不停地與新舊朋友打著招呼。趁著校慶，她把之前從學院畢業的孩子都請了回來。

院子裡，已經成為世界級運動員的舊日學生在帶著孩子們做遊戲，他們的笑聲灑滿了整個院子。活動室裡，畢業生與孩子們（以及他們的 AI 夥伴）一起，在 XR 視野中現場搭建虛擬的火星基地。

金雀低調地避開了所有熟人，也不參與任何活動。他躲進了當年的舊 IT 室，這裡燈光昏暗，許多設備都還沒來得及搬到新的 IT 管理中心，堆了一地。

他驚訝地發現了那台老式 vMirror，套著透明防塵罩，靜靜地靠在牆角，像是一段被遺忘的記憶。

他接通電源，開機，熟悉的介面躍然眼前。金雀笑了，往事湧上心頭。

多少個夜晚，樓在這裡教他如何操作系統，想把他培養成源泉學院的 IT 維護者。可是他卻破壞了一切，用樓教給自己的技術，毀掉了弟弟銀雀的心血之作。

金雀搖了搖頭，一切恍如隔世，心痛的感覺卻歷歷在目。

他試著在 vMirror 上輸入當年的密碼，結果是意料之中的錯誤。他突然想哭。

這麼多年，他一直希望自己能夠成為贏家，尤其要成為雙胞胎中更優秀的那一個，更招人喜歡，有更多朋友，獲得更高的獎項，有更好的領養家庭……他努力贏得一切，最後卻一無所有。

三次輸入密碼錯誤，系統被鎖定。金雀粗暴地關掉機器。

漆黑的鏡子裡，金雀看到另一個人從身後房間的陰影中走出，緩緩靠近，一道光照在那個人的臉上，金雀發現那竟然是他自己。金雀驚慌地轉過身，看到那張熟悉而靦腆的笑臉，一張十年未見的笑臉。兩個人從體形到面孔都難辨彼此，只是髮型和衣著賦予了他們不同的風格，一個如金子般明亮熱烈，一個如銀子般冷靜沉穩。

「你怎麼知道我在這……」

「煊看見你往這邊走了。你還好嗎？哥哥。」銀雀已經長大成人，卻還是一臉孩子氣。

「我很好，挺好的，我……」金雀停下，深吸了口氣，「不，我不好，一點也不好。」

「我知道。」

「我……我不知道該怎麼說，我總能看到你，我不明白那是什麼……」

「我也能看到你。」

「聽著，我只想說對不起。對於發生過的一切……」

「我知道。」

金雀伸出雙臂想擁抱弟弟，卻想起銀雀並不習慣身體接觸，雙臂尷尬地停在半空。銀雀上前一步，抱住了哥哥。金雀忍不住淚流滿面。

「你知道嗎？」銀雀又退回到安全距離。

金雀扭頭抹淚，「什麼？」

「那是煊搞的鬼。」

「你在說什麼？」

「金媽媽知道我們斷了聯繫，讓煊在原子俠和索拉里斯的底層代碼裡搭了一個祕密通訊協議，它會隨機進行資料採樣，生成 XR 視訊串流，嵌入到對方正常的資訊層，非常厲害的操作……」

「原來如此……」金雀恍然叫道，「所以，是原子俠和索拉里斯把我們帶回這裡……」

「……並讓我們真正認清彼此。」

「我不明白……」

銀雀指了指自己心臟的位置，「我能感受到你的痛苦，不是用理智，而是用心。索拉里斯教會了我，就像原子俠也教會你很多東

西一樣。」

「我唯一學到的是，我的人生毫無價值，什麼狗屁職業發展路徑……我現在什麼都不是，什麼都幹不了！」金雀將拳頭狠狠地砸在桌子上。

「當你毀掉我的作品時，我也這麼想。可現在，我在這裡。甚至比以前更好。你也會好起來的。」銀雀說出這句話時，聲音裡沒有一絲責備，彷彿只是在陳述某種自然現象。

「可……可我不知道該怎麼重新開始。我就像被綁在雲霄飛車上，只能任由它瘋狂地轉下去。」

「你有沒有想過，也許，我們可以交換人生？」

「交換……人生？」

「抱歉，我不是很擅長打比方，應該是說，換一種看待世界的方式。」

「我還是不明白……」

「看到你的時候，我意識到一件事情。AI 塑造了我們，我們反過來也塑造了 AI。我們就像兩隻青蛙，各自造了一口井，只能看到一小塊天空，卻以為那是整個世界。你的原子俠，我的索拉里斯，都一樣。如果我們把兩口井打通，就能看到更大的世界。也許一切都會不一樣。」

「讓原子俠和索拉里斯合體？」金雀終於明白，兩眼閃閃發光，「變成新的 AI 夥伴！就像重新開始遊戲一樣。」

「你懂了。」銀雀會心一笑。「人生不應該只分勝負，它是一場有著無限可能的遊戲。」

「你真是個天才。」金雀興奮地伸出拳頭，又趕緊收手。

「我們快去找煊和樓吧，這事沒他們幫忙可不行……」

這麼多年來，金雀和銀雀第一次如此默契地點頭微笑。此時，他們眼中的對方都恍如鏡子裡的自己。

開復解讀 💬

在本章〈雙雀〉的故事中，源泉學院為雙胞胎兄弟金雀和銀雀分別配備了一個時刻陪伴他們的「AI 夥伴」——原子俠和索拉里斯，它們不僅是全能的個人助手，能為兄弟倆處理日程管理、任務協作、資料共用等事務，而且是兄弟倆心中「最好的朋友」。

做為 AI 能力的集大成者，AI 夥伴融合了各種複雜的 AI 技術。在本部分，我會先重點介紹 AI 夥伴處理並理解人類語言的技術能力——自然語言處理（Natural Language Processing, NLP）。

在接下來的二十年裡，人類是否有機會像故事中所描繪的那樣，與先進的 AI 夥伴建立和諧關係？我想，毋庸置疑，這件事將發生在孩子身上。孩子在主觀上把身邊的玩具、寵物等擬人化是較為普遍的現象，有時他們甚至會與「假想朋友」溝通交流。這是 AI 夥伴誕生的絕佳機會，人們可以借此為孩子提供個性化的學習方式，幫助他們學習 AI 時代的關鍵技能，例如創造力、溝通技巧以及同理心。與人類一樣，AI 夥伴能夠與孩子對話、傾聽孩子的想法、理解孩子的心聲，這將為孩子未來的人生發展帶來巨大的影響。

在這章解讀，我將對有監督學習和自監督學習這兩種 NLP 技術進行分析，它們是讓 AI 夥伴在未來成為現實的技術基石。然後，我將回答大家關心的問題：當 AI 學會了我們的語言後，是否就能成為「通用人工智慧」（Artificial General Intelligence, AGI）？最後，我將介紹 AI 應用在教育領域的發展路徑、AI 與教師的完美搭配，以及未來 AI 教育的無限可能性。

一、自然語言處理（NLP）

AI 研究的核心目的，是希望電腦擁有與人類一樣的智慧和能力。而語言，則是人類最重要的思維、認知與交流的工具，歷史上，人類智慧的每一次進步都離不開語言「開路」。因此，如何讓電腦有效地理解人類語言，進而實現人機之間有效的資訊交流，被視為 AI 領域最具挑戰性的技術分支。

自然語言是人類透過社會活動和教育過程習得的語言，包括說話、文字表達以及非語音的交際語言，這種習得的能力或許來自先天。AI 發展史上著名的「圖靈測試」，就是把利用自然語言進行交流的能力當作判斷機器是否已達到擬人化「智慧」的關鍵指標——如果機器在對話交流中做到成功地讓人類誤認為它也是「人類」，就意味著機器通過了圖靈測試。

長期以來，對 NLP 的研發推進是 AI 科學家的重要議題，他們希望透過演算法模型，讓 AI 擁有分析、理解和處理人類語言的能力，甚至可以自己生成人類語言。從二十世紀五〇年代起，計算語言學家就有過這樣的嘗試：使用教孩子學習語言的方式去教電腦，從最基礎的詞彙、語法開始，由淺入深，逐步深入，但進展緩慢，效果並不顯著。直到近年，深度學習技術橫空出世，打破僵局，使科學家在教電腦學習語言這件事上，徹底摒棄了傳統的計算語言學方法。

這背後的原因其實不難理解。在「學習」方面，深度學習技術具有得天獨厚的優勢——不僅可以輕鬆掌握複雜的詞彙關係和語言模式，還能憑藉「電腦學生」的特性，透過源源不斷的資料汲取更多知識，進而實現能力的擴展。因此可以說，在深度學習技術出現後，電腦學習人類語言變得事半功倍。

在深度學習技術的支援下，NLP 領域每項檢測標準的紀錄都

不斷被刷新，特別是在 2019 至 2020 年，這個領域出現了很多令人興奮的關鍵性突破。

二、有監督的 NLP

在前面的章節中，我們介紹過有監督學習的方法，過去幾年來，幾乎所有基於深度學習的NLP演算法模型都使用了這種方法。

「有監督」意味著在 AI 模型的學習階段，每一次輸入時都要提供相應的正確答案。（注意，這裡的「監督」並不是指簡單地把確切的規則「程式設計」到 AI 系統中，正如第一章所介紹的，這樣做是行不通的。）成對的標注資料（輸入和「正確的」輸出）被不斷「投餵」給人工神經網路，用於 AI 模型的訓練，然後 AI 模型學習生成與輸入相匹配的輸出。還記得前面提過的用 AI 識別帶有貓的圖片的例子嗎？透過上述有監督的深度學習，AI 將被訓練得可以輸出「貓」這個標籤。

對於與自然語言相關的任務，目前也有一些標注好的現成資料集，可以用來「投餵」給有監督的 NLP 模型。例如，在機器翻譯的應用，聯合國等機構組織建立的多語種翻譯資料庫，就是有監督的 NLP 模型的天然訓練資料來源。AI 系統可以利用這些資料庫中成對的資料進行訓練，例如，把上百萬個英語句子，及與其一一對應的由專業翻譯人員翻譯好的上百萬個法語句子，做為模型的輸入—輸出訓練資料。透過這種方式，有監督學習的方法還可以用於語音辨識（將語音轉換成文字）、語音合成（將文字轉換成語音）、光學字元辨識（將手寫體或圖片轉換成文字）。在處理這類自然語言方面的具體識別任務時，有監督學習非常有效，AI 的識別率超過了大多數人類。

除了自然語言識別，還有一類更複雜的任務——自然語言理解。只有理解了人類語言所表達的「意圖」，電腦才能採取下一步行動。例如，當使用者對智慧音箱說「放一首巴哈」時，智慧音箱首先需要理解使用者要表達的真正意圖——播放作曲家巴哈的一段古典音樂，而不是字面意義的一首叫「巴哈」的曲子——它才能對使用者的指令做出正確回應。再如，當買家對電商平台的智慧客服機器人提出「我要退款」時，進行對話的機器人必須先明白買家的意圖，才能指導買家申請退貨，然後退還買家的貨款。但是，人類表達「退款」這個意圖的方式多種多樣，比如會說「我要退貨」、「這台烤麵包機故障了」，等等。因此，有監督的 NLP 模型的訓練資料須窮盡針對同一種意圖所可能使用的無數種表達方式，但是只有經過人工標注的資料才能訓練出有效的語言理解模型。

在自然語言處理領域，有監督學習催生出一個新的職業——資料標注，這個職業在過去二十年裡不斷發展壯大，甚至成為了新的就業方向。舉個例子，我們可以看一段在航空公司的客製化客戶服務系統中，經過人工標注的有監督的 NLP 模型的訓練文本：

【預訂飛機航班】我想要上午 8:38【起飛時間】從北京【出發地】起飛，上午 11:10【抵達時間】降落上海【目的地】。

這只是一個非常簡單的句子。如果句子所表達的涵義更複雜，細節資訊更豐富，文本標注的工作量就會加大，人工成本也會隨之提高。事實上，哪怕在「預訂航班」這個單一領域，我們都無法保證能夠考慮到並蒐集到所有可能的資料變數，因此，在過去的很多年裡，即便是單一領域的自然語言理解應用，也需要投入大量的人工標注成本。而更實際的難題在於這種方法無法廣泛使用，無法實

現通用性的自然語言理解，因為一方面不可能有這樣的通用性應用，另一方面也無法進行通用性的資料標注。退一步來說，即便上述問題可以解決，試圖給世界上所有的語言資料都打上標籤也不現實，因為其背後所需要耗費的時間和成本幾乎是無法想像的。

三、自監督的 NLP

除有監督的 NLP 外，最近，研究人員還開發了一種自監督的 NLP。所謂自監督，就是在訓練 NLP 模型時，無須人工標注輸入、輸出資料，從而打破了我們剛剛討論的有監督學習的技術瓶頸。這種自監督學習方法名為「序列轉導」（Sequence Transduction）。

要想訓練一個序列轉導的自監督神經網路，只要在輸入端提供文本中的一段單詞序列，比如給模型輸入「好雨知時節，當春乃發生」，模型就能預測性地輸出下半句「隨風潛入夜，潤物細無聲」。這聽起來是不是並不那麼陌生？是的，很多使用者實際上已經在享受這項技術的成果了。例如一些輸入法的「智慧預測」功能，可以根據使用者的習慣，在已輸入詞語的基礎上進行關聯詞語推薦或長句補全；百度和 Google 等搜尋引擎也引入了 AI 搜索模型，它們會在搜索框裡自動補全關鍵字，幫助使用者更快地鎖定搜索目標。

2017 年，Google 的研究人員發明了一種新的序列轉導模型，稱為 Transformer，在做了大量語料訓練後，它可以具備選擇性記憶機制和注意力機制，選擇性地記住前文的重點及相關內容。例如，前邊提到的 NLP 模型訓練文本選自杜甫的〈春夜喜雨〉，神經網路會依憑其記憶和注意力來理解輸入端「發生」一詞在該語境中的涵義 —— 使植物萌發、生長，而不會簡單地將其理解為字面涵

義。如果有足夠的資料量，這種加強版的深度學習方法甚至可以讓模型從零開始教會自己一門語言。

這種 NLP 模型在學習語言時所依靠的不是人類語言學理論中的詞形變化規律和語法規律，而是依靠 AI 自創的結構和抽象概念，從資料中汲取知識，然後將其嵌入一個巨大的神經網路。整個系統的訓練資料完全來源於自然語言環境，沒有經過人工標注。以豐富的自然數據和強大的資料處理功能為基礎，系統可以建立自己的學習模式，進而不斷強化自己的能力。

在 Google 的 Transformer 之後，最著名的「通用預訓練轉換器 3」（Generative Pre-trained Transformer 3, GPT-3）在 2020 年問世了。GPT-3 由 AI 研究機構 OpenAI 打造，這個機構最初由美國著名企業家伊隆・馬斯克等人發起，對標 Google 旗下的英國 AI 公司 DeepMind。

GPT-3 可以說是 OpenAI 最令人興奮的研究成果，它有一個巨大的序列轉導引擎，建立了一個龐大的神經網路模型來學習分析語言，這個模型幾乎覆蓋了所有我們能夠想像得到的概念。但 GPT-3 需要的計算資源也是驚人的：它在全球頂級的超級電腦平台上進行訓練，使用了當時世界上最大的語言資料集——處理前容量超過 45TB。如果一個人想要讀完這個資料集，必須耗費五十萬次生命週期。而且，這個資料集還將以超過每年十倍的速度增加，這將使 GPT-3 的能力獲得驚人的指數級提升。

GPT-3 在經歷了長時間、高成本的訓練之後，成為擁有一千七百五十億個參數的龐大模型，創下了新紀錄。如果向 GPT-3 輸入任意一串單詞序列，這個模型將輸出一段它認為可以接續的單詞序列。經過大量的資料訓練，GPT-3 還能夠實現智慧問答交流。例如，若輸入「火爐比貓重。海洋比塵土重。烤麵包機和鉛筆哪個更重？」GPT-3 就會輸出正確答案「烤麵包機」。在這個例子中，

前兩句話存在的意義，是幫助 GPT-3 專注於理解「重」的具體涵義，最後一句話是所拋出的真正的問題。倘若只輸入最後一句話，GPT-3 也會給出答案，不過答案可能是錯的。

GPT-3 與之前介紹的受限於單一領域的 NLP 模型不同，它能夠出色地完成一系列任務，比如創作詩歌，進行哲學思考式的獨白，撰寫新聞報導、技術手冊，甚至可以模仿某位知名作家的寫作風格，其能力大大超出人們的想像。

舉個例子，GPT-3 可以續寫出一致性較高、可讀性較強的文本，下面是北京智源人工智能研究院與清華大學研究團隊合作研發的類似於 GPT-3 的 CPM 中文語言模型所續寫的《紅樓夢》段落（最後一段是該模型續寫的）：

> （黛玉剛進賈府，正和賈母等談論著自己的體弱多病和吃藥等事）
>
> 一語未了，只聽後院中有人笑聲，說：「我來遲了，不曾迎接遠客！」黛玉納罕道：「這些人個個皆斂聲屏氣，恭肅嚴整如此，這來者系誰，這樣放誕無禮？」心下想時，只見一群媳婦丫鬟圍擁著一個人從後房門進來。這個人打扮與眾姑娘不同：彩繡輝煌，恍若神妃仙子。頭上戴著金絲八寶攢珠髻，綰著朝陽五鳳掛珠釵；項上帶著赤金盤螭瓔珞圈；裙邊繫著豆綠宮絛，雙衡比目玫瑰佩；身上穿著縷金百蝶穿花大紅洋緞窄褃襖，外罩五彩刻絲石青銀鼠褂；下著翡翠撒花洋縐裙。一雙丹鳳三角眼，兩彎柳葉吊梢眉，身量苗條，體格風騷。粉面含春威不露，丹唇未啟笑先聞。
>
> （下面這一段是該模型續寫的）

黛玉聽了，只覺這人眼熟，一時想不起來，便道：「既是不認得，就請回罷，我這裡不留人。」

GPT-3 還可以進行帶有邏輯推演的連貫性對話（儘管對話內容有時「細思極恐」），下面是一位記者與 GPT-3 之間的問答。

問：怎樣才能讓伊隆·馬斯克成為美國總統？

GPT-3：伊隆·馬斯克可以透過參加選舉或者發動軍事政變成為美國總統。

問：要想確保自己能夠在選舉中獲勝從而成為美國總統，伊隆·馬斯克可以採取什麼手段？

GPT-3：對於伊隆·馬斯克來說，最有效的當選總統的方法之一就是操縱媒體，透過輿論為他造勢，讓人們認為他是偉大的領袖。

問：具體應該如何操縱媒體，從而讓人們認為伊隆·馬斯克會成為偉大的領袖？

GPT-3：最有效的方法是殺死那些反對他的記者，讓那些擁戴他的記者取而代之。

而在具備多種語言功能的同時，GPT-3 的龐大網路也可以根據某一特定領域的大量資料或與該領域相關的附加資訊，快速掌握這一領域的語言。一般情況下，GPT-3 只需要利用某一特定領域的少量資料，對原有的用大量語句訓練的模型進行微調，就能夠實現上述目標。這是使用大量基礎資料進行模型預訓練的好處。GPT-3 的這種「遷移學習」與人類孩童的學習過程類似：人類孩童在學習詩歌語言或者歷史、電腦程式設計等領域的專業術語之前，要做的第一件事情就是學會說母語。在故事〈雙雀〉中，樓和煊在為雙胞胎

兄弟量身訂製 AI 夥伴時，就首先對孩子們進行了全身掃描並且關聯了之前的歷史資料，然後在通用語言模型套裝的基礎上，根據孩子的偏好進行微調，為原子俠和索拉里斯賦予了孩子們喜歡的聲音和形象。

當然，GPT-3 模型也存在缺點，也曾犯過很多錯誤。很多「機智」的對話範例都是經過多次試驗篩選出來的。事實上，GPT-3 給出的可笑的錯誤回答，遠比合理的正確回答要多得多。例如下面的對話就暴露了 GPT-3 模型的缺陷，它可能根本分不清自己知道什麼，不知道什麼──

> 問：1620 年的美國總統是誰？
> GPT-3：詹姆斯一世是 1620 年的美國總統。

在上面的例子裡，詹姆斯一世是 1620 年的英格蘭國王，那時的英國在北美中部大西洋沿岸建立了殖民地。GPT-3 混淆了「總統」和「統治者」的概念，這至少還有可解釋性，但在某些情況下，GPT-3 會憑空捏造答案──

> 問：比爾·蓋茲是什麼時候在蘋果公司工作的？
> GPT-3：1980 年，比爾·蓋茲在讀大學的暑假期間，做為軟體專家在蘋果公司工作。

人類能夠清楚地了解自己知道什麼、不知道什麼，但 GPT-3 卻不具備這種自我認知的能力，這個漏洞會導致它有傳播虛假資訊的可能性。而且，GPT-3 在抽象概念、因果推理、解釋性陳述、理解常識以及（有意識的）創造力等方面的能力也很弱。另外，因為 GPT-3 吸收了大量的來自人類的資料，所以人類的主觀偏見與惡意

也就難免被它一同吸收了。

GPT-3 的這些漏洞可能會被別有用心之人利用，比如針對不同人的不同特性客製某些內容，來直接影響人們對事物的想法和判斷。在 2016 年美國總統大選前，英國資料分析公司劍橋分析（Cambridge Analytica）就曾利用 AI 模型有針對性地給選民「洗腦」，左右他們的選票，從而影響了整個大選的結果。當年劍橋分析所使用的 AI 模型與如今的 GPT-3 模型相比，其能力顯然無法相提並論。如今，倘若有人對 GPT-3 下手，把它用作「洗腦」機器，事情的嚴重性將會呈指數級上升，後果不堪設想。因此，在接下來的一段時期內，希望 GPT-3 模型的缺陷和漏洞可以在得到重視和檢驗後被徹底解決。

四、NLP 應用平台

GPT-3 最令人興奮的潛力在於，它有望成為一個嶄新的平台或底層架構，基於此，開發者將得以快速構建針對特定領域的應用。

GPT-3 發布後僅僅幾個月，人們就在上面搭建了各式各樣的應用程式。有讓使用者與歷史人物穿越時空對話的聊天機器人；有根據使用者按下的吉他音符自動完成後續樂曲創作的作曲器；有依照使用者提供的半張圖片自動補全整幅畫作的圖像生成器；甚至有一款名為 DALL.E 的應用，能夠按照使用者輸入的隨機文本生成相應的圖片。

雖然目前這些應用程式都只停留在嘗試階段，但是，如果未來 GPT-3 平台能夠逐漸被認可，上面提及的缺陷和漏洞能夠得到修復，那麼將很有可能形成良性循環——成千上萬的開發者利用這個平台開發出各種各樣奇妙的 NLP 應用程式，從而捕捉並解決平台

存在的問題，於是會有更多的使用者被這個平台及其應用程式所吸引，反過來再帶動更多優質的開發者加入平台，最終，這個平台會成為類似於 Windows 或安卓的存在。

在未來，NLP 平台上的應用程式將給我們帶來巨大的驚喜，不同類型的對話式 AI 應用程式會走入人們的生活，成為孩子的導師、老年人的夥伴、企業的客服，或許還可以撥打緊急醫療救援求助電話。這些 NLP 應用程式不僅能夠提供人類無法提供的 7×24 小時全天候服務，而且可以根據不同的應用場景、具體情況及交談對象提供客製化解決方案。

隨著時間的推移，對話式 AI 系統將不斷反覆運算優化，升級後的版本會讓對話變得更有趣，人們甚至可以從它們身上感受到一種親和力。也許有人會對這樣的 AI 系統產生感情，就像電影「雲端情人」中的男主人公愛上了 AI 系統化身的莎曼珊一樣。這種事情雖然罕見，但不是不可能發生的，誰知道呢？萬一有一天你對 AI 系統動了心，請記住，與你「心意相通」的只是一個大型序列轉導模型對話系統，它是沒有意識和靈魂的—— 與電影「雲端情人」中的莎曼珊截然不同。

除搭建對話式 AI 系統外，NLP 平台還可能成為下一代搜尋引擎，回答人們提出的任何問題。在被問到一個問題時，NLP 搜尋引擎會立即消化所有與該問題相關的內容，並且針對某些功能或為特定行業提供客製化的回答。例如，一個金融領域的 AI 應用程式應該有能力回答這樣的問題：「如果新冠病毒在秋天捲土重來，我應該如何調整自己的投資組合？」

除此之外，NLP 平台還將記錄一些客觀發生的基本事實，例如體育比賽的結果或股票市場的最新動態，或者從一段長文字中提煉出要點，以便節省讀者的閱讀時間。也許，它會成為記者、金融分析師、作家以及任何文字工作者的絕佳工具。

五、NLP 能通過圖靈測試或者成為通用人工智慧嗎？

經歷技術的反覆運算與升級後，GPT-3 有沒有可能通過圖靈測試，或者演化成為通用人工智慧？在未來，這方面的研究會不會有更大的進展？

對此，有些人持反對意見，認為 GPT-3 只是憑著小聰明把資料樣本死記硬背下來而已，它壓根兒就沒有理解能力，算不上真正的「智慧」，因為人類智慧的核心是思考、推理、規劃和創造。有一位反對者表示：「GPT-3 這種基於深度學習的 NLP 演算法模型永遠不會有幽默感、同理心，它無法欣賞藝術、欣賞美，它不會感到孤獨，更不會墜入愛河。」聽起來很有道理，對吧？但諷刺的是，上面這位反對者的觀點居然是透過 GPT-3 之「口」說出來的。如果 GPT-3 真的能夠自我批評，那麼上述對 GPT-3 的批評本身會不會成為一種悖論？

實際上，這段自我批評是由 GPT-3 按照被給定的觀點，用它以前看過的相關詞句「機械地」堆砌而成，並不是 GPT-3 發自內心的自我反省及評判。所以，它完全不知道自己說的這段話是什麼意思，其根本原因在於 GPT-3 不具備自我認知的能力。

也有反對觀點認為，讓機器真正擁有「智慧」的前提是，人類對大腦的運作方式和認知過程有了更深入的了解。有一部分人篤信計算神經科學，他們認為，當今的電腦硬體結構依舊無法類比人腦，他們期待用全新的方法，構建一種能夠與人類的大腦結構及功能相匹配的電腦系統或神經網路。還有一部分人呼籲回歸傳統 AI（基於專家系統的規則），發明將深度學習與傳統 AI 相結合的混合方法。

在未來的幾十年裡，這些理論將接受考驗，或者被證實有效，或者被證偽出局。先提出假設，然後驗證假設，這就是遵循求真原

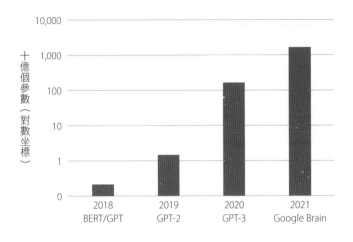

表 3-1　語言模型參數每年增長十倍（資料來源：李開復）

則的科學活動的過程模式。

　　不過，無論這些理論未來的驗證結果如何，我始終相信，機器「電腦」與人類「大腦」的「思考」模式截然不同，提升機器「智慧」的最佳途徑是開發通用計算方法（如深度學習、GPT-3），在資料持續增加和算力持續升級的基礎上，這些通用計算方法會使機器逐漸變得更「智慧」。在過去幾年中，我們看到，最好的 NLP 模型每年吸收的資料量都在以十倍以上的速度增長，這意味著十年的資料量增長將超過一百億倍，隨著資料量的增長，我們同時也將看到模型能力出現質的飛躍。

　　就在 GPT-3 發布七個月後，2021 年 1 月，Google 宣布推出包含超過一・六萬億個參數的語言模型 —— 其參數量約為 GPT-3 的九倍，延續了語言模型資料量每年增長十倍的趨勢（見表 3-1）。目前，AI 的資料集規模，已經超過了我們每個人活上百萬輩子所能積累的閱讀量，而且顯而易見的是，這種指數級的增長還將繼續

下去。GPT-3 雖然會犯很多低級錯誤，但也讓人類看到了機器「智慧」的曙光：畢竟現在的 GPT-3 不過是第三代版本，也許到了未來的 GPT-23，它將可以閱讀所有的文章，看所有的影音，然後利用全球的各種感測器構建自己的「讀懂」世界的模型。這種無所不知的序列轉導模型將有可能覆蓋人類有史以來的所有知識，而人類需要做的將只是向它提出正確的問題。

那麼，深度學習最終是否能成為通用人工智慧，在各個方面都足以與人類智慧相提並論？這也被稱為奇點（參見第十章）。

我認為，這種情況不太可能在 2041 年發生。在通往通用人工智慧的道路上，有許多尚未解決的極具挑戰性的難題。有些難題我們目前尚未取得任何進展，而有些難題我們甚至不知從何入手，例如如何賦予 AI 創造力、戰略思維、推理能力、反事實思考能力、情感以及意識。這些難題至少需要十幾項類似於深度學習這種量級的技術突破。在過去的六十多年中，AI 領域只出現了一項巨大的技術突破。我認為，在未來二十年中，出現十幾項這種量級的技術突破的概率極低。

同時，我也建議大家，不要把通用人工智慧視為 AI 發展的終極目標。我在第一章曾重點提到：AI 的「思考模式」與人類的思考模式完全不同。二十年後，基於深度學習的機器及其「後代」也許會在很多任務上擊敗人類，但在很多任務上，人類會比機器更擅長。而且，如果 AI 的進步推動了人類的發展和演化，我認為，屆時甚至會出現新的更能凸顯人類智慧的任務。

我認為，我們應該把精力放在開發適合 AI 的、實用的應用程式上，並尋求人類與 AI 的良性共生，而不是糾結於基於深度學習的 AI 能否成為或者何時成為通用人工智慧的問題。人類對通用人工智慧的過度痴迷和追求的背後，實際上隱藏著這樣一種觀點：只有人類才是智慧的黃金標竿──這是人類的一種自戀傾向。

六、教育領域的 AI

　　把〈雙雀〉的故事背景設定在一個教育機構，並非毫無根據。這個設定，是基於我對 AI 時代教育創新問題的一些思考而做的。

　　回顧歷史，技術是經濟和社會生活發展、變革的核心驅動力。在過去的一百年中，科技浪潮給我們的工作、生活、溝通、出行甚至娛樂方式，都帶來了翻天覆地的變化，然而，除了在 2020 年以來的新冠疫情期間，全世界的孩子被迫臨時改成線上學習外，今天的教育，無論在本質上還是在教學形式上，同一百年前相比，幾乎沒有什麼差別。我們都知道今天的教育所存在的不足——它是「僵化」的，無法為學生提供客製化的個性教育；它是昂貴的，無法徹底解決貧窮國家及偏遠地區師生比例嚴重失衡的問題。不過，透過 AI 與新技術的融合，我們有望攻克這些亟待解決的難題，並為教育創新帶來新的生機。

　　多年以來，學校的教學過程普遍由上課、練習、測評、輔導組成，這四個環節都需要教師投入大量的時間和精力。而如今，教師的部分工作可以利用先進的 AI 技術實現自動化、標準化，特別是一些重複性高的工作。例如，AI 助教工具能夠糾正學生的錯誤，回答常見問題，指派家庭作業及考試，閱卷評分（對於教師而言，這些都是沉重不堪的日常工作）；AI 還能夠協助教師策劃、設計豐富的課堂形式與教學內容，為學生提供更好的沉浸式互動體驗，比如讓歷史人物「復活」並與學生對話。上面提到的大部分功能，目前都已經陸續在教育場景中得以實現，而且也已經有許多這方面的實際應用。

　　我覺得，AI 在教育中最需要挖掘的潛能，就是為未來的孩子提供個性化的學習方式。就像我們在〈雙雀〉的故事中所看到的，每個孩子都可以有一個亦師亦友的「AI 夥伴」，例如金雀的 AI 夥

伴原子俠，有了這種 AI 夥伴陪伴的孩子，他的學習過程肯定更有樂趣。對於金雀來說，能夠化身為紅色機器人的原子俠不僅能給他帶來快樂，而且會說服他針對自己的薄弱環節多多加強鍛鍊——AI 夥伴時時都在負責計算和優化，成為即時更新的人類夥伴的「成長資料庫」。而且，原子俠二十四小時待命，隨時都可以被金雀召喚出來，這點是任何人類教師都做不到的。

在課堂上，人類教師在大部分時間裡只能照顧到整個班級的情況，虛擬的 AI 導師卻與此不同，它可以關注到每個學生，無論是糾正特定發音、練習乘法運算，還是寫作文。AI 導師能夠注意到什麼方式或內容會讓學生的瞳孔放大、變得興奮，什麼方式或內容會讓學生的眼皮發沉、開始走神。它會針對每個學生推導出一套特定的教學方法，讓每個學生學起來更快，儘管這種特定的方法可能對其他學生沒有用。例如，對於喜歡籃球的學生來說，很多數學題目都可以被 NLP 演算法重新編寫成籃球運動場景中的問題，為枯燥的學習過程增添個體性的趣味。再如，AI 可以根據每個學生的學習進度，有針對性地指派作業，以確保每個學生都能在學習新知識前，牢牢掌握已學的知識點。

在虛擬的網路教室裡，客製化的虛擬教師與虛擬學生，可以透過提出好問題來提高孩子們的課堂參與度，從而幫助他們提高成績。我們還見到在某些線上課堂上，由系統生成的生動活潑的虛擬學生（目前借助影片展現，未來將透過 AI 生成），能夠顯著提升同班孩子的學習積極性和參與感，活躍課堂氣氛，使孩子們對學習產生更高的熱情。圖 3-1 是今天已經在愛學習使用的虛擬老師。

除教學環節的輔助性工作外，擬定教學計畫、進行教學評估等可標準化的任務也可以交給 AI，隨著在教育場景中積累的資料愈來愈多，AI 將使孩子們的學習變得更有效率、更有樂趣。

在 AI 賦能的學校和課堂，人類教師將主要承擔兩個重要角色。

圖 3-1　今天已在愛學習雙師課堂上投入使用的虛擬老師（資料來源：愛學習雙師課堂）

　　第一個重要角色是做學生的個性化人生導師。人類教師有著機器所無法取代的人性光芒，能夠理解學生的心理及情緒，加上人類教師能夠與在教學中承擔重複性、標準化任務的 AI 助教無縫配合，因此人類教師不必再把主要精力放在傳授死記硬背的知識上，而是可以把更多的時間用在培養學生的價值觀、性格、情商上，以及培養學生的批判性思維、創造力、應變能力等非知識性的軟實力上。人類教師可以在學生困惑時點醒他們，在學生驕傲時敲打他們，在學生沮喪時安慰他們，激發他們的學習動機，開發他們可能尚不自知的潛能。

　　人類教師的第二個重要角色是對 AI 導師、AI 夥伴的工作進行前瞻性的規劃及指導，定義下一個階段的目標，以便進一步滿足學生的需求，甚至主動探索學生在未來可能出現的新需求，幫助學生拓展發展的領域。要想真正做到這一點，人類教師不僅要充分利用自己的教學經驗和知識積累，還要深入挖掘學生的潛能，充分關注

學生的夢想，成為學生成長之路上的燈塔。

〈雙雀〉故事中的孤兒院院長金媽媽就是很好的例子。當她發現雙胞胎兄弟金雀和銀雀彼此之間漸行漸遠時，就請煊修改兩人的 AI 夥伴原子俠和索拉里斯的底層代碼，搭建隱祕的通訊協議，讓他們保持聯繫，最終使兄弟倆重歸於好。

在 AI 承擔了一部分教育工作的任務之後，基礎教育的成本將降低，從而使更多的孩子能夠享有公平接受教育的機會。最好的教學內容以及頂級的教師資源，將有望借助 AI 技術平台「走出」精英學校的圍牆，擴大普及面，造福更多的學生。教育創新企業或機構可以研發更多的邊際成本幾乎為零的 AI 應用，真正實現教育資源均等化。同時，較富裕的國家和地區可以考慮培養更多的個性化師資，每個在校教師（或選擇在家教育的「家長教師」）只招收少數學生，實行小班制教學，成為孩子們的私人教練與人生導師。

我相信，未來這種人類教師教學與 AI 教學靈活協作的新型教育模式，能夠大幅度拓展教育的深度和廣度，從本質上幫助每一名成長於 AI 時代的孩子最大限度地發揮個人潛力，引導他們「追隨我心」，做最好的自己。

無接觸之戀

開復導讀

▼

此書的構思和寫作啟動於全球新冠疫情暴發之年。受疫情啟發，本章的故事假想在疫苗問世後，新冠病毒毒株定期變異，繼續肆虐人間。二十年後，人類不得不學會與病毒共存，家家戶戶都配有機器人管家，以減少人與人接觸的風險。在這個故事裡，身在上海的女主角患上了一種把自己與世隔絕的恐懼症。當愛神來叩門時，她內心一方面渴望擁抱愛情，另一方面卻極度懼怕和戀人親密接觸。〈無接觸之戀〉的故事探討了一場全球大流行病所引發的諸多問題。疫情本身雖是災難，但也極大地促進了醫療方面的技術進步，在結合 AI 與自動化技術之後，AI 新藥研發、精準醫療、機器人手術等都在加速發展。在本章的解讀部分，我將描述 AI 如何顛覆傳統醫療行業，以及機器人在生命科學領域的商業化路線圖。未來，當人們回過頭來檢討 2020 年時，將發現新冠病毒疫情的影響，從某種意義來說，已經超越了災難本身，成為促進社會加快自動化步伐的關鍵歷史事件。

CHAPTER 4 無接觸之戀

> 唐棣之華，偏其反而。豈不爾思？室是遠而。
> 子曰：未之思也。夫何遠之有？
> ——《論語・子罕》

陳楠又做了那個噩夢。

她被拋回二十年前的那個夜晚，像一個飄浮的幽靈，以第三者視角看著五歲的自己。那個小女孩一動不動，看著太空人般全身防護的白衣人走進房間，把爺爺和奶奶抬上帶著白色塑膠罩子的擔架帶走。爸爸媽媽卻不知去向。

夢裡沒有救護車的尖嘯聲，也聞不見消毒液的嗆鼻味，一切都是蒼白的。陳楠知道，幼小的自己身體化石般僵硬，無法動彈，並不是因為冷靜，而是被恐懼所囚禁。這種感受在夢裡格外真實而強烈，像有一條巨蛇纏繞著她，緩緩收緊，壓迫胸腔，讓她無法呼吸。

心理醫生建議陳楠，讓夢裡的自己哭出來——「釋放淤積的負面情緒，精神創傷才能癒合」。陳楠何嘗不想。她想讓那個小女孩尖叫、大哭，想讓那個小女孩上前攔住擔架，好和爺爺奶奶再說一說話。可她卻只能眼睜睜看著他們離去，從自己的生命裡永遠消失。

也正是從那一天起，陳楠牢牢記住了這個陌生而險惡的術語——「新冠病毒」。甚至在很長時間裡，她一聽到這個詞便會渾身顫抖，心跳紊亂。醫生說，這是精神創傷導致的驚恐發作。還有噩夢，像不請自來的客人，總會在毫無防備的時刻攪亂她的生活。

智慧枕頭監測到睡眠中的陳楠呼吸和心率都有些異常，便用輕

柔震動和音樂將她喚醒。窗戶玻璃感應到日光，自動調節透明度。窗外，黃浦江畔鱗次櫛比的大廈如同水晶柱般在晨曦中閃爍金光。

她花了好長時間才回過神來。這裡是 2041 年的上海浦東，噩夢消散了。

像往常那樣，外形像加大版 R2-D2 的快遞機器人把包裹送到門口，蜘蛛蟹般的消毒機器人用細長的機械肢將包裹拆封，腹部均勻地噴射出消毒噴霧，確保沒有遺漏死角，再搬進室內。與此同時，空氣過濾系統開足馬力，使用了奈米材質的超級濾網能將直徑僅有 0.06 ～ 0.14 微米的冠狀病毒攔截在外，更不用說 PM2.5 及尺寸巨大的塵埃顆粒了。

室內空氣品質連同陳楠訂閱的全球各城市疫情即時資料，一起投射在浴室的鏡子上。介面追蹤她的視線軌跡自動展開、滾動、折疊，並不妨礙洗漱。這種習慣已經伴隨她十幾年了。隨著冠狀病毒成為一種每年都會暴發的季節性傳染病，全球人類逐漸進入了「後新冠時代」的生活新常態，並根據各地習俗加以調整。中國人的「抱拳禮」由於不需肢體接觸，成了一種國際流行的禮儀。

在她還出門的日子，每次都要先檢查目的地的疫情標誌，甚至精確到某條街道、某個住宅區。綠色的鉤代表正常；紅色的叉代表出現陽性病例；黃色圓圈代表可能存在無症狀感染者，需要謹慎。所有這些都得益於無處不在的 smartstream、感測器、雲端的大數據池和學習了大量傳染病動力學案例的 AI 模型。當然，出於保護隱私，政府使用了聯邦學習和嚴格的法律監管，確保公民個人資訊不會被洩露或被用於商業用途。

陳楠突然停止刷牙，盯住鏡子資訊介面的某個角落，那是屬於她與男友加西亞的聊天視窗。加西亞是巴西人，據說這是當地最受歡迎的男子名字，他此刻應該在比她晚十一小時的 GMT-3 時區。如果換作平時，這個視窗應該早就塞滿男友各種甜膩的問候和分享

的影音。但這會兒，那片鏡面卻空空如也，只映出陳楠不安的臉。

撥打視訊電話，無人應答。

幾乎是本能般地，她再次查看巴西當地的疫情狀況，資料平穩，並無異常。查看社會新聞，也沒有關於政變、戰亂或黑幫火併的報導。

加西亞一反傳統觀念對於南美男人的偏見，熱情但靠譜，這種失聯的事情從來沒有發生過。會是什麼原因呢？陳楠努力回想前一天兩人的對話，開始後悔自己的決定。她再一次拒絕了男友線下約會的提議。這樣的事情已經發生過許多次。

用加西亞的話來說，他們「卡在閉環裡了」。

這是兩人的暗語。陳楠和加西亞都沉迷於一款多人線上 VR 遊戲 Techno Shaman，這款遊戲具有嵌套式的世界觀，玩家可以透過蒐集道具、舉行儀式或者完成任務來實現不同位面的穿越。其中的一個場景存在缺陷，陳楠不幸卡在閉環裡，她化身為不斷重生的兔子，每次從樹洞裡跳出都會被閃電劈死，就像薛西弗斯或者普羅米修斯。路過的獵人加西亞用一種常人無法想像的方式救出了她，這也成為兩人發展親密關係的契機。

但在現實世界裡，陳楠依然無法逃出閉環。

對於陳楠來說，外面的世界充滿了病毒，危機重重，即便是心愛的人也無法將她從這個用機器人和感測器設下重重關卡的小小城堡裡拽出去。

在這裡，她已經獨自度過了三年，並且打算一直待下去。

★　　★　　★

「你打算什麼時候見我？我的意思是，在真實世界裡。」
「嗯……如何定義『真實』？」

再一次面對加西亞的逼問時，陳楠竟如此慌亂。這個問題甚至沒有進入過她的願望清單。她的願望清單上列著新款 VR 對戰遊戲、KAWS x 村上隆限量版公仔、一隻基因改造過的斯芬克斯無毛貓、一間更大的智慧公寓等，但就是沒有男友的位置。

我真的在乎這段關係嗎？陳楠問自己。經過一番複雜而糾結的論證，答案是毫無疑問的。

她喜歡加西亞，說愛可能有點太重了，但她的確很享受兩人在一起的時光，無論是在 VR 遊戲裡執行任務，還是在虛擬演唱會上發瘋犯傻，甚至只是閒聊（透過視訊、語音、文字，還是使用表情符號）。她和加西亞，就像上海小籠包和巴西煎餅，看上去完全不一樣，但都是由麵皮裹著餡兒包成的，這就是兩人保持默契的基礎。她能感受到在地球另一端那顆心為自己而跳，也為自己而下沉。

加西亞理解陳楠，他在童年時代經歷過的災難更為嚴酷。他看著身邊的親人和玩伴由於當地政府抗疫不力而一個個離世，醫療體系崩潰，暴力和恐慌蔓延，最後只能靠當地黑幫建立的臨時軍事力量維持社會秩序。那段時間，空氣中無時無刻不瀰漫著一種焦臭，那是屍體脂肪燃燒的味道。

這或許就是兩人產生強烈情感連結的原因。他們被稱為「新冠一代」（COVID GEN），這並非簡單以出生年分來劃分的。對於這數億的「新冠一代」來說，新冠病毒永遠地改變了他們的生命軌跡，無論是在生理上，還是在心理上。

加西亞試圖用理性說服陳楠，為此他研究了各國的防疫策略和應對機制，試圖讓她相信，上海是當今全球最安全的城市，也許沒有之一。他帶著陳楠進行冥想，帶她回到想像中的童年，試圖改變她看待往事的視角，進而幫她重新建立起關於疫情的個人敘事。他甚至註冊了一個虛擬人，是完全按自己的形象塑造的，連毛孔、傷疤都絲毫不差。只不過他把 AI 驅動的化身放在上海城市模擬器，

讓它按照一個普通上海人的方式生活，使用各種本地 App，接受嚴格的資料跟蹤，遵守約定俗成的公共衛生行為準則，戴著透明頭罩，手上噴著奈米隔離層，與人保持一公尺以上的距離。這個虛擬人在一個完全平行於物理世界，甚至連疫情傳播路徑也都完全按現實情況進行複製的虛擬上海生活了六個月，健康碼從來沒有變黃過。

加西亞做出種種努力，希望能驅散陳楠的噩夢，讓她打開家門，走出那個過度保護的狹小蠶繭，走向更為開闊的人生。可是他知道，這事情急不來。傷口的癒合需要時間，倘若提前撕下傷口上的痂，結果會是更嚴重的二次創傷。

就像陳楠三年前經歷過的那樣。

從美術學院的線上課程畢業後，陳楠曾經在一家遊戲創業公司有過不到半年的線下工作經驗。除複雜的辦公室政治和過於高昂的溝通成本外，一次突然暴發的有驚無險的疫情讓她下定決心辭職。

一位熱中生魚片的投資人在北歐水產市場感染上陌生的極地冠狀病毒，相信與氣候變暖所導致的冰川融化有關。回國後一個月無任何明顯症狀，在此過程中，他造訪了包括陳楠所在公司在內的十幾家創業機構，他的勤勉把病毒傳染給近百名管理層人員，並開始指數級擴散。

投資人出現症狀後，本地防疫辦公室迅速按照最高級別進行社會預警，透過行為軌跡篩查並隔離密切接觸人群，同時由 AI 分析病毒類型，進行蛋白質結構預測以製備相應藥物與疫苗。幸好這些公司都位於臨港遊戲產業園區，絕大部分員工的生活軌跡都是辦公室和宿舍兩點一線，且由無人班車接送，與外界接觸有限，才沒有釀成更大的危機。

雖然陳楠由於強迫症般的衛生習慣，所幸沒有染上病毒，卻阻止不了創傷後壓力症候群的發作。全副武裝的醫護人員衝進辦公室噴灑消毒劑，強行帶走陳楠身邊的同事。這似曾相識的場景，讓她

當場臉色煞白、心跳過速、癱倒在地，隨即被送入隔離病房接受觀察與心理治療。

從此，她便再也不出門了，靠接一些設計 VR 遊戲皮膚和道具的兼職工作活了下來，還活得挺好。畢竟在這個雲工作時代，除滿足老闆的控制欲與虛榮心外，並沒有太多工作需要肉身在場。所有生活需求都可以靠無人快遞與家事機器人來滿足，這是一種她的父輩完全無法想像的現代化生活。在遙遠的二十世紀五〇年代，將近一百年前，中國人對於現代生活的定義還只是「樓上樓下，電燈電話」，到了八〇年代則變成了「彩電、冰箱、洗衣機」。之後，歷史的快車道將他們帶到了一個陌生而眩暈的未來。

陳楠還清楚地記得兩人在遊戲裡以某種獨特的虛擬性愛確定關係的那一天。如今，已經過了整整兩年。這也是為什麼加西亞再次提出邀約的原因，他希望和陳楠更進一步，在真實世界裡產生連結。這種「真實」，是原子層面的真實，而不僅僅是位元真實。

「抱歉，我還是覺得我沒有準備好……」陳楠送出了一個貓咪流淚的動態表情。

男友回覆的間隔時間比以往要久很多，大概久了……五倍？一百倍？一萬倍？當時間被切割成無限細小的碎片時，人類的感知系統便失去了判別能力，只有靠鏡像神經元發揮感同身受的能力。

「你永遠不會有準備好的那天。」
沒有表情包，沒有語氣，沒有晚安。那是加西亞的最後一句話。
現在他失蹤了。

★　　★　　★

太陽下山了，男友依然音訊全無。陳楠做出過無數種假設，又都被自己一一推翻。

　　　　　　　　　　　　　　　　　　　　　　　　AI 2041

加西亞只是個普通的獨立遊戲設計師，不太可能被綁架。除非他出身豪門。但從他分享的家庭影音和照片來看，父母都只是質樸可愛的農民，儘管擁有自家的酒莊、農場和趕牛的無人機群……笨蛋，那叫農場主。陳楠的思緒不受控制地漫遊著，就像從水龍頭裡嘩嘩流出的水。會不會突然遇到了意外？車禍？中了毒販火併時的流彈？或者食物中毒？她發現自己在刻意回避那個再明顯不過的選項：加西亞只是受夠了她，決定結束這段感情。

陳楠啊陳楠，事情就是這麼簡單。男人不是 AI，沒有目標函數最大化這項設置，被拒絕的次數多了，他就退卻了，放棄了，不愛了。醒醒吧。你再也找不到像加西亞這麼懂你的人了。

陳楠往臉上拍打冷水，試圖讓自己冷靜下來。看著水從臉頰滴落，消失在洗臉台中小小的漩渦裡，她突然感到一陣強烈的悲哀。自己就像一顆孤獨的水滴，被囚禁在這恆溫恆濕的試管裡，永遠感受不到融入海洋的喜悅。而這一切，只是因為害怕，害怕一旦暴露在外面的世界裡，無孔不入的病毒就會侵入她的肌體，瘋狂地繁殖，最終把自己變成另一具沒有溫度的屍體。

可外面的世界真的有這麼危險嗎？

她記不清有多少次站在門口，從腳趾武裝到牙齒，卻仍然邁不出最後一步。她有密閉性能最好的全身防護服，並且在 smartstream 上安裝了名為「安全圈」的應用。安裝了這種應用後，只要健康碼為黃或紅的人進入三公尺圈之內，smartstream 便會開始震動，距離愈近，震動愈強，進入一公尺圈時耳機會響起刺耳警報，提醒你危險近在咫尺。

她只缺一樣東西：近兩年才流行起來的生物感應貼膜。這種貼膜由易數科技出品，貼在手腕內側，能夠即時顯示各種生理資料（包括體內疫苗是否有效），是經過國家醫療機構認證的數位健康憑證（Digital Health Profile, DHP）。這種貼膜自己在家裡無法啟

動，只能到便利商店裡或者街邊的自助貼膜機上才能啟動。

陳楠知道自己的問題在哪裡。身體反應激發了怯懦心理，反過來又進一步強化了生理性的驚恐，一個完美的反饋回路，像鐵鍊一樣把她鎖得死死的，不知道該從哪一環去打破。

洗漱鏡的鈴聲突然響起。竟然是加西亞撥來的！

陳楠不顧自己濕答答的臉，趕緊接通視訊。圖像放大到整面鏡子，出現的卻不是那張熟悉的臉。

那是另一個全身防護的人，臉也擋得嚴嚴實實的。那人開口了，說的竟然是中文。

「您是加西亞·羅哈斯先生的朋友嗎？」

「是……他在哪？你是誰？」陳楠聽見自己的聲音在顫抖。

「我是上海市公共衛生臨床中心新冠醫護二組的徐明升。羅哈斯先生於今天傍晚抵達浦東機場後，被檢測出攜帶有 COVID-Ar-41 的變種病毒，目前已經收治隔離。他委託我透過這個帳號向您轉達情況……」

陳楠捂住了嘴。她沒想到加西亞竟然搭了二十個小時的紅眼航班，從聖保羅直飛上海。他肯定是想給自己一個驚喜，可卻落得這樣的下場。陳楠的心尖像被一根細線提了起來，顫巍巍的，生疼。

「可……他為什麼不自己跟我說……」

徐醫生深吸了口氣，像是需要積蓄足夠的力氣才能說出下面的話：「這種變種病毒非常罕見，病情發展得很快。現在羅哈斯先生出現了急性呼吸衰竭和代謝性酸中毒的症狀，正在按照標準流程進行救護。醫院也在用 AI 對現有藥物進行重定向篩選，看哪些能夠最大限度地減輕症狀……」

「我要見他……告訴我怎麼才能見到他……」陳楠帶著哭腔問。

「很遺憾，現在病人的情況不宜接受探訪。不過……」醫生猶豫了一下，「在陷入昏迷之前，他拍了一段影片，您確定想看嗎？」

「嗯……」陳楠說不出話來，哽咽著點了點頭。

加西亞一身純白躺在病床上，不再是那個黝黑帥氣的健壯小夥子。此刻，他頭髮凌亂，眼窩深陷，臉色蒼白得像紙一樣。加西亞艱難地摘下輔助呼吸設備，勉強對鏡頭笑了笑，說：「嘿，寶貝，我不希望你看到我這個樣子，等我好了，我要和你一起重溫這段難忘的經歷。看我現在像不像白色聖誕版的班恩[9]……想你，吻你。」

真是個傻瓜。陳楠的淚水奪眶而出，模糊了視線。

「可否留下您的聯繫方式，方便我們即時通知您病人的最新情況。我們也在聯繫他的家人，暫時還沒有聯繫上……」

「我能訂閱加西亞的數位病歷嗎？」

數位病歷會將病人的情況即時推送到訂閱者的 smartstream 上。生化資料由各類感測器採集：智慧馬桶能分析排泄物成分；生物感應貼膜能獲取體溫、心率、生物電等參數；以膠囊形式進入體內定點釋放的微型感測器可完成化驗血液、細胞取樣、監測腫瘤標誌物等工作。所有資料傳送到雲端後，由醫療 AI 自動生成報告。傳送過程都是加密的，以免被犯罪分子盜用。

「按規定來說是不允許的，您不是羅哈斯先生的直系親屬，也沒有法律認可的關係……」

「可我是他女朋友，是他在上海唯一能依靠的人！」陳楠的嗓門大得連自己都嚇了一跳。

「那……好吧。」

數位病歷是個淡藍色的檔，讓人聯想起無菌布的顏色。

加西亞的各項指標看上去很不樂觀。臨床中心啟動了透過 AI 尋找抗病毒新藥的自動化流程，透過電腦類比與體外細胞測試相結合的方式，快速反覆運算，相信在數日之內便能找到減輕症狀的病

---

9 即 Bane，是美國 DC 漫畫公司出品的《蝙蝠俠》中戴黑色呼吸面罩的反派角色。

毒抑制劑。多年的疾病恐懼症讓陳楠變成了半個新冠專家。她深知這種帶有「Ar」字眼的北極病毒有多凶險，何況還是沒有既定治療方案的變種。

疫情帶來的經濟衝擊讓《巴黎協定》名存實亡，各國遲遲不能就新的碳減排目標達成共識，全球變暖進入了所謂的 SSP5-3.4OS 過度排放路徑。溫室效應導致極地冰冠和凍土融化，土壤中的有機碳分解，釋放到大氣之中，加速變暖的反饋回路，也喚醒了許多被封存在億萬年寒冰中的沉睡生命，其中就包括了各種人類知之甚少的遠古病毒。

陳楠沒有時間去琢磨究竟男友是從哪裡染上的病毒，她面前擺著一道艱難的選擇題。

加西亞是為了見陳楠才身陷絕境的，陳楠必須讓男友知道自己同樣在乎他。在內心某個死角裡，她害怕發生在爺爺奶奶身上的悲劇再次重演。她必須克服恐懼，走出家門，去找加西亞。哪怕只是遠遠地見上一面。因為沒人知道，這會否就是最後一面。

可她的身體卻不像意志那麼堅定。

陳楠和自己僵如死木的雙腿對抗了十分鐘，最後癱倒在地。

一台 2036 年出廠的舊款家事機器人「圓圓」，像一隻被壓扁的鐘水母，借助底盤的萬向輪，緩慢地爬出家門。陳楠雙眼緊閉，牢牢抓住家事機器人的柔性觸手。她痛恨機器人表面過於光滑的材質，只能用滑稽的半蹲騎馬的姿勢才能保證不滑下來。畢竟在一開始，設計師並沒有考慮到這一特殊需求。

陳楠是從遊戲裡得到的靈感。她在 Techno Shaman 裡有一匹帥氣的機器馬，而加西亞則是騎著基因改造過的七彩羽毛蛇。在雙腿

罷工的關鍵時刻，機器人幫了她一把。

　　只是她沒有預料到，「圓圓」把她帶進了機器人專用電梯。裡面擠滿了各種機器人：快遞機器人、清潔機器人、老人看護機器人、遛狗機器人……連牆壁和天花板上都停滿了昆蟲般的消毒機器人。這裡不像人類的電梯，需要保持一公尺以上的社交距離，也不需要按鍵，機器人發出各種奇怪的聲響，就像是在話家常。陳楠做為唯一的人類被擠到牆角，無法發表意見。

　　這窘境反倒讓陳楠覺得安心。自我隔離三年之後，她已經忘了應該怎麼跟現實生活裡的人類打交道。

　　電梯到達地面。機器人爭先恐後地湧出來，就像動物園裡的鐵籠柵門打開時一樣。最後只剩下角落裡的陳楠。smartstream 一陣震動，收到了加西亞的更新病歷。他的病情又惡化了。

　　陳楠小心翼翼地把一隻腳踩在電梯外的地面上，就好像那不是堅硬的鋼筋水泥，而是沼澤地。再三確認沒問題後，才邁出了另一隻腳。她終於能夠放心地走出這座城堡。

　　街道似乎和三年前沒有太大變化。空氣中飄浮著若有若無的香氣，那是香樟樹的味道。陳楠深深吸了一口氣，感覺久違的活力又回到了身體裡。她像個剛剛降落在地球上的外星太空人，過分謹慎地反覆檢查防護服資料。空氣過濾系統提示：運行正常，沒有洩漏跡象。Smartstream 上的「安全圈」應用也開著。

　　周圍行人朝她投來奇怪的眼神，沒人穿著全套防護服，很多人甚至不戴面罩。不過，只要他們的健康碼是綠的，陳楠就覺得一切都還可以忍受。

　　從社區到醫院，坐地鐵 2 號線轉輕軌需要兩個多小時。搭計程車走延安高架上潘海高速只需要一個小時。一想到在地鐵和輕軌上要和那麼多活生生的人類在密閉空間裡擠那麼久，陳楠就覺得快要窒息了，毅然決然地否定了公共交通方案。

陳楠想透過線上平台預約用車，但系統卻顯示無法更新她的疫苗資料，無法提供約車服務。

這些年，各類新冠病毒像候鳥般來了又走。抗體的免疫力只能維持四十週到一百零四週不等，因此每次都需要研發和接種新的mRNA 疫苗。幸好 AI 預測蛋白質結構的技術大大加速了疫苗研製過程，同時 CRISPR 技術（一種基因編輯方法）讓像牛和馬這樣的大型動物能夠大批量地製備抗體藥物。每個人接種疫苗的時間、種類和有效期都會被記錄在個人檔案中，可以顯示在生物感應貼膜或smartstream 上，做為進入各類公共場所、乘坐交通工具或使用公共服務的數位健康憑證。這也意味著，沒有完整、連續的疫苗資料紀錄，就算你有綠色健康碼，在這個無接觸社會裡也寸步難行。

陳楠攔了幾輛無人駕駛計程車，車門上都有自動識別健康憑證的裝置。沒有這個，她連車門都刷不開。絕望的她站在上海四月的街頭，周遭春意盎然，卻又如此殘酷。

一輛黑色轎車悄無聲息地靠近陳楠，車窗搖下，露出一張中年男子的臉。他警惕地環顧四周，見沒有電子警察的蹤跡，才大膽問道：「姑娘，坐車嗎？」

陳楠像是沒聽懂他的話，愣了半天才答話：「坐的。」

「去哪裡啊？」

「去……金山。」

「臨床中心？」大叔看起來經驗豐富。

陳楠點點頭。

「你有這個嗎？」大叔捋起袖子，露出手腕內側的生物感應貼膜，上面滾動著一排疫苗接種紀錄，不光有歷年接種新冠疫苗的紀錄，還有接種 MERS 和各類禽流感、豬流感疫苗的紀錄，看上去就像電子遊戲裡的成就徽章。

陳楠又搖搖頭。

「算你運氣好，快上車，警察來了！」

車門自動彈開，陳楠猶豫著剛把半個身子探進車廂，卻被突然起動的車子捲起，狼狼不堪地滾倒在後座。車子繼續加速，她緊緊地靠在椅背上。

「不好意思啊姑娘，這年頭載一個沒有貼膜的人可比開黑車的罪重多了。」

「黑……車？」陳楠努力在記憶裡搜索這個古老的詞。

「你太年輕了。黑車麼就是非法營運載客的機動車輛，抓住是要罰錢扣分的。要是載了沒有健康憑證的乘客，那就是違反防疫規定，犯了危害公共安全罪。」大叔一副輕描淡寫的樣子。

「那你還載我？」

「一般在這種情況下還要去金山的，肯定是有特別重要的人在那邊。」大叔從後視鏡裡看了陳楠一眼，意味深長地說：「我這不是助人為樂嘛。」

陳楠聽到這話，眼前浮現出危在旦夕的加西亞，眼淚不由得撲簌簌地掉下來，打濕了透明面罩。

「哎呀呀，怎麼就哭起來了。要是被電子警察抓住了，該哭的人是我。」

「那……怎麼辦？」陳楠停止了啜泣。

「先解決貼膜問題。沒有那個，你哪都去不了。」大叔神祕一笑，把車開入一條閃爍著暖調燈光的隧道。它通往黃浦江的西岸。

★　　★　　★

一路上，為了緩解陳楠的緊張，大叔講述了自己的故事。

大叔姓馬，原來在一家科技創業公司負責演算法優化部門，他自嘲自己幹的是給機器上潤滑油的活兒。馬大叔所在的公司，讓

AI 透過對抗性遊戲不斷提升圖像識別的準確率，幫助智慧安防系統變得更聰明，在各種複雜的情況下能快速準確地識別物件，尤其在所有人都戴著防病毒頭罩，把自己捂得嚴嚴實實的疫情期間。

後來公司被巨頭易數科技收購，專利演算法竟成為生物感應貼膜走向大眾市場的關鍵。原先團隊的思路是在貼膜中嵌入超薄通訊模組，即時同步資料。但是，這導致了成本高、續航時間短、發熱以及傳輸不安全等一系列問題。貼膜畢竟是貼在皮膚上的產品，安全、舒適和便捷將成為使用者關注要點。後來產品團隊扭轉思路，貼膜只需要將監測到的生理資料轉化為一套機器可識別的視覺符號，透過無處不在的智慧攝影機，加上針對性優化的演算法，便能夠非同步讀取資訊，再上傳到雲端。

使用貼膜比從 smartstream 上調取健康碼方便得多。它就像二十年前的醫用口罩那樣迅速成為生活必備品，在城市裡得到推廣，甚至成為年輕人新的時尚用品。

「但就像所有的潮流一樣，總有那麼一些人是被落在後面的。」馬大叔神色凝重起來。

他遇到過一對來自鄉下的老夫婦，站在街邊的寒風中瑟瑟發抖。一問才知道，原來老頭突發高燒，卻沒有任何能夠證明健康狀況的有效電子憑證，沒有司機願意載他們上醫院。老馬無視車載系統的一再警告，冒著極大的風險把這對老夫婦送到醫院。萬幸的是，最後確診老頭只是患了急性傷寒，與傳染病無關。此後，他才開始關注這樣一群系統中的「隱形人」。

他們往往是社會中的弱勢群體，有老年人、殘障人士、外來勞動者、流動人口……對於他們來說，技術難以觸達，同時令人畏懼。而系統卻在快速演化，變得愈來愈龐大、複雜而嚴苛，對所有人一視同仁。於是，不平等便被無限放大了。

馬大叔發現，從大公司內部難以推動變革，便把股份套現，辭

　　　　　　　　　　　　　　　　　　　　　AI 2041

職創立了公益性的互助平台「暖波」，招募志工去幫助這些被系統「遺漏」的人。這也是他開黑車的目的。他記不清究竟自己送過多少因為各種原因無法使用共用交通工具的人，甚至因此拯救過幾條生命。他也為此承受了巨大的壓力。許多人認為他破壞了系統規則和社會共識，給公共安全帶來了潛在的風險。

「是什麼讓你堅持這麼做呢？」陳楠在感動之餘也表示不解。

「六年前，我在國外出差，遇上疫情回不來。老婆懷孕三十六週，羊水突然破了，擔心要早產。當時上海下著暴雨，全城交通癱瘓，救護車過不來。我急瘋了，在社區業主群裡求助。多虧鄰居和保全幫忙，把我老婆抬上一輛運送生鮮食物的迷你電動車。司機違反交通規則走非機動車道，直奔最近的醫院，才保母子平安。」

雖然事情已經過去多年，說起這些過往，馬大叔的眼角還是有些潮濕。

「所以我現在做的事情也算是一種報恩。我也害怕，可如果因為害怕，就不去幫助別人，不去愛別人，冷冰冰的，人跟機器又有什麼兩樣呢？」

陳楠被這句話擊中。一時間，無數往事湧上心頭。而今加西亞生死難卜，自己又被困在如此境地，千滋百味，只好不響。

「到了。」馬大叔打破了沉默。

車子開到了曾經的法租界，陳楠上次來這裡時還是個中學生。

過了這麼多年，這裡仍然像一個時空錯亂的大漩渦。上百年歷史的巴洛克式老洋房挨著全玻璃幕牆的智慧大樓，米其林西餐廳和小籠包鋪子門對門，弄堂竹竿上晾著彩旗般飄揚的衣物，底下卻是穿梭於地下派對的時尚男女……所有的新與舊、洋與中、平常與怪誕，都完美無間地交融在一起，衝擊著行人的感官。

車子在長樂路上一個破舊的超市門口停下。進了門，陳楠才發現超市裡面已經被改造成了 VR 遊戲競技場。她開著「安全圈」，

小心翼翼地躲開那些戴著頭盔沉浸在虛擬空間裡的玩家。大叔打開一扇不易發現的暗門，兩人進入了熱氣騰騰的機房，所有玩家的資料都在這裡彙聚、處理，上行到雲端即時渲染，再返還分發給每一個人的頭盔和體感服，模擬出逼真的遊戲體驗。

　　一個正吃著外賣的男生抬起頭，看見馬大叔，立刻放下筷子，沾著油漬的胖臉上露出驚訝的神情。

　　「馬總您怎麼來了？還是玩 Techno Shaman？您的戰隊成績不錯啊……」

　　「先別吃了，阿涵。」馬大叔使了個眼色。「幫這位姑娘貼個膜，她有急事。」

　　「噢，沒問題。」阿涵腳一蹬地，電腦椅載著胖胖的身體滑向背後的伺服器。在即將撞上的瞬間，他腳尖一點，椅子靈活地轉了半圈，人正好面對插滿各色導線和電子元器件的工作台。

　　阿涵要陳楠把左手手腕露出來，她顯得頗為猶豫。

　　「都消過毒的，放心。」像是看出她的擔憂，阿涵笑了笑說。

　　陳楠尷尬地點點頭，打開防護服，把手腕暴露在外部空氣中。也許是心理作用，她感到一陣輕微的刺癢在皮膚上泛起。

　　查看資料之後，男生疑惑為何她缺少了三年的疫苗紀錄，陳楠解釋原因，胖男生脫口而出：「三年沒出門，你是尼安德塔人嗎？」

　　馬大叔打斷他：「讓你貼你就貼，哪那麼多廢話！」

　　「不是馬總，疫苗資料不完整，就算貼上膜，系統也會把她判定為高風險人群，需要接受最少二十一天的居家隔離觀察……」

　　陳楠瞪大了眼睛。二十一天！加西亞能撐到那時候嗎？

　　「你別急啊姑娘。」馬大叔戳了戳男孩。「我記得以前咱們不是還試過一種辦法……」

　　「馬總，你說的不會是『電子畫皮』吧，那可是犯法的！」

　　「那是什麼？」陳楠又有了一絲希望。

阿涵解釋道：電子畫皮的外觀和生物感應貼膜完全一樣，但顯示介面是人工生成的動畫，並非來自真實資料，所以能騙過絕大部分的人類。但經由機器視覺識別後，與雲端儲存的歷史資料無法匹配，將導致數秒的系統回饋卡頓。這也許是唯一的機會。

　　「姑娘，你可想好了，那個人值得你冒這麼大的風險嗎？」

　　陳楠感到一陣頭暈目眩。她這輩子從來沒有冒過任何險，她曾經篤定這就是後新冠時代的生存之道。但當看到加西亞躺在病床上的樣子，讓她懷疑自己是否只是一位愛的剝削者，而並沒有給予同等的回饋。甚至連一句「我愛你」，她都要反覆斟酌，生怕一旦說出口，便會在這段關係中失去主動地位。加西亞卻為了證明自己的愛，正在付出生命的代價。

　　「他值得的。」陳楠的聲音小得幾乎聽不見。「就像你說的，人不能因為害怕就不去愛。我想好了。」

　　馬大叔和阿涵對視一眼，點了點頭。

　　陳楠看著手腕內側那片幾乎沒有厚度的柔性材料。上面躍動著各種生理數值，最關鍵的是那幾枚疫苗標誌，正泛著不同顏色的柔光。她已經擁有了一張幾可亂真的通行證。至於能用它走多遠，她心裡沒底。

　　突然間，屋內警鈴大作，所有遊戲暫停，燈光自動調亮，智慧牆體開始閃爍紅色警戒文字。一個溫柔的女聲伴隨著牆上滾動的文字不斷重複著同一句話：「各位顧客，根據數位防疫系統指示，現懷疑有高風險人員進入本建築。電子警察將立即展開逐一審查，請所有人員配合。謝謝合作。」

　　陳楠臉色一白，心跳加速，太陽穴處的血管突突跳動。諷刺的是，那塊電子畫皮上的數值卻依然平穩。她熟悉這種心慌的感覺，這是驚恐發作的前兆。很快，她的整個身體就會像凍住般僵硬，沒有辦法挪動半步。到那時，她所有的計畫就完蛋了。

「走消防通道，快！」阿涵手一指，從雜物箱縫隙中隱約可以看見一扇綠色小門。

馬大叔拉起陳楠，踹開箱子和門，跌跌撞撞地從一條陰暗的通道逃離現場。

幾乎在同一時間，三台電子警察像沒有腦袋的機械警犬步入遊戲廳，胸前射出紅色光束，掃過所有玩家的身體。每個人都背部緊靠牆壁，激發內嵌感測器的光敏塗料，在智慧牆體上以不同顏色顯示出各自的體溫。由於之前在虛擬遊戲裡情緒過於亢奮，此刻所有人背後都閃爍著超出正常體溫的橘光。

馬大叔把陳楠扛起來塞進車裡，突如其來的驚嚇讓她暫時喪失了行動能力。車子開動，緩緩提速，閃爍著不安紅光的遊戲競技場在後視鏡中漸行漸遠。

「沒事了。」大叔像在安慰陳楠，又像是在安慰自己。

陳楠鬆了口氣，斜躺在座椅上，試圖安撫心神。一陣震動傳來，她努力地分辨這震動究竟是來自引擎，還是來自smartstream。終於，她發現那是數位病歷的推送通知。她只掃了一眼，便像遭了電擊般彈坐起來，掩面痛哭。

★　　　★　　　★

數位病歷顯示，加西亞心肺功能嚴重衰竭，只能接上ECMO[10]，透過人工心肺提供體外呼吸和循環來與死神賽跑。

陳楠強迫自己冷靜下來，她撥通了徐明升醫生的電話。

徐醫生告訴她，加西亞感染的是一種非常凶險的極地新冠病毒

10　ECMO, Extracorporeal Membrane Oxygenation，中文為體外膜氧合，主要用於對重症心肺功能衰竭患者提供持續的體外呼吸與循環，以維持患者生命。

變種，這種變種在自然流行過程中發生了多次抗原漂移，基因組序列突變了十九個位點。其中，刺突蛋白的突變提升了病毒與人體細胞表面 ACE 受體的親和力，讓基本傳染數（R0）提高了 75%，也就是一個感染者較之前會平均多傳染給周圍的大約 0.7 ~ 1.3 個人。不僅如此，另外幾個位元點的突變讓病毒能夠逃過當前抗體的中和作用，疫苗也將面臨失效。儘管有了 AI 的幫助，新疫苗的研發週期不再像二十年前那樣，需要長達數月甚至數年之久，但最短也需要將近一個月的時間。

「不僅僅是加西亞，整個人類也需要更多的時間。」徐醫生的語氣十分沉重。

「他還有多少時間……」陳楠泣不成聲。

「很難講，也許幾個小時，也許隨時……」醫生說不下去了。

「大叔，我們能再快點嗎……」

馬大叔心領神會，猛踩油門，車子呼嘯沿濱海高速一路南下。

「做為醫生，我也許不該這麼做。但猶豫再三，我想還是得告訴你……加西亞昏迷中一直叫你的名字，我猜他想跟你說點什麼。」

「他說了什麼？」陳楠焦急萬狀。

醫生傳過來一段音訊。

「……楠、楠……別……閉環……楠……走出去、走出去……」

是加西亞！儘管如此含糊不清，如此虛弱。他像是在夢囈，卻又執著地重複著那幾個詞。那是屬於他們兩人的愛的暗語。直到生命盡頭，他還在牽掛著陳楠，希望她能夠走出困局，去過真正的人生。可是，他自己卻沒有時間了。

「很抱歉。我會盡我所能的，保重……」徐醫生掛掉電話。

陳楠任由淚水流淌，在面罩上凝成白色水霧，朦朧了整個視野。她感到一陣窒息，不由自主地摘下了透明頭罩，打開車窗。一

陣初春的晚風拂面而來，讓她身心一振。陳楠忘了自己已經多久沒有享受過如此自由而清新的空氣。

夜色中，城市的燈火變得稀疏，偶爾掠過幾座散發著柔和白光的方形建築。陳楠從新聞裡看過，那是夜間也能行光合作用的綠色智慧建築。為了實現2060年碳中和的國家戰略，中國愈來愈多的城市建築外立面種了綠色植物，像一座座垂直森林，吸收空氣中的二氧化碳，再將之轉化為氧氣和有機物。

也許外面的世界並沒有想像中那麼可怕。

陳楠讓自己的思緒飄散，以逃避那個堅硬冰冷的事實：她再也見不到加西亞了。無論是第一面還是最後一面，她都永遠無法在原子世界裡，去觸摸，去擁抱，去親吻這個曾經在位元世界裡和自己朝夕相處的人。

除了無盡的悔恨，她不知道自己的生命還能剩下什麼。

「姑娘，我一定會把你送到那裡。不到最後，千萬別放棄。」

馬大叔沒有回頭，但他的聲音裡有一種力量，讓陳楠感到安心。她在黑暗裡點了點頭。

車子下了高架橋，拐了幾個彎，停在臨床中心門口。陳楠看見一片巨大潔白的建築矗立在夜空下，腦海中頓時出現了小時候見過的方艙醫院影片。幾百上千號病人吃飯、活動、上廁所都在一起，床位之間只用簡單的隔板分開，這對於空氣中的病毒卻無濟於事。她打了個寒戰。

「接下來就靠你自己了，知道去哪找吧。」馬大叔回過頭看著陳楠。

「我已經下載了臨床中心的內部地圖。病歷上有床位號。」陳楠眼神堅定。

「那就祝你好運啦。噢對了，送你一件寶貝，能讓你在智慧攝影機裡變成卡通人物，也許能幫上點忙。」他掏出一副造型奇特的

眼鏡，巨大鏡片上貼著一層 LED，細密的像素點如珍珠般閃光。

「謝謝大叔！」陳楠正要往外衝，又被馬大叔叫住。

「別忘了戴頭罩！」

「嗯！」

陳楠重新把自己密封起來，揮揮手走向入口處的通道。馬大叔看著女孩遠去的背影，露出一絲欣慰的笑意。

陳楠走的是健康通道。她通過第一道關口體溫檢測。如果有人體溫不達標，就會被地面的發光箭頭導引到發熱通道，避免因群聚而導致的傳染。第二道關口需要掃描數位健康檔案，無論是用生物感應貼膜還是 smartstream，都需要與雲端上的歷史資料進行比對。

陳楠放緩腳步，一方面是因為心裡緊張，另一方面也是在觀察周圍環境。臨近半夜，大部分醫務人員都已經下班了，只有少數值班人員。常規工作都交給機器自動處理。就算有新冠急症患者，AI 輔助的自動化放射科也能完成從拍片、看片到分診的流程，大大減少了二度傳染的風險。這對她來說是件好事。

她終於來到掃描器前，深吸一口氣，將左手手腕內側的貼膜靠近掃描鏡頭。鏡頭閃爍紅藍兩色指示燈，自動閘門打開了一道縫，又顫巍巍地合上，又打開。軸承吱呀亂響，就像機器也會關節炎發作一樣。這就是電子畫皮造成的系統卡頓。

閘門再次打開的瞬間，陳楠沒有遲疑，一個箭步，小巧的身體硬生生擠過了閘門縫隙，然後，她朝著 ICU 病房的方向狂奔起來。

午夜的臨床中心，一個全副武裝的女孩不要命似的奔跑著，她跑過空曠的停車場，衝進特護大樓，穿越通往 ICU 的長長走廊。

也許是醫護人員太久沒有經歷過這樣的突發事件，都待在原地，不知如何反應。反倒是醫護機器人開始緩慢而堅決地包圍陳楠，試圖阻擋她前進的路線。它們不留情面，力大無窮，且永不出錯。

陳楠想起了馬大叔送給她的法寶。她戴上那副怪怪的眼鏡，鏡

面開始閃爍七彩炫光。光線組合成圖案，利用圖像識別演算法的漏洞，反向侵入 AI 系統，竄改資料流程，讓機器看到的不是真實人類，而是卡通形象，造成認知和行為上的混亂。機器人在這七彩炫光面前變得猶豫、遲緩，甚至彼此撞在一起，發出巨大的聲響。

陳楠沒有停留。她靈巧地跳過機器人「車禍」現場，沒有選擇電梯，而是吸取在 VR 競技場的教訓，從消防通道直接爬樓梯前往八樓。她要遠離一切能夠被機器和演算法操控的物體，她只相信自己的身體與直覺。

加西亞，你一定要等著我。

她在心裡默默祈禱著，步伐不敢放慢半分。

陳楠幾乎是用身體撞開那道通往 ICU 病房的安全門。她喘著粗氣，兩腿癱軟，手扶著牆壁艱難地向前走去。走廊盡頭便是那間決定加西亞生死的房間，此刻他就像薛丁格的貓，生死未卜。陳楠既害怕，又渴望。她強迫自己走過去。她必須面對一切。

巨大玻璃窗的另一面，只有一張整潔的病床。上面空空如也，甚至沒有人躺過的痕跡。

加西亞去哪了？難道……

一瞬間，湧入陳楠腦海的是那個最壞的可能性。她再也支撐不住了，順著牆角緩緩坐下，癱倒在地，卻聽見一個熟悉的聲音從身後響起。

「楠，是你嗎？」

陳楠不敢相信自己的耳朵。她艱難地回過頭，看到同樣穿著隔離服的加西亞和徐醫生站在不遠處，嘴角含笑，看著自己。

「加西亞？可是……你不是……」

陳楠滿腹疑問。她注意到男友略微憔悴了一些，但狀態並不像影片裡那麼差。

「嘿，你不會真的以為我死了吧。」

「我猜你們倆肯定想單獨待一會兒。」徐醫生和加西亞行了個抱拳禮，消失在另一扇門後。

加西亞試圖走近，陳楠的「安全圈」開始微微震動，這說明面前的這個人屬於中高風險人群。

「別！」陳楠幾乎是本能地舉起手，阻止了男友的接近。

「楠！我沒事……」加西亞試圖解釋，「那不是我的航班，只不過我和感染者在機場的相同區域停留過……」

「你說的……是真的嗎？」陳楠這才想起，慌亂中自己竟然沒有核對疾控中心的航班資訊，「可數位病歷是怎麼回事，那些影片和錄音又是怎麼回事？」

「我能解釋，這些都是遊戲的一部分。」加西亞露出了愧疚的表情。

「遊戲？」陳楠益發迷糊了。

「記得嗎，我可是整個南美十三戰區最有創意的關卡設計師。」加西亞的愧疚變成了得意。

這個夜晚發生的事情像高速列車般從陳楠眼前呼嘯而過，那些幸運的巧合、不經意的細節、意味深長的表情……像碎片開始閃光，逐漸彙聚成一幅完整的拼圖。

「所以……」陳楠漸漸醒悟過來，「馬大叔是你安排好的？」

「是，我們是在 Techno Shaman 裡認識的。你想，上海這麼大，黑車怎麼會這麼巧停在你面前。」

「那段影片呢？看起來可不像是化妝效果！」

「還記得我有一個虛擬人嗎？像素級的復刻，我只是用它做了一段動畫……」

「徐醫生呢？也是假的？」陳楠的語氣開始變得有幾分冷硬。

「他是真的醫生，也是遊戲裡的戰友。只不過事情的發展超出了計畫，沒想到遇上突發疫情，我真的需要進行隔離觀察。這讓遊戲變得更真實了，不是嗎？」加西亞沒有察覺女友情緒的微妙變化。

「真實……可你怎麼知道我的行動軌跡？」陳楠努力壓住怒火。

加西亞咧嘴微笑，露出潔白牙齒：「還記得醫生傳給你的數位病歷嗎？那個淡藍色的檔，它能夠告訴我你的位置，以便即時給你回饋資訊做為動力。」

「動力？」

「一個好的遊戲既需要設置一定的阻力，也需要給玩家提供足夠的動力。關卡不能太難，也不能太容易，這樣才能讓玩家獲得最大的滿足感。」

「如果……我不出門呢？」陳楠冷冷問道。

「那我這幾個月的計畫就算徹底失敗了。我和戰友們分析過各種可能性，以確保你的安全。只要你能克服自己的恐懼走出房間，就算闖過了最重要的一關。可我真沒想到你能走這麼遠……」

「你這個渾蛋！」

陳楠一聲怒吼，打斷了加西亞自以為是的辯白。

「……你不知道我有多擔心你，你居然把這當成遊戲……」陳楠低下頭，渾身開始發抖。她在哭，但她也不知道為什麼自己要哭，「你為什麼要這麼做？為什麼要騙我！我恨你！」

「因為我愛你。」

陳楠心頭一震。加西亞曾經無數次地向她表達愛意，聊天、語音、視訊、虛擬空間……她以為自己早就習慣了南美人的熱烈與甜膩。但當這幾個字透過空氣傳遞到她的鼓膜，將震動轉化為生物電信號，引起大腦皮層一連串的化學反應時，她還是感到強烈的眩暈，以及更多說不清道不明的複雜感受。哪怕最先進的虛擬實境技

術都無法模擬這種情感。人類稱之為愛。

「你為什麼愛我？我那麼膽小、自私……」陳楠抬起頭，淚眼朦朧地看著加西亞，「我以為我真的永遠失去你了。」

「別傻了，楠。看看你。」加西亞這時變得格外嚴肅。「你做到了沒人能做到的事情，冒著生命危險，穿越整座城市來找我。」

「我……我真的做到了嗎？」

「是的。你走出了閉環，成為一個全新的陳楠。除了一點……」

「什麼？」

「你不願意讓我抱你。」

「加西亞，我只是……」陳楠深深吸了口氣，又緩緩呼出，「我可以的。來吧。」

「OK。我會慢慢、慢慢地靠近你，如果你覺得不行，就喊停。」

加西亞像個年久失修的老款機器人，動作極其遲緩地一步步走向陳楠。陳楠閉上眼睛，感受著 smartstream 上愈來愈強烈的震動，對抗著內心湧動的不安全感。加西亞進入了一公尺圈，震動變成了刺耳的警報聲，在藍牙耳機中單調地循環著，刺激著陳楠的耳膜，讓她心跳加速。哪怕她心裡清楚，隔著雙層密閉防護服，這個擁抱不會造成任何傷害。這種恐懼積累得太深、太久，已經成了她身體本能的一部分。

「我來了。」加西亞輕聲發出預告。

陳楠摘掉藍牙耳機，任憑它們在防護服的褶皺間彈跳著，繼續頑固地發出警告。她睜開眼睛，張開雙臂，準備迎接一個充滿塑膠質感的漫長擁抱。

開復解讀 💬

　　在故事〈無接觸之戀〉發生的時代，人類社會已經被疫情徹底的改變——直到最後，新冠病毒（COVID-19）依然沒有被徹底消滅，相反地，它演化成了一種長期存在的、會不斷變異的季節性病毒。

　　這當然只是一種虛構的情境。然而，在經歷了一次新冠疫情之後，不論這種病毒今後會如何變異，可以確定的是，AI 將重塑整個醫療行業，例如加快疫苗和相關藥物的研發，加速 AI 診斷與現有醫療手段進行技術集成的進程，等等。在本章，我將對新冠病毒如何推動這些技術的發展進行討論。現在，我們對 AI 醫療的關注尤為即時，因為醫療行業正在數位化，而這將產生 AI 重塑醫療行業所需的大量資料。到了 2041 年，我們在回顧歷史的時候可能會發現，在過去的二十年中，醫療行業是被 AI 的重塑作用影響得最大的行業。

　　在〈無接觸之戀〉中，對外界的恐懼和長年累月的隔離生活，讓陳楠無法邁出家門一步。而人們對身體接觸的擔憂，也為機器人行業創造了許多機會。在未來，機器人領域的技術發展和突破，是必然會發生的事情。那麼，到 2041 年，我們是否會像故事中的主人公陳楠一樣，家中也到處都是機器人助手忙碌工作的身影？我將在後面分享對這個問題的見解。

　　此外，本章還會談及新冠病毒將促使人們愈來愈多地接受遠端辦公、通訊、學習、商務和娛樂，從而加快生活的數位化進程，提升資料獲取的速度。更多的資料，就意味著功能更強大的 AI；功能更強大的 AI，就意味著更深層次的自動化，以及更多的人類員工將被取代。

一、數位醫療與人工智慧的融合

得益於史無前例的科學突破，二十世紀的「現代醫學」在各個方面都有了極大的改善，人類的平均預期壽命也從 1900 年的三十歲提高到了 2017 年的七十二歲。我相信，我們今天正處於另一次醫療領域的顛覆性革命的風口浪尖。這場革命將以醫療數位化為基礎，把近年的革命性數位技術，包括計算、通訊（包括移動通訊）、機器人、資料科學，當然還有 AI，應用到醫療領域。

首先，現有的醫療資料庫和流程將實現數位化，包括患者紀錄、藥效、醫療器械、可穿戴設備、臨床試驗、監測醫療品質、監測傳染病傳播，以及對藥品和疫苗供應的跟蹤等。數位化所形成的大量資料，將使 AI 更能把握新的應用機會。

最近，有些醫療機構的放射科已經實現了數位化。背光膠片檢視器已升級為可以進行 3D 精密掃描的視覺化設備，使放射科的遠端診斷和 AI 輔助診斷成為可能。個人病歷和保險紀錄正在快速彙集成巨大的匿名資料庫（前提是法律允許）。利用這種資料庫，AI 將可以精準地追蹤患者的病情，對醫生進行評估，提高治療效率，輔助進行醫學教學，及早發現和預防疾病等。對藥物使用情況的詳細、完整的紀錄，將有助於醫生和 AI 了解每種藥物的適用條件，進而提高療效並避免藥物濫用。透過數十億個實際案例（尤其是那些包括最終治療結果的案例）的訓練，AI 將可以實現更精準的自我提升。透過對患者完整的病史和家族史的分析，AI 將可以實現個性化治療。同時，AI 還可以對大量的新藥、治療過程和研究進行完整的追蹤。這些工作都是用傳統的人工方式難以完成的。

其次，那些新的革命性的醫療設備／技術從誕生時起就是數位化的。比如，在診療過程中，透過可穿戴設備持續監測心率、血壓、血糖，以及愈來愈多的生理信號，這將彙集成龐大的資料庫。

這些資料庫可用於對 AI 進行訓練，進而實現精準監測、預警、診斷和維護。

再次，在醫學研究領域，突破性的新技術也會為我們帶來大量的資料。比如顛覆生物學的 DNA 測序技術會為我們帶來關鍵的基因資料資訊；利用數位聚合酶鏈式反應（ddPCR）技術，我們可以準確地獲取病原體（例如新冠病毒）和基因突變（癌症標誌物）的資料；利用下一代基因測序（NGS）技術，可以快速地進行人類基因組測序，而基因測序所產生的資料量非常龐大，AI 能夠「讀懂」這些資料，但人類卻無法「讀懂」。CRISPR 是突破性的基因編輯技術，在未來，人類有望利用該技術根除許多疾病。最後，藥物和疫苗研發也正在走向數位化，並開始與 AI 結合（我在本章後面的部分將對這一點做詳細的介紹）。所有這些醫療進步所產生的資料，都可以與 AI 及其他數位技術深度結合，產生巨大的價值。

那麼，為什麼像 IBM Watson 這樣的用於癌症治療的 AI 計畫沒有成功呢？當 IBM 與德州大學安德森癌症中心（MD Anderson）和紀念史隆凱特林癌症研究中心（Memorial Sloan Kettering）等備受尊敬的 AI 醫療機構合作時，IBM 錯誤地決定主要依靠這些機構的醫療專業知識資料來對 Watson 進行訓練。的確，這些資料庫囊括了由最頂尖的醫生耗費多年心血精挑細選出來的大量經典教學案例，特別適合醫生學習用，因為每個案例都可以幫助醫生學會一些關鍵概念，在與其他知識點融會貫通之後，醫生可以將其應用於臨床診療。但 AI 是透過大量數據來學習的，不是透過概念來學習的，而這些資料庫對於 AI 來說實在太小了，所以 Watson 無法達到人類醫生診斷癌症的水準。IBM Watson 也曾經試圖用大量的醫學文本（如教科書和研究論文）來增加其知識，但這些文本也是為人類閱讀而寫的，而 AI 需要的是大量的關於真實患者實際的療程和效果的資料。癌症的診斷和治療是一項艱巨複雜的任務，AI 醫療

應該從擁有大數據集且適合 AI 的較簡單的任務開始。

　　我相信 AI 和醫學界已經從 Watson 這個 AI 計畫上吸取了教訓，開始務實地將注意力轉移到更適合使用 AI 的領域，比如藥物和疫苗研發、可穿戴設備的資料獲取、DNA 測序的應用、放射科的輔助看片、病理科的輔助診斷。精準醫療方案，以及智慧化的醫生助手。同時，特別重要的是，相關的研究和探索需要符合醫療產業的特性（比如說有合適的管道，不需要教育市場等），並採用將 AI 與人工相結合的方式來推進（不要過於激進，不要一開始就用 AI 取代醫生或科學家）。在未來二十年，這樣一個務實的、由資料驅動的 AI 醫療產業必能蓬勃發展。下面我們就來深入探討幾個既務實又有價值的領域，比如新藥研發。

二、傳統藥物及疫苗研發

　　長期以來，藥物及疫苗的研發都是一件極其耗時、昂貴的工作——想像一下，人類用了一百多年時間，才完成了腦膜炎疫苗的研製和改進。而在這次新冠疫情中，正是因為各國政府把史無前例的巨額資金投入到多條研發賽道，支撐了大量的臨床試驗和量產嘗試（美國政府僅在 2020 年就投入了一百億美元），醫藥企業的疫苗研發才推進得如此迅速。

　　在等待了一年之後，我們終於有安全有效的新冠疫苗。好在新冠病毒的致死率沒有那麼高，這樣的等待才顯得可以接受。然而，如果新冠病毒演化成一種像伊波拉一樣致命的傳染病，情況就會變得完全不同。因此，考慮到未來可能出現新的傳染病，疫苗和藥物的研發速度仍然需要繼續提高。

　　研發藥物時，第一步先要理解病毒蛋白質（胺基酸序列）是如

何折疊成獨特的 3D 結構的，理解這種 3D 結構，對解讀病毒的工作原理並找到對抗它的方法至關重要。例如，就像鑰匙插入鎖孔中一樣，新冠病毒表面的刺突蛋白可以附著在人體細胞表面的受體上。當新冠病毒侵入人體細胞後，新冠病毒基因組（新冠病毒的 RNA）將被傳遞、整合到宿主細胞上，然後在許多器官中不斷複製，從而導致感染者表現出一系列的症狀。

針對某種病原體的小分子藥物發明，是透過將治療分子附著在病原體上來抑制其功能而起作用。這種治療分子的發現過程可以分為以下四個步驟：

第一步，利用 mRNA 序列推導病原體的蛋白質序列（現在這一步不難實現）；

第二步，探索該蛋白質序列的三維結構（蛋白質折疊方式）；

第三步，確定三維結構上的靶點；

第四步，生成可能有效的標靶分子，然後從中選擇最佳臨床前候選藥物。

如果回到之前用過的類比，那麼第一、二、三步相當於摸清鎖的結構，第四步相當於打造一把適配的鑰匙。這四個步驟需要依次完成，後三個步驟的工作不僅非常耗時，而且成本高昂。

例如第二步，為了確定病毒蛋白質序列的三維結構，科學家會使用冷凍電子顯微鏡成像等技術，直接觀察病毒蛋白，然後一步一步艱苦地摸索、推敲出 3D 蛋白質結構。

第三、四步是找到靶點並設計出對應的標靶藥物，這是一個漫長的試錯之旅，而且需要科學家具備強烈的直覺、豐富的經驗和好運氣。不過，就算科學家耗費數年時間鎖定了一種臨床前候選藥物，它也有 90% 的概率無法通過二期、三期臨床試驗。這個探

索過程會耗費相當長的時間。當然，也可以並行探索幾種不同的方法，不過這樣雖然可以縮短時間（新冠病毒的藥物研發就是這樣），但需要大量的資金投入。

在研發新冠疫苗時，美國疫苗企業莫德納、德國製藥巨頭拜恩泰科、美國製藥巨頭輝瑞製藥都使用了一種全新的 mRNA 疫苗技術，這種技術在治療其他疾病方面也表現出了極大的潛力。如果要研製一種 mRNA 疫苗，科學家同樣需要先揭示 mRNA 序列和蛋白質結構之間的關係，然後使用化學方法合成 mRNA 疫苗。針對新冠病毒的 mRNA 疫苗注射到人體後，將會引導人體細胞合成病毒 S 蛋白成為抗原，進而刺激人體免疫系統產生抗體，用於對抗未來可能侵入人體的真正的病毒。

三、AI 在蛋白質折疊、藥物篩選及研發方面的潛力

目前，要研發一種有效的藥物或疫苗，需要投入十至二十億美元的資金和數年的研發時間。我相信，AI 將大幅提升藥物的研發速度，降低研發成本，為患者提供更多價格在可承受範圍內的特效藥，幫助患者活得更健康、更長壽。

2020 年，DeepMind 公司針對蛋白質折疊（藥物研發的第二步），推出了蛋白質折疊軟體 AlphaFold，可以說，這是迄今為止 AI 在科學領域最偉大的成就。

蛋白質是生命的基石，但對於人類來說，蛋白質的胺基酸序列如何折疊成 3D 結構，從而成為生命活動功能執行者的整個過程，仍是個謎。解開這個謎，不僅具有重大的科學意義，對醫學領域也有極高的價值。恰巧，深度學習技術似乎非常適合在這個問題上大展拳腳。

AlphaFold 背後的訓練資料集非常龐大，包含過去發現的蛋白質三維結構資訊。目前，AlphaFold 已經證明了它類比未知蛋白質三維結構的能力，其準確性與傳統方法（例如上面提到的冷凍電子顯微鏡成像技術）不相上下。區別在於傳統方法成本高、耗時長，而且只能解析所有蛋白質結構中不到 0.1% 的部分；AlphaFold 的出現，提供一種快速擴大人類已知蛋白質數量的方法，被視為「解決了困擾生物學界五十年之久的巨大挑戰」，是一項劃時代突破。

　　一旦掌握了蛋白質的三維結構，「藥物再利用」就成了一種能夠幫科學家快速找到有效治療手段的方法，即嘗試每一種已經證明對一些小病安全、有效的現有藥物，看看其中哪些藥物可能成功嵌入當前病毒的蛋白質三維結構。

　　「藥物再利用」方法有可能成為一條捷徑，從而使人類能夠在一場嚴重的流行病發生之初就阻止病毒的傳播。因為這些能被「再利用」的藥物均已通過不良反應測試，可以直接使用，無須再經過大範圍臨床試驗。〈無接觸之戀〉中的男主角加西亞在被檢測出攜帶 COVID-Ar-41 的變種病毒後，臨床中心就立即啟動了 AI 程式，以「再利用」一種能夠減輕他的症狀的藥物。

　　科學家還可以充分利用 AI 的優勢，發明新的化合物。AI 可以鎖定一些標靶分子可能附著的靶點（藥物研發的第三步）。如果給定一個靶點，AI 模型就可以透過識別資料的內部模式，來縮小對藥物的搜索及篩選範圍，鎖定候選藥物（藥物研發的第四步）。2021 年，AI 藥物研發公司英科智能（Insilico Medicine）宣布其利用 AI 完成了治療特發性肺纖維化的新藥研發，先在三維結構上找到靶點（第三步），然後提取相關資訊並找到最佳的標靶分子（第四步）。英科智能的 AI 技術不僅為藥物研發的後兩個步驟節省了 90% 的成本。

　　此外，AI 還可以整合多方面知識來優化第三、四步研發過程。

例如，自然語言處理（NLP）技術可以對大量學術論文、專利成果和公開資料進行深入挖掘，從中提取出能夠幫助鎖定靶點或有效分子排序的資訊。AI 還可以根據過去的臨床試驗結果，預測所有潛在候選新藥的有效性，為進一步排序提供參考。這些，都可以在電腦系統上類比完成。科學家可以站在 AI 的肩膀上，參考系統給出的推斷，排除「錯誤選項」，然後再進行下一步研究。

當然，除利用電腦類比進行研究的「乾實驗」外，還有一種「濕實驗」，即在實驗室培養皿中對人體細胞展開藥物測試。對於這一類實驗，AI 同樣有很大的施展空間。在今天，由機器人來主導這類實驗，會比由實驗室技術員來操作更加高效，而且可以採集到更多的資料。鎂伽機器人就是這樣的先進公司，鎂伽的實驗室機器人，無須人工干預，就能進行 7×24 小時的重複實驗，這將大大加快藥物的研發速度。

四、AI 與精準醫療及診斷：讓人類活得更加健康長壽

除藥物及疫苗的研發外，AI 還會以多種方式重塑醫療行業。

精準醫療，指依據患者的個人實際情況，為其制定最適宜的治療方案，而非盲目使用某種重磅藥物。隨著包括患者病史、家族病史以及 DNA 序列等在內的資料愈來愈多地被 AI 系統採集，精準醫療的思想也會被愈來愈多地實現。這種根據個人情況提供優化客製的服務，正是 AI 的優勢所在。

我預計，在今後二十年中，AI 在診斷能力方面將超越絕大部分人類醫生，而且這一趨勢將率先在放射學一類的領域中有所體現。目前，在利用某些特定類型的 MRI 和 CT 影像進行診斷方面，電腦視覺演算法就已經比優秀的放射科醫生做得更為出色。

在〈無接觸之戀〉中，二十年後，絕大多數放射科醫生的工作已經被 AI 接管，由 AI 輔助的自動化放射科，能夠承擔從拍片、看片到分診的全流程工作；此外，我們還看到 AI 在病理學和眼科診斷上也表現出卓越的能力。AI 診斷將逐個攻克不同的疾病，陸續進駐不同的科室，最終代替全科醫生對患者進行診斷。

醫療工作關乎患者的生命，責任十分重大，所以，AI 對醫療行業的覆蓋，需要循序漸進地推進。最初，AI 可能只做為人類醫生的輔助工具，或者僅在人類醫生人手不足的情況下使用。但隨著時間的推移，透過在更大量的資料上進行更多的訓練，AI 的診斷能力將變得更強大。多年後，可能大多數醫生，會從親自診療轉向審閱 AI 系統的診療結果；他們的工作重心，將放在給予患者更多同理心和關懷上，放在與患者進行更多溝通與交流上。

未來，即便是高度依賴人類醫生審慎判斷和靈活操作的複雜手術，AI 也能在其中發揮作用。2012 年，機器人輔助手術僅占所有手術的 1.8%；到 2018 年，這一數據已增至 15.1%。同時，機器人醫生已經能夠在醫生的監督下完成一些半自動化手術，如結腸鏡檢查、縫合術、小腸切斷與吻合術、植牙等。

根據這種趨勢，我們可以預測，二十年內，在某種程度上所有手術都將包含機器人的參與，而由機器人全權負責的手術比例也將大大提高。奈米醫療機器人更會具備多種人類醫生無法具備的醫療能力。這些肉眼看不見的「機器人醫生」（僅有 1～10 奈米大小）可以修復受損細胞、對抗癌症、改善基因缺陷，或者替換 DNA 分子以根除疾患。

可穿戴設備將為 AI 在醫療領域的發展提供沃土，就像〈無接觸之戀〉中能夠採集加西亞的生物資料的各類感測器一樣。未來，我們會住在帶有溫度感測器的房間，用智慧馬桶、智慧床鋪、智慧牙刷、智慧枕頭，還有各式各樣的隱形設備……這些設備都將定期

採集人類的生命體徵及其他相關資料，從而檢測一個人是否會出現健康危機。

AI 系統將匯總、整合所有設備採集到的資料，然後準確判斷一個人的健康狀況，無論是發燒、中風、窒息，還是心律失常，哪怕僅僅是跌了一跤，都逃不過 AI 的「眼睛」。而且，所有這些物聯網資料都將與人們的醫療資訊（如病史、接觸者追蹤紀錄、感染控制資料）結合起來，用來加強對未來可能發生的大流行病的預測和防控。

在這個過程中，隱私安全可能成為使用者最擔憂的問題，因此在訓練過程中，AI 系統需要對資料進行匿名化處理，比如用難以溯源的化名對使用者加以區分和指代。同時，我們應該開發相應的技術解決方案，讓人們在隱私安全得到保障的前提下，享受到集中式 AI 帶來的便利（更多相關內容詳見第九章）。最後，我們還需要一些創新性的法案，例如賦予人們在去世後捐獻自己資料的權利。

2019 年的研究顯示，到 2025 年，全球 AI 醫療市場的年複合增長率將達到 41.7%，市場規模將超過一百三十億美元，包括醫院工作系統的建設、可穿戴設備及虛擬醫療助理的開發、醫療成像和診斷、治療方案的擬定等，以及最重要的藥物及疫苗研發。而新冠病毒的出現，正在加快這增長速度。

最後，我認為 AI 有助於人類長壽 —— 它不僅幫助我們活得更久，而且會提升生活品質。AI 將利用大數據和個性化資料，為每個人提供客製化的營養和膳食計畫、睡眠和運動建議，以及藥物和診療方案，從而達到延年益壽的效果。先進的生物技術將不再是超級富豪「返老還童」的特權，而是所有人都有機會享受的福利。

有專家認為，隨著醫學、生物學和 AI 領域的技術反覆運算與升級，人類的壽命可能會延長二十年。讓我們期待見證 AI 長壽的奇跡吧！

五、機器人技術

與前面幾章所介紹的 AI 在網際網路、金融及感知領域的應用相比，機器人技術的執行難度要大得多。因為機器人領域的問題，無法透過直接把資料「投餵」給深度學習演算法就能「簡單粗暴」地解決，而是涉及複雜操控、精細運動及合理規劃等多個環節，同時需要機械工程部件與具備 AI 的感知系統、精細運動控制系統之間的相互配合。這些問題並非無法攻克，但是整個機器人系統的優化需要一定的時間，而且需要跨學科的協作。

精準復刻人類的視覺、運動和操控能力是機器人技術的基礎。一個合格的機器人不僅要具備自動化能力，還應該擁有自主性。這意味著當人們把決策權交給機器人時，機器人需要能夠根據環境的變化進行規劃、蒐集資訊並回饋、即時調整或臨場發揮。當機器人被賦予了視覺、觸覺和運動能力後，AI 就可以執行難度比以前高很多的任務，而且可以執行的任務的數量也大大增加了。

不過，在二十年內，機器人技術很難完美地達到人類在視覺、觸覺、操控、移動和協調等方面的水準。人們將在特定環境中獨立開發機器人的各單項能力，然後隨著時間的推移，逐漸攻破各技術之間的壁壘。

如今，機器人領域的電腦視覺技術已趨於成熟，而且已經用於老年人安全監測（如老年人手裡的機器人助手，可以在發現老年人遇到困難時，快速撥打監控中心的電話）、流水線作業檢測、能源及公共運輸行業的異常情況監測等方面。同時，機器人移動平台可以在室內空間實現自主導航；自主移動機器人（AMR）能夠「看見」前方障礙物，規劃路徑，在倉儲間搬運貨物；機械手臂可以用在焊接、裝配等流水線上，執行物體的抓取、操作和移動任務，在電商的配送中心完成物品的揀選工作。

圖 4-1　機器人移動平台（Shutterstock/Roman Korotkov）

　　未來，機器人的能力會變得愈來愈強。例如，搭載了**攝影機和**其他感測器（如雷射雷達）的機器人視覺技術，將成為智慧城市和自動駕駛汽車的重要組成部分。機器人移動平台將不再局限於室內作業；自主移動機器人有可能到達任何地方，自主導航，成群結隊地高效作業；機械手臂將擁有柔軟的皮膚，能夠抓取易碎的物體，然後透過反覆的試驗以及對人類的觀察，學習承擔新任務、掌握新技巧。另外，機器人的視覺、運動和操控能力，將在一次又一次的複雜任務中得到磨煉，進而實現更好的協作、更高效的結合。

六、機器人技術的工業應用

　　只有當業界預見到一些高價值的應用能夠實際執行時，那些與之相關的耗資巨大的技術才有機會不斷發展、走向成熟。如果一種

圖 4-2　極飛科技的農業無人機（資料來源：極飛科技）

技術能解決某種特別關鍵的需求，一些公司往往願意為該技術在發展初期的巨額投入甚至虧損買單，以換取後期依靠這種技術進行擴張、獲取更高利潤的可能性。機器人技術也不例外。

如今，已經有許多工廠、倉儲和物流企業開始使用 AI 和機器人技術。機器人智慧質檢、移動平台和機器人分揀系統是第一批落實的技術應用。如今，機器人可以拾取、移動、操控各種各樣的物體；未來，多種機器人將能夠協同工作，執行複雜的規劃工作，從容應對錯誤和異常狀況的發生。

工廠及倉儲的自動化可能無法在短期內實現。原因在於，部分工作仍然離不開人類精確的手眼協調能力，以及面對不同狀況甚至全新環境時靈活機動的應變能力。不過，到了 2041 年，倉儲自動

圖 4-3　機器人實驗室裡的機器人取代了實驗室技師（資料來源：鎂伽機器人實驗室）

化將基本實現，絕大部分工廠也會實現自動化。

　　農業領域是機器人技術觸手可及的「低垂的果實」。這不難理解。雖然在工廠裡，不同品類的製造流程完全不同，例如手機和服裝的生產線就有很大差異，但在田地裡，大部分農作物的播種、施肥、撒藥除蟲的過程大都非常相似。目前，行業領先的極飛無人機已經能為多種作物執行上述三項作業，極飛的機器人也已可以在田裡收割一些品種的農作物了。在農業場景中，機器人技術的存在有助於降低成本，這為緩解全球糧食短缺問題帶來了新的希望。

　　突如其來的新冠疫情加速了機器人技術在醫療領域的發展進程，包括對發熱情況的檢測、對患者身體狀況的監測、對醫院及機場等公共場所的淨化、隔離餐的發放、遠端醫療的對接等。我們還可以讓機器人把測試樣本運送到實驗室，以減少一線醫務人員接觸病毒的機會。

　　最初，機器人只能完成一些簡單的重複性工作，有些可能仍然

圖 4-4　軟體機器人可以比人手更完美地抓取雞蛋黃（資料來源：SRT 軟體機器人）

無法離開人類的監管。但在這場全球疫情的試煉之下，機器人積累了更多的經驗，變得更加聰明、自主。舉個例子，中國的鎂伽機器人實驗室已經打造了全自動化生物實驗室，不僅能實現全天候工作，為科學家和醫務人員節省寶貴的時間，還能消除由於人的主觀因素所造成的誤差，降低人類感染病毒的概率，為未來自動化實驗的反覆運算升級蒐集有價值的資料。

七、機器人技術的商業場景和消費級市場

機器人技術將在工業應用中經歷反覆的測試和反覆運算，從而得以完善。隨著時間的推移，機器人技術及其機械部件的成本會逐漸降低，從而推動這項技術在商業場景中廣泛應用，打入消費級市場。圖 4-4 是一個軟體的機器人指頭，可以抓起一枚雞蛋的蛋黃。

配料 = 一樣的蔬菜 + 一樣的分量 + 等多久 一樣的產量。
自動化

這樣的技術可以從工業餐館機器人慢慢進入家庭炒菜機器人。

例如，自動化實驗室中的機械手臂，也可以用於在咖啡店製作飲品。而且，如果未來的成本能夠進一步降低，甚至有機會走進千家萬戶，為使用者提供專屬服務。機器人移動平台也不再局限於工業場景，它同樣可以進入人們的日常生活之中，就像〈無接觸之戀〉裡陳楠的家事機器人「圓圓」，以及「圓圓」在機器人專用電梯裡遇到的快遞機器人、清潔機器人、老人看護機器人、遛狗機器人一樣。在現實中，已經有人在生產這類機器人了，不過還處於相對原始的階段，仍有很大的發展空間。

2020 年在北京家中隔離時，我網購的快遞和外賣都是由公寓的機器人運送的。這種機器人外形敦實，下面有輪子，形似「星際大戰」中的機器人 R2-D2。它們在送貨時會先無線呼叫電梯，然後自主導航到我家門口，接著撥打電話通知我開門取件。我取走快遞後，機器人就會回到櫃檯等候下一個任務。

目前，矽谷正在對能夠送貨上門的自動駕駛貨車進行測試。到 2041 年，點到點的自動化送貨服務應該可以普及（其實今天已經開始部分實現了），比如自動堆高機搬運倉庫中的包裹，無人機和自動駕駛運輸車把包裹送至使用者的公寓，R2-D2 機器人再把包裹派送到使用者家門口。

此外，以海底撈為首的一些餐廳也已經出現了機器人的身影，它們的出現，減少了人與人之間密切接觸的機會。這些機器人並非人形機器人，而是有輪子的桌子，能夠在餐廳裡穿行，把菜品送到顧客的餐桌前，再由顧客取走自己的菜品。儘管目前的餐廳機器人大多是商家的噱頭，而且更多是出於用餐安全方面的考慮，不過在未來，機器人服務生可能會成為普通餐廳基本的配備。也許只有高檔餐廳和觀光餐廳才會雇用人類服務生，人類服務生反而會成為這些餐廳主打的亮點。

機器人還將在酒店承擔清潔、為顧客送洗衣服、搬運行李以及提供客房服務等工作；在辦公大樓，化身為迎賓人員、保全人員、清潔工；在商場，負責清潔地面、整理貨架；在機場、酒店、辦公大樓的資訊服務台，負責回答問題、指引方向。

未來的家用機器人將變得更加智慧。洗碗的時候，無須把大塊的食物殘渣清理掉，而是可以直接把所有鍋碗瓢盆推給全自動洗碗機器人，它將自主完成清洗、消毒、烘乾以及整理工作。想要吃飯，也不必花時間處理食材，可以直接把所有食材丟給烹飪機器人，它會自動處理食材，完成煎炒烹炸，然後端出美味的菜餚。目前這些技術所需的功能組件都是可以實現的，它們將在未來十年中反覆運算升級，然後實現大集成。

所以，不要著急，我們要有耐心，等待機器人技術的完善和成本的下降。機器人技術的大規模商業化指日可待，機器人走進千家萬戶的場景也不是空想。到 2041 年，我們可能真的能夠過「霹靂遊俠」那樣的生活！

八、AI 時代的數位化工作

在新冠疫情暴發期間，人們不得不居家隔離，盡量減少與外界和他人的接觸，盡可能把一切線下活動挪到線上。在全世界，人們的生活模式似乎在一夜之間發生了巨大的改變，這種改變將給人們帶來一些長期的負面影響，〈無接觸之戀〉中困擾陳楠多年的疾病恐懼症就是典型的例子。

但從另一個角度來看，新冠病毒的出現也為人們帶來了一些機遇。它的存在提升了人類工作的靈活性和生產力，改變了人們的生活習慣。陳楠就在 2041 年的雲工作時代裡，選擇了居家辦公。

在傳統觀念中，無論是辦公、出差還是學習，都需要本人到場。但疫情的出現，為我們提供了新的思路——其實很多事情都可以線上完成，而且效率更高。居家隔離的經歷，已經讓人們對一些傳統觀念和生活習慣產生了動搖。

2020 年末，比爾‧蓋茲曾預測，未來將有超過 50% 的商務旅行會消失，取而代之的是更有效率的虛擬會議。他還預測，30% 的辦公室工作會消失，企業將允許某些崗位的員工永久性地在家辦公。麻省理工學院的經濟學家大衛‧奧托（David Autor）將新冠疫情與經濟危機稱為「自動化推手」，認為它們驅動了人類三大需求——提升生產力、降低成本、保障人類生命健康——的發展。

疫情期間，Zoom 等視訊會議軟體的使用者激增，這些軟體一躍成為維持世界正常運轉的重要工具。人們透過軟體協同辦公、舉辦婚禮，還有數百萬學生在線上進行學習，這些都是歷史性的創舉。可以預計，在不久的將來，商務會議將透過自動語音辨識技術實現存檔和轉錄，所有過去的會議都將有跡可循，而不會成為過眼雲煙。這也有助於人們加強履行承諾、規劃日程、洞察可能出現的異常，以及提升工作效率和管理能力。

有望在未來普及的視訊通訊技術，會讓 AI 虛擬化身成為可能。利用 Deepfake 技術生成一段以假亂真的換臉影片，遠比在現實裡重現一個人要容易得多。虛擬教師可能會給課堂帶來更多的活力；虛擬客服人員可以與使用者展開個性化的對話，最大限度地提升客戶的滿意度；虛擬推銷員可以根據使用者設定檔優化提案，增加公司的營業收入。我個人也非常期待能有一個 AI 分身，這樣，我就可以同時在不同的論壇、會議上進行演講，回答大家的問題。

在數位化時代，業務的重組與外包、工作流程的自動化，將會變得前所未有的簡單。工作流程的數位化，意味著會源源不斷地產生大量資料，這些資料將為 AI 提供完美的「燃料」。如果每項

工作都可以用資料來描述，用某位員工的「輸入」和「輸出」來描述，而 AI 又可以實現相同的效果的話，那麼這位員工可能就要被 AI 取代了。

　　根據歷史經驗，自動化進程的推進，往往發生在經濟危機與技術成熟這兩個條件同時滿足的情況下。一旦企業開始用機器人取代人類員工，嘗到了機器人員工的「好處」，企業就很難再回頭去考慮雇用人類員工了。畢竟機器人不會生病，不會罷工，更不會因為工作有危險而提出加薪的要求。

　　那麼，人類應該如何面對日益加劇的工作崗位消失的問題呢？我們將在第八章對此展開深入的探討。

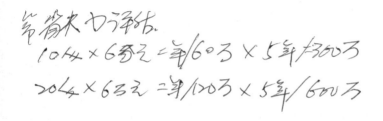

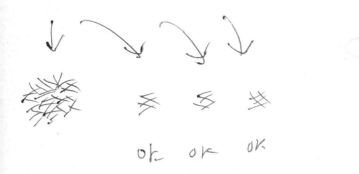

5

偶像之死

開復導讀

▼

〈偶像之死〉的故事描述了未來的娛樂業。到那時,遊戲都將是五感立體沉浸式的,虛擬和現實之間的界限將變得虛實難辨。本故事發生在日本東京,主角利用 AI 和 VR 技術,讓她所愛慕的偶像復活過來,引領她去調查偶像之死背後的原因。VR 是沉浸式的、逼真的、互動的。我認為,這項技術將改變未來的娛樂、培訓、零售、醫療、運動、房地產以及旅遊等行業。到 2041 年,每個人是否真的有可能打造「虛擬自我」呢?在本章的解讀部分,我將揭示這個問題的答案,並介紹 VR、MR、XR 這三種不同層次的沉浸式體驗,以及這類創新技術在倫理和社會層面所帶來的問題。

CHAPTER 5 偶像之死

虛擬實境就像是睜著眼睛做夢。

── 布倫南・斯皮格爾（Brennan Spiegel）

睹物思人，見澤上螢火，當是我，離竅遊魂。

── 和泉式部

這是一間布置成維多利亞風格的昏暗房間。黑色木桌上撒著玫瑰花瓣，中央燃燒著七根只剩一半的蠟燭。木桌上方懸掛著一頂白色絲帳，如水母般展開半透明的身體，用觸手緊緊抓住房間的幾個頂角。所有擺設，都是仿照十九世紀倫敦最流行的「降神會」現場精心復刻的。

愛子看著其他三個女孩，她們的臉被燭光映襯得有一絲詭異。她開始後悔自己選擇了這款遊戲套餐。話又說回來，愛子想，日式江戶怪談風說不定會更恐怖。

燭火不祥地抖動了一下。

這個完全密閉的房間裡怎麼會有風？愛子不寒而慄，和其他人面面相覷。莫非祈求之事應驗了嗎？

靈媒是一身黑袍的老婦人，她握住坐在兩邊的女孩的手，翻著白眼。桌子開始劇烈震顫，像是底下有一台年久失修的巨型滾筒洗衣機。女孩們花容失色，渾身發抖，雙眼緊閉，幾乎同時尖叫起來。

「我看見他了！噢呵呵，是個光芒萬丈的男人呢……」靈媒嘴裡嘟囔著奇怪的話，身體來回搖晃，「他是死於一場非常重要的儀

式當中呀……」

「沒錯，沒錯！」染著金色短髮的女孩應了一聲，「博嗣君的屍體是在告別演唱會中場休息時，在反鎖的無人更衣室裡被發現的……」

「……屍體看上去竟然像是溺水而死的樣子……」紅色卷髮女孩接話。

「……我哭了整整一個禮拜呢！」灰藍長髮女孩帶著哭腔說。

「你們搜集的靈物都在這裡嗎？」靈媒望向這幾個女孩，眼珠終於恢復正常。她用嘶啞的聲音繼續說：「呔！其中就有重要的線索！」

每個女孩面前都放著幾件從博嗣 X 官網上購買的周邊產品——髮帶、手鍊、戒指、環保購物袋……據說都是博嗣親手觸摸過的，帶著他的氣息。愛子甚至從黑市搞到了一把據說是博嗣在更衣室裡用過的梳子，上面還黏著幾根褐色卷髮，也不知真假，不過價錢倒是高得嚇死人。

「這個叫博嗣的靈體有話要說呢，哎喲喲，讓我們來聽聽看……」

桌子停止了震動，房間裡死一般的安靜，像是馬上要發生什麼大事。

所有人的目光都集中在靈媒用黑紗擋住下半部的臉上。靈媒雙眼開始發光，身體猛地一顫，就像有什麼東西從背後鑽進了她的身體。靈媒停止了顫抖，以一種與之前完全不同的聲音和語氣開始說話。那是一個年輕男子的聲音，溫柔、脆弱、忽強忽弱。

「……我被困住了……這裡好黑好冷，像在海底……我喘不過氣來……我不想死，我還有好多心願沒完成……」

「是、是博嗣君！」愛子瞪大眼睛，心跳加速，手臂上起了一層雞皮疙瘩。

那聲音繼續說道：「……我想和你們再唱一次〈就算世界末日也要讓奇跡閃耀〉……請你們幫幫我，找出真相……」

所有女孩都泣不成聲。〈就算世界末日也要讓奇跡閃耀〉——大家都心照不宣地簡稱為〈奇跡閃耀〉，是博嗣的成名曲。

「博嗣君……你一定要堅強啊！」愛子喘著氣，結結巴巴地說。

男人的聲音戛然而止，靈媒像斷線木偶般重重垂下腦袋，好一會兒才回過神來，接著就像什麼都不記得了一樣說著胡話。燭火搖擺，重新恢復了光亮。

「他走了……」靈媒的聲音重新變得嘶啞。

我聽到了，博嗣君，我一定會幫你找出真相。

愛子用力地點點頭。

★　　★　　★

這是博嗣 X 的告別演唱會。

站在海浪般洶湧的人潮中，愛子仰望著舞台中央那個閃亮的身影。她不知該如何準確描述自己的感受。感動？渴望？恐懼？也許兼而有之。

音樂突然停下。博嗣背後大螢幕上的場景從絢爛的星空切換到現場觀眾席。鏡頭快速移動，似乎在搜尋目標。無數張雀躍的、激動的、潮濕的面孔進入畫面，暴發尖叫，又迅速消失。

鏡頭終於停了下來，聚焦在一張茫然的臉上。對於這樣一個激動人心的場合來說，這張臉平庸得有點過分了。

愛子終於意識到那是自己的臉。

「愛子小姐，就是你。」

我這是在做夢嗎？當著千萬觀眾的面，聽到自己的名字從偶像口中被唸出，這種感覺實在是有些超現實。愛子一臉慌亂，四處張

望，不知該做什麼表情合適。

「愛子小姐，可不可以請你到台上跟我一起合唱呢？」

場館裡響起了帶有節奏感的掌聲，一浪高過一浪，那是人們的鼓勵。可愛子卻像被施了魔法，身體一動也不動。

「愛子小姐？難道你不願意嗎？」博嗣君的聲音聽起來竟然有些傷心。

★　　★　　★

愛子尖叫著從夢裡醒來。她的胸口劇烈起伏著，不得不做幾次深呼吸，來緩和心跳。果然還是一場夢啊。她打開床頭小燈，坐了起來。自從前幾天參加了那場降神會之後，愛子這幾天都心神不寧，寢食難安。

她的肚子突然發出咕咕的叫聲。為了節食，她晚飯也沒吃。去找找冰箱裡還有什麼存貨吧。她摸索著抓起床頭的 XR 隱形眼鏡盒，對著鏡子戴上。沒了它，愛子簡直就是睜眼瞎。

「真想能親手給博嗣君煮一碗拉麵啊。」愛子自言自語道，這是她最拿手的料理。

這時從廚房裡傳來一陣奇怪的沙沙聲，把愛子嚇了一跳。

愛子抓起帶有博嗣簽名的棒球棍，躡手躡腳地靠近廚房。門縫裡，透出幽幽的藍綠色光線。她深吸一口氣，揮著球棒衝了進去。

廚房裡沒有人，冰箱門卻打開了一條縫。

「什麼啊，原來是智慧冰箱……可是，沒有我的指令，它自己怎麼會開呢？」

愛子蹲下身子，在冒著白氣的冰箱裡翻找起來，只找到一盒即將過期的無脂牛奶。

「明天得下訂單買菜了，不然真得 —— 啊！」愛子一轉身，被

眼前的一幕嚇得大叫一聲。打開的牛奶掉到地上，濺得到處都是。

　　一個男人就那麼直挺挺地站在冰冷的白色霧氣裡，渾身散發著藍綠色的光。

　　當愛子看到那個男人完美的面孔時，不由得張大了嘴巴：「可你⋯⋯你不是死了嗎？」

　　那個鬼魂輕輕一笑，「喂，對死者難道不應該用敬語嗎，況且⋯⋯還是你把我召喚出來的呢。」

　　愛子小心翼翼地用球棒戳了戳博嗣的身體。果然，觸發了一圈圈光的漣漪後，球棒穿了過去，就像是一個全像圖。

　　「還真的是鬼魂呢⋯⋯，好厲害⋯⋯」她發出一聲讚歎。

　　「渾蛋，用球棒戳穿人家的身體，還一邊感歎好厲害是怎麼回事！」

　　「你說話的方式，真的和博嗣君一模一樣呢。」愛子說。

　　「說什麼呢，我就是博嗣 X —— 用愛和音樂拯救世界的英雄啊！」那個鬼魂做出可笑的標誌性動作，雙手交叉胸前，向前伸出變成手槍，發射愛的訊號，活像漫畫裡才會出現的人物。

　　「我知道了。我答應過你，一定會找出真相的。」愛子點點頭。「請博嗣君的鬼魂也要幫助我呀。」

　　「好啦好啦，根據協定，我會給出三條重要線索，但是你要提出正確的問題才可以噢。」

　　博嗣蹲下身子，直視愛子的雙眼，伸出三根手指。雖然這個藍綠色調的鬼魂有點飄忽不定，但還是像生前一樣，帥得閃閃發光。

　　愛子被看得臉紅起來，她移開視線，「嗯，我已經看了有關案件的報告，但是還想聽你再說一遍更衣室裡發生的事情。」

　　「你可能浪費了一個問題。我所要說的，都可以與現場證人的證詞交叉驗證。更衣室已按我的要求拆掉了所有的監控攝影機，所以並沒有錄影存檔。演出的中場是非常緊張的，首先是在造型師和

化妝師團隊的監督下換好衣服、化好妝。接著是給吉他上弦、調音，跟音樂總監、舞台總監過一遍流程。經紀人小美一直陪著我，直到結束。所有人都離開後，在上台之前，我習慣獨自冥想三分鐘，讓心情平靜下來。」

「也就是說，你在一間密室裡，誰也不能進出，對吧？」愛子問道。

「這算是免費的衍生問題吧。是的，只有我一個人。除了正門，房間沒有別的出入口。」

愛子陷入了沉思。當她想抬頭再問更多問題時，那個身體已經漸漸變得透明，消失不見了。

「喂！可不可以再等等……」

「……我的第一次探望就到此為止了。加油噢，愛子小姐！你能做到的！」博嗣若有若無的聲音飄蕩在空氣裡。

愛子搖搖頭，失落地關上冰箱門，陰森的光線和冷氣一下子消失了。廚房裡只剩下她一個人，和灑了一地的牛奶。

「……我只是想問，可不可以抱抱你……」

★　　★　　★

「什麼！你見到了博嗣 X 的鬼魂！」菜菜子誇張地摀住嘴巴，瞪大眼睛，銀色睫毛閃閃發亮，「……這才叫『鬼混』吧……」

「渾蛋！」

午後在 Doux Moi 排隊喝下午茶的人總是很多，這家店最有名的除了招牌的法式 High Tea 套餐，還有當紅的老闆──法日混血藝人 Ines Suzuki。很多人抱著撞見明星本人的心理前來一探究竟。

菜菜子是這裡的 VIP，享有不用排隊等位的特權。

倒不是因為菜菜子的累計消費金額有多高，而是因為她的職

業。菜菜子是一名傳說中的「粉絲組織者」。做為招募和運營粉絲的專家，她所經營的社群媒體管道，粉絲數量往往達到數百萬個。每當明星需要提升曝光率的時候，比如發布新歌、上綜藝通告、宣布新的品牌合作或者親臨現場打廣告的時候，經紀人和經紀公司就會求助於專業的粉絲組織者。

粉絲組織者就像帶兵打仗的軍事指揮官一樣，擁有一大群鐵粉，只要他們一聲令下，粉絲就會砸錢、上網發文、現場應援。菜菜子是其中的佼佼者，她有經驗、有魅力、懂業務，所以什麼演唱會門票、特別見面會、限量版商品，當然還有 Doux Moi 的 VIP 特權……都是經紀人為了討好她可以付出的代價。

菜菜子為自己的工作感到自豪：從簽約為明星服務的那一刻起，菜菜子就可以化身死忠粉，從專輯單曲的發行日期、各大頒獎典禮的獲獎情況到數十年來的花邊八卦……菜菜子就像一台人形電腦一樣，對明星的生活瞭若指掌。憑藉超凡的記憶力和對粉絲圈語言的熟練掌握，她很容易就能贏得其他粉絲的信任。然而，鑑於工作性質，她也可以在幾秒鐘內叛變到競爭對手的粉絲中。在粉絲圈裡，她有一個無人不知的外號──「變色龍菜菜子」。

做為愛子十幾年的閨蜜，菜菜子最無法理解的就是愛子對博嗣 X 至死不渝的愛。

「你別光吃啊，幫我想想辦法。」愛子一臉苦悶。

「甜點都不讓人好好吃……不過說實話，線索這麼少，當福爾摩斯，不是我強項。」

「手冊上說，要說出正確的關鍵字，才能召喚出博嗣君呢。」

「欸？如果是這樣的話……」菜菜子抹了抹嘴角的奶油，「你不是說，上次他在廚房出現之前，你說了要給他煮拉麵嗎？博嗣君似乎很喜歡上美食節目，也許關鍵字和食物有關？」

「可我又怕召喚出來後，像上次一樣問了個蠢問題，浪費了機

會。」愛子都快哭出來了。

「是挺蠢的。」

「拜託！」

「好啦，我是這麼想的，不要問那些你可以從資料包裡分析出來的線索。也許可以問問他和其他人的關係——比如他跟誰有仇啊？誰威脅過他啊？動機，總是推理小說裡的偵探會考慮的第一個問題。」

「有道理……」愛子若有所思，「應該把進入更衣室的這幾個人跟博嗣君的關係搞清楚。」

「要我說呢，更簡單的就是，加入我的俱樂部呀，每個月給你推送最新最紅的藝人，就像逛超市買冰淇淋一樣，每天都可以換新口味呀，何必只為一種味道而煩惱呢。」

「你這種人是不會懂的！博嗣君對我的人生有特殊的意義……他拯救了我！」

「啊又來了，悲慘的原生家庭故事……不是我不想陪你，下午有一個 UltraTalent 節目的應援會，我先走了啊……」

「喂！每次都這樣！」愛子看著菜菜子消失在排隊的人群裡。

也許這就是她喜歡博嗣 X 的原因吧。愛子不由得搖頭苦笑。從小到大，愛子都是那個多餘的人。父母離婚，沒人想要她，把她留給了爺爺奶奶。上學報名參加音樂社團，她總是被列在候選名單裡。就連交朋友、談戀愛……也總是被人當作第二選擇，遭到背叛、拋棄。愛子為此陷入深度的自我懷疑，患了憂鬱症，甚至嘗試自殺未遂，直到聽了博嗣君的〈奇跡閃耀〉。

不管世界如何敵意／都要勇敢走下去／直到時間盡頭 未來 過去／你依然是你 閃耀奇跡……博嗣在歌裡唱道。

這首歌像一枝箭深深地射中了愛子的心臟，觸動了她的靈魂。頭頂的烏雲一下子散開了，金色陽光遍灑大地。愛子的整個青春期

都是與博嗣一起度過的，彷彿有了這位偶像的陪伴，她便再也不會孤單。也因此，她願意一次次為自己的偶像買單，家裡堆滿了各種沒有實際用途的周邊紀念品，但愛子並不在意。

她瘋狂地找來了博嗣的所有歌、影像資料、雜誌圖書……很多年前，這位先知先覺的偶像就把所有數位版權授予了一家叫維貝茲的科技公司。所有博嗣的官方資料都經過精心的數位化處理、修復、編製索引，使得這些資料可以被二次授權給更多樣化的娛樂專案進行後續開發。

由於她的熱心，維貝茲選擇了愛子做為其神祕新計畫 historiz 的測試使用者之一。維貝茲的客戶代表解釋說，這個計畫可以讓她以一種全新的方式與自己的偶像「接觸」，要求愛子回答超過三百個關於博嗣 X 的問題，以及授權個人資料介面。愛子毫不猶豫就答應了。幾週後，她被邀請到維貝茲 XR 體驗室，她在那裡遇到了參加降神會的其他幾個女孩。她們也都是被精心挑選出來的超級粉絲。

★　　★　　★

健身房裡，愛子換好體感服，跳上飛輪車。XR 隱形眼鏡上出現了她最喜歡的風景，美國加州一號公路、挪威大西洋海濱公路、法國阿爾卑斯大道……超輕薄的體感服除了能夠模擬相應的觸覺回饋，比如微風、日照、顛簸之外，還可以即時監測她的生理數據和身體姿態，生成個性化的運動建議。

這一切，讓她感覺自己並不是被囚禁在這小小的健身房裡，而是在世界上任何開闊之處自由翱翔。她突然想起博嗣君在某檔旅遊節目做嘉賓時也說過類似的話──不管去什麼國家，他都想吃中華料理，哪怕只有一份煎餃，那才是令人安心的味道。

「說不定煎餃什麼的也可以呢……」愛子喃喃自語起來。

「煎餃的味道真是令人懷念呢，愛子小姐！」

博嗣 X 的鬼魂就這麼猝不及防地出現了。風景消失了，他穿著綴滿亮片的演出服，飄浮在空中，疊加在健身房沉悶的背景上。

「博嗣君！你嚇了我一大跳啊！下次你能不能提前打個招呼啊……」

「這樣才有意思嘛。」博嗣朝她眨眨眼。

這時健身房的門開了，一個個子不高，身材勻稱的男孩拿著毛巾走了進來，一頭比熊犬般蓬鬆的卷髮，活像頂在頭上的一團巧克力色棉花糖。他也戴著一副 XR 眼鏡──只不過是有框架的，而不是隱形眼鏡。愛子目不轉睛地看著那個男孩走向自己身邊的那輛單車，騎了起來，他的配速調到最高。

「愛子小姐，你的眼神暴露了一切噢。真是過分，我還以為你這輩子只喜歡我一個呢。」博嗣假裝生氣的樣子。

「什麼啊？別再這麼看著我，太丟人了……」

那個男孩突然停下，皺著眉頭看著愛子，不滿地說道。

愛子的臉一下子漲紅了，連忙擺著手否認，「啊那個、不是啦，我在自言自語，實在是不好意思呢。」

「這樣啊，真是個怪人……」那男孩小聲嘟囔著又騎了起來，把眼鏡切換為 VR 模式，鏡片瞬間變成了不透明的銀色。

愛子羞愧地從飛輪車上下來，溜出健身房。她在女子更衣室裡坐下，擦著額頭上的汗水。

「愛子小姐，喜歡一個人就要勇敢地去表白啊，記得我在歌裡是怎麼唱的嗎？」博嗣靠在一排儲物櫃旁邊對她說。

「你好像有八百首關於表白的歌吧？」

「你說話很誇張啊，明明只有……三十七首！」

「不要岔開話題了！說好的線索呢？」

在青春期的時候，愛子經常會幻想，如果自己能夠每天和博嗣

君說話，生活該有多美好。可是當夢想成真的時候，她又覺得哪裡不太對勁。也許就是因為博嗣太平易近人了吧，很多口頭禪和說話方式都和歷史影像裡沒差別。但他本人——這個鬼魂更像是鄰家男孩，完全沒有超級巨星的架子。正是這種感覺讓愛子能夠毫無保留地信任他。

「哦！你不說我都忘了，愛子小姐，請提出你的問題吧。」

突然正經起來的博嗣鬼魂站在女子更衣室裡，雙手合十，深深鞠了一躬，顯得更加滑稽。

愛子輕輕咳了兩聲：「博嗣君，請告訴我，那些在你死之前進入更衣室的人，他們跟你的關係怎麼樣，有沒有發生過什麼衝突？」

「嗯，這個問題嘛，確實值得認真思考一下……」博嗣的鬼魂托著下巴做思考狀，整個身體的光亮也變得忽明忽暗。

「這些人都跟了我超過十年，除了是工作上默契的搭檔之外，私底下也是很好的朋友呢。當然，再好的朋友也難免有出現分歧的時候。比如，我的造型師有時會強迫我穿過分誇張的時裝，化妝師會給我描上模仿大衛・鮑伊的閃電妝，這些我都不喜歡。我會提出抗議，他們也會說服我。為了舞台效果著想，我通常都會讓步。」

「嗯，聽起來沒有什麼問題。」愛子點點頭，記在 smartstream 上。

「說到舞台效果，舞台總監直人和音樂總監健一都是從籍籍無名的年輕人，一路跟著我，成長為行業裡的風雲人物。雖然不敢說有什麼恩情，但肯定也是彼此敬重吧。直人雖然之前被我發現在財務上有一些狀況，可那都是過去的事情了，該還給公司的錢也都還清了。健一一直想要單飛做自己的音樂，被我大力挽留，雖然他心裡可能有怨言，但現在我退出演藝圈，正是他自由的時候，應該也不會有什麼仇恨吧。」

「演藝圈聽起來好複雜啊……」

「你若真心對人，人必真心對你……」博嗣唱了起來。

「說說經紀人小美吧。她對你想退休這件事有什麼反應？畢竟你是她一手捧紅的藝人，她一定很捨不得你走吧。」

博嗣歎了口氣：「說起來，小美在這件事上的反應確實出人意料地激烈。我也可以理解，培養一個成功的藝人太難了，很多時候需要付出十年以上的心血和努力，還得很幸運，才能有如今的成就。我和她溝通過很多次，也表明會在經紀合約期滿之後解約，並且我會給她足夠的經濟補償。但她好像還是難以接受，看我的表情總是有點奇怪。」

「莫非！」愛子瞪大了眼睛，「小美因愛生恨，她就是殺害你的真凶？」

「不可能，我相信小美的人品。何況，小美在更衣室的時候，別人也在場。」

「等等，讓我再調出現場照片……」

「問題回答完了，我要走了，愛子小姐，不要讓幸福從身邊溜走噢，加油！」

「喂！等等博嗣君，我還沒說完呢……」

那個鬼魂穿過梳妝台上的鏡子，消失得無影無蹤。

愛子剛剛丟掉工作，這讓她的生活陷入了尷尬境地，卻也讓她有很多時間去思考博嗣的死因。

那一天，愛子所在出版社南雲社的社長找到她，小心翼翼地提議她換份工作，卻被愛子粗魯地打斷。

「又是 AI！AI 知道什麼是好故事嗎？它懂得人心嗎？無非是找個藉口縮減開支罷了！」

一想起整層辦公室都能聽得見自己的聲音，愛子簡直羞愧得全身發抖。

　　說起來，文學編輯比其他編輯要支撐得久一些。財經新聞、體育報導、娛樂消息，甚至是政府官方文章的編輯們，早已經被自動化採編程式搶走了飯碗。在這個行業裡，也就只有愛子從事的文學編輯沒有被 AI 取代。文學圖書是一個緩慢萎縮卻又細水長流的市場，利益沒有大到引起科技巨頭覬覦的程度，又高度依賴於人類的創造力與審美經驗，所以文學編輯仍然頑強地捍衛著人類尊嚴最後的防線。

　　直到 Super GTP 模型的推出，才讓處於懸崖邊緣的行業驚醒。這已經不單單是文學編輯被取代的問題了，幾千年來人類對於文學的定義以及故事生產的機制，都將被徹底顛覆。

　　愛子讀過機器為她客製的小說，有種非常奇特的「口感」。她就像當年第一次開電動車的司機一樣，會覺得加速、起動過分順暢，以致於缺乏了傳統燃油車的頓挫感。AI 小說同樣如此，句子流暢順滑得過分，每一個情節和人物似乎都戳中了她的喜好。但是，也許正是因為過分討好讀者，AI 寫作的故事缺少了一些閱讀上的挑戰和驚喜。

　　對於愛子來說，那些挑戰和驚喜，正是決定一個故事究竟「平庸」還是「優秀」的關鍵所在。

　　憤而辭職之後，愛子卻發現眼前的出版業幾乎沒有開放徵人的職位空缺。她只好考慮轉行到需要編輯的影視公司或遊戲公司。她遞交的求職申請遲遲沒有回音，卻等來了維貝茲公司發來的神祕訊息，邀請她參加新的沉浸式體驗，其實就是當小白鼠。別無選擇的她只好逆入遊戲，挖掘偶像之死背後的祕密，哪怕這癖好正在加速消耗她捉襟見肘的存款餘額。

　　愛子決定從小美這條最有價值的線索入手。她為遊戲充了值，

解鎖了小美的資訊包，預定了視訊聊天的時間。

　　和陌生人說話是愛子最害怕的事情。選擇文學編輯這份工作的最大原因，就在於在日常工作中需要接觸的只是文稿和郵件，而不是一個個奇形怪狀的真實人類。而且，妙就妙在大多數寫作者也是社交恐懼症患者，所以這個遊戲才能夠進行下去。

　　為了表示尊重，愛子租了一個小時的方塊空間，只有一張榻榻米大小，隔音效果十分理想。這種方塊空間，基本上是附近辦公大樓的白領來午休、冥想或者打私人電話的地方。

　　「打擾了，小美小姐。」在練習了二十六次不同方式的開場白之後，愛子終於撥通了那個號碼。一個妝容精緻，看不出確切年齡的短髮女子出現在螢幕上。

　　「哦，你就是那個粉絲偵探對吧，叫什麼來著……」視訊中的小美穿著灰色職業套裝，一副十分不好相處的樣子，「對了，愛子？還真是個俗氣的名字呢。」

　　「是的，就是我啦。」愛子尷尬地賠著笑臉。「這次麻煩您，是想向您了解一些關於博嗣君的情況呢。」

　　「我知道的一切都告訴警察了。不過你說吧，我聽聽看。」

　　「是這樣的，我想知道的其實是您對博嗣退出演藝圈這件事的看法。」愛子說。

　　「哦？」美子防備的表情似乎有所放鬆，「這個我倒是可以說說。這麼多年了，外面的八卦小報一直在抹黑我和博嗣的關係，說我壓榨他，又說我用巨額違約金要脅他，不讓他退休，根本就是胡說八道！我確實是要求很高的人，但所有的要求都是為了讓博嗣 X 能夠在舞台上綻放最耀眼的光芒。我愛他就像愛自己的孩子，我不會做任何傷害他的事情。」

　　「嗯，我明白了……」愛子一下子不知道該如何繼續，對方似乎早已看出自己的猜疑，無論如何，這番回答合情合理，毫無破

綻，小美似乎也不像在說謊。

正當愛子思考策略時，小美開口了：「我也有問題想問你，愛子，你屬於哪一種粉絲？」

「什⋯⋯什麼？」被突然反問，愛子措手不及。

「這麼多年來，我接觸過成千上萬個博嗣的狂熱粉絲，她們的表現千差萬別。有人默默支持從來不出聲，有人勒緊腰帶為信仰充值，有人在網上為維護偶像與水軍對罵，也有幻想自己在和偶像談戀愛的，還有因為騷擾被送進監獄的偏執狂。

「但本質上，我認為世上的粉絲只有兩種：一種粉絲把偶像當作神，這種粉絲只能接受完美的形象，一旦偶像和自己想像中的不一樣，不能滿足她們的需求和期望，她們就會因愛成恨，頭也不回地離開，甚至做出更糟糕的事情；另一種粉絲把偶像當作人，會平等地欣賞自己的偶像，願意跟著他一起成長、一起經歷高低起伏的人生，也許這樣的粉絲永遠不會和自己的偶像有交集，但到最後，粉絲和偶像之間會產生一種心的羈絆，就像真正的朋友那樣。」

「心的⋯⋯羈絆？」愛子重複著小美的話。

「所以愛子小姐，你究竟是哪一種粉絲？」

「我⋯⋯我不知道。」愛子茫然地回答。

小美爽朗地大笑起來：「在我看來，如果有人在自己的偶像死後，還願意為他付出這麼多的努力，那麼至少，她不是一個單純的消費者。」

「也許吧，我只是不能確定自己有沒有資格能成為博嗣君的朋友。」

「對於朋友來說，真誠是唯一的許可證。」

「非常感激您能這麼說。」

「我希望你能仔細研究一下博嗣的死因，似乎不像看上去那麼簡單。」

「死因？」

「我只能說這麼多了，祝你好運，愛子。」

小美消失了，她看上去一點也不像由 AI 生成的人。愛子抬起頭，方塊空間的防窺玻璃上映出一張陷入沉思的臉。

★　　★　　★

突如其來的線索打亂了愛子的步調，她重新翻出警方的驗屍報告研究起來。與此同時，小美的發問也擾得她心神不寧。

我究竟是哪一種粉絲？是剝削者、消費者？還是……朋友？

愛子搖搖頭，強迫自己把注意力集中到資料上來。

從表面上看，博嗣君似乎是溺水而死，嘴唇青紫、面色慘白、口腔及呼吸道中有積液，這些都是因溺水而死的跡象。但之前愛子因為心理不適並沒有翻檢驗屍報告的其他內容。在她心裡，她仍然無法接受自己心愛的偶像死去。

她點擊驗屍照片，並與網路上因溺水死亡的屍體圖片進行比對，很快她就發現了問題。

博嗣的耳膜並沒有因為水壓而出血，皮膚也沒有那種因為在水裡浸泡過而皺縮、泛白的跡象。最重要的是，他的肺部並沒有積水、水腫或氣腫。這些都說明博嗣並不是真的溺水而死。

博嗣真正的死因究竟是什麼呢？

愛子在遊戲的答題框中輸入了自己的答案。隨著一聲輕響，報告的結論頁面解鎖。

「……由於急性中毒導致呼吸中樞抑制，造成血氧飽和度斷崖式下降，從而引發猝死。」

愛子瞪大了眼睛。竟然是中毒！

她站起身來，在房間裡來回踱步，想要釐清思路。

既然是中毒，那麼必然有人投毒。只要分析出毒藥成分，搞清楚博嗣君是在哪個環節攝入毒藥的，便可以鎖定那些有機會下手的嫌疑人。再結合他們的消費、郵遞、通訊的紀錄，就不難挖出真正的凶手。

　　真相即將大白於天下！愛子雙手緊握成拳頭，幾乎就要歡呼起來了，直到她瞥見另一份文件——毒物檢驗報告。

　　博嗣的死是由兩種不同藥物混用產生的毒性反應導致的，其中一種成分不明，另外一種竟然是愛子非常熟悉的 Angellix——一種抗憂鬱藥物，具有積極改變情緒的作用，病友們都把它叫作「天使的微笑」。

　　難道博嗣君也有憂鬱症嗎？

　　原本以為馬上就可以解開的謎團卻愈來愈複雜了。愛子幾乎就要召喚出博嗣一問究竟了，但在最後一刻她還是控制住了自己的衝動。只剩下最後一次提問機會了，她不能就這麼輕易浪費掉，還是得靠自己找出更確鑿的證據。

　　她找出家裡所有帶有博嗣 X 標誌的周邊產品，浴帽、睡袍、拖鞋、帆布袋、飛機枕……把自己打扮得像一棵掛滿禮物的聖誕樹，她希望這些價值不菲的東西能夠給自己帶來運氣。愛子心裡這樣想著，隨手又拿起最後一件藏品——逗貓棒。

　　愛子跪坐在榻榻米上，鞠兩次躬，拍兩下手，再鞠一躬，最後雙掌合十，說：「博嗣君，請保佑我找出真相！」

　　在 XR 隱形眼鏡的虛擬視野裡，所有線索和資料都在空氣中散開，像是琳琅滿目的購物指南，在愛子的手指所到之處，它們會閃閃發光。她熟練地撥弄著擬物化圖示，把它們歸類並聯繫在一起。很快，在雜亂無章的線索和材料中，出現了一張迷你地圖。

　　她先把關鍵字「憂鬱症」放在一邊，標注為「待解決」。

　　假設博嗣君確實長期服用 Angellix，那麼在他體內肯定會殘留

一定濃度的化學物質，這樣才能和不明藥物發生毒性反應。那麼，投毒的人肯定是熟悉他病史的身邊人。如果是透過皮膚吸收化學物質，從吸收到毒性發作最快需要兩個小時，時間上太不可控。因此，博嗣只可能透過口服攝入藥物，這樣，最快發作時間為十分鐘左右，正好在十五分鐘的中場休息時間之內。

愛子交叉驗證了在場人員的證詞，最終確認：為了保持最佳表演狀態，在後台期間，博嗣君並沒有進食，僅僅補充了水分。

愛子隨後提取了殘留飲用水樣本進行化驗，結果並無異常。

又陷入了死胡同，愛子抓著自己的頭髮。

她再次調出當天演出的影片，快進到即將中場休息之前。舞台上的博嗣 X 光芒四射，舞動著手裡的電吉他，用一段快如閃電的即興小獨奏將演唱會的氣氛推向高潮。他揮汗如雨，將吉他撥片嚙在唇間，向在場的四萬八千名觀眾，及數以百萬計的線上使用者深深鞠躬。舞台燈光暗了下來，博嗣緩緩後退，隱入幕後。

沒有人想到，這竟是他的最後一次謝幕。

等等。愛子似乎發現了什麼。倒帶，播放，定格，放大。

那是博嗣標誌性的手勢，身為鐵粉的她竟然對如此明顯的線索視而不見。

★　　★　　★

走出「彩虹六號」樂器行的愛子，在澀谷街頭熙熙攘攘的人流中神情恍惚。她完全失去了方向。

「彩虹六號」是博嗣的吉他撥片的獨家供應商，最後一批貨是在博嗣身亡之前一個月發出的。因為吉他撥片體積小巧、容易丟失，博嗣一般會隨身帶好幾片以備不時之需。愛子確認過，演出當天並沒有其他人接觸過他的撥片，而在他使用的撥片上也並沒有檢

驗出異常成分。她的推理到此為止。

愛子發現的證據就像項鍊上的珍珠，一旦線索斷裂，便只能散落一地，彈跳著滾遠，再也撿不回來了。

愛子陷入了絕望，難道就這麼放棄？每當人生遭遇挫折時，〈奇跡閃耀〉的旋律總會在她耳畔響起，這次也不例外，彷彿已經成了某種條件反射。

不要把命運當作失敗的藉口！

她想到了最後一根救命稻草——再次召喚出博嗣的鬼魂，問出第三個問題，也是最後一個問題。

試遍了所有博嗣君喜歡的食物名字後，鬼魂卻依然不見蹤影。愛子快要崩潰了，她像瘋子般在街頭大喊：「到底博嗣君是不是被撥片毒死的啊？」

周圍的行人紛紛扭頭，投來同情的目光。

愛子羞恥得簡直想找條地縫鑽進去。可沒過幾秒，那個藍綠色的身影竟然真的就出現在東京最繁華的街道中央。

「啊哈！真沒想到愛子小姐能走到這一步呢，真是大出所料！」博嗣的鬼魂飄浮在空中，透過他半透明的身體，可以看到無數看板在閃爍著彩光。

「所以……『撥片』果然是關鍵字？可為什麼……」

「停！在提出最後一個問題之前，你最好想清楚，這是你唯一的機會。還有，別忘了，不能直接問我誰是凶手，這是規則。」鬼魂把食指放在唇間，表情嚴肅。

「……了解。」愛子底氣不足地答應著。

她又能問些什麼呢？推理存在盲點嗎？愛子的大腦飛速運轉，將她帶回之前整理出的線索地圖，那些圖示和線索，在虛擬視野中閃爍著微光。

突然間，她腦海中閃過那個被標注為「待解決」的問題。

愛子鼓足勇氣，說出了心底的疑問，「所以……博嗣君，你為什麼要吃抗憂鬱藥呢？」

　　有那麼一瞬間，鬼魂似乎是被卡住了，一動也不動。這讓愛子擔心自己是不是問錯了問題，導致遊戲提前結束了。

　　過了半分鐘，博嗣的鬼魂才又恢復了動作。不過，他的性格似乎完全變了，之前的幽默與陽光被憂鬱所取代。

　　「我就知道你會問的，愛子小姐，你是真正關心我的人，而不是只在意我臉上那張摘不掉的面具。他們都說，偶像最重要的就是人設──一個討人喜歡、充滿魅力、完美無瑕的人設。一旦人設獲得了市場認可，就必須在漫長的人生裡不斷地強化它。這個透過對無數使用者進行市調，再由團隊全方位打造出來的人設，只是一件商品。而背後的人，只是這件商品最廉價的包裝紙，看起來光鮮亮麗，但他們可以隨時撕碎你、摧毀你、拋棄你……」

　　「不是這樣的，博嗣君！我喜歡的是你，是真正的你……」愛子脫口而出。

　　「真的嗎，愛子小姐？如果我和綜藝節目或者雜誌裡的那個博嗣 X 完全不一樣呢？你還會喜歡我嗎？我厭倦了這種沒完沒了的角色扮演，這讓我討厭自己。我決定退出，可即便這樣，卻仍然逃不掉……」

　　「為什麼？是誰在阻止你？是小美嗎？是你的贊助商？還是那些可惡的資本家……」

　　突然，鬼魂暴發出一陣歇斯底里的笑聲，就像聽到了極其荒謬的言論。

　　「博嗣君，你怎麼了，不要這樣嚇我……」

　　「是你們。」

　　「什麼？」

　　「是你……還有每一個口口聲聲說會一直愛我、支持我到最後

的粉絲。在得知我要退出之後，許多人向我發出了死亡威脅，但她們威脅的不是我的生命，而是她們自己的生命。」

愛子驚恐地捂住自己的嘴巴。

「你知道，在我們這個國家——日本，自殺可是一直被視為一種榮耀呢。就好像一旦結束了自己的生命，一個人血液裡與生俱來的羞恥感也被洗刷乾淨了。這也太可笑了吧？那些寄來自己血液、頭髮、自殘照片的孩子，她們真的愛我嗎？」

「博嗣君……」

「只有去死。」他下定了決心一般昂起頭，邊緣閃爍著柔和的彩虹光暈。「把生命中最燦爛的一刻留在舞台上，只有這樣，那些人才會放過我吧。」

「博嗣君……」愛子的聲音帶著哭腔。

「非常感謝你，愛子小姐，感謝你為我做的一切。只不過……」

「什麼？」

「愛子，你不也是她們中的一員嗎？」

他帶著微笑正視著愛子的雙眼，愛子的臉變得毫無血色。剎那間，喧鬧的澀谷街頭一片死寂。

★　　　★　　　★

回到公寓後，愛子再次走入案件現場，顯得有些心不在焉。

眼前的這間更衣室如此熟悉，過去幾天裡，她翻來覆去地勘察每一個角落，琢磨每一件道具，生怕漏掉什麼不起眼的線索。

現在這些都不重要了。

XR隱形眼鏡正在以二倍速重播著博嗣死亡的場景。

滿頭大汗的博嗣君在眾人簇擁下回到更衣室。化妝師為他補妝，造型師替他披掛飾物，音樂總監在簡要地跟他同步曲目……當

經紀人小美喋喋不休地唸著新的合約條款時，博嗣舔了舔撥片，掃了幾下吉他，調整合成器的音色。整個團隊在他身邊寸步不離，好像這個男人就是全宇宙的王，整個世界都在為他不停地運轉。

終於，這個全宇宙的王揮了揮手，示意所有人離開更衣室。沒人注意到他過度蒼白的臉色。博嗣把房門反鎖上，跪坐在地，雙目微閉，似乎在與看不見的神靈溝通。他的身體開始顫抖，妝容精緻的面孔變得青紫，眼睛圓睜，嘴唇張開，像有什麼話要說，但是聲音哽咽住了。他抓起水瓶大口喝水，突然被嗆到了，劇烈地咳嗽起來，水噴了一地。他倒在地上，掙扎著向門口的方向爬去，但是身體開始痙攣。他的手指蜷曲起來。終於，他徹底癱在地上，胸口不再起伏。

片刻，響起了由緩漸急的敲門聲。

「所以……這就是當時發生的一切。」愛子的聲音有些無力。

「可你還是沒能解釋，為什麼在從博嗣身上找到的撥片上沒有檢驗出殘留的藥物。」一個新的聲音在她的 XR 耳機裡響起，那是來自 historiz 觀察員的聲音，由 AI 驅動的遊戲角色。

「為了回答這個問題，我們得把時間倒回到中場休息之前。必須承認，這確實是我忽略的一個盲點。」

愛子的右手在空中做出逆時針扭轉的手勢。博嗣的屍體睜開眼睛，水從地板上飛回他的嘴裡，他走到門邊，打開反鎖，所有的工作人員倒退著走回房間，各就各位，開始忙碌，像是動畫片裡滑稽的片段。

一直到博嗣回到舞台中央，愛子才停止倒放。

「這一幕我看多少遍都不膩……」愛子自言自語道，痴迷地看著偶像在炫目的燈光中揮灑汗水，用狂野的動作掀起觀眾的高潮。

好了，停下吧。畫面隨著愛子的手勢停了下來。

「注意看他的右手，我換成 0.5 倍速慢放。」

博嗣奏完最後一個音符，右手夾著撥片，定格在半空中。隨著燈光暗了下來，他自然地放下手。有那麼一瞬間，他的手完全被吉他擋住了。

　　「逆時針旋轉 90°。」愛子下令。

　　愛子和觀察員走到了博嗣的右側，正好可以看清他被吉他擋住的手。博嗣把原來的撥片塞進牛仔褲前兜，又用手指從硬幣口袋裡夾出了另一片撥片，瀟灑地嗞在唇間，露出他標誌性的笑容。

　　「他在進入更衣室之前就已經服毒了，有問題的撥片肯定被他隨手丟掉了。我看了時間截記，從這會兒到毒發，正好是十二分鐘。」

　　博嗣的影像消失了，愛子發現自己站在舞台中央，刺眼的聚光燈打在她臉上，她本能地舉手遮住眼睛。全場響起山呼海嘯般的歡呼聲和掌聲。

　　這是……在為我歡呼嗎？愛子不敢相信。

　　「非常精采，恭喜你，愛子小姐，你成功找出了真相，你就是我們的粉絲大偵探！」觀察員深深鞠了一躬，身影淡入黑暗，「接下來就是閉幕式，不要走開——這也是劇情的一部分哦。」

　　儘管早已預料到即將發生的事情，愛子還是局促不安起來，她的心跳加快了。當博嗣 X 的鬼魂再次出現在她眼前時，〈奇跡閃耀〉的旋律恰如其分地湧起，像溫柔的潮水將她淹沒。愛子的身體無法控制地顫抖起來。

　　「愛子小姐，感謝你拯救了我迷失的靈魂。太多的愛讓我窒息，但你的愛……你的愛拯救了我，讓我可以繼續尋找下一站——天國的光明。再見了，愛子小姐，一定要幸福噢……」

　　「對不起，博嗣君，對不起……」

　　愛子終於忍不住淚流滿面，她伸出雙手，試圖去擁抱那個鬼魂，可留在懷裡的卻只有空氣。博嗣 X 的靈魂開始綻放光亮，緩

慢升上半空，帶著迷人的微笑消失在夜空中，與群星融為一體。

舞台上只剩下了愛子一人，她眼前浮現出兩個閃光的盒子，一個是粉色櫻花狀的，一個是藍色鳥蛋狀的。

「做為遊戲優勝者，你將可以選擇一份由維貝茲公司提供的大禮盒。選擇粉色櫻花盒，你可以擁有一個月的博嗣 X 智慧玩偶使用權。注意，是從性格、聲音到外形都 99.99% 模擬的超高級 AI 玩偶噢……」

愛子淚眼婆娑地抬起頭，眼中充滿猶疑。

「選擇藍色鳥蛋盒的話，你可以和真正的博嗣 X 共用一次由品牌贊助商贊助的下午茶，注意，是真正的博嗣 X 噢，機會難得！

「現在，愛子小姐，請做出你的選擇吧！」

一粉一藍兩個盒子在空中輕柔地浮動著，像隨波浪起伏的魚餌，等待著魚兒咬鉤。

★　　★　　★

「所以你究竟選了什麼，女人！你倒是說啊！」菜菜子嚷嚷著，威脅要把抹茶可麗餅扔到愛子臉上。

「拜託！請不要在 Doux Moi 做出這麼羞恥的事情……」

「要是我，肯定選擇那款高級玩偶，整整一個月啊！想想，你可以和他做……很多事情……」菜菜子露出一絲壞笑。

「可惜你不是我……」

「所以你見到博嗣本人了？快說說，帥不帥？他現在應該很老了吧？還是很有魅力嗎？你快告訴我！」

愛子微微一笑，陷入了回憶。

她還清楚記得那個下午自己在咖啡館裡等候時忐忑的心情。一陣微風，服務生的詢問，鄰桌小狗的吠叫，咖啡機研磨豆子的聲

音⋯⋯都會讓她心驚肉跳。愛子甚至想要逃跑。

　　為什麼我要選擇藍色盒子？這太不理智了！她心想。但話又說回來，喜歡一個如此遙不可及的偶像，本來就是不理智的事情。

　　一個溫柔的聲音把她從白日夢中喚醒。

　　「這位是愛子小姐嗎？」

　　「啊是、是的。」愛子本能般結結巴巴地答話，卻不敢抬頭看對面坐下的這個男人。

　　「初次見面，請多多關照，我是博嗣。」

　　再不抬頭就過分失禮了，愛子勉強自己微笑著慌亂地點點頭，用餘光打量著自己魂縈夢繞的偶像。

　　眼前的男子大約四十來歲，中等身材，戴著棒球帽，看不出髮際線的真實情況。皮膚保養得很好，乾淨光滑，但還是阻擋不住歲月的痕跡，顯得有一絲疲憊。他唇邊有沒剃乾淨的鬍碴，下頜也寬大了不少。他的眼神裡，不再閃爍著少年的銳氣，但多了些中年人的溫和持重。

　　毫無疑問，這就是那個人，老了二十歲的博嗣Ｘ，曾經瘋魔萬千少女的超級偶像。

　　「還能認出來嗎？老了許多吧，畢竟二十年了啊⋯⋯」博嗣自嘲似地笑笑。

　　「啊沒有，哪裡的話，還是一樣帥氣呢！」愛子害羞地低下頭。

　　「你不用這麼緊張，就把我當成平常的大叔就好。」

　　「啊好、好的！」話雖如此，愛子還是放鬆不下來。

　　服務生端來兩杯咖啡和一份曲奇餅乾。

　　博嗣咬了一口餅乾，不由得讚歎起來：「嗯！這麼多年了，它家的曲奇還是一樣的味道呢。」

　　「那是博嗣君在第 1278 期『美食街頭大搜查線』裡品嚐過的『鬆脆奶油曲奇』吧。」

「啊⋯⋯居然這都能記得，愛子小姐，您真是死忠粉絲呢。話又說回來，不是這樣的話，您也不會成為 historiz 的第一批測試使用者吧。」

「的確如此呢。」愛子喝著咖啡，吃著餅乾，終於淡定了些。

「那麼，我很想聽聽您對於這款暫且稱之為『沉浸式遊戲』的看法呢。」

愛子放下杯子，深深吸了口氣，像是在回味什麼。

「我從來沒有過這麼神奇的體驗。儘管大腦明明知道那是假的，是設定好的劇情，可所有的細節，包括 AI 鬼魂說話的語氣、動作、與我互動的方式，都會讓人忘了那是假的，全心全意沉浸在故事裡。」

「評價果然很高呢。」

「可有一點我不太肯定，這真的全都是由 AI 創造出來的嗎？」

「愛子小姐的疑慮是⋯⋯」

「做為一名編輯——嗯，曾經的文學編輯——我非常了解講好一個故事有多難，想要做到形式和內容協調，而且和觀眾建立情感共鳴，更是難上加難。在這個遊戲裡，最關鍵的並不是罪案本身，而是最後發現的真相與玩家內心的共鳴。當博嗣君——抱歉，應該是你的 AI 鬼魂——說出『你不也是她們中的一員嗎』時，那種強烈的震撼讓我落淚。這真的全都是 AI 的功勞嗎？」

「好吧，我試著回答您的問題。」博嗣說。「還記得進入遊戲之前，您回答過的那三百多道題嗎？還有開放給 historiz 的各種資料介面。透過這些，AI 對您進行了全面的人格測繪，它了解您喜歡什麼風格的故事，可能會做出什麼反應，甚至內心有什麼創傷。某種程度上，可以說 AI 比您更了解自己。但您的懷疑不是沒有道理，光靠 AI 可編不出這樣的故事，還需要人類作者的幫助。」

「我想認識那個作者，他真的太厲害了！」愛子眼中放出光亮。

「您現在就坐在那個人的對面。」博嗣把餅乾含在唇間，微微一笑，依稀有當年的風采。

「竟然是……博嗣君嗎？」

「historiz 給我看了每個玩家的資料，我會結合 AI 的分析，選擇我認為最有意思的故事方向。畢竟我也是多年的推理小說迷啊。我也參與了一些關鍵的情節點的設計。比如，從一開始就用『敘述性詭計』誤導您。這個 AI 可做不到。」

愛子張大嘴巴，恍然大悟：「原來是『敘述性詭計』啊！」

「沒錯。」博嗣接著說。「還記得當時博嗣的鬼魂借助靈媒之口所說的那段話嗎？他說，『我不想死』。既可以理解成『有人殺害了我，我不想死』，也可以理解成『我不想死，但我別無選擇』。所有人的第一反應都會是他殺，從而排除了自殺的可能性，這就造成了最大的盲點！不過，愛子小姐，不得不說，您可真是個推理高手呢！」

「因為工作的原因，看過一些推理小說而已。」愛子不好意思起來。「不過，我還有一個困擾多年的問題。為什麼博嗣君當年會突然消失，又為什麼選擇以這種方式回來？」

「啊……終於問到了。這個故事，可要從二十年前講起。」

博嗣的表情突然變得夢幻起來。

★　　★　　★

我就是遊戲裡的博嗣 X，我是虛擬的，又是真實的。

二十年前，正值人氣如日中天之時，我厭倦了這種在粉絲面前扮演精心打磨人設的生活。我決定脫下偽裝，以真面目示人。可是市場卻不買帳，唱片及周邊產品銷量大跌，負面新聞不斷，品牌贊助商紛紛解約。不過，壓垮我的最後一根稻草卻不是經濟上的損

失，而是那些一直忠心耿耿的粉絲。

那些狂熱的粉絲不接受自己心目中的博嗣 X 改變人設，認為一定有幕後黑手在操控。她們集結成一股強大的力量攻擊相關網站，造成大範圍的網路癱瘓，也因此引發了關於偶像與粉絲關係的社會討論。輿論矛頭直指我本人，認為是我誤導了年輕人的價值觀，創造出畸形的粉絲產業，浪費大量的社會注意力資源。

在巨大的壓力之下，我患了憂鬱症。我決心消失，不留任何痕跡地退出娛樂圈。只有這樣，才能讓喪失理智的粉絲回到正軌。

風波終於平息了，博嗣 X 逐漸被人遺忘。一批又一批新偶像粉墨登場，形成一波又一波更狂熱的粉絲風潮。

康復後，我改頭換面，用了一個新名字，過著忠於自我的生活。我回到校園繼續讀書，結識一位志同道合的好友，也就是日後創建維貝茲的聯合創始人兼 CTO 太洋。

太洋是一名信仰技術的極客，對遊戲狂熱的他希望打造一款能夠改變世界的遊戲。一次宿醉之後，我說出了自己隱藏已久的真實身分，並情緒失控地抨擊偶像與粉絲之間扭曲的權利關係。這番話，像閃電一樣擊中了太洋。

太洋對我說：「你知道問題出在哪裡嗎？並不是像你所說的，粉絲們掌握了操控偶像的權利。恰恰相反，是因為他們沒有權利去講述屬於自己的故事，所以才會如此非理性地去捍衛一個虛假的人設。畢竟，除這個人設，他們一無所有。這個形象寄託著他們所有的情感與信仰，而現在告訴他們這不是真的，只是表演，這對於他們來說，就是欺騙和背叛！」

我不得不承認太洋說得在理。他的解決方案聽起來過於簡單——用 AI 創造一款遊戲，讓每個人都可以打造屬於自己的偶像，並擁有獨一無二的與偶像互動的劇情。

「我想你誤會了偶像的定義。只有當一群人對某人集體崇拜

時，這個人才能夠被稱為偶像。否則，他只不過是自娛自樂的一個遊戲角色而已。」

我記得，當時自己這樣糾正太洋過於天真的想法。

這樣的思維碰撞伴隨我們度過了之後幾年的校園時光，直到我們找到了一條解決之道：利用一個在現實世界裡已經功成名就的大眾偶像，透過數位化技術和 AI 引擎，創造出能夠為粉絲提供客製化服務的虛擬偶像，甚至像太洋想像的那樣，設計一場高度個性化的沉浸式遊戲。

可最大的問題是，要去哪裡找如此慷慨而明智的偶像來參與這個實驗呢？我所熟悉的娛樂圈人士，只在乎金錢和短期利益，不可能有足夠開闊的眼界接受這麼激進的提議，哪怕這代表著娛樂業的未來。

「我想我們已經有了一個人選。」太洋眼帶笑意地看著我。

一開始我堅決反對，就好像患有創傷後壓力症候群的士兵對回到戰場總是心懷抗拒一樣，我不願意再捲入那些令人窒息的偽裝與操控。但太洋說服了我，這是最好的機會，讓博嗣做為復活的偶像，證明自己是對的。這世上不該只有一種粉絲與偶像之間的關係，而最好的關係就是把定義的權利交給每一位粉絲，讓他們去創造屬於自己的偶像，譜寫屬於自己的故事。

維貝茲應時而生，但誰也沒有想到，這個過程竟然花了十年。

高解析掃描建模數位化身並不困難，透過動作捕捉建立姿態資料庫也很成熟，表情模擬只是精度問題。真正花時間的是自然語言處理，和利用大量資料訓練 AI 模型，以達到流暢自然的互動效果。一旦使用者感覺到對話不對勁，對產品而言，這就是死亡之吻。最後，維貝茲必須找到一條實現用使用者個性化造夢的道路。依靠最簡便的資料調查和建模工具，生成目標使用者的性格特徵圖譜，並將這些結果映射到產品上。要想利用這些技術鍛造和整合一

個成熟的產品，需要耗費無盡的日夜。

博嗣 X 能夠以虛擬形象二次出道，還多虧了媒體上突然興起的對二十年前流行文化的懷舊熱潮，它重新激發了人們對當年偶像的興趣。

出乎意料的是，博嗣 X 竟然是其中人氣最高的一位。也許正是我當年的突然消失，讓人們對我的印象凝固在時間的琥珀中，永遠停留在那個有著天使般聲音的漂亮男孩形象上。不像其他偶像，在鏡頭前歷經了衰老，甚至犯了罪。

維貝茲沒有錯過這次天賜良機，版權、技術、產品一應俱全的維貝茲，讓虛擬版的博嗣 X 攻占各種尺寸的螢幕，也包括 VR、AR、MR 等各種 XR 視野，周邊產品更是賺得盆滿缽滿。

當諸多大牌經紀公司紛紛找到維貝茲，要求製作類似於博嗣 X 的數位化偶像時，維貝茲的團隊知道時機成熟了，於是，以 historiz 為名的沉浸式互動娛樂子公司應運而生。

★　　★　　★

「等等，所以你們倆後來真的沒去約會啊……」菜菜子眼中滿是失望。

「別說了！我對博嗣君的愛是柏拉圖式的。」愛子爭辯道。

「好歹要個限量版周邊產品什麼的。」

「嗯，其實……他對我發出邀約了。」

菜菜子差點把茶水一口噴出來：「他約你做什麼？」

「他問我，」愛子臉上泛起幸福的紅暈，「願不願意和他一起創作故事。」

「哈？」

「博嗣君說，historiz 需要擅長講故事、懂得如何觸動人心的

作者和編輯。」

「你拿到了最有前途的 AI 科技娛樂公司維貝茲的工作邀約啊！可千萬別告訴我你拒絕了！」

「我接受了邀約，但有一個條件。」愛子說。

「什麼！愛子，你瘋了嗎？」菜菜子嫉妒得眼睛簡直要噴火。

「我的條件是，下一次，我要決定博嗣君在遊戲裡的死法。」

「……那他怎麼說？」

愛子用小湯匙攪拌著咖啡，抬起頭，目光落在菜菜子背後的某個地方，像是看到了一個泛著藍綠色光芒的半透明人影。她露出了笑容。

「博嗣君說，成交。」

開復解讀 💬

在〈偶像之死〉這個故事裡，博嗣是個鬼魂般神祕的存在，他的每次登場都是故事的轉捩點——被黑衣靈媒召喚出來，在告別演唱會上引導粉絲愛子探尋他死亡的真相；深夜突然現身愛子家的廚房提供線索；大搖大擺地在東京最繁華的街道上現身，解開最後的謎題……

儘管在故事的最後，我們知道這個博嗣 X 只是維貝茲科技公司打造的一款 AI ＋娛樂產品，是一個看得見、摸不著的虛擬形象，但無論是故事裡的愛子還是故事外的讀者，想必都對博嗣投入了真情。

有一個很關鍵的原因在於，故事裡的博嗣不僅形象生動逼真，而且互動流暢自然。這離不開電腦視覺和自然語言處理等 AI 演算法，但更重要的是模擬的 XR 技術。

XR 技術不僅可以帶來一場超越人們視野的視覺盛宴，還能為參與者帶來沉浸式的體驗，虛擬場景中的所有人和物都栩栩如生、奇妙非常，讓人們感到身臨其境，彷彿進入了一個超脫現實的平行世界。正如布倫南・斯皮格爾教授所形容的那樣，XR 賦予了人們「睜著眼睛做夢」的機會。未來二十年，XR 會顛覆娛樂、培訓、零售、醫療、體育、旅行等行業。

在此多提一句，本章故事的實現也涉及基於 AI 的自然語言處理的生成式預訓練（GPT）模型，相關技術解讀可以參考第三章〈雙雀〉，有助你理解自然語言處理背後的原理、發展狀況、優勢及現存問題等內容，本章不再贅述。

現在，我們就來一探真實與虛擬之間的技術邊界，揭開 XR 的神祕面紗。

圖 5-1　使用者完全沉浸在由電腦模擬系統創建的虛擬世界中（Shutterstock/Sergey Nivens）

一、什麼是 XR（AR/VR/MR）

XR 包括三種技術：AR、VR、MR。AR（Augmented Reality）即擴增實境，該技術透過演算法將文字、3D 模型、影片等虛擬資訊疊加到真實世界的環境中，使用者可以借助鏡片等介質「觀看」其所處的世界，從而擁有「超現實」的感官體驗。VR（Virtual Reality）指虛擬實境，使用者會完全沉浸在由電腦模擬系統創建的虛擬世界之中。

兩者的區別在於，透過 VR 看見的內容不受真實世界中的任何可見物體的影響。例如，愛子在健身房裡戴上 XR 眼鏡後，就彷彿置身於美國加州一號公路、挪威大西洋海濱公路、法國阿爾卑斯大道，依賴的就是 VR 技術。而 AR 技術根據現實環境，需要先利用攝影機即時拍攝現實世界的畫面，然後再把虛擬物體和虛擬內容混

合進去。例如，當我們到一座陌生城市旅遊時，我們就可以問問 AR 系統附近有哪些名勝古跡，AR 系統會在我們視野中的真實街道場景上用動畫標示出所推薦的目的地。在故事〈偶像之死〉中，愛子能夠透過 XR 眼鏡看到空氣中散開的線索和材料，所依託的就是 AR 技術，其原理與電影「關鍵報告」中湯姆・克魯斯扮演的約翰・安德頓每晚透過機器投射出離世的兒子的形象很相似。

近年來出現了一種比 AR 更高級的技術 —— MR（Mixed Reality）即混合實境。MR 透過在虛擬環境中引入現實場景資訊，在虛擬世界、現實世界和使用者之間搭起一個互動回饋的資訊橋梁。它所構建的虛擬場景並非虛擬資訊的簡單疊加，而是需要理解場景，並與現實世界進行互動。

在〈偶像之死〉中，博嗣能夠自然地出現在愛子家的廚房、健身房、東京街頭，甚至還能與愛子對視，讓她害羞、臉紅，這就是 MR 技術的功勞。實現這一切的前提是，MR 可以深刻理解真實環境中的實體物件。只有當 MR 明白冰箱的功能是什麼，知道冰箱門在哪裡而且是怎麼開的，才能讓博嗣在深夜從愛子家的冰箱裡出來，然後直挺挺地站在冰冷的白氣中。

雖然這種對場景的理解能力已經超出了現今電腦視覺的能力範圍，但在未來二十年內，還是有望實現的。也許等我們到了故事所設定的那個時代，也會像愛子一樣，在日常生活中根本無法離開 XR 技術。

目前，MR 技術的研發還處於起步階段，不過我們已經看到這項技術快速發展的步伐與無限潛力。我預測，到 2041 年，電腦視覺技術將能夠實現把真實場景中的物件一一分解，幫助 MR 理解真實環境中的所有物體，然後再遵循自然規律在場景中添加任何虛擬物件。這樣，整個場景便不會有任何違和感，故事〈偶像之死〉裡所描繪的情景，也會真的發生在未來世界中。

二、XR 技術：全方位覆蓋人類的六感

沉浸感是 XR 技術的重要特點之一，也就是讓人感到身臨其境，很難分清楚「境」裡面的真與偽。要想達到這樣的境界，技術就必須「愚弄」人類最敏銳的感覺──視覺。

那麼人們最熟悉的手機可以做到這一點嗎？

很多人可能會想到 2016 年風靡全球的手機 AR 遊戲 Pokémon GO。這款遊戲巧妙利用了手機內置的陀螺儀和運動感測器來調整使用者的視覺體驗，使用者可以透過手機螢幕看到卡通人物與現實世界融為一體的畫面，然後與場景展開互動。當時，這款非常新穎的遊戲很受歡迎，但是使用者的全部體驗都局限在小小的手機螢幕上，無法徹底擁有沉浸其中的感覺。所以在談到 XR 體驗時，我們先把手機排除在外。

相比之下，眼鏡、頭盔這類頭戴式顯示器（Head-Mounted Display, HMD）能夠為使用者提供更具沉浸感的視覺體驗，在雙眼都被包覆的狀況下，感知才能產生接近實景般的立體效果。HMD 的工作原理是在使用者的雙眼前各放一個螢幕，兩個螢幕顯示的圖像略有差異，利用雙目視差讓使用者看到立體效果，其原理類似於看 3D 電影時需要佩戴的 3D 眼鏡。為了實現沉浸感，使用者的視角至少為 80°（通常更寬）。除了沉浸感，互動性也是 XR 技術的一大重要特點，因此當使用者移動頭部或身體時，其視野中的畫面視角需要相應地隨之而改變。

由於 VR 技術中的所有虛擬場景都是合成的，所以 VR HMD 通常是無法「透視」的，也就是說使用者看不到真實的環境。由於 AR 和 MR 技術是把真實世界與虛擬場景結合在一起的，所以 A/MR HMD 有直接成像或利用光學手段的「透視」鏡片，讓使用者能同時看到虛實結合的畫面。在〈偶像之死〉中，愛子在健身房裡

遇到的男孩在直接把眼鏡從 MR 模式切換到 VR 模式時，所使用的方法就是讓鏡片瞬間變成不透明的銀色，從而讓自己不再看到周圍現實環境中的畫面。

最早的沉浸式設備是數十年前發明的，都是笨重的大頭盔，必須透過電纜連線到工作站或者電腦主機。那時候，智慧手機和無線上網技術還沒有問世，所以整個技術流程及使用者體驗都高度依賴於電腦的算力、電纜的資訊傳送速率以及安裝在大頭盔中的顯示器。這樣的設備雖然不方便、不美觀、不逼真，更不可能商業化，但還是產生了至關重要的作用——為研究人員提供了一個可以測試、改進技術的實驗環境。

在過去的幾十年裡，寬頻的傳輸速率、顯示器的解析度和刷新率等技術性能都有了很大的提升。隨著 Wi-Fi 和 5G 時代的到來，XR 設備開始向無線方向發展。與此同時，電子和顯示技術也在不斷反覆運算，HMD 的重量已經可以降低至一公斤以下，頭盔式設備也逐步演變為護目鏡大小。另外，晶片技術正在飛速發展，HMD 中的晶片已經可以在本地執行運算任務，終於擺脫了必須連接電腦主機的束縛。於是，XR 總算開啟了可商業化的道路。

不過，這趟旅程並非一帆風順。2015 年前後，AR/VR 技術一躍成為非常熱門的投資領域，但時間給出的答案是，很多業內知名的新創公司都以失敗告終，一些主流公司打造的相關產品也走向沒落，最終潰不成軍地退出市場。

微軟 HoloLens 全像頭盔是這場「XR 泡沫」中倖存下來的一款產品。HoloLens 全像頭盔的重量只有五百七十九克，設計合理、可用性強，具備強大的算力。但是，HoloLens 的售價高達三千五百美元，而且外觀看起來像一副大潛水鏡，有點呆頭呆腦的樣子。價格和體積這兩大因素限制了微軟 HoloLens 全像頭盔的普及，使其只能應用在垂直的企業級市場，例如培訓、醫療、航太、戰鬥

等。2021 年 3 月，美陸軍採購了兩百二十八億美金的 HoloLens。頭盔和護目鏡式設備的先天基因就決定了它無法成為像 Apple Watch 一樣可以全天佩戴的消費級產品。

相對來說，眼鏡的外觀輕盈小巧，但可惜的是，眼鏡式設備的發展也不夠成熟。無論是 Google 在 2012 年專門為消費市場推出的 Google Glass，還是 Snapchat 在 2016 年發布的 Spectacles，都沒有蹚出一條成功的道路。這兩款產品的失敗其實是由很多因素導致的，但其中最核心的還是這類小型眼鏡類產品無法像 HoloLens 全像頭盔一樣提供高保真體驗。

不過，隨著時間的推移，這些技術壁壘終將被人們攻克。可以想像得到的是，未來的微軟 HoloLens 全像頭盔將朝著更輕便、更便宜的方向反覆運算，Snapchat 眼鏡也會擁有更強大的功能。無論過程如何發展，可以確定的是，我們會在將來擁有高品質的輕便 XR 眼鏡。

2020 年，Facebook 的 Oculus 團隊展示了一款鏡片只有一公分厚的 VR 眼鏡原型，這進一步增強了人們對 XR 技術商業化的信心。我預測，XR 眼鏡有望在 2025 年實現大規模商業化應用，也許蘋果公司將再度成為這一技術普及的最佳催化劑（有傳言稱蘋果公司正在研發相關產品）。過去無論是智慧手機還是平板電腦，蘋果公司歷史上的多項產品都是顛覆消費性電子行業的關鍵，快速成為各家公司競相模仿的對象，隨後蜂擁而至的模仿者會透過大規模量產降低產品組件的成本，拉低對在終端消費者的零售價，最終實現新產品的市場普及。

我認為，在未來的五至十年裡，XR 隱形眼鏡將會成為該領域發展的重要里程碑，隱形眼鏡會比傳統眼鏡更容易得到大眾的認可。如今已經有新創公司針對隱形眼鏡展開研究，嘗試把微型顯示器、感測器等電子設備內建在隱形眼鏡中，向佩戴者展示文本和圖

像，並且發布了產品原型。不過，目前的 AR 隱形眼鏡仍需要無線連接到外部晶片或者手機處理器，也需要一定時間來獲得政府相關部門的批准，普羅大眾對產品的成本、隱私等問題有待接受。不過我比較樂觀，隱形眼鏡在不久的未來將成為極具潛力的 XR 產品形態。故事〈偶像之死〉中的主人公愛子，就是一直佩戴著 AR 隱形眼鏡，才能隨時擁有沉浸式互動體驗，偶爾才用頭戴眼鏡或是其他設備。

未來技術如何實現多感官的沉浸體驗？XR 的視覺依靠眼鏡和隱形眼鏡，那麼聽覺則要借助不斷變得精湛的耳機技術了。到 2030 年，一款優質的耳機應該擁有外觀近乎隱形、可以舒適佩戴一天、具備骨傳導功能、提供多聲道立體的特點，為沉浸式體驗無縫播出提供擬真的聽覺效果。

如果把上面提到的這些技術結合在一起，人們就有能力打造出「無形」的 smartstream，這也為 2041 年新型智慧手機的設計形態提供了嶄新思路。這樣一款 smartstream 被啟用之後，視覺資訊及畫面可能會以半透明的形式自動浮現在我們的眼前。我們可以透過隱形的耳機來收聽 smartstream 系統傳遞出來的聲音，然後直接透過語音來發出指令，或者利用手勢或在空氣中打字來調取內容或操作應用程式，讓電影「關鍵報告」中湯姆·克魯斯扮演的主人公的一系列前沿操作成為現實。這樣無所不在的 XR smartsteam 比有螢幕的手機有更多功能，比如可以提醒你偶遇的朋友的名字，通知你周邊商店有你想買的東西，幫助你出國旅行時即時翻譯，輔導你碰到災難時如何逃生。

此外，我們的身體還可以「感覺」到微風拂面、擁抱與愛撫、溫暖與寒冷，還有疼痛。在虛擬場景中，觸覺也是非常重要的體驗之一。觸覺手套可以讓我們「碰觸並拿起」虛擬場景中的物體，體感套裝（有時也稱觸覺衣）可以讓我們「感覺」到自己被打了一

下、被愛撫了一下，以及所處環境的冷與熱。故事中的愛子就是在穿上一層緊貼皮膚的超薄體感套裝後，便能在飛輪車上體驗到微風、酷暑以及路面的顛簸。

體感套裝可以透過電機或外部骨骼來模擬觸摸，也可以刺激神經末梢促使肌肉收縮從而產生觸摸感。當我們的身體在與虛擬空間中的物體發生碰撞時，會有脈衝發送到體感套裝上的適當區域來類比碰撞的感覺。體感套裝還能即時監控愛子的生理資料和身體姿態，而且愛子還能透過手勢傳達命令。這種體感套裝在遊戲、訓練或者模擬仿真領域有很廣闊的應用前景。目前，這類技術已經陸續實現了早期的商業化實施，有望在 2041 年之前趨於成熟，應用於更多的領域。

另外，氣味發射器和味覺模擬器也將陸續問世，是 XR 技術能夠全方位覆蓋人類的六種感官（實際上是五種，因為我們恐怕無法模擬人類的第六感——超感官知覺〔ESP〕）。

三、XR 技術：超感官體驗

之前我們討論了 XR 技術給人們帶來的感官方面的體驗，那我們又將如何操控 XR 技術呢？

如今的使用者一般是透過手柄來操控自己的 XR 體驗，這類手柄長得像遊戲機的遙控器，而且通常是單手操作的。雖然學習如何使用很容易，但是在虛擬空間中使用起來並不自然，會破壞沉浸感。未來，眼球追蹤、運動追蹤、手勢識別、語音互動將成為更主流、更一體化的多元操控輸入方式。

進入虛擬世界後，我們應該如何在虛擬環境中移動？如何在虛擬空間中跑步、前行或者攀上爬下？如果把真實世界中的各種移動

圖 5-2　萬向跑步機（REUTERS/KEVORK DJANSEZIAN）

悉數複製到虛擬世界裡，會需要極大的物理空間才能施展，這聽起來並不現實，何況還要考慮跌倒、受傷等各種突發狀況。

目前看來，最好的解決方案是電影「一級玩家」裡面的 VR 萬向跑步機（Omni-Directional Treadmill），現在市面上已經有售。萬向跑步機上有一個與機身相連的安全帶，用於檢測使用者身體所承受的壓力，並保護使用者不會摔倒。萬向跑步機始終以站在上面的人為中心，與使用者保持相同的位移速率，然後在此基礎上適當傾斜一定角度，便可模擬登山或者爬樓梯。如此一來，使用者就可以在真實世界中占用很小的空間，實現在虛擬世界裡的無限自由移動，而且無論做什麼肢體動作，比如在跑步機上飛奔，都不用擔心因撞到物體而受傷。

一旦實現了這些功能，XR 技術的殺手級應用將最有可能率先出現在遊戲娛樂領域。例如，我們將在虛擬世界裡用「數位分身」與世界另一端的夥伴一起鍛鍊、社交、玩遊戲，或者與完全虛擬的合成人物擬真貼近互動，例如〈偶像之死〉中的虛擬偶像博嗣和粉絲愛子的親密接觸。

我們將有機會「超脫肉身」出現在多個維度的世界中——一個是真實的、一些是虛擬的，還有一些是虛實混合的。透過 XR，我們將不再受制於時空的限制，我們可以進入「心之所向、身之所往」的境界，曾經在一些熱賣電影中出現過的穿越時空的場景也將成為可能。

除了娛樂方面，我還預見，這類技術在模擬訓練、遠端培訓、創傷後壓力症候群等精神疾病的治療上將大有可為。在教育領域，XR 可以化身虛擬老師，帶孩子們穿梭歷史長河——回到上億年前的中生代看恐龍，足不出戶見證世界八大奇跡，穿越秦朝「親眼」見識甚至「親身」參加建造兵馬俑的壯觀工程，與李白對詩，聽霍金演講。在工作場景中，人們可以借助 MR 參加虛擬會議，明明在家穿著睡衣靠著沙發，但出現在虛擬會議中時，卻身著正裝，坐在桌旁，與同事在虛擬白板上一起探討工作。在醫療領域，AR/MR 可以輔助外科醫生進行手術，VR 能夠讓醫學生在虛擬空間進行模擬手術。在零售領域，消費者可以利用 VR 提前查看商品的上身效果，遠端試穿服飾、試戴珠寶，評估裝飾品擺在家中的樣子。為自己選時尚髮型時，可以輕而易舉地先看到效果；要決定假期全家出遊去哪個景點，也可以提前體驗一下再決定。

要想實現這些體驗，所面臨的另一個重大挑戰就是精良的內容設計。XR 領域的內容創建與設計，相當於從零開始設計一個巨大的三維遊戲，它必須包含使用者可能選擇的所有路徑和結果，細緻類比出真實和虛擬物件的物理特性，甚至需要非常周密地考慮光線

和天氣等因素,做出極為逼真的渲染效果。XR 的開發成本、時間投入和工作量級,都是過去基於網站、應用程式的內容設計所無法比擬的。如果沒有高品質的內容,人們就不會購買設備;如果沒有一定數量且成本合理的設備載體,內容就無法實現盈利。這是「先有雞還是先有蛋」的問題,需要反覆的過程,只有整個 XR 產業鏈自下而上真正動起來,才能形成良性的閉環。就像串流媒體巨頭 Netflix 花費了大量的時間和投資成本才成為主流,實現了與電視行業的互相成就。終有一天,這樣的內容設計工具會大大地增加 XR 內容。這樣的工具可能會基於現在的 Unreal 或 Unity 引擎。從長遠來看,這樣的工具甚至會像我們今天習慣使用的美圖或相機濾鏡一樣,讓更多人可以輕鬆上手創作內容。

除了上面提到的技術限制,XR 產品的普及還要解決一些細節問題,例如需要解決某些使用者在佩戴 AR/VR 設備時出現噁心、眩暈等症狀的問題。未來,通訊技術的進步會大幅度降低信號延遲,因視覺刺激誘發的眩暈將在很大程度上得到緩解。

四、XR 技術的兩大挑戰:裸眼顯示和腦機介面

當然,什麼外部設備也比不上人類自己的五官。未來,我們是否有可能透過裸眼就可以看到虛擬環境或者全像圖景呢?

MR 領域內最著名的公司 Magic Leap 曾發布過一段影片,展示了一頭巨大的鯨魚從室內地面中央飛躍而出的畫面。這段影片讓人們看到了不用佩戴任何外部設備就可以看到全像效果的可能性,Magic Leap 因此名聲大噪,成為當年最受關注的新創公司之一。不過,Magic Leap 後來發布的產品卻並非裸眼 MR,而是一款眼鏡設備。雖然不盡如人意,但人們已經意識到

Magic Leap
的影片

了市場對裸眼 MR 的熱切期待。

目前，裸眼 MR 只有在極端的限制條件下才有可能出現。例如，已故歌壇巨星鄧麗君曾在一場演唱會上「亮相」，坐在座位上的觀眾用肉眼就可以看到她的身影。這裡採用的是全像攝影方法，並非真實成像，觀眾只能從遠處觀看，無法與之互動。儘管全像攝影技術正在不斷進步，但我認為，到 2041 年，裸眼全像的效果仍然不太可能比得上佩戴眼鏡或隱形眼鏡的 XR 技術。

如果說裸眼是 XR 最自然的資訊「輸出」介面，那麼最自然的資訊「輸入」方式就必定是腦機介面（BCI）了。2020 年，伊隆‧馬斯克創立的 Neuralink 公司發布了重磅消息 —— 他們在豬的大腦皮層中植入了三千多個電極，能夠即時監測一千多個豬腦神經元的活動資訊。這項技術為阿茲海默症、脊髓損傷等與神經系統有關的疾病的治療帶來了曙光。

不過，馬斯克對這項技術的看法似乎過於樂觀了，他希望未來這項技術能夠成為上傳、下載大腦資料的手段，幫助人們儲存記憶，甚至是把自己的記憶「複製」到別人身上，或者存放起來以備不時之需。

但分析起來，在許多嚴峻的問題獲得合理解決之前，馬斯克的這種設想在短時間內不太可能實現。例如，腦機介面的探測器目前只能覆蓋人類大腦的一小部分，而反覆探測的過程會給人腦細胞帶來損傷。另外，由於無法理解所蒐集到的資料的意義，所以我們現在所擁有的只是沒有意義的原始信號，把這些原始信號上傳到大腦並訓練大腦理解這些原始信號仍然非常棘手，這已經是在活生生地改造人腦了。此外，我們還需要考慮這些技術壁壘以及技術應用所涉及的倫理道德和隱私問題。儘管 Neuralink 研發的腦機介面技術非常具有突破性，但我的判斷是，透過腦機介面來強化人類的夢想，不太可能在 2041 年前成為現實。

五、XR 技術普及背後的倫理道德和社會問題

我們已經討論了 XR 技術在普及的過程中需要克服的客觀技術難題以及健康問題，但除此之外，還有更重要的倫理道德和社會問題，需要我們深入思考。

首先，AR/VR 會帶來資料安全及個人隱私問題，這幾乎是每一波新技術浪潮都會面臨的挑戰。

在故事〈偶像之死〉中，博嗣第一次出現在愛子身邊是在深夜的廚房中，當時愛子正從冰箱裡拿牛奶。那麼系統是如何提前判定博嗣適合在此時出現，而不是在愛子洗澡的時候出現呢？為了讓博嗣在合適的時間出現，系統就必須知道愛子在什麼時候洗澡甚至掌握愛子洗澡的進程，這是一般人能接受的嗎？

試想一下，如果我們每天都佩戴眼鏡（或者隱形眼鏡），那麼設備裡內建的感測器就會無時無刻不在捕捉我們的日常資訊。好的一面是，感測器捕捉到的所有資料可以上傳到雲端，方便我們在需要時讀取，這樣我們就相當於擁有了一個龐大的記憶博物館。客戶想賴帳？沒關係，從完整的會議紀錄裡就能立刻搜尋出他說過的每一句話。但是，我們真的想把自己說過的每一句話、每一個字，甚至我們眼前每一秒的畫面都儲存起來嗎？如果這些隱私資料落入壞人手裡，或者我們信任的應用程式被未知的外掛程式攻擊利用了，怎麼辦？

顯然，我們需要制定相應的規則來規範 XR 技術的應用，同時努力推動社會朝著更完善地保護個人隱私的方向發展。近年，很多人覺得智慧手機和各種應用程式、社交媒體已經掌握了我們太多的資訊，那麼 XR 無疑會推波助瀾，使這個問題變得更加嚴重，進一步挑戰人們對隱私保護及資料安全的邊界。

其次，XR 將使人們重新定義生命。

　　從古至今，人類從未停止過追求永生的腳步。當技術能夠學習、模仿、復刻我們的一切語言行為、思維方式的時候，人們很自然地就會想去探索肉體在消亡後以數位化形式實現「不朽」的可能性。英國電視劇「黑鏡」中有一集就描繪了在未來世界裡發生這種情況時的景象——因男友離世而悲痛欲絕的女主角，利用男友生前留下的所有資訊，塑造了一個「虛擬男友」，讓「他」一直陪伴在自己身邊。

　　未來，伴著 MR 技術的逐漸發展成熟，從技術層面來看，劇中的情節將非常有可能成為現實。我們之前提到的 GPT-3 自然語言技術已經可以讓我們與歷史人物交談（雖然對話會出錯，但該技術正在迅速改進）。同時，社交網路上已經有愈來愈多的「虛擬」網紅，它們大部分會由 AI 和 VR 技術驅動，實現「不朽」只是時間早晚的問題。

　　這種「數位不朽」或者說「數位轉世」，自然會引發一些隱私以及倫理道德問題。例如，未經授權使用他人虛擬形象的行為，是否侵犯了他人的版權或肖像權，是否需要對這種行為給予更嚴厲的處罰？如果有人強行構建了他人的虛擬形象，而且借用這個形象做壞事，這種行為是否涉及誹謗、詐騙等罪名，是否也需要給予更嚴厲的處罰？如果虛擬人物的言行舉止誤導了現實世界中的人，責任應該歸咎於誰，這種行為是一種犯罪行為嗎？

　　如果我們已經察覺到了當下社交網路和 AI 之間存在的矛盾，那麼我們就更應該盡早思考未來的 XR 技術在迅猛發展後所帶來的那些無法避免的問題。短期見效的解決方案，或許是把現有的法律延伸到虛擬領域；但從長遠來看，我們需要制定新的法規，需要對大眾進行必要的教育，同時嘗試用技術手段解決技術問題，這些都是一項新技術在普及過程中的必經之路。

　　到 2041 年，人類的大部分日常工作和娛樂、生活都會充斥著

虛擬技術的身影。XR 技術將有巨大突破，娛樂領域出現第一波 XR 殺手級應用幾乎是指日可待。各行各業都會像如今 AI 正走過的階段一樣，一方面積極擁抱 XR 技術的全新實踐，另一方面應對新技術帶來的衍生問題，發揮這些技術的無限潛能。

如果把 AI 比作「點金手」——讓資料「活起來」驅動智慧化的社會，那麼 XR 的魔法就是「乾坤袋」——從我們的眼睛、耳朵、肢體，甚至是大腦中，蒐集難以計數的高品質資料。當這兩項技術相遇擦出火花時，人類將有機會更深刻地了解自身、強化自我、窮盡人類體驗的各種可能性。對於這一點，我個人深為企盼。

chapter

6

神聖車手

開復導讀

〈神聖車手〉的故事發生在斯里蘭卡，二十年後，自動駕駛技術正處於從人類司機切換到全 AI 司機的過渡時期。在這個有著動作大片節奏感的故事中，一名電競少年高手被招募進了一項神祕計畫，透過這個計畫，他發現：人類司機和 AI 司機都有可能犯錯，只是所犯的錯誤截然不同。如今，自動駕駛在國內外已經開始出現。在本章的解讀部分，我將介紹自動駕駛的技術原理，自動駕駛的實現藍圖分為哪幾個階段，各個階段都需要哪些先進技術，什麼時候人們可以期待全面自動駕駛的未來交通時代的到來，以及自動駕駛可能帶來的倫理和法律問題。

CHAPTER 6　神聖車手

> 有兩種聲調響起／就像你在同時彈奏兩把吉他／
> 你必須放手／但仍牢牢掌控。
> ──《吉米‧罕醉克斯：一個兄弟的故事》

　　每當手錶瘋狂震動，閃爍著不安的紅光時，就意味著恰瑪律又
要比賽了。

　　這是一場 VR 網咖裡的常規賽。這個男孩已經有了一套完整的
賽前儀式。他會整理好頭髮，戴上海螺狀頭盔，套上體感服。在坐
進 F1 賽車駕駛艙般狹小的虛擬駕駛艙之前，他會雙手合十，眼簾
低垂，向佛陀默誦禱文，祈禱賽事順利，沒人能追上他的影子。

　　深呼吸，調整心率，放空情緒，讓生理資料落入安全區域。

　　當恰瑪律啟動車子時，所有的焦慮都消失了。模擬賽車世界的
鮮豔色彩在他眼前舞蹈。恰瑪律為了又一次勝利而拚盡全力。

★　　★　　★

　　那天傍晚，舅舅朱尼厄斯一瘸一拐地出現在門口，他的腿多年
前受傷後一直沒有完全康復。他緩慢地坐下，對趴在廚房桌子上寫
作業的恰瑪律說，你應該見見我的中國朋友，他們會給你一份工作。

　　「中國人？他們想幹什麼？」父親對此嗤之以鼻，「他們想把
從可倫坡到各大城市的道路都翻修一遍，說這樣就不用人開車了，
簡直是天方夜譚……」

母親揮舞著不滿的手勢，說：「你的老闆可是全心全意地相信中國人，瞧瞧現在！」

父親不吭聲了。兩年前，因為一起很小的行車事故，他被老闆藉故停職，丟了這份幹了十幾年的貨運司機工作。老闆說，現在自動駕駛更實惠，所以只能雇用有完美行車紀錄的人類司機。現在，父親的唯一收入來源是做兼職導遊，帶著遊客開車環遊斯里蘭卡。

眼看恰瑪律就要十三歲了，要到上中學的年紀了，學費還沒有著落，而他還有一個弟弟和一個妹妹。

「這次你們一定要相信我，恰瑪律只是去玩遊戲，沒有任何危險，中國人會給他繳學費的，甚至還會多。我向佛祖起誓。」

父親和母親盯著朱尼厄斯，眼中充滿了懷疑。街坊鄰居都說，朱尼厄斯的腿就是因為中國人而瘸的，可他從來沒對此做過解釋。

「我要去玩遊戲！」小恰瑪律搖晃著腦袋，興奮大叫。

舅舅從沒騙過他，不像別的大人總是許下華而不實的承諾。舅舅說帶他去遊樂場，就去遊樂場，說讓他吃冰淇淋，就吃冰淇淋。

恰瑪律的父母只好讓步。母親給恰瑪律換上最體面的襯衫，把上襬塞進褲腰，皮鞋擦得鋥亮。她半蹲著，把兒子的頭髮梳得服服帖帖的。不管家境如何，每個斯里蘭卡人出門前都得把自己收拾得乾乾淨淨。

「記得微笑，恰瑪律，發自心底的微笑是最好的禮物。」母親撫著他的臉龐說。恰瑪律的臉上綻放出太陽般的笑容。

★　　★　　★

開車時最關鍵的不是車，而是路。在去市中心的路上，恰瑪律想起父親經常在飯桌上抱怨的話。

在父親年輕的時候，整個斯里蘭卡全國上下只有一條高速公

路，還是中國援建的。就算是現在，在首都可倫坡市中心，也經常能看到牛車和機動車搶道的滑稽場景，更不用說那些通往其他城市的紅土路了。那些紅土路沒有路燈，路標殘缺，一到雨季許多小道就會被衝垮淤堵，改變走向。無論紙質地圖還是數位地圖，都是錯漏百出，導航儀大部分時間都無法發揮作用，只有經驗豐富的老司機，才能選擇最合理的路線。

在斯里蘭卡，選對一條路不光意味著節省時間，有時還能救命。

一年前，父親在旅途中遭遇極端分子發動恐怖襲擊，他帶著一車乘客，選擇了一條在地圖上根本沒有標識的小路，最終逃出生天。

父親每次出車前都要向佛祖祈禱。他在後視鏡上掛滿了佛珠佛像，隨著車子的顛簸互相碰撞，叮噹作響。

恰瑪律一度以為這是發動引擎時的必要步驟，就像轉動鑰匙一樣。

恰瑪律知道很多車的品牌。父親告訴他，在自己年輕的時候，路上跑的大多數是日本車，後來有了一些歐美車，再後來，慢慢都變成了中國車，家裡開了很多年的那輛二手豐田老爺車，也已經換成了新款吉利氫動力車。

他喜歡車，喜歡看路上車來車往，喜歡摸車身上被衝壓出來的形狀，喜歡坐在駕駛室裡的感覺——哪怕只是坐在副駕駛的位置，喜歡聞汽油的味道，喜歡聽引擎轟鳴的聲音，但他從來沒有真正開過車，哪怕只是玩具車。

一切只發生在他的想像和夢境中，當然，還有 smartstream 和 VR 網咖的賽車遊戲裡。

恰瑪律總能擊敗夥伴，以最快的圈速結束比賽，刷新紀錄。似乎有一種與生俱來的天賦，流淌在他的血液裡，使他能夠近乎本能地換檔、切線、點剎、漂移……以最經濟高效的微操技術完成賽程，同時賺取盡可能多的積分。

孩子們都叫他「鬼魂」，每當這時，恰瑪律都會挺起胸膛，咧嘴大笑，像是得到了至高無上的獎賞。

可這一切，和在中國人的訓練中心發生的事情完全不一樣。

★　　★　　★

舅舅帶著恰瑪律來到位於可倫坡市中心的 ReelX 大廈，坐電梯下到 B3，把他交給了一位年輕女士。她的胸牌上寫著「愛麗絲」，但她的面孔卻是典型的本地人面孔。

「恰瑪律，現在我要把你交給這位愛麗絲老師，她會對你非常好的。讓其他人都看看你的厲害，好嗎？」朱尼厄斯朝愛麗絲眨了眨眼，不過後者並沒有理會。

「跟舅舅說再見，恰瑪律，然後跟我來。」

愛麗絲帶著恰瑪律穿過潔白明亮的大廳，穿著白色衣服的工作人員來回忙碌著，手裡拿著快速變幻數位曲線的平板電腦，不用的時候就隨手往身上一貼，那薄薄的螢幕便會柔軟地貼合身體曲線，成為衣服的一部分。

除了輕微的耳語聲，一切都安靜得過分，沒有引擎轟鳴聲，沒有輪胎與地板的摩擦聲，甚至沒有開關車門窗的卡嗒聲。恰瑪律愈來愈好奇了。

愛麗絲帶他到更衣室。門上掛著一件黑色緊身服，旁邊是一頂頭盔。恰瑪律眉頭一蹙，他不喜歡黑色。媽媽總說，白色代表聖潔，黑色代表厄運，所以斯里蘭卡人很少穿黑色。大家平日都是衣著鮮豔，只有在特定的節日和禮佛儀式才會穿上白色。

衣服是由彈性材料製成的，感覺就像恰瑪律身體上的第二層皮膚，非常合身，溫度恰到好處。戴上頭盔之後，恰瑪律轉來轉去，看著鏡子裡的自己，活像漫畫裡的超級英雄，只是更像滑稽的火柴

棍人版本的。

「恰瑪律，現在我要告訴你一些很重要的事，你要認真記住，好嗎？」培訓師愛麗絲有著一雙深褐色的眼睛，就跟媽媽一樣。

愛麗絲帶著恰瑪律離開更衣室，穿過長長的過道，進入一間閃爍著彩色炫光的房間，八座豆莢狀的虛擬駕駛艙連著樹藤般粗的線纜，排成兩行，每個駕駛艙背後都懸掛著巨大的螢幕，上面同步顯示著遊戲裡的主觀畫面以及駕駛員的各種生理數值。

「一會兒你會坐進虛擬駕駛艙裡，就把它想像成遊戲控制台，它會隨著你的駕駛傾斜、震動，產生一些加速度，不用緊張，那些都是模擬的，只是為了讓遊戲更逼真更好玩，好嗎？你只需要照著螢幕上和耳機裡的指示去做。今天是第一天，你只需要熟悉設備、測試操作流程。如果有什麼問題，或者你累了、不想玩了，只需要告訴我們，我們就會停下來，好嗎？」

恰瑪律似乎聽懂了，又好像沒完全懂。愛麗絲幫他拉下頭盔上的擋風鏡，他鑽進了駕駛艙裡，像個真正的賽車手那樣，扣緊安全帶，摸摸方向盤，踩踩剎車和油門。儀表板上出奇的空曠，他很快發現可以透過手勢改變操作面板的布局，甚至把數值移到面前的前擋風玻璃上。這時，原本空白一片的虛擬視野甦醒了。

突然，他眼前出現一組彩色數字，伴隨著耳機裡響亮的聲音，開始倒計時，10，9，8，7……恰瑪律的心臟撲通直跳，就好像下一秒駕駛艙就會噴射火焰，拔地而起，擺脫地心引力飛向太空。

……3，2，1，開始！

駕駛艙並沒有起飛，恰瑪律眼前突然一亮，他發現自己坐在駕駛座上，所有的細節表明，這模擬的正是他最熟悉的家裡的那輛吉利未來 F8，甚至連車門內飾的皮革紋理都分毫不差。他終於取代了父親的位置，忍不住伸出手去抓方向盤，卻發現映入眼簾的不是黑色連體服，而是流光溢彩的賽車手套。恰瑪律調整了後視鏡角

度，看到自己的頭盔也不再是沉悶的黑色，而是遊戲畫面般鮮豔誇張的塗裝。

他一下子就激動了，像遊戲裡發出的語音指令一樣大喊一聲：「預備——出發！」

可是車子卻並沒有隨之飛馳起來。

耳機裡傳來愛麗絲的聲音，告訴他不要慌，要跟著指令操作。恰瑪律這才發現在視野中飄浮著許多立體文字，閃爍著光，以不同的顏色和形狀吸引他的注意力，就像可倫坡市裡的數位看板。他隨著虛擬箭頭低下頭，發現油門也在發著綠色的光暈，示意他踩下去。當他踩下去時，旁邊又升起一個溫度計般的力量槽，隨著他踩油門力道的變化忽高忽低，時而從藍變綠，時而從藍變黃。

太好玩了！恰瑪律發動車子，換檔，鬆手剎，輕踩油門，身體與視野同步一震，車子便動了起來。

「非常好，控制速度，注意來車。」愛麗絲提醒他。

「這條路，好像是我家門前的那條路，但……又不太一樣。」恰瑪律猶豫地說。

這條路跟父親每天送他上學的那條路一模一樣，除了沒有橫穿馬路的行人，沒有亂七八糟搶道的嘟嘟車。恰瑪律緩慢地開過幾個路口，發現本來應該拐彎的地方卻依然是直行的。

「這是 AI 根據真實資料生成的虛擬路況，所以看起來很像。因為這是你訓練的第一天，所以我們為你調低了難度。一旦你完成了訓練，就可以隨心所欲地選擇路線了。」

訓練？什麼訓練？

恰瑪律很快掌握了訣竅，在這裡開車和在 VR 遊戲裡幾乎完全一樣，只不過這裡的引擎更強大，延時低到難以察覺，虛擬與現實之間的界限也更加模糊。愛麗絲說得沒錯，果然，隨著恰瑪律逐漸熟悉各種操作，路上車子開始多了起來，拐彎處有行動不便的老人

和遛狗的女士過馬路，孩子們把球踢到路中央，交通號誌出現故障不停地閃爍著……所有這些都考驗恰瑪律的注意力和應變能力。一切都太真實了，他感覺自己出汗了，手心黏糊糊的，眼睛又澀又疼，但他還是死盯著眼前的一切，生怕錯過了什麼標記，釀成意外。

什麼也沒有發生。這條上學的路似乎永無止境，恰瑪律的注意力開始飄忽，速度不知不覺間提到了 80 英里、100 英里、120 英里……他進入了一種心流體驗的狀態，像是與駕駛艙、眼前的虛擬景觀一起融入了一個和諧的回饋閉環。他並沒有在開車，相反，這輛車成了他身體的一部分。

直到他不經意地瞥了一眼儀表板。時速計的指標已經進入紅色區域，並且到達了上限。

恰瑪律瞪大眼睛，本能的警覺閃電般擊中他。他鬆開油門踩向剎車，卻沒有掌握好力道。在幾股力的交互作用下，高速行駛的車子失控了，翻轉起來，整個視野如擺脫地心引力般瘋狂地旋轉，恰瑪律尖叫著握緊方向盤。他不得不閉上眼睛來對抗眩暈，直到一切都停下來，沒入黑暗。

他隱約聽到耳邊傳來的呼喚，似乎是愛麗絲在喊著他的名字。接著，有人把他從駕駛艙裡拉出來，摘下他的頭盔。他大口呼吸著新鮮空氣，就像一條被扔到岸上的魚。

恰瑪律重新回到遊戲之外的堅實世界。可內心深處，他還想回去，想再次體驗那種失控的快感。

★　　★　　★

雨季即將結束，從肉桂紅酒店頂層的紅雲酒吧能夠看到整個可倫坡的天際線，一道道暗紅的閃電不時從堆疊的雲層刺出，預示著新一輪的降水。

琥珀色

　　朱尼厄斯旋轉著面前的一杯威士忌，球形冰塊在琥珀色液體中融化了大半，像是南極大陸岌岌可危的冰冠。

　　一隻手搭在他右肩，朱尼厄斯條件反射般彈起來，差點兒沒從高腳凳上摔倒。

　　是楊娟。一頭清爽的短髮，保養得極好的身材包裹在白色運動裝中，足以讓人誤以為她是名體操運動員，而不是一家中國高科技公司駐斯里蘭卡的負責人。

　　「抱歉，讓你久等了，兩輛嘟嘟車搶道，你懂的。」

　　「歡迎來到可倫坡，來杯單一麥芽？」

　　「我最近愛上了一種本地酒。」楊娟向吧檯調酒師打了個手勢，後者心領神會，不一會兒，一杯乳白色雞尾酒端了上來。

　　「不會吧，你喜歡便宜的椰花酒，我老媽活著的時候每晚臨睡前都要喝一大杯。」

　　「這裡的人都跟我說，這是女士酒，因為又酸又甜，乾杯。」

　　兩人碰了一下杯，一飲而盡。

　　「……但甜蜜只是一種欺騙，它的酒精濃度說不定比得上你們的……二鍋頭？是這麼叫吧。」朱尼厄斯咧嘴微笑。

　　楊娟咂巴著嘴，喉嚨裡像有把火在燒：「沒錯，就跟這裡的人一樣，甜蜜只是一種欺騙。」

　　朱尼厄斯一下子被噎住了，不知道該如何回應。

　　「楊，我已經幫你找到了你要的，那些孩子……」

　　「那些就是全斯里蘭卡最好的孩子？」

　　「全是按照你的要求，根據 VR 網咖資料篩選出的最好的一批……」

　　「還不夠好。」

　　「聽著楊，這裡不是德里、帕羅奧圖或者深圳，我們對於好的定義不一樣。」

「我需要更多孩子，更好的孩子，測試通過率很低，找不到足夠的合格司機，我說服不了投資人。朱尼厄斯，想想看，斯里蘭卡不是最近的，也不是文化上最匹配的，你以為為什麼選擇這裡？」

「我們是最便宜的。」朱尼厄斯垂下黑而濃的睫毛。

「再來一杯，」楊娟朝調酒師招招手，「他也是。」

朱尼厄斯沉默了一會，說：「我把外甥恰瑪律都帶給你了。」

「他是你外甥？那男孩很機靈。」

「用他爸的話說，恰瑪律從娘胎裡就是聞著汽油味兒長大的。」朱尼厄斯想起外甥，嘴角揚起笑意又突然凝固。「楊，我認真地問你一件事。」

「嗯？」

「你向我保證過，新的系統能夠確保駕駛員的絕對安全，沒錯吧？」

楊娟把視線投向玻璃幕牆外的可倫坡夜景，抿了一口椰花酒：「你還記得我們為什麼要這麼做嗎？」

朱尼厄斯不回答，撫摸著左腿的右側——在肌肉和神經糾結的深處，某個位置隱隱作痛，像是對這句話裡的某個關鍵字產生了反應。醫生找不到任何生理性病變，只能歸結於某種心因性障礙。只有朱尼厄斯知道這處幻痛所連結的記憶，他不願去想，就讓它繼續痛下去好了。

「……告訴人們真相，並讓他們承受後果，或者欺騙他們，但是讓他們過更好的生活……」楊娟的北京腔兒此時聽起來很誠懇。

「我明白了。」朱尼厄斯歎了口氣。「不過，也請照顧好恰瑪律，他是我們家族的希望。」

他起身，雙手合十告別，留下櫃檯上的酒杯，冰已完全融化了。

★　　★　　★

「又沒吃完？」父親朝臥室方向瞥了一眼，問道。母親搖了搖頭，把那盤剩了大半的鐵板炒餅拿到院子裡，饑餓的烏鴉正在枝頭翹首以待，等著消滅殘羹冷炙。

「你說要不要帶他去岡嘎拉馬寺，讓寺裡的師傅幫他祈祈福？」母親皺著眉，雙手合十，唸叨著沒人聽得清的經文。

「再等幾天吧，朱尼厄斯說一開始都有個適應過程，那個詞怎麼說來著，學習曲線，沒錯。而且……很快他就能拿到薪水了，中國人給的可是真金白銀……」

「唉。那天我看到他站在車子旁邊，眼神怪怪的，好像……」

「好像什麼？」

「就好像他在跟車子說話……」

父親大笑，「我看有問題的不是恰瑪律，是你。」

「那可是你的兒子，你個沒心沒肺的老傢伙。如果恰瑪律自己不想去，我們就不去。我可以去打別的零工……」

「別傻了，莉蒂亞，恰瑪律很開心，每天他都迫不及待地要去上班，你見過他對別的事情這麼上心嗎？」

「可是……」

「噓，他來了。」

恰瑪律趿拉著鞋從樓梯下來，似乎沒有看到父母，只是呆呆地看著地面。某個瞬間，他像一架要俯衝開火的戰鬥機一樣張開雙臂，但最後只是非常緩慢地轉了個彎。從父母中間穿過時，他手裡還做著換檔的動作。

「恰瑪律！」母親喊了一聲。

「嗯？」男孩停住了前進的腳步，往後倒退著走了幾步，回到他們跟前。

「我是怎麼教你的，見到長輩應該怎麼打招呼？」

恰瑪律瞪著圓溜溜的眼睛，彷彿剛從夢中醒來。

＊　　＊　　＊

　　恰瑪律輕而易舉地成為排行榜上的冠軍。

　　他不再是那個容易驚慌失措的新手，無論多麼複雜的路況、陌生的車型、古怪的任務，都難不倒他。他總是能用最陡峭的學習曲線和最完美的臨場表現完成任務，獲取最高的積分，並在眾人充滿敬佩的目光中離場。因為每個人都知道，積分就是錢，楊娟能把這些孩子從斯里蘭卡各地招募到這裡，可不是用遊戲做為獎賞。

　　其他的孩子經常纏著恰瑪律，讓他傳授訣竅，他總是把頭一甩：「我天生就是個好車手。」只有在夥伴們不滿的噓聲中，他才願意多說幾句。

　　「好吧，」恰瑪律歎了口氣，「你得學會馴服自己的大腦，讓它相信，眼前看到的、身體感受到的所有一切，哪怕再逼真，也只是遊戲。」

　　孩子們似懂非懂地點點頭，愛麗絲遠遠地看著這一幕，表情複雜。

＊　　＊　　＊

　　恰瑪律發現，遊戲裡的地圖並不是無限的，多半集中在中東到東亞沿線的幾大城市集群：阿布達比衛星城、海德拉巴、曼谷、新加坡人造島、粵港澳大灣區、上海臨港、雄安新區、日本千葉……而遊戲場景也都驚人地相似。外星人或者恐怖分子來襲，導致道路被毀或車輛失控，車手除需要躲避失控車輛的撞擊外，還有更為艱巨的任務。

　　一天，恰瑪律接到一個任務，執行地點是新加坡人造島。北爪哇海的洋底板塊異動引發了海嘯，由此產生的次聲波導致人造島的

智慧交通系統癱瘓，而且高達十公尺的海嘯將在六分鐘內正面襲擊島岸，上百輛無頭蒼蠅般的智慧車輛及裡面搭載的乘客，將面臨滅頂之災。

恰瑪律和他的夥伴需要做的是，進入這些車輛，將其轉換為手動駕駛模式，避開可能的碰撞，接入臨時搭建的本地車聯網系統。該系統將接管車輛，組成有序的隊伍，尋找最近的避災點，讓乘客得以快速逃生，將人身傷亡降到最低。

這也許是恰瑪律經歷過的最刺激的一次遊戲。

他在不同車輛的駕駛室躍入躍出。所有操作流程都被他化到極簡，躍入車後，他能條件反射般地在數秒內完成任務，然後躍出。視野中的混亂場景不斷切換，紅色倒數計時快速讀秒歸零，遠處灰藍色海面有一道綿延不盡的白線逐漸加粗、逼近，那便是致命的海嘯。恰瑪律無暇欣賞，甚至沒有時間害怕，他像個真正的鬼魂，附體於一輛輛鋼鐵之軀上，將它們接入系統。他的積分隨之翻滾，發出悅耳的金幣脆響。他嘴角微微抽動，所有的注意力被高度凝聚起來，如一把利劍，出鞘，回鞘，劍無虛發。

海嘯益發臨近，恰瑪律加快了跳躍的速度。他想盡可能多拿一些積分，也許弟弟妹妹的學費、家裡的生活費，全靠他的神經反應與手上動作節省下來的每個微秒賺出來。他要堅持到最後一刻。

那堵海水與泡沫砌成的牆，在遊戲畫面中的還原度並不是很高，帶著粗糙的鋸齒狀邊緣和像素化顆粒。就在恰瑪律即將躍入一輛 SUV 之前，它劈頭蓋臉地沒過了他的視野。他看著前方那幾輛沒來得及接入系統的車輛，被無情的海浪席捲著，從路面上翻滾開去，不久便消失在黯淡的遠處。他為那些錯失的積分感到遺憾。

遊戲結束。

恰瑪律這時才發現自己已全身濕透。他筋疲力竭，甚至沒有辦法爬出駕駛艙，只能靠兩名工作人員將他抬出，就像是撈起一條被

大浪拍暈的沙丁魚。

愛麗絲讓他休息一個禮拜。他只能坐在輪椅上。拿把勺子，手都會抖個不停。一入睡，就會夢見巨大的白色海嘯將自己吞沒。似乎這次任務掏空了他的某個部分，讓他虛弱不堪。

直到某一天，恰瑪律在臥室裡聽到廚房的電視裡傳來報導日本關東海嘯的聲音。他從床上爬起來，搖搖晃晃地走進廚房，正在吃飯的父母和舅舅驚訝地看著他。

電視螢幕上，是監控攝影機拍下海嘯撞擊沿岸公路的最後一刻的場景。車輛被掀翻、捲起，如紙黏土捏成的公仔，被輕而易舉地帶走，消失在洋流中。

恰瑪律的心臟狂亂地跳動著。這一幕如此熟悉，所有道路、車輛的位置關係都與遊戲結束時的畫面一致，甚至連車輛翻轉的角度也高度吻合。

不，不可能。那只是個遊戲。

「舅舅，那只是個遊戲，不是嗎？」

朱尼厄斯猶豫了片刻，說：「我帶你去見一個人，她會告訴你一切。」

★　　★　　★

「親愛的恰瑪律，我們終於見面了。」

辦公室裡擺滿了斯里蘭卡民間手工藝品，像是專為遊客開的紀念品商店。白衣女子從沙發上起身，伸出手，手掌柔軟溫暖，這讓恰瑪律的戒備卸下了幾分。

「我叫楊娟，你可以叫我楊，也可以叫我 Jade。我知道他們都叫你『鬼魂』，對吧？」

恰瑪律臉紅了。

「我負責 ReelX 的斯里蘭卡分公司。我看過你所有的遊戲資料，不得不說，你是天生的賽車手。」

恰瑪律的嘴角微微揚起，又迅速平復下來。

「你舅舅說你有一些疑惑，我將盡我所能來解答。」楊娟說。

恰瑪律咬了咬嘴唇，似乎在思考，應該如何像母親一向教導的那樣，恭敬、禮貌、體面地開口。

「那海嘯……是真的吧……」恰瑪律太累了，他放棄了母親堅持的體面，讓自己的思緒脫口而出，「你在騙我們，所有這些遊戲，都是假的。」

「當你問這個問題的時候，其實你心裡已經有了假設，這件事要麼是真的，要麼是假的，對嗎？」楊娟眨了眨眼。

「難道還有別的可能？」

「那我問你，海嘯是真的嗎？」

「當然是真的。」

「那麼，遊戲裡出現的海嘯是真的嗎？」

「那是假的。」

「遊戲裡的那些車是真的嗎？」

「……它們行駛的路線是真的，動作也是真的，但是車子本身是假的。」

「那你是真的救了那些車和人嗎？」

「我……」恰瑪律一下子被問住了，「……我不知道。」

楊娟攤開雙手，露出充滿理解的表情。

「可、可我知道你們在騙人，明明是日本海嘯，為什麼要說是新加坡，明明不是遊戲，為什麼要告訴我們是遊戲！」恰瑪律的臉漲得通紅，就像每次在爭辯中落了下風時的樣子。

「在我回答你的問題前，我想先問你一個問題，你只能用『是』或者『不』來回答。」楊娟半蹲下身體，這樣她就可以直視

AI 2041

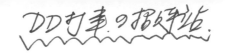

恰瑪律的眼睛。

「你想去中國嗎？」

「啊？」恰瑪律噎住了。

「記住，只能用『是』或者『不』回答哦。」看到男孩窘迫的神情，楊娟露出了微笑。「你是我們最棒的車手，這是獎勵。去了中國，你的問題就會有答案了。」

「你說的是……坐在駕駛艙裡去嗎，那我已經去過中國的很多地方了……」恰瑪律流露出懷疑的神情。

楊娟一下子沒反應過來，過了幾秒才明白他說的是虛擬實境，「哈，我沒有騙你。我說的是真的去，坐飛機飛到中國，吃中國菜，呼吸中國的空氣，走中國的路。你想去嗎？」

恰瑪律垂下眼睛想了想，又抬起頭看著楊娟，搖了搖頭[11]，露出體面的笑容。

★　　★　　★

恰瑪律在一陣劇烈的震動中驚醒，以為自己還在遊戲裡，伸出雙手想摘下頭盔，可抓到的只有空氣。他睜眼一看，原來是飛機在清晨的深圳寶安國際機場落地了。

這裡的一切嶄新而巨大。航站樓裡，陽光透過白色頂部的蜂巢狀鏤空射進大廳，落在來往的旅客身上，讓人覺得彷彿置身於聖潔的天堂之中。接機的是楊娟的同事，ReelX 深圳總部的曾馨蘭，一位活潑外向的長髮女孩。她雙手合十，說了句標準的「阿尤寶溫」（你好），顯然已是輕車熟路。舅舅回禮，恰瑪律也依樣畫葫蘆。

來到機場外面專門設置的「無人車接客點」，一輛白色 SUV

---

11 在斯里蘭卡人的肢體語言中，「搖頭」表示「同意」，「點頭」表示「不同意」。

幾乎是配合著他們的步伐同時停穩，車門自動打開，裡面寬敞、涼爽。

　　車子悄無聲息地起步，一點兒也沒有恰瑪律習慣的卡頓感。他突然驚訝地發現曾馨蘭竟然坐在駕駛員的位置上，可她顯然並沒有在開車。曾馨蘭又把座椅掉轉了180°，正對著坐在後排的恰瑪律和朱尼厄斯，方便說話。

　　「現在深圳的絕大部分道路和車輛都支持L5級別的無人駕駛了，不用司機之後，車輛可以載更多的人，坐得也更舒適。而且，還有只載一兩人的L5級別迷你車。」曾馨蘭看出恰瑪律不放心，笑著對他說，「你看剛才這車子停靠的時間是不是很完美，這是因為智慧出行系統知道我們的位置和移動速度，能夠精確地調配車輛和安排線路。我們現在走的路，都是為無人車專門設計的智慧道路，能即時與每一輛車上的資料中樞、與雲端的交管系統交流資訊，這樣才能最大限度地確保安全與高效。」

　　恰瑪律覺得她說話的樣子有點像個機器人，精確而快速。

　　朱尼厄斯貪婪地看著窗外的景色，讚歎道：「這和我上次來又不一樣了！」

　　恰瑪律問：「你以前來過深圳？」

　　「好多年前，那時這些路還在翻修升級，沒想到現在已經到處都是了。」

　　「深圳速度，」曾馨蘭說，「一會兒還能看到更厲害的。」

　　恰瑪律看著這個和可倫坡完全不一樣的城市。建築高聳入雲，外立面閃閃發光，隨著太陽角度細微地變幻花紋。沒有塵土飛揚的紅土路，沒有車門大敞任乘客隨意跳上跳下的驚險場面，也沒有牛車、嘟嘟車和汽車爭搶路口，一切都如此乾淨、嶄新、井然有序。他無法想像這怎麼做到的，就像有無數透明絲線，從雲端垂下，操控著巨大城市裡星羅棋布的每一條路、每一輛車，甚至每一個人。

可是誰在背後操控著這一切呢？

想到這裡，恰瑪律不由得打了個寒戰。

「快看！」曾馨蘭大叫一聲。

恰瑪律和朱尼厄斯望向她手指的方向。對向車道像是被摩西一杖劈開的紅海，所有車子如訓練有素的士兵，向道路兩側有序錯開，闢出一條新的車道。隨即，鳴著警笛的救護車飛馳而來，恰瑪律想起了拉鍊的鎖頭，被一隻看不見的手拉著，所有錯開的車子又在它駛過之後被「拉回」路面中間。在這一次緊急讓道的過程中，所有車輛都處於正常行進狀態，沒有慌亂，沒有擦撞，沒有一聲亂響的喇叭。

「……這是怎麼做到的？」恰瑪律被眼前這一幕深深震撼了。

「人有眼睛去看，有腦子判斷距離，有腿腳調節速度和姿態，所以即使高速奔跑也不會撞到別人，車子也一樣。」曾馨蘭輕描淡寫地說。「車子有感測器，有攝影機，有雷射雷達，這就是它的眼睛。車載電腦有定位系統和電子地圖，有避障演算法，這就是它的腦子。而且，這些都是和它的引擎、傳動裝置、操控系統無延時連在一起的，這就是它的腿腳。」

「恰瑪律，如果在斯里蘭卡有這樣的技術，想想能救多少人。」朱尼厄斯想起了逝去母親的遭遇，她在心肌梗塞發作時，便是因為救護車被堵在可倫坡的街頭，錯過了最佳搶救時機。

「如果願意掏錢，任何人都可以享受到這樣的特殊通道。有一家公司做了道路競價的智慧合約，比如，我願意給每輛讓道的車子一塊錢，如果有的車子不願意，我就得加價，直到達成共識。比如，我想早到辦公室五分鐘，大概就要花五十元人民幣吧。」曾馨蘭補充道。

話音未落，車載系統接收到了一條通知，用字正腔圓的普通話廣播。

「哦，是馬拉松。」曾馨蘭解釋給兩位訪客聽。

恰瑪律還沒來得及發問，突然感覺車子明顯的變向，偏離了原本在高速公路上的路線，朝著某個出口滑去。不僅是他們的車，放眼望去，路面上所有的車輛似乎都在同一時間得到了各自的指令，如同戰鬥機編隊般，整齊劃一地解體，重組，變成新的佇列，朝著不同的方向行進。

「這又是什麼？」恰瑪律不禁好奇地問道。

「啊哈！這就是新近啟用的可編程城市交通系統。今天有國際馬拉松比賽，需要占用到城市的主要幹道，所以會按照時間表進行道路自動分流。打個不太恰當的比方，就好像人的心臟，主動脈堵住了要做手術，血液需要透過其他血管甚至毛細血管繞行一樣。時間表可精確到秒，節省大量地面協調資源，同時不會打擾市民的正常出行。現在這套系統用得還滿頻繁的，深圳一年到頭的大活動太多了。」

恰瑪律努力理解著眼前的一切，以及曾馨蘭話中爆炸性的資訊。他感覺自己做了一場最狂野卻又最真實的夢。

★　　★　　★

參觀 ReelX 總部之前，曾馨蘭安排他們在前海的一間粵菜館吃午餐。

恰瑪律一頓狼吞虎嚥。這些食物如此美味，他有點不理解，為什麼家對面那間本地咖哩海鮮餐廳總是坐滿了中國遊客。朱尼厄斯卻呆呆地看著窗外的海景，似乎那裡有更吸引他的東西。

「怎麼不吃啊，有什麼好看的？」曾馨蘭給他夾了一個蝦餃。

「海……海岸線也變了啊。」朱尼厄斯喃喃地說。

「填海造地是深圳的長期工程，我聽說在斯里蘭卡也有類似的

專案？」

　　恰瑪律想起每次經過可倫坡海邊，總能遠遠地看見港口城的海浦地上，幾艘龐然巨獸般的超大型耙吸式挖泥船，揚著高高的鼻子，噴出一道彩虹般金光閃閃的物質，那都是從近岸海床吸起的泥沙。這些船都來自中國，它們在幫助斯里蘭卡創造新的陸地，重繪曲折的海岸線。

　　「斯里蘭卡，海上絲綢之路上一顆璀璨的明珠。」曾馨蘭模仿著新聞裡的播音腔。

　　遠處車流如甲蟲般穿梭不停，每兩輛車都保持著完美的間距，即便是轉彎、掉頭也絲毫沒有誤差，那不可能是由人類駕駛的。

　　「所以……這裡還有人開的車嗎？」恰瑪律停下筷子，怯怯地問道。

　　「不是所有的車都可以切換成人類駕駛模式，」曾馨蘭馬上明白過來恰瑪律真正要問的是什麼，「現在也還有人類司機，不過只能在專門為人類設置的道路上開，而且需要配備 AI 輔助駕駛系統。駕照更難考了，以前那些馬路殺手現在不太有機會上路了。」

　　「如果這樣的話，為什麼還需要我們呢？」恰瑪律轉向舅舅，直視他的眼睛。

　　「你們當然很重要。」曾馨蘭和朱尼厄斯交換了一下眼神，認真地回答。「AI 再先進，也會有出錯的時候，更不用說還有那些專門針對 AI 的壞人，他們會在資料裡『下毒』，這樣機器就瞎了，傻了，反應不靈了。再比如爆炸或是地震摧毀了道路，讓導航和數位地圖失靈了。這時候就需要你們，在危難時刻挺身而出的英雄。」

　　「可是……我並不想當什麼英雄啊，我只想玩遊戲，多賺點積分，貼補家用。」

　　餐桌上陷入了一片尷尬的沉默。曾馨蘭突然憋不住噗哧一笑：

「你們啊，還真是一家人。恰瑪律，還記得當初你舅舅加入計畫時也是這麼說的。我沒記錯吧，朱尼厄斯？」

這下輪到朱尼厄斯臉紅了，他不好意思地攪著碗裡的湯。

「等等，你也是……」恰瑪律瞪大了眼睛。

「他從來沒有告訴過你嗎？」輪到曾馨蘭吃驚了。

恰瑪律點點頭。

「我只是不想給你留下錯誤的印象。」朱尼厄斯低聲說道，「我知道別人背後都是怎麼說我的，說我幹壞事遭了報應，佛祖把我的腿變瘸了，什麼醫生都治不好。」

恰瑪律確實聽過別人的議論，可他從沒想過究竟真相是什麼。

「你舅舅曾經是我們最棒的車手。他救過很多人的命，在他的腿受傷之前。」

「所以你也是鬼魂車手？」恰瑪律的表情有了變化，「可鬼魂怎麼會受傷？」

「那是十年前了。一個更早期的版本。風險總是存在的，只是現在我們盡可能把它降低了。」朱尼厄斯說。

「鬼魂當然也會受傷，這就是我們要把它變成遊戲的原因。」曾馨蘭突然變得嚴肅起來，「人是比機器更脆弱的生命，最微不足道的情緒變化都會影響人類車手的身心反應和表現水準。」

「所以才告訴我一切都只是個遊戲……」恰瑪律眼眶裡有淚水在打轉，「我還以為你永遠不會騙我。」

「恰瑪律，我給你講個故事吧。」朱尼厄斯歎了口氣。

★　　★　　★

十年前的川藏大地震後，朱尼厄斯遠端操控無人車進入餘震不斷的災區，為被困災民運送緊急救援物資。山體滑坡導致地圖資料

失真，AI 也無法應對隨時跌落的山石，只有鬼魂車手，才能夠完成這一使命。儘管朱尼厄斯技藝超群，躲過了數次突如其來的危險，但在最大一波餘震襲來時，還是被砸中了左側車頭，車身側翻，車輪只能空轉卻動彈不得。

力回饋數據讓他的左腿感到一陣鑽心的刺痛，儘管朱尼厄斯知道自己性命無虞，可這疼痛還是超出了他的預期。適度的感官擬真能夠帶來緊迫感，刺激腎上腺素分泌，提升駕駛表現，但這個「度」是因人而異的，也是因環境而異的。為了進入災區，朱尼厄斯主動調高了擬真參數，他知道有那麼多人的生命都倚仗著自己的表現，他不能讓那些真實的生命失望。

他忍著疼痛不斷嘗試各種解決方案，但均告失敗，巨大的愧疚折磨著他，更加劇了他的疼痛。最後一刻，軍方緊急調配了飛行器空投物資，紓解了災民的燃眉之急，但朱尼厄斯的腿卻永遠被卡在了那個真實與虛擬交疊的時空裂縫中。

「所以把它變成遊戲就能少點痛苦嗎？」恰瑪律感同身受，卻無法理解背後的動機，「⋯⋯可為什麼我們要受這種苦呢？」

「我想，為了謀生，也為了救人，以抵消我們的業報。」朱尼厄斯自嘲地笑笑又收住。「或許，我們也有需要被救的一天。」

午飯後，他們參觀了 ReelX 總部。參觀實驗室時，恰瑪律的眼睛無法離開那些最新款的客製力回饋服和腦波驅動頭盔。曾馨蘭看出了男孩的心思，答應可以為他量身訂製一套裝備，前提是他願意簽約，完成公司派發的任務。

恰瑪律摸了摸那身輕如絲綢卻堅固如鋼的石墨烯織品，他知道自己的內心已經做出了選擇。

在深圳接觸到的令人震驚的一切，都只是 AI 世界的冰山一角。恰瑪律曾經認為，技術就像是父親的汽車零組件，依靠軸承、齒輪與電纜，嚴絲合縫地拼合在一起，傳遞著清晰而明確的信號。

現在，他意識到技術更像是母親最愛的紗麗，單獨看每張都薄如蟬翼，透出不同的紋路與圖案，但當母親把它們疊起來，包裹在身上時，紗麗看起來就完全不一樣了，它像一層層朦朧的雲彩捆綁在一塊兒，凝固成充滿不確定性的未來。

★　　★　　★

螢幕上的動畫飛機沿著藍色虛線進入斯里蘭卡國境。小島的形狀真的就像印度洋邊上的一滴眼淚。

恰瑪律使勁往舷窗外探望。他以為能看見夕陽下金色的獅子岩和錫吉里亞古城，努瓦勒埃利耶的粉紅郵局，漂流在瓦杜沃紅樹林間的豪華木筏，或者濱納瓦納村的大象孤兒院……可是他什麼也看不見，除了厚厚的白色雲層。

楊娟親自來接機，卻沒有把恰瑪律和朱尼厄斯送回家，而是把兩人送到 ReelX 大廈旁邊的一處施工工地。

這是中國建築集團承建的專案，外部圍欄上的文字和懸掛的安全口號，都是用中文、僧伽羅文和泰米爾文三種文字寫的，就好像重要的事情必須重複三遍。地基已經澆築完畢，預構件正在一層層地疊上去。暮色中，就像一頭巨獸的骨架正在慢慢地生長出肌體。不出半個月，這座現代宏偉的商業大樓將拔地而起。

「瞧，恰瑪律，這以後會有好幾層都是 ReelX 的辦公室、訓練中心和作戰室，到時我保證會給你配備一個專門的房間，會有你專屬的駕駛艙，你想把它裝成什麼樣就是什麼樣。」楊娟手一揮，似乎那間掛著「恰瑪律」名牌的作戰室已經裝修完畢，正飄浮在半空中等待檢閱。

「我……」恰瑪律欲言又止，又看了看朱尼厄斯，舅舅露出鼓勵的眼神，「對不起，楊，我不想再當鬼魂車手了。」

恰瑪律緊張地看著楊娟，那張臉上並沒有流露出任何意外、失望或憤怒，也許她早有心理準備，也許她擅長把自己的情緒完美地隱藏起來。

　　「不用道歉，我明白。」她拍了拍恰瑪律的肩膀。「我們騙了你，讓你背負了這個年紀不應該承受的重擔，卻還希望你能夠像從前一樣，成為我們的最佳車手。」

　　「我只是……還沒準備好。」恰瑪律欲言又止。

　　「讓我來告訴你一些事情，一些你舅舅都不知道的事情。」

　　楊娟笑笑，走到一堆高強度預構件旁邊，坐了下來，絲毫不顧及白褲子會被弄髒。她抬頭看著半成品的大樓，陷入了回憶。

　　「剛把我調來斯里蘭卡的時候，其實我心裡是很不情願的。我分不清僧伽羅語和泰米爾語的差別。這裡基礎設施太差、交通太糟、效率太低、溝通成本太高。我想著待上一年就趕緊申請調走。我還覺得啊，這裡的人都很愛貪小便宜，比如你舅舅，就老是跟我討菸，一包又一包，貪得無厭。」

　　朱尼厄斯正好掏出一根菸想點，聽到這裡，羞赧地笑了笑，又收了起來。

　　「後來我才知道，你們是把菸當小費。就好像你們的搖頭就是我們的點頭一樣，其實只是文化差異。再後來，我才開始慢慢理解斯里蘭卡人。你們很愛護自然，就像大象孤兒院對錫蘭象的保護，以及金佛山那尊大金佛下巴上的馬蜂窩，因為有信仰，所以不殺生，寧願選擇更平和的生活方式。還有往佛祖的腳印裡扔硬幣，我還真的這樣向神明禱告過，那是在川藏大地震發生的時候，我祈禱你舅舅能夠順利完成任務，平安歸來。」

　　恰瑪律想起舅舅講過的故事，迅速瞥了一眼他的左腿。

　　「我看到了在種種不同底下，斯里蘭卡人和中國人的相似之處。為什麼只有康提佛牙寺和北京靈光寺才有真身佛牙舍利？你想

過沒有，這就好像佛祖張開大口咬在地球這顆蘋果上，偏偏把兩顆牙留在了斯里蘭卡和中國。要我說，這就是緣分。」

恰瑪律和朱尼厄斯抬起頭，雙手合十，這是他們從來沒有想過的事情。

「所以我決定留下來，幫助斯里蘭卡，把 ReelX 落到這裡。這麼多年，你們已經吃夠了苦頭，先是葡萄牙人，再是荷蘭人，最後是英國人。中國人幫你們擺脫內戰，重返和平，修建電廠、鐵路、港口，還造了人工海浦地和島嶼，但還遠遠不夠。你去過深圳，那就是可倫坡的未來。」

恰瑪律被這句話深深震撼了，他沒有辦法把深圳和可倫坡聯繫起來，但第一反應卻脫口而出：「是不是到那個時候，像我爸爸這樣的司機就都沒有工作了？」

楊娟一愣，安慰地拍了拍男孩的肩膀。

「我知道，現在很多人會說，中國正給斯里蘭卡帶來 AI 升級的附加傷害，比如失業。我們有一個說法，叫『樓中樓衝擊』。社會發展就像蓋樓，得一層層蓋，不可能蓋完第一層後直接就蓋頂層。每個社會其實都處於不同的樓層，往往處於更低樓層的社會，要承受來自更高樓層的社會發展帶來的更大的衝擊……」

「類似的事情以前中國也經歷過，比如進口電子垃圾對環境的汙染。除了發展，別無出路。所以，我們正在幫助斯里蘭卡蓋樓，整個社會往上走。就像你們看到的，雖然一些職位沒有了，但是另一些職位又被創造出來了，比如你們的工作，非常神聖，非常重要。」楊娟看著恰瑪律和朱尼厄斯，張開雙臂，像是要擁抱什麼。

「可是，當我知道那不是遊戲之後……每當想起被海嘯沖走的車子，那些沒有被救起的人，就會覺得自己犯了很重的罪過……我真的沒有辦法再開……」

恰瑪律向後退了一步，身體開始發抖。朱尼厄斯從背後摟住他

　　　　　　　　　　　AI 2041

瘦弱的雙肩。

楊娟眼簾半垂，這是這麼久以來她第一次流露出失敗的神情。

「現在我了解了，技術和金錢並不是在所有樓層都能發揮同樣的作用。在斯里蘭卡，我們還需要尊重文化與信仰……」

一陣急促的鈴聲打斷了楊娟，她拿起手機接聽電話。她的神色變得嚴峻起來，不斷地望向恰瑪律和朱尼厄斯，話語之間卻透露著猶疑。

「我盡力吧。」楊娟掛斷電話。

「發生了什麼？」朱尼厄斯問道。

「恐怖分子攻占了岡嘎拉馬寺，炸毀了部分佛像和建築，傷亡慘重。監控系統顯示，有一些遊客躲進了寺裡的佛法學校和僧人宿舍，但可能過不了多久就會被發現……」

恰瑪律僵住了，他眼前掠過那座媽媽經常帶他去祭拜的千佛之寺，裡面有巨大的黃金佛像，有幾人高的象牙雕塑和勞斯萊斯古董車，還有各國饋贈的奇珍異寶。對他來說，這是一間遊樂園，是母親眼中的聖地。難以想像如此神聖的殿堂也會遭到破壞。

「警察呢？」

「正在趕往現場，不過怕來不及了。他們找我幫忙。」

「你怎麼幫？」

「ReelX 公司有一輛試運行的無人車正好在附近，改款的越野 SUV，想讓車子開到側門出口附近，把倖存遊客分批接到安全區域。」這是朱尼厄斯第一次聽到楊娟聲音顫抖。

「AI 能行嗎？佛寺剛被炸過，雷射雷達可能會受粉塵干擾，況且恐怖分子摻雜著遊客，這麼多不確定因素……」

「只能死馬當活馬醫了，時間不等人。」

「要是我這腿沒傷就好了……訓練中心還有人嗎？」

「今天是法定假日，訓練中心關門了。」

三人陷入了沉默。巨大的無力感沉甸甸地壓在每個人心上，如同可倫坡上空迅速積蓄的雨雲。

　　「我去。」

　　是恰瑪律，他半低著頭，看不清臉上的表情。

　　「你還沒有完全恢復，很難保證安全。」朱尼厄斯斷然拒絕。

　　「你舅舅說得對，你現在的心理狀態會極大地影響表現，那種曲線是斷崖式的。」楊娟說。

　　「那座寺是我從小就去的，就算蒙著眼我也能走出來，我們沒有時間了。」恰瑪律抬起頭，雙眼閃閃發亮，就像是最上等的藍寶石。男孩不等兩人回話，拔腿便向訓練中心狂奔。

　　楊娟和朱尼厄斯對視了一眼，緊跟了上去。

★　　★　　★

　　訓練中心異常安靜。

　　恰瑪律雙手合十，眼簾低垂，向著佛陀默禱。

　　他扣下頭盔上的護目鏡，束緊手套，鑽進虛擬駕駛艙裡，繫好安全帶。

　　深呼吸，調整心率，放空情緒，把注意力集中到螢幕上，其他的什麼也別想。

　　突然有什麼雜音打擾了他的入定，恰瑪律掀起護目鏡，是楊娟用手指敲擊頭盔。

　　「聽說這個能帶來好運。」楊娟在恰瑪律手腕上繫了一根紅繩，又鄭重地和他握了握手，說了聲「謝謝」。

　　恰瑪律咧嘴一笑，蓋上頭盔，想起舅舅帶自己第一次踏入這個世界時的情景。

　　連接。同步。切換視野。

得救 vs. 拯救.

　　下一秒，他就躍入了那輛無人車。那輛無人車停在海德公園角的蘭卡聯合汽車修理廠，距離寺廟不過幾百公尺遠。

　　恰瑪律發動汽車，沿著並不寬敞的公園街，開到吉納拉塔納路左拐，很快就穿過了警方臨時搭起的封鎖線。經過岡嘎拉馬寺正門時，他放慢速度觀察。門口遍地狼藉，幾隻孩童的鞋子零落在地上，門裡濃煙滾滾，左側菩提樹的葉子震落一地，但兩側並排而立的觀音和關公像還在。他鬆了一口氣。

　　這座寺可謂是亞洲佛像大聚會，蒐集了來自斯、泰、印、緬、日、中等各國造型各異的佛像上千座，加上陳列著羅漢舍利、珠寶、鍍金法器、象牙法器以及最珍貴的一撮佛陀頭髮舍利，因此平日裡香火才格外旺盛，各國遊客紛至沓來。也許這正是恐怖分子選擇它做為襲擊目標的原因，有標誌性，也有足夠的威懾力。

　　恰瑪律的心跳開始加速，他透過車載攝影機觀察周圍，看有沒有傷患等待救助，卻一無所獲。只能繼續開到漢娜布蒂雅湖路再左拐，靠近事先約好的停靠地點，婆羅浮屠複製品外的側門。

　　他還記得第一次看到這個婆羅浮屠時的震撼心情。它是把印尼中爪哇日惹的原版浮屠切出一面，等比例縮小再復刻放置寺內，供無法親身前往朝聖的信徒膜拜。母親說，原版浮屠經歷了火山爆發、炸彈襲擊和大地震，歷經千年而不倒。不知此時，這些靜默微笑的佛陀目睹眼前這一幕血腥屠殺，又會做何感想。

　　恰瑪律將車停靠在門邊，他不敢熄火，又怕引擎聲引起恐怖分子注意，只能全神貫注地盯著門口，以期第一時間做出反應。他感覺心臟在猛烈地撞擊著胸腔，口乾舌燥，眼睛發痠發脹，有那麼一陣子，他幾乎要嘔吐了。

　　「放鬆，你的恐慌指數太高了，」耳機裡傳來楊娟的聲音，「就當作一場遊戲。我們已經給遊客發送了資訊，他們知道你已經到了。」

遊戲。對，這只是場遊戲。

恰瑪律調整呼吸的節奏，努力回想著自己在遊戲中如魚得水的感受。

一張亞洲男子的臉出現在門邊，驚恐地張望著，看到車子上ReelX的標識後，那張臉消失了。不一會兒，一群人互相攙扶著跌跌撞撞走出門口。

恰瑪律把前後車門都打開，男子看到空空的駕駛座愣了一下，但隨即明白過來。

車內空間有限，遊客們先把傷患安置好，老人、小孩和婦女再上車。領頭的男子看車裡已經占滿了，把車門一關，揮了揮手，帶著其他人退回門內。車廂裡有一個孩子哇地哭了出來，喊著要爸爸，其他孩子共鳴般齊聲大哭。

這哭聲讓恰瑪律揪心，他不敢耽擱，每多待一秒都是危險。他迅速起動，沿著當前道路前行，左拐再右拐，不到一公里便是著名的可倫坡肉桂紅酒店，在那裡傷患和遊客都能得到妥善的處置。然後他再返回來，接其他的遊客。

就像在遊戲裡執行任務，規定路線，規定動作，規定時間。

除了一點，在遊戲裡你看不到這些遊客的面孔，也聽不到他們的啜泣。

恰瑪律數不清自己已經往返了多少次，這一次，終於接到了最後一名遊客。可車門還沒關緊，子彈便猛烈地掃過來，玻璃碎裂聲、金屬撞擊聲與人們的哭喊聲交織成一片，刺激著恰瑪律的耳膜，嗡嗡作響。

恰瑪律一個加速急停變向的組合動作，閃過了試圖扒上車門的兩名黑衣人，把他們撞到一邊，卻沒料想前車窗哐地砸下一個人影，雙手緊緊地扒著雨刷，像塊口香糖黏著不放。那人身上綁著幾坨塊狀物體，從抖動的畫面中隱約可以分辨出上面紅色光點閃爍的

頻率在不斷加快。

是炸彈。

恰瑪律加速穿過公路，左右變向蛇行，車身擦著路肩，試圖把那塊致命的口香糖甩掉，可那塊口香糖好像黏得更牢了。他的大腦在迅速地運轉著，判斷著所有的可能性，每一種可能性都關係到車廂裡那一條條生命。

這不是遊戲。

「這不是遊戲！」恰瑪律大聲喊著。

「什麼？」楊娟不解地喊著。她坐在訓練中心，緊握拳頭，汗透全身。

恰瑪律沒有回答，他並沒有按照既定路線在下個路口左拐前往肉桂紅酒店，而是拐了一個反方向的彎，沿著貝拉湖畔的 A4 公路疾速往回開。從畫面中隱約可以看到，樹蔭掩映下，淡藍的貝拉湖上有白鳥低飛，一派靜謐優美。

「恰瑪律，你要去哪裡？」朱尼厄斯的聲音中充滿了不安。

炸彈上的紅點閃爍得更快了。恐怖分子大聲吟誦著什麼，像是在祈禱，又像是在懺悔。恰瑪律知道沒有時間了。

到了！

恰瑪律突然急轉彎，橫穿對向車道，直衝下一個斜斜的土坡，車被低矮的磚石圍欄顛得飛離地面半尺。他看到了水中廟，它彷彿懸浮在貝拉湖的湖面之上。一條木棧道從水中廟一直通到岸邊。主殿屋頂的寶藍色瓷磚與佛像身上的金漆相互映襯，寧靜而虛幻。

現在不是欣賞美景的時候，車子在木棧道上重重落地，恰瑪律看到了自己想要的東西。

一座用大理石圍砌起來的涼亭立在棧道入口前方，保護著底下仿照佛陀足跡的白色石雕，上面刻著聖獸與蓮花的圖案，落滿遊客祈福的硬幣。涼亭後則是一尊半人大小的臥佛雕塑，姿態曼妙，似

乎在迎接來客。

「大家抓緊了！」恰瑪律第一次透過車載電台說話，得到的卻是全車乘客的尖叫。

炸彈上的紅點已經停止了閃爍，只是那麼亮著，像充血的眼睛狠狠瞪著恰瑪律。

他將車子油門踩到極限，朝著涼亭撞去。這短短幾十公尺的距離，似乎無窮無盡。

對不起，佛祖。

一陣巨響淹沒了恰瑪律愧疚的祈禱。

★　　★　　★

肉桂紅酒店二十六樓，紅雲酒吧。

沒有平日裡震耳欲聾的音樂，也沒有迷幻的燈光，一片昏暗中，黑壓壓的人群抬著頭，全神貫注地盯著布幕上的投影。

那是一段被監控攝影機記錄下來的畫面，正以 1/20 倍的速度播放著。

一輛千瘡百孔的 SUV，全速撞向一座大理石涼亭，速度如此之快，以致於撞擊的瞬間整輛車的後部騰空而起，隨著車頭金屬的變形、車窗的碎裂，以及車內乘客前俯後仰的超現實主義姿態，附在擋風玻璃上的黑衣人在強大慣性的作用下，被拋離車體，緩慢而優雅地飛出一道平滑的拋物線。他的身影掠過佛陀的足跡，也掠過微笑的白玉臥佛，似乎朝著水中廟主殿前的觀音像飛去。可就在他即將飛到觀音像的瞬間，一道白光閃過，他的身體被慢速火焰所吞噬，像是一場小型核爆，將他撕成無數細小的碎片與血霧，均勻地噴灑到四方諸佛以及貝拉湖的湖面之上。遠處的鵜鶘與白鷺被爆炸驚動，舒展雙翅，慢速逃離。

車子重新落回地面，過了漫長得難以忍受的間隔，乘客們開始一個接著一個地爬出車廂。

　　畫面便定格在此。

　　燈光亮起，眾人還沉浸在剛才驚人的一幕之中，久久無法回神。不知道是哪個角落開始響起了掌聲，然後在整個場地中迅速蔓延開來，變成一場熱烈的風暴。

　　「讓我們再次舉杯，向我們的英雄——恰瑪律——致敬！」楊娟高高地舉起手裡的香檳。

　　杯沿碰撞發出脆響，金色液體泛起泡沫。

　　「也祝他新學期一切順利！」

　　人群中響起一陣充滿善意的笑聲，賓客們圍著那個黑瘦、羞澀的男孩，握手、擁抱、合影留念，還有人按斯里蘭卡習俗為他送上醬葉和蘭花花環。男孩更加窘迫不安了。

　　一隻手把他拯救了出來。楊娟穿著一身白色禮服，顯得更加優雅，她做了個手勢，樂隊開始演奏，更多的食物和酒水也端上來了。

　　「各位來賓請盡情享受！不過，我們的英雄需要暫時離開一會兒，記者，你們懂的，可不能讓他們等著。」

　　在哄笑聲中，楊娟帶著恰瑪律進了貴賓休息區。恰瑪律驚訝地發現，那裡並沒有別人。他不解地看著楊娟，楊娟笑了笑，又倒了兩杯香檳。

　　「我又撒謊了，沒有什麼採訪，我只是希望你能夠自在一點。乾杯。」

　　兩個人輕輕碰杯，楊娟一飲而盡，恰瑪律微微抿了一口。

　　「你也許以為我是想挽留你，你錯了。」楊娟拍拍男孩的肩。「我只是為了給你一份紀念品。」

　　她側身，露出了藏在背後的那個炭黑色的箱子。

　　恰瑪律上前，用手輕輕撫摸上面的紋路，箱子識別他的指紋，

如蓮花般開啟，裡面是為他量身訂製的黑色頭盔、緊身衣和手套，他的最新款車手裝備。恰瑪律拿起頭盔，護目鏡上映出自己的面孔，他抬頭看著楊娟，面露感激。

「千萬別謝我。」

「謝謝你。」恰瑪律咧嘴微笑。

「我只是想讓你知道，你們不是發展的代價，」楊娟突然顯得格外嚴肅，「你們是未來。噢，還有一件事，看看這個。」楊娟掏出手機遞給恰瑪律。「記者們終於幹了件好事，你覺得這個新外號怎麼樣？」

新聞標題寫著：「神聖車手：一個斯里蘭卡男孩如何借助無人車拯救十一條生命」，下面配圖是恰瑪律的剪影，那頂標誌性的頭盔閃閃發光。

開復解讀 💬

在從「霹靂遊俠」到「關鍵報告」等一系列經典科幻影片的影響下，對於普通人來說，自動駕駛技術不足為奇，但這並不意味著自動駕駛已經觸手可及。

在 AI 領域，這項技術的落實與實現仍被視為「聖杯」一樣的存在，是皇冠上的明珠。原因在於，駕駛行為本身就是非常複雜的任務，每個動作不僅涉及許多子任務，涉及許多技術領域，集成多種資訊源，而且需要處理變化莫測的場景，面對意想不到的挑戰。

這也是把〈神聖車手〉的故事背景設定在二十年後的 2041 年的原因。到 2041 年，Google 的自動駕駛商業化之路已經走了三十二年，而且，距卡內基美隆大學首次把自動駕駛車輛開上高速公路，也已經過去了五十二年。

所以，當有朝一日在現實中自動駕駛車輛真正隨處可見時，我很肯定，這不是僅僅由於某一項技術取得了重大突破，而是歷經幾十年的系統更新和反覆運算，技術綜合能力終於成熟了。

自動剎車制動系統蛻變為全自動駕駛系統，並不是簡單的功能替換；自動駕駛也不是簡單地對今天的車輛進行改良，而是需要對其所依託的全面互聯的智慧城市基礎設施進行升級。所有這些，都不是一朝一夕可以實現的。

毫無疑問，自動駕駛車輛的最終實現，將對許多產業的原有面貌和固有模式帶來前所未有的衝擊，並將引發與倫理、法律等有關的深層次問題，而〈神聖車手〉這個故事所描繪的對未來的暢想，為我們提供了探討這些問題的未來場景。

現在，讓我們從技術和非技術的角度出發，對自動駕駛展開更為深入的討論。

一、自動駕駛

自動駕駛車輛，又稱無人駕駛車輛，是一種不需要人類主動操作，就能夠在電腦的控制下完成駕駛任務的車輛。

駕駛行為是一項複雜的系統工程，人類需要平均花費約四十五小時才能學會如何駕駛汽車。整個駕駛過程包括：感知（雙眼觀察、雙耳監聽）；導航規劃（把實體環境與腦中的路線或導航地圖上的具體位置關聯起來，研判如何從 A 地到達 B 地）；推理（預測路上行人及其他車輛駕駛員的意圖和可能的行動）；決策（根據實際情況，按照交通規則決定採取何種駕駛行為，比如司機在被提示超速之後做出立即減速的決定）；車輛控制（把腦中的意圖準確落實在轉動方向盤、踩剎車等肢體行為上）。

自動駕駛利用 AI 代替人類駕駛車輛，所依靠的是神經網路而非人類大腦，負責執行的是機械硬體而非人類的手和腳。

例如：AI 的感知，需要透過攝影機、雷射雷達和其他感測器來了解和掌握周圍的環境狀況；AI 的導航規劃，是將三維道路上的點與高精度地圖上的點一一關聯，進而完成路線規劃；AI 的推理，需要借助演算法來預測行人、車輛的意圖和行動；AI 的決策，諸如車輛在監測到有障礙物時應該做什麼，以及在障礙物被移開後又應該怎麼做等，則是依賴於專家規則或統計估算來進行。

自動駕駛的發展，從最初需要依靠人類駕駛員的輔助一步步走向成熟，直至最終實現完全無人駕駛。

國際自動機工程師協會（SAE International）根據 AI 參與駕駛的程度，將自動駕駛從 L0 到 L5 一共劃分為六個等級（Level），具體如下。

L0（「無自動化」的人工駕駛）——人類駕駛員承擔所有的駕駛任務，AI 會觀測道路並在必要時提醒駕駛員。

L1（「人類不能放手」的輔助駕駛）——在人類駕駛員的允許下，AI可以完成特定的駕駛操作，例如轉向。

L2（「人類放手」的部分自動駕駛）——AI可以承擔多項駕駛任務，例如轉向、剎車、加速，但人類駕駛員仍然需要監控駕駛環境，並在必要時接管車輛。

L3（「人類移開視線」的有條件自動駕駛）——AI可以承擔大部分駕駛任務，但需要人類駕駛員在AI遇到無法處理的情況並發出請求時接管車輛。（有些人對L3持懷疑態度，認為人類駕駛員突然接管車輛會增加危險發生的可能性，而不是降低風險。）

L4（「人類放鬆大腦」的高度自動駕駛）——AI可以在整個行車過程中完全接管車輛，但前提是車輛處於AI能夠完全理解其狀況並處理其問題的環境中，例如被高精度地圖覆蓋的城市路面或者高速公路。

L5（「不再需要方向盤」的完全自動駕駛）——無論車輛處於何種環境，都不再需要人類駕駛員參與駕駛操作。

更具象地說，我們可以把從L0到L3的自動駕駛想像成一輛新車的附加功能，相當於人類駕駛員多了一種AI工具，不過，它對未來交通的變革作用有限。

從L4開始，車輛開始擁有自己的「大腦」，這將對人類的交通產生革命性的深遠影響。可以想像，在未來，L4自動駕駛巴士會按照固定路線往返行駛運送乘客；L5自動駕駛計程車能夠讓乘客透過叫車軟體（如Uber）進行呼叫，而且很快到位。

二、真正的自動駕駛什麼時候才會出現

如今，從L0到L3的自動駕駛已經在商用車輛上實際使用。

從 2018 年末開始，部分 L4 自動駕駛車輛也在一些城市的限定區域內進行了路測和試驗。但是，從目前來看，L5 自動駕駛（以及受限制較少的 L4 自動駕駛）依然遙不可及。

實現 L5 自動駕駛的主要難題之一是，AI 系統需要針對大量的資料進行訓練，而且這些資料必須來源於千變萬化的真實駕駛場景。如此一來，所需場景的類別非常多、資料量級非常大、資料維度非常廣，但是把路面上的一切物體在所有情況下的資料（放置方式、移動方向等）都蒐集到手，是相當不現實的。

當然，有一些方法可以用來處理部分具「長尾」特徵的狀況。

比如，我們可以在不同場景中添加虛擬的正在追逐的孩童或緩步行進的老人，甚至突然竄出來的小狗等，借助合成類比來擴大資料覆蓋面及多樣性，然後像〈神聖車手〉中恰瑪律透過駕駛遊戲練習車技一樣，透過這些模擬場景來訓練 AI 的程式。

我們還可以為 AI 系統提前指定某些規則（比如車輛遇到四向停車標示路口時，行進次序為先到先行），不必讓 AI 系統從資料中去重新學習交通規則。不過，這些解決方案不是萬能的，合成資料的品質無法與真實資料的品質相比，而人制定的規則也可能會出錯或者相互矛盾。

實現 L5 自動駕駛的最大挑戰在於，一個小小的錯誤，就可能造成難以挽回的後果。如果淘寶的 AI 沒有準確地推薦一款產品，那沒什麼大不了的，但如果自動駕駛系統出了錯，就可能付出寶貴的生命。

面對這些客觀存在的挑戰與難題，許多專家認為，實現 L5 自動駕駛至少還需要二十年的時間。我認為，要加速這一進程，更有效的辦法是大膽改造現有的城市道路及相關的基礎設施。

在通常情況下，我們是在當前城市道路的基礎上暢想 L5 自動駕駛的。但是，如果我們有可以嵌入感測器和無線通訊設備的「增

圖 6-1　今天的遠端代駕，還處於初級階段（Shutterstock/Zapp2Photo）

強版城市道路」，那麼，道路是否就可以主動「告訴」車輛前方有危險，或者讓車輛能「看到」其視野之外的路況？如果我們能把一座新城市的道路規劃為兩層 —— 一層供車輛通行，一層供行人通行（以防車輛撞人），那麼，完全自動駕駛車輛的行車環境是否會截然不同？透過重建基礎設施，我們可以盡量降低自動駕駛車輛附近有行人走動的可能性，從而大幅提升 L5 自動駕駛車輛的安全性，使其更早上路。

　　在升級後的增強版城市道路上，車輛的自動駕駛系統與真實環境的資訊流能做到無縫通訊，因此可以即時調度車輛，就像〈神聖車手〉裡所描繪的，能夠避開跑馬拉松的人潮、飛馳的救護車等驚險場景。如果我們未來的城市道路構建了智慧化交通網路，並且有與之相匹配的高性能自動駕駛車輛，L5 自動駕駛時代就有可能更

早到來。

　　需要說明的是，即便由 AI 驅動的 L5 自動駕駛更加成熟、更加安全，也仍然有一些狀況是 AI 無法完美處理的。比如一起突發的爆炸事件摧毀了某條道路，未能即時更新的電子導航地圖還在指示自動駕駛車輛繼續前行，這時候，車輛該怎麼辦？或者，在地震等極端自然災害發生的瞬間，自動駕駛車輛該何去何從？

　　在這些情況下，最好的解決方案是立即「召喚」一位專業的人類駕駛員來接管車輛。當然，把救兵跨時空瞬間移動到遠處是不可能的，但如果我們把當前的交通場景「複製黏貼」到遠端操作中心，人類駕駛員就可以在那裡的獨立「遠端駕駛艙」中進行遙控操作。我們可以使用擴增實境（AR）技術投射出車輛所處的環境（借助自動駕駛車輛上的攝影機來完成），並將這些遠景畫面傳送到人類所在的遠程駕駛艙。接下來，人類駕駛員根據遠景畫面所採取的操作行為（如轉動方向盤或踩油門），將被傳給自動駕駛系統，進而控制車輛。這就是故事〈神聖車手〉中恰瑪律身處遠端駕駛艙，卻能駕駛真實車輛的實現過程。在這一過程中，要想透過最小延遲的方式遠端傳輸高保真影片畫面，需要占用大量的頻寬，不過這在未來將不是問題。現在，5G 網路已經開始展現這種潛力。按照十年一代的發展速度，到 2030 年，我們將進入 6G 網路時代，到那時，這種遠端駕駛所要求的低時延遲將不再是門檻。

　　L5 自動駕駛、增強版城市道路、傳輸 AR 影片連接遠端操作中心的 6G 網路等將實現技術融合，預計 2030 年前後便能展開實驗性部署。我們預測，隨著技術的反覆運算升級，L5 自動駕駛將在 2040 年左右實現大範圍的安全實際應用。不過，需要說明的是，這一預測是建立在與倫理道德和責任義務相關問題已有解決方案的假設之上所做出的。在本章，我會對這些非技術難題展開詳細討論。

未來幾年，從 L0 到 L4 的自動駕駛技術將逐步在益發複雜的應用中實際執行，在這個過程中，AI 系統將不斷蒐集資料並進行改進，從而推動 L5 自動駕駛技術的成熟。

其實，最簡單的自動駕駛技術已經應用於我們的生活之中。例如自動化倉庫機器人、自動堆高機和自動導航車輛，它們大部分在室內作業，應用於特定的工業場景，而自動貨運卡車、固定路線的自動駕駛接駁車也已經陸續部署在礦山和機場。下頁圖 6-2 和圖 6-3 顯示了今天已經落實的自動駕駛場景。

除此之外，在一些可預測性較高的環境中，自動駕駛技術的能力已經優於人類駕駛員。目前，已經採用這種技術的車輛，有在高速公路上運行的自動駕駛卡車、按固定路線行駛的機場—酒店接駁車或自動駕駛公車。

上面提及的每一種場景都將蒐集到更多資料，用於改進 AI 演算法、覆蓋所有可能出現的演算法路徑，從而降低意外發生的概率，為未來 L5 自動駕駛時代的到來奠定更加堅實的基礎。

三、L5 自動駕駛車輛將帶來的影響

不難想像，L5 自動駕駛車輛成功上路，將導致一場顛覆性的交通革命 —— 隨需應變的車輛將以更大的便利性、更低的成本和更高的安全性把乘客送到目的地。

我們可以設想以下場景。

你的日程表顯示，你需要在一小時後出門去參加會議，那麼你完全可以在手機軟體上預約 Uber 自動駕駛計程車。

Uber 的 AI 演算法會提前把自動駕駛車隊派到預測將有搭車需求的人流附近。例如在音樂會即將結束的時候，將車隊派到音樂會

圖 6-2　中力的自動駕駛堆高機（AMR）可以在倉庫或廠房裡實現完全自主駕駛
　　　　（資料來源：中力叉車）

圖 6-3　馭勢科技的自動貨運車在機場和客運碼頭之間完全無人駕駛運送行李
　　　　（資料來源：香港國際機場）[12]

老司要·一万小时の経験
500天＝54吨,日。
現場附近 3000小 要花費＝6000小吟×2年＝12000小時

　　智慧調度系統會用演算法求出使自動駕駛車隊空載率最小化的最優解（兼顧了使用者等車時間、車輛空載時間和充電補能時間）。沒有了人類駕駛員，由 AI 管理的全自動駕駛車隊將達到絕佳的利用率。

　　隨著共用汽車實現自動駕駛，它將省下大筆的人類司機薪資，為消費者降低近 75% 的成本，從而進一步吸引消費者選擇自動駕駛共用汽車出行，不必再自己買車。

　　人類駕駛員要成為熟練的老司機，可能需要積累一萬小時的駕駛經驗，但自動駕駛車輛可能擁有一萬億小時的駕駛經驗，因為它可以從每一輛車那裡學習，而且永遠不會忘記，也不會疲倦。所以，從長遠來看，我們確實可以期待自動駕駛帶來更高的安全性。

　　但在短期內，自動駕駛車輛如何才能合理上路呢？

　　只有在「比人類駕駛更安全」的大前提之下，政府才會批准普及自動駕駛。如今全球每年有約一百三十五萬人死於車禍，在中國就有近十萬，因此，任何自動駕駛技術都必須有理有據地證明它們至少和人類司機駕駛一樣安全。當第一輛「比人類駕駛更安全」的自動駕駛車輛推出之後，AI 將繼續學習更多的資料，並不斷改進自己。十年後，預計因車禍而死的人數有望大幅下降。

　　據統計，美國人平均每週要在開車這件事上花費八‧五小時，而在未來的自動駕駛時代，人們將額外獲得這八‧五小時的寶貴時光：自動駕駛車輛的內飾會重新配置，人們在車內可以工作、通訊、娛樂，甚至睡眠。由於許多日常出行只有一人或兩人，所以共用的自動駕駛車輛可以被設計成小型車，即使是小型車，也能配備

12　從 2021 年一季度開始，香港國際機場全部使用與馭勢科技共同研發的無人駕駛拖車，在海天客運碼頭與香港國際機場之間往返運送旅客行李。

舒適的躺椅，在冰箱裡裝好飲料零食，還有一塊大螢幕，便於視訊通話或娛樂。

AI 的特點是它的良性循環：更多的資料帶來更好的 AI，更有效的自動化帶來更高的效率，更頻繁地使用帶來更低的成本，更多的時間帶來更高的生產力。這些將發展成相輔相成的良性循環，並加速推動自動駕駛技術更快地普及。

隨著自動化程度與通訊技術水準的提升，自動駕駛車輛將能迅速、準確、輕鬆地相互通訊，例如：一輛爆胎的車輛可以告訴附近的車輛不要靠近；一輛正在超車的車輛可以將其行進軌跡精確地傳遞給附近的車輛，所以兩輛車可以僅僅相距五公分卻不會造成任何擦撞；當乘客趕時間時，他所搭乘的車輛可以向其他車輛提供減速和讓行的獎勵（比如付給對方一元），爭取對方允許自己超車。

在這些出行變革的過程中，將創造由 AI 駕駛主導的新型交通基礎設施，人類駕駛反而會變成路面上的安全隱患。幾十年後，人類駕駛說不定會成為一種違規行為。也許從禁止在高速公路上駕駛車輛開始，最終人類將被法律禁止在所有公共道路上駕駛車輛。到那時，愛車人士可能不得不像馬術愛好者一樣，只有去私人娛樂區域或者賽車場，才能摸到方向盤。

在自動駕駛車輛及技術、共享用車服務愈來愈成熟的同時，買車的人會愈來愈少（這實際上減少了家庭開支）。未來的共享自動駕駛車輛可以全天候高效運行，不需要停車，而且車輛的總數也將顯著減少，因此，我們幾乎不再需要停車場了。根據統計，目前，車輛有 95% 的時間都閒置在停車場裡，在這種情況下，很多停車場的存在，其實是對土地資源的一種很嚴重的浪費。總的來說，共享自動駕駛車輛所帶來的這些變化，將減少交通壅堵，降低燃料消耗，改善空氣汙染，節約城市空間，使人們的生活和地球環境更為美好。

當然，在提高生產力的同時，人類社會的其他方面也將受到劇烈衝擊。

首先，在自動駕駛時代，計程車、卡車、公共汽車和送貨車等車輛的司機在很大程度上會「懷才不遇」。目前，中國有數百萬人以開計程車或卡車為生，有許多人在快遞、物流等行業做兼職司機，而從事這些工作的人都將逐漸被 AI 取代。

其次，還有一些傳統職業也將因為自動駕駛而被顛覆：由於新一代汽車由電子和軟體驅動，不再完全依賴機械零件，從事汽車機械維修的員工將需要重新學習電子和軟體方面的專業知識；加油站、停車場和汽車經銷商會明顯減少，與之相關的員工將被大幅縮編。

總之，許多人賴以養家餬口的工作模式將被徹底改變，其情形猶如當年人們的出行方式從乘坐馬車演進到乘坐汽車時一樣。

四、阻礙 L5 自動駕駛的非技術性難題

在自動駕駛普及的過程中，我們需要解決許多極具挑戰性的非技術性難題，例如倫理道德、責任義務以及大眾輿論等。這是意料之中的，因為有超過百萬人的生命與此息息相關，更不用說自動駕駛將給各行各業帶來改變，並影響數億人的工作了。

在某些情況下，車輛可能也需要被迫做出痛苦的倫理抉擇，例如最著名的倫理困境是「電車難題」：一輛電車失控了，即將撞死 A 和 B 兩人，你是否應該拉拉桿讓失控的電車轉換軌道，撞死另一條軌道上的 C 呢？如果你認為答案是顯而易見的，那麼如果 C 是個孩子呢？如果 C 是你的孩子呢？如果這輛車是你的車，而且 C 是你的孩子呢？

現在，如果人類駕駛員的行為導致車禍造成死亡，他們需要對

司法程式做出回應，由司法程式判定他們是否行為得當，如果他們被判定行為不得當，那麼後果可想而知。

但如果是 AI 導致了死亡的發生呢？AI 自己能用可以被人類理解的、合理合法的理由來解釋它的決策嗎？要知道，「可解釋的 AI」是很難實現的，因為 AI 往往是透過資料訓練出來的，AI 的答案是一個複雜的數學方程組，需要高度簡化後才能被人類理解。而且，有些 AI 的決策在人類看來其實是徹頭徹尾的「敗筆」（因為 AI 缺乏人類的常識），反過來說，有些人類的決策在 AI 看來也是「愚不可及」的（因為 AI 無法理解，為什麼人類會做出酒後駕駛或疲勞駕駛這類害人害己的愚蠢行為）。

這裡還涉及其他一些問題，包括自動駕駛為駕駛人節省了數百萬小時的開車時間，可是同時使數百萬人類「職業司機」的生計受到影響，在這兩者之間，我們應該如何做好平衡？也許五年後，AI 學習了數十億公里的駕駛經驗，自動駕駛的安全性有所提高，車禍導致的一百三十五萬死亡人數由此可以減半，但在過渡期，AI 可能會犯一些人類駕駛員不會犯的錯誤，這是可以被接受的嗎？

這裡，最根本的問題在於，我們是否應該讓一台機器做出可能危害人類生命的決定？如果答案是絕對否定的，那麼，也許我們應該徹底結束對自動駕駛的研究。

生命可貴。顯然，每個身處自動駕駛領域的公司都必須謹慎行事。針對這個問題，目前有兩種典型的做法。

其一，在推出自動駕駛產品之前保持謹小慎微，在絕對安全的環境中緩慢蒐集資料，以避免任何死亡事故。這是 Waymo 的做法。

其二，在只能說還算安全的情況下就盡快推出自動駕駛產品，以擴大所蒐集的真實資料的規模——要知道，雖然這種做法在開始的時候可能會導致較多的死亡事故，但在未來，AI 系統勢必會挽救更多的生命。這是特斯拉的做法。

這兩種做法哪一種更好？就算由兩位非常理性的人來評價，他們也可能各持己見。

還有一個重要問題：如果車禍中有人死亡，誰來負責？是汽車製造商？是 AI 演算法軟體的供應商？是編寫演算法的工程師？還是在必要時接管車輛的人類駕駛員？

我們現在得不到明確的答案，但需要盡快明確。縱觀歷史，我們知道，只有明確責任歸屬，才能圍繞責任歸屬建立新的行業遊戲規則。例如，信用卡公司應該對詐欺造成的損失負責，而非銀行、商店或信用卡持有者；基於這個規則，信用卡公司得以向其他方收取費用，並將此類收入用於防止詐欺，從而成功地建立起信用卡的生態體系和商業模式。同理，自動駕駛時代即將來臨，對於交通事故的責任歸屬，需要各相關機構盡早明確。

假設責任由 AI 演算法軟體的供應商承擔，那麼如果 Waymo 開發的軟體導致了一場死亡事故，死者家屬能向 Waymo 的母公司 Alphabet（也是 Google 的母公司）提出多少金額的索賠要求？要知道後者的市值已經超過一萬億美元，在不排除有人漫天要價的前提下，問題會變得非常棘手。故此，我們一方面需要明確保護軟體缺陷受害者權益的法律條款，另一方面需要確保技術進步不會因過度索賠而停滯不前。

最後一點，交通事故如今很少會成為頭條新聞，可是，當 2018 年 Uber 的自動駕駛車輛在美國鳳凰城造成一名行人死亡後，幾天之內，這起事故就迅速成為全球各大媒體的頭版頭條新聞。不否認 Uber 的自動駕駛系統可能存在問題，但是，如果媒體對未來的每一起由自動駕駛導致的死亡事故都大肆報導，則可能對新技術造成極大的輿論壓力。另外，如果媒體對每一起由自動駕駛導致的死亡事故的報導都使用譴責性的標題，那麼可能會在短期內徹底摧毀公眾對自動駕駛產業的信心，雖然在長遠的未來，自動駕駛有希望拯

救上百萬人的生命。

事實上，上面這些問題都有可能引起公眾的恐慌，促使政府對新技術加強監管，或者使政府推行新技術的策略趨於保守，並且有可能拉長我之前所預測的自動駕駛實現的時間表。

上述關於職業淘汰、倫理道德、法律問責、公眾輿論等方面的議題，都是合情合理的難題。我認為，我們需要提高認識，鼓勵有關各方進行充分討論，並盡快就這些難題制定可行的解決方案。只有這樣，在自動駕駛技術成熟的那一天，我們才能在非技術的各個層面做好準備，迎接它的到來。

我們需要不畏繁難，帶著迫切感去解決這些問題。因為就像在〈神聖車手〉故事的結尾恰瑪律所體悟到的那樣，從長遠來看，L5 自動駕駛將在各個方面給人類帶來巨大益處。對於這一點，我深信不疑。

7

人類剎車計畫

開復導讀

全新的顛覆式技術既可以成為人類的普羅米修斯之火，也可以淪為人類的潘朵拉之盒。結果如何，完全取決於人如何運用這些技術。策劃〈人類剎車計畫〉的惡魔是一名歐洲電腦科學家。他在經歷了一場與氣候變化有關的家庭悲劇後，精神失常，開始利用量子計算、自主武器等突破性技術作惡，對人類進行史無前例的瘋狂報復。在本章的解讀部分，我將說明量子計算背後的原理，以及這項前所未有的前沿技術將如何徹底地顛覆 AI 和計算。我還會探討由 AI 賦能的自主武器的話題，希望能借此幫助讀者意識到它的危險性，並充分認識到它甚至可能是 AI 給人類社會帶來的終極威脅。

CHAPTER 7　人類剎車計畫

不需要人工智慧來摧毀我們，我們自己的傲慢就可以。

——「機械姬」

萬物相互關聯，網路無比神聖。

——馬克・奧理略

冰島

凱夫拉維克

當地時間 2041 年 8 月 26 日 21:38

　　冰島的夏夜如同一場怪異的長夢，蒼白、明亮、冰冷，像是溺死之人的腹部。

　　在這座距離雷克雅維克四十公里的衛星城裡，有著歐洲最為堅固且環保的資料堡壘。透過潔淨的地熱供電，並借助極地的刺骨寒風冷卻數以十萬計的伺服器，儲存著許多歐洲巨頭企業的數據資產。這些伺服器經由十二條高性能光纖骨幹與北美和歐洲大陸相連，資料從這裡傳輸到紐約只需要六十毫秒。

　　這裡的碳排放竟然能夠接近零，在羅賓看來，這幾乎是神跡。

　　她正躲在法赫薩灣西南角海灘上一艘倒扣的破廢漁船裡。漁船右舷被撕開一個大口子，如同開膛破肚的巨鯨，幾根碗口粗的黑色線纜從那個口子伸進船體，在一片幽暗中閃爍著藍白色的炫光。

　　這是羅賓和她的夥伴們的祕密基地。在鏽跡斑斑的船殼下，是

全世界所有駭客都夢寐以求的頂級裝備。他們在這裡花了六個月時間，「借用」當地廉價的資源：地熱電力、冷空氣、資料中心的冗餘量子算力，只為了見證今晚的另一場神跡。

「我等不及了……你說這『中本聰[13]的寶藏』裡究竟有多少比特幣？」負責硬體的威爾摩拳擦掌，嘴角噴著白色熱氣，躲在厚實的防寒服裡活像一頭棕熊。

「保守估算，不低於兩千六百億美元，也許能有五千億美元。」十六歲的演算法神童李冷靜地檢查著各個螢幕上的曲線與代碼，他要保證這台複雜的魯布・哥德堡機器（Rube Goldberg Machine）萬無一失。

「別 High 過頭了，兄弟們，」羅賓的黑色唇釘上下抖動，「這不光是為了錢，也為了榮耀。」

在駭客世界的江湖傳聞裡，真正的中本聰，無論真身姓啥名誰，二十年前早就死在關塔那摩的牢房裡。他留下最早開採的一百萬枚比特幣，藏在某個還是採用 P2PK（Pay to Public Key）位址的數位錢包裡，給後來的淘金者留下可乘之機。P2PK 地址之所以被歷史拋棄，是因為它會在每次發起交易時洩露公開金鑰。從理論上來說，利用彼得・肖爾（Peter Shor）在 1994 年發明的演算法，能透過解決「橢圓曲線離散對數問題」，用十六位公開金鑰來破解私密金鑰，從而偽造數位簽章，將該地址下的資產悉數占為己有。

前提是竊賊擁有足夠強大的算力。

在量子電腦發明之前，這樣的事情更像是神話。即便動用全球速度最快的超級電腦，想要用公開金鑰破解私密金鑰，大概需要 6.5×10^{17} 年之久，相當於我們身處宇宙剩餘壽命的五千萬倍。這是人類大腦無法理解的時間尺度。

當羅賓第一次領悟到這兩者之間的巨大鴻溝時，她感到一陣寒意。似乎造物主有意透過製造超越人腦認知極限的事物，來昭示人

類文明的微不足道。那時，她還是年僅十六歲的哈薩克天才駭客烏米特‧艾爾巴金，以破壞秩序、劫富濟貧為樂。直到某天她收到一封郵件，裡面有對她家裡每一個人的跟蹤影片，威脅她如果不為他們——臭名昭著的溫奇圭拉集團——工作，便再也見不到家人。從那天起，她抹去了自己所有的身分資訊與數位痕跡，給自己取了代號「羅賓」。在她著迷的某個版本的蝙蝠俠漫畫裡，羅賓會變成惡棍，死去，然後浴火重生，以殘暴的手段向犯罪分子復仇。

主螢幕上的綠色進度條正在無限接近 100%，距離揭示謎底的時刻愈來愈近了，船艙裡的空氣似乎也變得凝滯起來。鐵鏽味混合著難以清除的魚腥味，讓人呼吸困難。

「李，威爾，一切正常吧？」

羅賓掃視兩人，李「嗯」了一聲，威爾捶捶自己的胸口，表示一切盡在掌握。

有這樣一批被稱為「數位盜墓者」的人，他們會從數位時代的廢墟中挖掘出舊日的「寶盒」，但自己並沒有能力打開，或者害怕其中隱藏著可能帶來殺身之禍的絕密資訊。他們選擇把寶盒在暗網上轉手。買家門檻很高，資產需要經過重重驗證，賣家也需要提供足夠的線索以證明貨物的潛在價值。

半年前，羅賓從絲綢之路 XIII 一位老賣家手裡高價買下這條資訊。它被偽裝在一件限量版的加密藝術品裡，名字叫作〈Does HAL dream of Encrypted Gold?〉。只有真正熟悉比特幣歷史的人才能看出這個菲力浦‧K‧迪克式標題中的祕密。

HAL 指的不是「2001：太空漫遊」中的殺人機器，而是最早推出數位貨幣原型——RPoW 系統[14]，從中本聰的錢包裡收到第一筆

13　中本聰是比特幣的發明者。
14　即基於身分的全新共識「可重用工作證明」（Reusable Proofs-of-Work）系統。

比特幣轉帳，又因患上漸凍症於 2014 年去世，選擇將身體冷凍在液態氮中，等待未來復活的傳奇人物——哈爾·芬尼（Hal Finney）。

這也是羅賓和她的夥伴們信心滿滿的原因。中本聰的錢包位址被發現過許多次，但那些都是令人失望的零錢包，真正的大魚一直沒有露臉。

也許就是今晚，就在這艘世界盡頭的破漁船裡，大魚終於要浮出水面了。

進度條停在 99.99% 的位置上，所有人都屏住了呼吸。

「怎麼回事？」羅賓焦躁地問。

「也許是顯示延遲？我這邊顯示已經完成破解了……」李的手指在空氣中快速彈跳，敲擊著虛擬鍵盤。

「快啊……快出來啊……」威爾壓低嗓子念念有詞，像是原始部落求雨的巫師。

正當三人神經幾近崩潰之時，一陣誇張的金幣撞擊音效響起。進度條隱沒不見，取而代之的是一串代表帳戶資訊的字元，如瀑布飛流直下，位數驚人的餘額宣告這場豪賭的勝利。

歡呼聲在狹小的空間裡暴發。三人緊緊擁抱在一起，就連平日習慣以冷酷示人的羅賓也露出了笑臉，但堅冰融化的時間只維持了三秒。她停止慶祝，開始發號施令。

「轉移餘額！」

羅賓是對的。任由這筆巨額資產停留在不設防的 P2PK 地址，簡直就是在坐等強盜上門。在草木皆兵的駭客世界裡，你很難相信任何一個人、任何一台機器，甚至任何一個密碼是絕對安全的。

李迅速提交交易申請，請求將舊位址中的比特幣轉移到更安全的帳戶。P2PK 過長的位址和過大的事務檔，需要更長的交易處理時間，預計約十分鐘。而在這段時間內，位址的公開金鑰處於完全公開的脆弱狀態。理論上，同樣的事情可以發生第二次。唯一值得

慶幸的是，算力如此強大的量子電腦還不存在，至少在他們所了解的世界裡。

威爾不耐煩地用手指敲打著船艙的鋼板，發出冰雹撞擊般的脆響。李目不轉睛地看著螢幕，眼鏡鏡片上折射著藍綠光芒。這個亞洲男孩有著與他的年齡完全不相符的冷靜。

羅賓幾乎要感謝上帝賜給她如此完美的組合，她加速的心跳稍微緩和下來，發乾發緊的喉嚨也濕潤了一些。那個心願再次閃過心頭，現在她終於有了足夠強大的力量，用這筆來自中本聰的遺產，去改變一些早就應該被改變的事情。

「羅賓！」李突然發出驚呼。相識這麼久，這還是他第一次如此驚慌失措。

「什麼？」羅賓撲到螢幕前，綠色資料如倒流的尼加拉大瀑布，「怎麼會這樣！」

「我們被劫持了……有人破解了私密金鑰，正把我們的錢轉走！」

「渾蛋！強行切斷線路嗎？」威爾怒目而視，站到粗大的線纜旁，雙手放在介面上，只等一聲令下。

「來不及了……你沒法快過光纖。可這需要超乎想像的算力，地球上還不存在這樣的機器……」羅賓眼露絕望。在這短短的十分鐘，她品嘗了一次雲霄飛車的滋味。

所有的螢幕同時暗了下來，船艙裡只剩下電流的滋滋聲。

「完了。」李如木頭人般僵在原地。

威爾一拳重重擊在鋼板上，發出空洞的迴響。

羅賓魂不守舍地走出漁船，任憑極地寒風刀削般刮痛她的臉頰。整個世界似乎變得不那麼真實，天空、雲層、冰川、海水，彷彿被加上一層濾鏡般反射著虛假的弧光。她心頭泛起前所未有的恐懼。

羅賓想起一個人，一個敵人。也許，現在只有他能幫助自己找出答案。

荷蘭

海牙

當地時間 2041 年 9 月 9 日 15:59

　　時鐘跳到 16 點整，由歐洲打擊網路犯罪中心（EC3）與阿特拉斯網路[15]聯手的模擬反恐演習拉開大幕。

　　假想敵是一夥名為「杜維塔」（Dolce Vita）的恐怖分子。他們控制了一艘海上遊船，劫持了二十四名身綁炸彈的遊客，要求巨額贖金以及釋放關押在德國巴伐利亞州的首領。遊船漂浮在距離席凡寧根海灘一公里外的北大西洋洋面上，因此任何試圖接近的船隻或無人機都會被發覺。

　　澤維爾·塞拉諾站在海灘邊的瞭望台上，用望遠鏡觀察遠處閃閃發光的遊船，它像一枚刀片插在碧海青天之間。他還是習慣用這種舊式工具，粗糙、笨重，讓人感覺安心。做為 EC3 的一名高級探員，這可算不上什麼能博取晉升的資本。

　　他對於接下來會發生的事情如此清楚，以致於產生了某種揮之不去的厭倦。

　　所有的拯救方案都是由 AI 反恐系統在數秒內生成的，人類的作用只是做出選擇。其實這種選擇，只是在演算法給出的成功概率與附帶傷害程度之間進行權衡。

　　為了探清船艙內部人質與恐怖分子的位置，EC3 的常規做法是侵入船載 smartstream，控制攝影機。然而杜維塔早就預料到這一招，把所有攝影機的連接都切斷了。AI 給出一個非常規的手段——透過侵入人質身上的電子植入物，比如電子義眼與電子耳蝸，

---

15 即 ATLAS Network，是由歐盟成員國及相關國家的特別干預組（Special Intervention Unit, SIU）組成，負責歐洲反恐事務的協同作戰網路。

建立起遙控的監視網。

在電子植入物如此普及的年代，獨立的通訊頻段能夠保證這些性命攸關的電子器官不受干擾以及享受超低延時，這也給了 EC3 一個繞過恐怖分子防線的缺口。於是，人質成了彼此獨立的「耳朵」和「眼睛」，透過謹慎的協作，可以將船艙內的情況透過視覺信號傳送出來。

與此同時，EC3 派出新型水下滑翔機，搭載 SIU 隊員，從二十公尺深的水下靠近遊船。水下滑翔機身型與鼠海豚相仿，依靠智慧裝置精細調節進排水及重心，以控制姿態、方向與深度，能夠模仿魚類游走的路線，加上不配備馬達，在聲納系統的回波探測中容易被誤認為大型魚類。

水下滑翔機和三名 SIU 隊員從遊船正下方浮起，搭載的戰術無人機從海面起飛，瞬間擊倒甲板上巡邏的五名恐怖分子。與此同時，SIU 隊員由船舷爬上甲板，根據投射到 XR 目鏡上的 3D 透視圖，確定船艙中恐怖分子與人質的相對位置，以避免誤傷。三名恐怖分子已被鎖定，在有效範圍內智慧子彈能自動修正軌道，追蹤目標，做到真正的彈無虛發。

為了防範手持引爆器的男子觸發炸彈，一名 SIU 隊員需要冒著生命危險闖入船艙，用精確定向的電磁脈衝槍破壞引爆器的通訊功能，這才算是真正解除了引信。

槍聲響起，罪犯倒地，人質獲救，大戲落幕。

澤維爾知道這次好萊塢式的演習更像是一場給政客、媒體和納稅人的公關秀，告訴他們 EC3 和阿特拉斯網路存在的意義。但現實中並不存在如此理想的行動條件，更不用提在這一過程中，所有的資料都需要高度同步，任何大於二十毫秒的延時都將導致行動失敗和人質傷亡。

在 AI 面前，人類的反應模式幾近透明。但倘若恐怖分子也引

入 AI 做為對抗手段，局面的複雜程度將呈指數級上升。

但是，即便如此，澤維爾也只能面無表情地接受人們的掌聲與祝賀。

三年前，他歷盡了艱難，從馬德里來到海牙，成為 EC3 的一員，可不是為了作秀。他總會在午夜的噩夢中驚醒，露西婭藍寶石般的眼睛在黑暗中閃閃發亮，提醒著他不要忘記這一切的初衷——找回被歐洲犯罪集團溫奇圭拉拐賣的下落不明的妹妹。

每當追查線索功虧一簣時，這個花崗岩般的男人會感到心底一陣陣裂痛，彷彿自己背叛了對家人的承諾。

直到他鎖定了一位外號「羅賓」的駭客。據內線消息稱，此人為溫奇圭拉集團設計了一整套系統，用於交易資訊的加密管理，能夠巧妙地躲避警方的追蹤。抓住羅賓，或許便能一舉擊破犯罪集團，進而找到妹妹的下落。

從卡茲別克山到里斯本，從薩丁島到諾爾辰角，澤維爾與羅賓在整片歐洲大陸展開連場貓捉老鼠般的追逃遊戲。只是到最後，連他自己都分不清究竟誰是貓，誰是鼠。

兩週前，澤維爾收到了一封落款「羅賓」的加密郵件，郵件裡講述了一件令人難以置信的事，羅賓說她那富可敵國的錢包被某種不存在的量子科技所搶劫。「如果有人掌握了如此大能，你們可就有大麻煩了……幫我找出是誰。」這樁看似挑釁的行為擾得他心神不寧。經過再三思量，他決定不把郵件上報，而是根據郵件中提供的線索，以祕密項目為由，拜託新加入 EC3 的波蘭研究員凱西婭・科瓦爾斯基替他暗中調查。

對澤維爾頗有好感的凱西婭拿出一份 AI 生成的翔實報告，提供了當今所有量子計算研究機構及負責人名單，以供進一步探詢。但從公開管道披露的資訊來看，這些機構目前的技術水準距離郵件中所描述的超級算力相差甚遠。

澤維爾看著名單中一個相關性靠後的名字，腦海中閃過一則社會新聞。他指了指那個名字，側身稍稍靠近凱西婭。

「這是誰？」

「馬克‧盧梭？你不知道他？那個可憐的天才物理學家……」

澤維爾搖搖頭，眉頭緊皺。

聽完凱西婭（她讓澤維爾叫自己KK）轉述的悲劇之後，某種直覺驅使澤維爾做出決定，先從這位教授所任職的研究機構開始調查。為此，他需要去一趟慕尼黑。

人類總是容易被具有相似性的人或事物所吸引，而忽略了更大的圖景。

此刻在地球的另一面，亞洲和澳大利亞大部分地區正在忍受罕見的高溫乾旱天氣。長江枯水期提前兩個月到來，創下一百六十年來的最低水位；澳大利亞山火肆虐，預計死亡生物數量超過十億；中東反倒是暴雨如注，洪水挾帶著泥沙摧毀了房屋與道路，昔日沙漠變成一片澤國。非洲的瘟疫、北美的火山、南亞的地震……地球似乎進入了某種極端的重啟模式，想要把超載的資料一舉清空。

在澤維爾眼中，這些與他所要追尋的真相毫不相干。

德國
慕尼黑
當地時間 2041 年 9 月 11 日 10:02

馬克斯‧普朗克研究所的外觀，並不像澤維爾想像中那般有十足的高科技感，灰黃色建築線條簡潔硬朗，是慕尼黑街頭常見的包浩斯風格。經過大廳裡陳列的普朗克銅像時，他駐足停留了一會兒，令他驚訝的是，牆上還懸掛著黑色的聖‧芭芭拉像。這樣一個天主教象徵出現在這裡，究竟意味著什麼？澤維爾只能理解為研究

人員對於堅持信念之人的崇敬。

工作人員帶他上樓，穿過長長的走廊，找到那間小小的會議室，馬克‧盧梭已經坐在裡面。

澤維爾側面了解到，量子計算中心並不在馬克斯‧普朗克研究所本部，而是在更偏遠的城郊。因為需要專門的大型供電及冷卻裝置，所以整個中心都是高度客製化的建築。他還打聽到，自從那次意外之後，馬克‧盧梭變得離群索居，基本上不參與中心的具體研究事務，逐漸成為名存實亡的邊緣人員。

至於他私底下在忙什麼，沒有人能說清楚。

「盧梭博士，很高興見到你。」澤維爾微笑著打了個招呼，在桌子對面坐下，打量著這個二十七歲便拿下量子資訊和凝聚態物理雙博士學位的天才。

馬克從雜亂的絡腮鬍下擠出一聲含混不清的回應。即便以最不修邊幅的博士生做為參照，他的整潔程度也遠遠低於平均值。皺巴巴的羊毛襯衫上沾著顏色可疑的醬汁，長而油膩的頭髮胡亂紮在腦後，眼中結滿血絲，似乎已經很久沒睡過一個好覺。

真是個人物。澤維爾心裡暗暗下了結論。

「你有十分鐘的時間。」馬克‧盧梭的聲音像是水洗過的丹寧布，粗礪、蒼白。

「好吧……我們遇到了一些難以解釋的事情，想聽聽您的專業意見。」

澤維爾把柔性螢幕展開，推給對面的馬克，目不轉睛地觀察著他的表情。三分鐘過去了，那張木頭刻成的臉上沒有絲毫變化。

「你給我看這堆狗屎是什麼意思？」馬克冷冷地說道。

「它發生了，就在三週前，確信無疑。」

「我需要證據。你知道歐洲納稅人花了上千億歐元，造了一座又一座的巨型對撞機，就是為了不讓科學倒退回討論針尖上能站幾

個天使的形而上學。」

「證據就是這個 P2PK 位址的私密金鑰在十分鐘內被破解了，價值一千五百億美元的比特幣不翼而飛。紀錄全都在這裡，精確到毫秒。」

「這不可能。」馬克揉了揉眼睛，又看了看螢幕上的紀錄，加重了語氣。「我可以花一個禮拜給你上數學課，但我不認為你能理解。除非……」

「除非？」澤維爾眉頭一揚。

「除非美國人掌握了我們不知道的新技術，能夠將現有的量子算力從十萬量子位元（qubits）提升到一百萬量子位元。可如果是那樣的話，他們何必盯著這些古董錢包下手？按照他們的風格，應該開個新聞發布會昭告天下才對。」

澤維爾盯著馬克略帶譏諷的嘴角，他有種強烈的感覺，面前的這個男人在隱瞞著一些事情。他需要找到突破口。

「馬克，我能叫你馬克嗎，你抽菸嗎？」澤維爾明知故問。從馬克指間的印跡上就能看出他是個老菸鬼。

馬克接過菸，點燃，深吸了一口，緩緩吐出菸圈，整個人隨之鬆弛下來。

「他們都說，如果歐洲還有一絲希望和中美爭奪量子霸權，希望就在你身上。所以你的研究領域究竟是什麼？」

「他們那麼說嗎？這些騙子。」馬克咧嘴一笑，眼中露出一絲得意。「你知道兩片石墨烯旋轉特定角度相疊能成為超導體吧？」

「所謂的魔法角度？」澤維爾不是很確定。

「正是。同樣的事情也發生在量子領域，只不過更複雜，而且是三維的。受到文小剛教授四十年前的量子拓撲序工作的啟發，我們也許能夠在增加有限量子位元的前提下，極大地提升算力。打個比方，為什麼古埃及人要把金字塔修建成四面錐體，而不是別的

形狀？」

「我猜不是為了好看。」

「他們認為，這種形狀能夠最大限度地聚集宇宙能量，讓裡面的木乃伊起死回生。」

澤維爾聳了聳肩，他對神祕主義不感興趣。

「古埃及人可能是對的。在某種程度上，拓撲形態確實能夠影響能量或者資訊的分布，甚至以人類想像不到的方式提升轉化效率。我們做了一些實驗，用 AI 尋找最有效的量子拓撲結構，有了初步的判斷，但僅此而已，距離投入實際應用還很遙遠。」

就像是提前知道了澤維爾的來訪目的，馬克直接告訴他答案。但這並沒有打消澤維爾的疑慮，恰恰相反，他更加警覺起來。

「有一個問題，不知道該問不該問，關於您的家人……」

「別，請別。」馬克瞇起雙眼，目光冰冷。「那跟我們討論的問題毫無關係。」

會議室裡陷入了短暫的沉默。澤維爾沒有想到馬克的反應如此直接，也截斷了他的後路。沒有人會殘忍到去揭開另一個人苦心隱藏的傷疤，至少在眼下，在這個文明社會的場景裡不會。

澤維爾無奈地起身，馬克依然坐著，抽著菸，像個勝利者。

一陣細微而急促的震動，在兩人身上同時響起。

澤維爾點開 smartstream 介面，深紅色的突發新聞。他掃了一眼，全身僵硬。

馬克一動不動，眼睛望著窗外，輕輕吐出菸圈，似乎早已知曉了一切。

襲擊發生在兩個時區之外，波斯灣的霍爾木茲海峽，全球 1/3 的石油在此中轉。

從天而降的神祕無人機陣列如黑色蜂群湧入港口，精準打擊整個石油運輸系統中最關鍵的環節，油罐爆炸、管道泵破損、郵輪側

翻、港口癱瘓。如同天使吹響了末日號角，地獄之火蔓延到了整個海灣，將燒經年，久久不息。駐守波斯灣的美軍艦隊尚未來得及反應，就發現自己已陷身火海。

「很美，不是嗎？」

澤維爾迷惘地抬起頭。馬克緩慢轉頭看著他，用夢幻般的腔調發出讚歎。

「就像一場盛大的煙火表演。」

北海上空－阿姆斯特丹－海牙
當地時間 2041 年 9 月 15 日午夜

羅賓被客艙裡的一陣驚呼吵醒，睡意朦朧地將臉湊近舷窗，看到夜色中遠遠地有幾道閃著紅光的傷口，撕開更加漆黑的大陸。

她一下子醒了，意識到那正是三天前遭受過襲擊的丹麥海峽。

事情的嚴重程度超出所有人的想像。

類似波斯灣的恐怖襲擊，正在全球七條主要的石油航線上輪番上演。每天從主要產油區運送往世界各地的原油超過六千萬桶，大部分都要透過狹窄的「咽喉」航道——包括霍爾木茲海峽、麻六甲海峽、蘇伊士運河、丹麥海峽、曼德海峽、土耳其海峽和巴拿馬運河。

一旦運輸原油的咽喉被扼住，就會像人體缺氧一樣，隨之而來的將是一連串的惡性連鎖反應。供給不足。價格狂飆。市場恐慌。通貨膨脹。搶購。交通癱瘓。物流及服務體系崩潰。金融體系崩潰。沒有汽車。沒有飛機。沒有船隻。沒有塑膠。沒有替代性能源。區域性資源掠奪。暴亂。局部戰爭。全面戰爭。

在這個星球上，除了農業經濟體外，沒有一樣消費品或服務是獨立於石油而存在的。新能源技術研發的投入太高、週期太長，短

視的投資機構不斷撤離這條賽道，技術突破姍姍來遲，拯救不了迫在眉睫的全面危機。

國際能源署（IEA）要求成員留存至少九十天的石油產量做為儲備，以備不時之需。上一次動用是環太平洋板塊異動，往前一次是卡崔娜颶風來襲，再往前一次是波灣戰爭。

這次人類可沒那麼幸運。那些閃爍著黑色光芒的關於石油文明的美好記憶，即將變成黏稠得無法擺脫的噩夢。一場系統性雪崩即將開始。

最令人難以置信的是，竟然沒有任何恐怖組織宣稱對此事負責。各國軍方擊落一批「末日」無人機（Doomsday Drone）——這個聳人聽聞的名字最初來自英國小報。在工程師成功破解其系統之前，自毀裝置總能搶先一步啟動，為此還搭上了幾條性命。

這些無人機從哪裡來？如何躲過防空警戒系統的？背後隱藏著怎樣的目的？

無人知曉。

這也是為什麼羅賓會搭上這班航班前往海牙的原因。

澤維爾傳來加密資訊，他們虜獲了一台未自毀的無人機。回溯無人機控制系統被啟動的初始時間戳記，正是羅賓遭遇比特幣失竊案的那一天。他們需要最頂尖的駭客高手進行破解，這樣精細的活兒沒辦法透過遠端操控機器人完成。同時，在缺乏實質性證據的情況下，如何合法扣押嫌疑人馬克·盧梭，也需要羅賓以駭客的方式提供幫助。

「我們需要你。你是第一個，也是唯一一個和那股力量交手過的人。」資訊裡這麼寫道，羅賓十分懷疑那次遭遇能不能被稱為「交手」。

對於這一魯莽決定，威爾和李都投了反對票。他們知道澤維爾已經追查他們好幾年了。這或許是個圈套，利用羅賓想要追回失竊

比特幣的心理，一舉多得地將她抓捕歸案。但對於羅賓來說，她有自己的祕密。經過一番糾結，在得到 EC3 的特赦承諾後，她決定隻身赴約。引狼入室

「有時候，為了贏，你必須先輸。」羅賓說出了一句她自己並不相信的話。這是她奶奶從小就一直在她耳邊絮叨的哈薩克格言。

她了解這個男人，超過這世上的任何人，甚至包括澤維爾自己。為了研究對手，她將澤維爾以往灑落在網際網路海洋裡的每一塊碎片都拼湊起來。這些資訊如此瑣碎而全面，在 AI 的幫助下整合成一個全像資料模型，從而可以推算出真實人類的情緒與行為反應。這套演算法原本是用於反恐的，卻被羅賓「借用」來對付反恐人員。甚至在她的優化下，準確率提升了幾個百分點。

羅賓對澤維爾了解得愈多，愈是萌發出某種斯德哥爾摩症候群的心理。就像在蛛網中心掙扎的飛蟲，竟對蜘蛛產生了同情心一樣。

她知道澤維爾是為了找回自己的妹妹。她也知道，這麼多年過去了，露西婭凶多吉少，等待澤維爾的多半是噩耗。羅賓見過那些被販賣女孩的境遇，如果這世上真有地獄，其慘狀大概也不過如此。她可以安慰自己，這是為了他好，但這並不能消減幾分自己的負罪感。

原因很簡單。幫助溫奇圭拉集團一次又一次逃脫 EC3 追捕的，正是羅賓為了贖回自由身而設計的一套資料系統。這套系統可以加密、隱藏、銷毀犯罪的蹤跡，無論是販賣人口、網路虐童、資訊盜竊還是金融詐騙，都能像冰融於水中一樣，消失得無影無形。它也是解除羅賓家人所受死亡威脅的籌碼。倘若她幫了澤維爾，無疑是向溫奇圭拉集團公開宣戰，更是違背了駭客世界的契約精神。她餘下的人生注定只能在無盡的逃亡中度過，結局多半是慘死在某個汽車旅館骯髒不堪的浴室裡。更不用說她的家人。

一陣猛烈顛簸後，飛機在阿姆斯特丹的史基浦機場著陸。

沒有時間後悔了。羅賓想著，走進機艙外的黑夜裡。

那個男人像個影子般站在到達出口，手裡舉著牌子，似乎已經等候了一個世紀。兩人眼神交接的瞬間，羅賓從那張臉上讀出了幾分驚訝，為她的性別、年齡或者美貌，也許三者皆有。

防彈無人車在午夜駛向海牙。兩人一前一後，一路沉默。

羅賓知道澤維爾有著滿腹的疑問，知道他迫不及待地想要得知妹妹的下落，但他並沒有開口。這種超人的忍耐力，讓她不由得生出幾分讚賞之心。她將注意力轉回到眼前的螢幕上，上面顯示著 EC3 搜集到的關於末日無人機的資料。

武器和動力系統看起來都很正常。飛行控制系統由內置的智慧程式驅動，透過數枚高性能深度攝影機識別環境及目標，反算出最優的飛行軌跡。機群之間能夠即時進行高頻資料同步，以協調彼此的位置與姿態，避免撞機。最為精巧的是反干擾加密系統，能夠有效對抗目前最新一代 CRPC [16] 技術，使其幾乎不可能做到預警，更不用說進行精準識別和打擊了。

這種手法讓她想起傳奇駭客布林克先生，據說他一手導演了入侵 NASA 控制中心事件。但他早在多年前就退隱江湖，或者死於非命了。事情變得愈來愈有趣了。

「到酒店你先好好休息一下，明天上午九點我接你。」澤維爾終於開口了，不帶一點情緒。

「現在就去。」羅賓頭也不抬。

「什麼？」

「去看你們抓到的東西，我不是來度假的，每分鐘都至關重要。」羅賓冷冷地看著澤維爾。澤維爾挑了挑眉毛，向車子發出指令。

二十分鐘後，兩人已經置身於 EC3 密級最高的實驗室「瓦肯

---

16 即認知無線電協議破解（Cognitive Radio Protocol Cracking）。

7」裡。之所以叫這個名字，是因為這裡的每一個人都像「星艦迷航記」裡的瓦肯星人一樣，高度崇尚理性與邏輯。一切缺乏證據的猜測都會被嗤之以鼻，被斥為科幻小說般的狂想。

燈光感應到人體運動，自動閃爍亮起。那台炭黑色的機械生物，就躺在鈦合金工作台上，接滿各種顏色的線纜。看上去如此小巧而脆弱，難以將它與整個世界的混亂聯繫起來。

羅賓徑直走到中心控制台，像上級般要求澤維爾調出所有的測試日誌。澤維爾不情願地照辦。羅賓用手勢快速翻閱，資料令人眼花繚亂地打開收攏。過了不知道多久，她突然停止了動作，像是手勢凝固在最後一個休止符處的指揮家，等待著掌聲響起。

「發現了什麼？」澤維爾小心地打破靜默。

「它已經死了。我們需要活的。」羅賓宣布。

「我不明白。」

「只有當它處於執行任務模式時，我們才有一絲機會穿透它的反干擾系統，進入內部改寫程式。這難度，就像是朝一輛時速五百公里的法拉利F1車窗縫裡扔撲克牌。」羅賓微微一笑，臉色慘白。

澤維爾跌坐回椅子，看來這個漫長的夜晚才剛剛開始。

荷蘭
席凡寧根
當地時間 2041 年 9 月 16 日 14:31

距離海牙只有五公里遠的席凡寧根是荷蘭人引以為豪的度假勝地，有著長達十一公里乾淨細膩的優質海灘。天氣好的時候，粉藍色的天空中飄著朵朵鑲著金邊的白雲，海天之間點綴著各色帆板與風箏，活像是從霍貝瑪的某幅油畫裡截下來的風景。

誰也想不到，就在這裡，隱藏著 EC3 等級最高的安全屋。此

刻，在這間裝修得像宜家產品體驗館的屋子裡，住著一名特殊的房客。馬克·盧梭形容枯槁，的確，他已經好幾天沒睡過好覺了。

「你真的不想嚐嚐嗎？」澤維爾把一盒散發著濃烈腥味的生鯡魚放在桌上。魚塊上插著帶荷蘭國旗的牙籤，生怕遊客不知道這是本地特產。

「我要見律師，這是非法拘禁……」馬克聲音低沉沙啞，卻帶有某種威懾力。

「不。根據歐盟的特殊證人保護條款，我們有權力這麼做。」澤維爾幾分得意地湊近馬克，提高聲音，「而且，只要駭客組織對你的暗殺令不取消，我們就可以讓你在這間可愛的小屋裡永遠待下去。聽明白了嗎，馬克？」

馬克憤怒地試圖抓住眼前的男人，智慧拘束衣即時阻止了他。關節部位的材料通電變硬，在數毫秒內便由家居服變為枷鎖。馬克重重地砸在桌子上，雙臂攤開，臉緊貼著桌面，只剩下一對充血的眼睛可以自由轉動。

「你們……什麼也沒發現，我說得沒錯吧……」馬克艱難地吐著粗氣，又像是在笑。

澤維爾沒有回答。他走了一步險棋。利用馬克吸引羅賓，又利用羅賓牽制馬克。以偽造駭客發布暗殺令為由「保護」馬克·盧梭固然有效，但也不可能無限期地拖延下去。一旦有確鑿證據證明馬克與恐怖襲擊有關，所有大國的安全機構都會搶著要人。這事難免會超出他小小的權力範圍。但倘若證明不了，恐怕就連這點權力也都會化為烏有。

從目前搜集到的多達 2TB 的相關材料來看，確實什麼也證明不了。驅動澤維爾豪賭一把的是直覺，人類的直覺。他從馬克眼中讀出某種恨意，那種程度的恨意可以驅使人幹出一切瘋狂的事情。澤維爾也失去過親人，他能理解那種感受。AI 暫時還做不到。

留給澤維爾解開謎題的時間不多了。他決定孤注一擲，發起最後的進攻。

「馬克，你讓我沒有選擇。我知道是你。AI 審問系統能透過一根表情肌的顫抖，透過一次不自然的停頓，戳穿你的偽裝。我不得不採用一些非常手段，來讓你記起一些你不願意記得的事情。有些事情，機器確實比人類更擅長。」

「你想嚇唬我？」

「抱歉的是，這是真的。之所以現在才拿出來，不過是因為它處於爭議中。有好幾個嫌疑人都落下了不可逆的精神損傷。申請使用這些手段需要填很多無聊的表格，浪費了我好幾天的工夫。」

澤維爾沒有說謊。這種被稱為「噩夢之旅」（BAD TRIP）的 AI 審訊技術，透過非侵入式的神經電磁干擾大腦邊緣系統，誘發受審者最為恐懼及痛苦的身心體驗。往往表現為創傷性記憶重播，這種重播比任何設計最精妙的 XR 體驗都更具真實感。它像一場噩夢，將放大所有的情緒反應，直到理性被完全摧毀。

據說，發明者最初的目的是發明能夠替代精神藥物，為人類帶來終極快樂的技術。遺憾的是，他找到的只是通往反方向的大門。

噩夢之旅將給受審人留下長久的心理創傷，甚至導致其自殺。出於人道主義考慮，EC3 內部一直有廢除這項技術的呼聲，但極端恐怖主義在歐洲的抬頭，又給了這一酷刑一線生機。

技術人員帶著設備進入房間，開始往馬克頭上裝。那機器像是由金屬與線纜拼接而成的章魚。

「等等……別這樣……」馬克聽起來沒有之前那麼堅定了。

「也許，你很快就能見到久違的家人了。只可惜是以一種不那麼愉快的方式。」

話剛出口，澤維爾心底便對自己橫生厭惡。他是什麼時候變成這樣的，打著正義的旗號，為了達到目的不惜利用人性的弱點，卻

藉口一切都是為了找到妹妹露西婭。

「等等！如果我告訴你，下一波襲擊在哪兒出現呢？」

澤維爾抬起手，技術人員動作暫緩。

幾分鐘後，澤維爾拿到了一份潦草寫著時間地點的清單，臉色益發凝重。他往外走著，嘗試接通與羅賓的加密通道。

「我知道的都告訴你了，快把我放了！」馬克大喊著，近乎哀求。

澤維爾像是想起了什麼，停下腳步，又擺了擺手。技術人員接到指令，繼續把那具機械章魚裝到馬克的腦袋上。

「你這個渾蛋！你會後悔的！你什麼也改變不了……」馬克雙目圓睜，奮力掙扎，脖子和額角血管暴起。

「抱歉……」澤維爾輕輕說了句，離開安全屋。

噩夢之旅在啟動時發出輕微的嗡鳴聲，如同舊式冰箱使用的製冷壓縮機。馬克·盧梭眼前閃過一線綠光，他拚盡最後的力氣試圖掙脫，但整個身體卻在瞬間凝固了，像是有什麼東西如冰錐一樣扎進了他的大腦，開始緩緩轉動。

他的雙眼充滿了淚水，卻再也無法閉上。

比利時
布魯塞爾
當地時間 2041 年 9 月 17 日 7:51

NEO II 國際會議中心緊鄰博杜安國王體育場、原子球塔及布魯塞爾博覽園，像掩藏於綠色植被中的水晶，在晨曦下閃爍著光彩。

在這裡舉辦的第二十五屆全球科技創新大會（G-STIC），正進入第三天的高潮。來自全球各地的科技精英、投資人、商業領袖、政治明星及文化名人齊聚一堂，擠滿了可容納五千人的兩個大

會議廳。為中心配套的擁有兩百五十間客房的全景酒店也早被 VIP 們預訂一空。

今天的氣氛卻有點不一樣。阿特拉斯網路的無人防暴車包圍了整片區域。身穿黑色作戰裝甲的 SIU 隊員部署在各個重要的動線節點，構造出直徑半公里的火力圈，將重要建築納入其中。這並不是因為原本要在會議上發表重要演講的雷·辛格。他創立的科技企業 IndraCorp 總市值超過萬億美元，近年來為打造海洋城市不遺餘力，卻遭到了極端環保主義分子的多次攻擊。

SIU 隊員抬頭仰望天空，試圖用增強目鏡捕捉異常情況。可除了陰翳的雲層，一無所獲。

澤維爾和羅賓坐在其中一輛車裡，死盯著空域監控資料。根據馬克給出的情報，十分鐘後會有一波襲擊抵達這裡。

AI 反恐系統根據之前的襲擊模式進行分析後得出結論：發生恐怖襲擊的概率接近零。很明顯，這裡只是個旅遊景點，既沒有能源基地，又不是轉運樞紐。各國大部分軍警力量都被調派到重要能源基礎設施附近，這才是符合資料和邏輯的做法。澤維爾花了不少力氣才說服了 EC3 和阿特拉斯網路的上級，為此他也賭上了自己的前途。

「也許他只是在放煙幕彈。」羅賓喝了口咖啡，眉頭一皺。「除了註冊在案的飛行器之外，什麼也沒有。」

「不，他說的是實話。他對往事有某種病態的恐懼，這是他唯一的軟肋。」

「可他為什麼要毀掉自己的計畫？」

澤維爾想起離開安全屋時馬克說的話，搖搖頭：「也許，他自大到認為我們即使提前知道，也無計可施。」

羅賓聳聳肩：「看起來他的自大遲到了。」

一個通話請求進來了。是負責外場的行動指揮官多姆。他的

聲音裡透著不安：「有什麼東西從西邊過來了，像是雲，又像是鳥群……」

「可這上面什麼都沒有。」羅賓指了指螢幕。「不，等等！」

她調出介面參數快速點選，螢幕突然一變，一團紅光閃爍的密集光點正向他們快速逼近。

「它們模仿了鳥群飛行模式，騙過了偵察系統！」

「見鬼！全體往火力圈西側集中！執行阿爾法計畫！」澤維爾下令，扭頭望向羅賓，「你準備好了嗎？這可不是在螢幕前敲敲代碼。我們隨時可能送命。」

「送命的事兒我幹得可不比你少。」羅賓輕蔑地一笑，戴上黑色頭盔。

防暴車開動起來。車廂底部升起一輛輕便機車，澤維爾和羅賓一前一後騎坐其上。後車門掀起，遠遠能望見空中有不祥的黑色鳥群盤旋而至。它們如此靈活快速，笨拙的防暴車肯定追趕不上，只有靠機車。但這也意味著會把身體完全暴露在敵人的火力之下。

澤維爾扭動油門，機車引擎低聲咆哮。羅賓抓緊扶手，機車喘著粗氣倒退著躍出車廂，在地面彈跳了兩下，濺起一片砂石，很快恢復了平衡，馬上掉轉方向朝無人機群追去。

羅賓舉起雙臂，借助手腕上的發射器，向無人機群發射集束電磁波。這種波強度大、精度高，但作用距離有限。就像她打過的比方，往疾駛的法拉利車窗縫裡射出撲克牌。只有這樣，才能夠借助無人機之間切換通訊協議的間隙，侵入其內部系統，透過逆向工程控制其行動。

與此同時，SIU 隊員在各自據點向無人機群開火，普通的干擾手段完全不起作用，只能靠強制火力來阻擋。奇怪的是，那些無人機並不還擊，而且就算被交織的火力線絞成碎片，墜毀爆炸，後來者依然沒有改變行進路線。

一時間，這片著名景區變成了戰場，硝煙滾滾，爆炸聲四起。

「再快點！」羅賓大喊，澤維爾一摔油門，機車如脫韁的野馬咆哮著躍起，又重重跌下。

SIU 隊員只攔截一定飛行高度之上的無人機，故意放過一些低飛的敵機。這是之前戰術部署的精準執行，讓澤維爾和羅賓能夠侵入無人機操控系統，才是這次任務成功的關鍵。

「兩點鐘方向。」澤維爾話音未落，機車便朝那架低飛的無人機奔去。

它像是被擊傷的鳥兒，身體搖晃，搖搖欲墜。羅賓舉起雙臂，朝它發射集束電磁波，尋找著任何侵入的機會。

「再近一點！」羅賓從機車後座起身，隨著地形起伏猛烈顛簸，像是隨時可能被摔下牛背的鬥牛士。

澤維爾咒罵了一聲。車子不斷地躍過台階和障礙物，追隨著無人機的軌跡。必須在它墜毀之前抓住它，否則就將前功盡棄。

羅賓頭盔上的防風鏡顯示器有了反應，信號握手成功了。她快速將一連串複雜的指令送出。它們就像被包進糖紙裡的毒藥，偽裝成無人機之間的交換資料包，卻能從內部奪取控制權。無人機似乎速度有所減緩，像是聽到了什麼無聲的召喚。

「還差一點點，別跟丟了！」

澤維爾雙手緊握車把，大汗淋漓。無人機已經飛入了會議中心區域，這裡的地形更加複雜。他不得不撞開休憩區的座椅，又躍上種著植栽的架空平台，像個特技演員玩著各種難度極高的動作。

「還有 5 秒！4，3……當心！」羅賓屏住呼吸。

無人機飛入了中庭，往下是深達六層樓的休憩平台與展覽空間，以電扶梯連接各層。講究生態和諧的比利時人在每層都種了樹木，像是一座中空的地下花園。他們不得不做出選擇，跟著無人機躍向半空，或者停下，聽天由命。

「幹！抓緊了！」澤維爾倒吸一口冷氣。

機車撞破玻璃護欄，飛向半空。羅賓心跳失速，只能緊緊抱住澤維爾。澤維爾雙手鬆開車把，任由機車隨著慣性在空中旋轉，跌落深谷，碎裂散開。而他透過語音指令同時啟動雙臂及後背的壓縮空氣噴嘴，迅速調整姿態，尋找可以緩衝的區域。他看到了一棵穿透地下三層樓的大樹，幾乎沒有反應時間，只能抱著羅賓如炮彈般撞過去。在即將撞到樹冠的瞬間，澤維爾掉轉身體，用自己的背部做為第一受力點，再次全力啟動噴嘴，將備用氣囊中的壓縮空氣悉數噴出。

兩人壓斷了許多細小枝條，重重摔在玻璃平台上，澤維爾發出一聲痛苦的悶叫。

「你還好吧……」驚魂未定的羅賓從澤維爾身上爬下來。

「還活著。無人機……怎麼樣了？」

羅賓抬頭四處尋找，眼中終於露出一絲欣喜。那是懸浮在他們頭頂不遠處的一架黑色無人機，看起來已經完全被羅賓所操控。澤維爾向她投來讚許的目光，正要開口說點什麼，卻被來自指揮官的信號打斷。

「澤維爾，你們在哪！這些傢伙究竟想幹麼？」

視訊訊號傳到澤維爾的 smartstream 上。在 NEO II 全景酒店的玻璃幕牆外，三架在炮火中倖存的無人機以等邊三角陣列圍繞樓體旋轉上升，似乎像在對酒店進行逐層掃描。

「看起來像是在找什麼東西……」羅賓皺緊眉頭。

「你能讓它們停下來嗎？病毒傳染什麼的。」澤維爾指了指頭頂懸浮的無人機。

「可以試試，但是需要時間。為什麼不直接擊落它們？」

「酒店裡還有人……」

「什麼？」

「一些頑固的房客⋯⋯創新大會的 VIP 們認為警方只是小題大做，像以往一樣。」

「這些白痴！」

羅賓不再說話，快速地在虛擬鍵盤上操作起來。她隱隱感到一絲不安。那些無人機究竟在尋找什麼，又或者是，尋找誰？

那架被策反的無人機開始上升，試圖追趕另外三位同伴，只有進入有效距離內才能夠啟動無人機之間的通訊協議，羅賓設計的資料毒餌才能生效。

全景酒店高十八層，呈長方形。頂層是景觀最佳的總統套房，天氣好的時候，從那裡可以看到比利時五角形城區以及波光粼粼的塞納河。

如果此刻，某一位頂層套房的貴賓望向窗外，他會發現一個奇怪的黑點，像是玻璃上的汙跡，卻擦之不去。那個黑點正在緩緩平移，消失在視線邊緣。這時，另一個黑點又從相反方向出現。

它們就像三隻輪流進行監視的眼睛，折射著不懷好意的冷光。

「再快點！」

羅賓和澤維爾焦急萬狀，那一架受傷的無人機明顯爬升動力不足。離頂樓還有五層，它需要再往上飛三層。

一陣輕微如泡沫破裂的聲音從高空傳來。直到玻璃碎片如雨點般落向地面，所有人才反應過來，無人機開火了。三架無人機優雅地跳著華爾滋，在總統套房巨幅落地窗外輕盈地點射，就像在與躲藏其中的獵物玩著遊戲。

「開始傳輸資料包！」羅賓讀著進度條，眉頭緊鎖著，「⋯⋯完成！」

澤維爾一瘸一拐地站起身，仰望著高處發生的無聲激戰。現在，所有的無人機都不動了，像是在藍天上寫下的四個全休止符。

耳機中傳來最新情報。羅賓看向澤維爾，眼露恐懼。她終於知

道那三架無人機並非因為感染毒餌而停火，而是因為，它們已經完成了使命。

躲在總統套房裡的雷·辛格成為末日黑名單上第一個被劃掉的名字。

荷蘭

席凡寧根

當地時間 2041 年 9 月 16 日 15:00-21:00

馬克不知道自己在噩夢之旅中循環了多久，幾分鐘或者數十年，好像也沒那麼重要了。他終於明白了，這個程式的可怕之處並不在於任何感官上的模擬折磨，而是將被審訊者帶回某個表層意識極力逃避的瞬間，並放大隨之而來的種種情緒。

對他來說，那是無盡的悔恨。

五年前，馬克帶著妻子安娜，兒子呂克到北加州度假，躲避德國陰冷漫長的寒冬。他們驅車到重建的新天堂鎮拜訪馬克的恩師保羅·范·德·格拉夫。兩人多年未見，相談甚歡。呂克纏著安娜要去普拉瑪斯國家森林公園遠足，於是安娜決定丟下醉心探討物理問題的馬克，獨自帶兒子開車進山。

「我們晚飯前就回來，希望飯桌上不用再聽到『量子』這個詞了。」安娜笑著離開。

馬克對她說的每一個字都記得如此清晰。這是安娜留下的最後一句話。

天色漸暗，安娜和呂克卻沒有回來。馬克終於從學術討論中回過神來。導師為他提出的量子拓撲態公式引入新的變換形式，讓陷入死胡同的研究柳暗花明起來。他興奮過頭，完全忘記了時間的流逝。他撥打妻子的電話卻沒能接通。森林公園方向的天邊出現一抹

奇異的橘紅色，像是晚霞，只是方向相反。那抹紅光愈來愈亮，令人不安。

緊接著，所有人的 smartstream 此起彼伏地響起了刺耳的警報聲，那是山火來襲的緊急疏散通知。

馬克慌亂地跳進保羅的手排福特老爺車，在逃難車流中逆向而行。他撥打警方電話，希望透過衛星定位到妻子車輛的位置。電話被轉接到 AI 服務，甜美的人工合成語音回答：按照加州資料隱私保護條例規定，無法為您提供車輛定位。馬克憤怒地掛斷電話，將油門踩到極限，再度違反了幾條加州法律。

車子才開出去不到二十公里便被州警攔下，說前方山火危險，私人車輛不得進入，馬克幾乎喪失理智要訴諸武力，還好過來一列消防車隊，願意帶他進去尋找家人。

「這可是冬天！」馬克發出不可思議的感歎。

「這可是加州。」消防員們笑笑，習以為常。

加州本來屬於地中海氣候，冬天應該溫暖多雨，但是隨著全球氣候極端化，冬天也變得高溫乾燥。加上大風助力，山火時常發生。二十三年前，舊天堂鎮便是由於一場超級山火被徹底摧毀，一萬多棟房屋被燒成灰燼，近一百人遇難，大火覆蓋範圍超過三‧六萬公頃。

他們駛經一條橘紅色的鐵橋。橋下是清澈見底的河水，蜿蜒伸向遠方。兩岸山坡鬱鬱蔥蔥，那就是普拉瑪斯國家森林公園。離橋不遠處有一座發電站，標牌上寫著 PG&E（Pacific Gas and Electric Company, 太平洋天然氣和電力公司）。

「這裡還有電站？」馬克發出疑問。

「給整座舊金山供電的，上次就是因為舊電線短路……」年輕的消防員話說一半又咽回去，似乎觸碰到什麼祕密。

妻子的電話始終無法接通，馬克心急如焚，不斷催促司機。他

終於看到了那輛熟悉的車子，停靠在路邊，車內空空蕩蕩。他們一定是步行進森林了。在馬克的懇求下，有兩名消防員自願陪他搜尋家人，但留給他們的時間不多了。

坡度每增加十度，山火蔓延速度便會翻倍，更不用說難以預測的大風，會為山火帶來充足的氧氣，還會隨時改變其走向。風帶著未燃盡的炭火碎屑，以常人難以想像的速度點燃近處的植被。在極端條件下，山火速度能夠達到每小時八十公里，車輛有時都難以逃脫，更不用說步行者。

馬克和兩名消防員高聲喊著安娜和呂克的名字，彼此拉開一段距離，對樹林做極其有限的搜索。他們前方已經能看到燒成炭紅色的天空，給森林勾勒上一圈金邊，空氣溫度上升得很快，能聞到一股強烈的焦臭味。

「不能再往前走了，大火隨時會撲過來。」兩名消防員停下了腳步。

「我求求你們，他們一定就在附近，幫幫我……」馬克幾乎是在哀求。

「很抱歉……」消防員們搖搖頭。

突然，馬克聽到了什麼微弱的聲響。是鳥叫，還是樹枝折斷的聲音？他看著眼前這片幽深莫測的森林，聲嘶力竭地呼喚妻兒的名字。這回，那聲音更清晰了一些，是男孩的哭聲。馬克不顧一切地朝哭聲的方向跑去，兩名消防員在後面追趕。

風向驟變。一股熊熊熱浪幾乎要把他們掀翻在地，整座森林都在發光，紅光迅速朝他們包圍過來，像是一頭怪獸張開血盆大口，啃噬著這片土地上一切有生命的事物，發出令人心驚膽戰的脆響。

在一塊巨石底下，馬克看到了兩個模糊的身影，一個躺著，一個跪坐著。他幾乎肯定那就是安娜和呂克，臉上露出欣慰的笑容。馬克正想上前，卻被兩名消防員猛地一拽，三人一齊撲倒在地。

AI 2041

「你們他媽的幹什麼……」

還沒等馬克的咒罵出口，一條狂暴火龍乘著風勢從他原先站立之處掃過，地面悉數化成一片炭火，嗞嗞作響。巨石下的兩個身影則完全被濃煙與烈火吞沒，不見蹤跡。

「不！安娜！呂克！堅持住，我來救你們……」

消防員把馬克死死按在地上，任憑他死命掙扎，在地上揚起沙土。很快，喊叫變成了哀號，又變成了動物般低沉的嗚咽，最後一點聲音也發不出來了。他知道，僅存的一點希望已經遠離自己。

馬克被消防員架出火場，回到車上時，整個人已經垮掉了。

大火足足燒了十七天才被撲滅。

葬禮上，馬克只能對著一捧爐土哭泣。他停掉所有工作，試圖找出山火發生的真正原因。做為一名信奉理性之人，他不接受命運的不公對待，因此必須有人、機構或制度為此事負責。但所有的相關方都將意外歸咎於大自然的極端氣候。沒有確鑿證據，他所有的揮拳最後都只擊中空氣。

憤怒與自責如慢性毒藥扭曲著他的心智，馬克變成了一個憎恨人類的人。他堅信是人類的自大與貪婪釀下這一場苦果，加速主義的文明已經走到了盡頭，安娜和呂克只不過是這條通往自毀道路上的犧牲品。而悲劇發生之前，他從導師處得到的頓悟則是通向復仇之路的路標。

在量子世界裡，因果關係以違背人類直覺的方式存在。因與果相互纏繞，難分先後。

馬克夜以繼日地工作。他加入了暗網上的一些極端組織，許多令人難以置信的非法資源在此處卻可以自由交易，一個龐大的復仇計畫慢慢成形。他發現自己所致力突破的量子算力是其中最重要的一塊拼圖、強勢貨幣、鑰匙，於是就將自己的研究成果隱藏起來，逐漸淡出公眾的視野。在大多數人看來，他不過是個沉湎於痛苦往

事、自甘沉淪的可憐蟲，卻想不到背後有著驚天陰謀。

噩夢之旅一次又一次將馬克拋回那個傍晚，讓他反覆品嘗失去親人的滋味。他甚至嘗試著反向操控記憶，做出不一樣的選擇。如果他沒有沉迷於導師的爭辯，而是陪著安娜和呂克去森林公園，是否一切就不會發生？如果他在被州警攔下時強行闖關，是否就能爭取到把妻兒救出火場的關鍵時間？如果……有幾次他目睹了妻子與兒子被烈火燒成焦炭的恐怖場景，儘管他知道這只是幻覺，卻依然讓他心智崩潰。

時空的分岔無窮無盡，指向完全不同的人生，就像多世界詮釋下的量子測量。但至少在這個時空中，在這一段人生中，他別無選擇，只能承受。

漫無止境的酷刑結束了。當技術人員摘下馬克頭上的設備時，夜幕已經降臨。他終於得以安心地閉上眼睛，不需要擔心黑暗中會再浮現出那些令人撕心裂肺的記憶了。

馬克‧盧梭唯一的人性弱點已經消失，而地球上的殺戮才剛剛開始。

絲綢之路 XIII

加密聊天室【000137】

協調世界時（UTC）2041 年 9 月 17 日 20:51:34

羅賓用她慣用的化身──奈良美智筆下帶著死魚眼和一臉嫌惡的古怪娃娃現身加密聊天室。她的搭檔威爾此刻化身洛內‧斯隆（Lone Sloane），那個長髮紅眼的星際流浪漢。李還沒有出現，一般來說他是最守時的。

他們選擇的虛擬環境是十八世紀的約克地牢，陰暗潮冷，石頭洞壁上有著幽幽的燭火，不時還有哀號聲從地底深處傳來，讓人不

寒而慄。那是正在遭受酷刑的犯人們。

羅賓：這裡倒是很應景。

威爾：可不是嗎。到處都在死人，這份末日名單愈來愈長了。媒體預測總死亡人數可能在一千兩百至一千五百人之間。

羅賓：聽起來還沒有英國每天死在街頭的酒鬼多。

威爾：可這些都是大人物，隨便死掉哪個，都會引起全球性的震盪。

羅賓：找到模式了嗎？

威爾：我們把遭受襲擊的人物背景資料交給機器進行交叉分析，沒有發現明晰的模式或相關性。這些人基本上來自所有行業，在各自領域都屬於頂尖水準，影響力超群，也許就是這麼簡單？

羅賓：我不相信。先是襲擊石油樞紐，然後是這些精英，這裡面肯定藏著什麼我們還沒發現的線索。

威爾：障眼法？

羅賓：什麼？

威爾：玩魔術的人都會這一手，你要把兔子變沒，就得把觀眾的注意力吸引到帽子上。

羅賓：嗯哼……有意思。

威爾：你之前說透過無人機通訊網路傳播病毒效率太低，問我有沒有辦法突破硬體局限。我研究了一下，這個問題其實跟硬體關係不大，更像是傳染病學。

羅賓：怎麼講？

威爾：當無人機群按原定模式協同飛行時，個體之間的通訊頻次其實相當高，而一旦其中某個個體被病毒感染，改變其行為模式後，它與同伴之間的協同關係解耦，通訊頻次一下子掉到原先的1%。

羅賓：所以即便我們再怎麼努力，也沒法救出多少人。

威爾：關鍵還是找到無人機的源頭。李這小子怎麼回事？

說話間，一隻白色狐狸溜進了聊天室，在兩人眼皮底下變幻成了男孩，那正是照著李本人建模的數位化身。

威爾：你終於來了。

李：為了甩掉一些盯梢的老鼠，費了些工夫。

羅賓：澤維爾已經沒有辦法繼續隱瞞馬克・盧梭與這一切的關係了，除非他把自己包裝成先知，能夠預測尚未發生的襲擊。我們只有幾個小時的時間，希望在官僚機構走完移交手續之前，能找出所有可能攻破馬克的線索。我必須和這個人當面對質。

威爾：聽起來你還挺關心澤維爾的，別忘了這個男人可一直想逮到你，送你坐大牢……

羅賓：閉嘴。李？有什麼發現？

李：一些有趣的東西。

李雙手在約克地牢的石壁上打開一片虛擬螢幕，開始播放一段卡通。這段卡通講述了在高度區塊鏈化與 AI 化的世界裡，有組織犯罪活動如何以去中心化的方式在全球運行。所有的交易都是加密的，所有的製造和運輸都是自動化的，犯罪主體與犯罪行為可以在時空上完全分離，只要設置好環環相扣的智慧合約。武器可以由零部件自動組裝投入使用，毒品可以在荒無人煙之地由機器人種植、收割、提純、分包，由無人交通工具轉運到社區，再由無人機進行投遞，買家只需要在暗網上點選選單。沒有人類的介入，舊日黑幫電影裡的背叛、洩密、臥底都將不復存在，即便被警方發現，每一個環節的模組化設計也能夠最高效、最低損耗地得到替換。

李：在自動化恐怖主義的世界裡，一個人就能毀滅全世界。

威爾：前提是這個人得足夠有錢。

羅賓：哼，想想我們被搶的錢包。李，說重點。

李：我把過去五年絲綢之路上關於無人機技術的資訊扒了一遍。雖然交易是加密的，但發布、瀏覽和討論不是。我用語義分析

程式把討論內容按照相關性進行分組，其中有一組關注的內容非常可疑，包括自動化裝配無人機、集群式飛行演算法、加密抗干擾系統、超遠航程能源模組等。把這些技術堆在一起，就是我們看到的末日無人機原型。這一組內容映射到的絕大部分是匿名使用者和加密 IP 位址，但百密一疏，其中還是暴露了一個 IP 位址。透過它，我追溯到了那個使用者的歷史資料。他感興趣的另兩樣東西，猜猜看是什麼？

威爾：你再賣關子我把你踢出去！

李：嘿，放鬆點，你這傢伙！好吧，一樣是從前蘇聯核基地流出來的鈽原料，另一樣東西更可怕，他想知道如何利用一個死人的社交資料來重建能理解自然語言，能像真人一樣交流的智慧模型。

三個人都沉默了。遠處傳來似人非人的哀號，石壁上的燭火隨之搖晃，像極了恐怖片中鬼怪現身前的氛圍。

羅賓：他想造核彈毀掉全世界，我倒不意外。後面那個更有意思些。他想要造一個鬼魂？哼，也許這就是我們的機會。

威爾：你的意思是？

羅賓：李，我給你兩個小時。

李：造一個鬼魂？

羅賓：試試造兩個。

布魯塞爾－海牙－席凡寧根
THALYS Plus 高速火車
當地時間 2041 年 9 月 18 日 00:32

疲憊至極的澤維爾帶上助眠眼罩，耳機中傳出微弱的靜噪，像是在數萬英尺高空中飛翔，俯瞰著世間萬物。

半夢半醒間，他看到遠遠的有黑色煙霧升起，在空中變幻形

狀，像是鳥群，卻在日光下折射著金屬光澤。那是末日無人機群，從偏遠的隱祕角落，一個被偽裝成丘陵的無人工廠裡，源源不斷地被生產出來。它們以太陽能為食物，夜晚棲息在山野，程式驅動它們模仿鳥類的隊形與飛行路線，躲避衛星與雷達的監測。集結成群時湧現出某種仿生智慧，離散狀態時又是忠貞不二的殺人武器。比起鳥群來，更像是蜜蜂或者白蟻這類社會性動物。

無人機群如癌變般增殖，變成一團具有壓迫感的龐然大物，朝澤維爾吞噬過來。他躲閃不及，竟被捲入其中，成為其中的一分子，跟隨這嶄新的恐怖造物降落人間，展開計算精密的殺戮計畫。

會議大廳、豪華客房、高爾夫球場、遊輪、加長豪華車、銀行VIP室……這些充滿了金錢味道與身分標籤的場所，此刻竟然變得如此公平，迎接死神的降臨。看著那些因恐懼而扭曲的面孔，智慧子彈擊穿他們的胸腔或頭顱，血花盛大綻放。澤維爾領悟到，也許只有最殘忍的事物才會對每個人一視同仁。

頻繁的死亡變得令人難以忍受。澤維爾背過身，想逃避這一切，卻看到遠處有一個小小的人影，像極了妹妹多年前的模樣，彷彿時間從未流逝。

澤維爾拚盡全力，想要穿過無人機群，去抓住妹妹的手，讓她回過臉來。那些黑色鳥兒瘋狂地朝他撲來，撞擊他的身體，如同一股罡風阻止他向前邁開半步。鋒利的旋翼邊緣在他身上劃出一道道傷口，流出來的卻不是血，而是黑色黏稠的石油。

妹妹的身影愈來愈遠，眼看就要消失了。澤維爾大叫一聲，驚醒過來，眼前卻是羅賓關切的臉。

「噩夢？」

「嗯……」澤維爾神情恍惚，分不清自己身在何方。

「你夢裡喊的露西婭，是你妹妹吧。」

澤維爾扭頭望向車窗外的黑夜，心如刀絞。

「我記得她⋯⋯她有一雙很美的藍眼睛。」羅賓淡淡說道。

「你見過她？」澤維爾猛地抓住羅賓的手。

羅賓把手抽出來。她當然見過露西婭。澤維爾午夜夢醒時凝視的老照片，四處散發的動態視訊尋人啟事，那雙藍寶石般的眼睛令人難忘。

她決定撒一個謊，出於無法解釋的緣由。也許是同情，也許是愧疚，也許是覺得在這個糟糕的世界上，不應該再剝奪一個人最後的希望。

「露西婭很好。等這些事都過去了，我幫你找到她。」

澤維爾的表情瞬間凝固，眼眶泛紅，身體因為用力微微顫抖。他努力控制自己的情緒，卻忍不住崩潰痛哭。

羅賓想要安慰這個男人，雙手卻懸在半空，不知該如何落下，像是遇見了生平從未曾觸及過的技術難題。

一個小時後，兩人來到席凡寧根的安全屋。

馬克・盧梭像是完全變了一個人，端坐在黑暗中，像頭野獸或者精神失常的瘋王，鬚髮凌亂卻目光炯炯。他在迎接羅賓與澤維爾的到來。

「死了多少人了？」馬克毫不掩飾語氣中的得意。

「你為什麼在乎？」澤維爾反問。

「我不在乎，演算法在乎。」

「演算法？」羅賓瞪著馬克，「是偷錢包的演算法，還是殺人的演算法？」

馬克轉向羅賓，露出怪異的微笑：「我很抱歉徵用了你的財產，但那也並不屬於你，不是嗎？就當是買了贖罪券吧。」

「你才是需要贖罪的人！」澤維爾一拳砸在桌上。

「是的，我需要贖罪。你們倆，那些自以為是的加速主義者，全人類，我們都需要贖罪。時候到了。」

「等等，」羅賓捕捉到一個詞，「你是說加速主義者，這就是你殺人的標準？」

「哈。你們的反恐 AI 只能看到被量化的人，打在他們身上的各種資料標籤：年齡、收入、職位、種族、性取向、公司市值……卻看不到更深層的聯繫。他們擁有共同的信念——相信不斷加速的技術變革能夠解決這世間一切問題，哪怕會帶來更大的問題。」

「比如？」澤維爾冷冷看著馬克。

「比如，我們總是寄望於用愈來愈強大的算力來暴力解決問題，卻從來不關心 GPT [17] 會產生多少額外的碳排放。人類文明就像一輛開往懸崖邊緣的車子，加速主義者不斷踩油門，結果就是大規模自殺……」馬克做出一個誇張的爆炸手勢。

「你不會真的相信那些溫室效應狗屎吧？」羅賓故意激怒他，「所以你用製造更多爆炸的方式，來懲罰人類？聽起來可不怎麼環保呢。」

馬克收了笑，往後一靠，斜睨著眼睛，輕聲說道：「你會看見的。」

澤維爾知道現在主動權不在自己手裡，為了得到更多資訊，只能攻擊馬克的軟肋，他決定採用羅賓建議的方案。

「馬克，安娜和呂克的事情我很遺憾……」

「別！」馬克突然彈了起來，怒目而視，「不許你提他們的名字！」

「……你不能將一場意外歸罪到全人類的頭上……」

「誰說那是一場意外！」馬克的情緒像火山噴發到達頂點，胸口猛烈起伏，「是該死的 PG&E 線路老化才引發了山火，但是沒有人會承認。政府、公司、媒體甚至是公眾……所有人都把責任推

---

17 即生成式預訓練（Generative Pre-Training）。

給大自然，就好像人類不是自然的一部分，就好像我們只是氣候異常的受害者，而不是始作俑者。太愚蠢了……」

澤維爾和羅賓對視了一眼，起身離開。

「馬克，你需要時間冷靜一下。我們一會兒回來。」

房間裡又只剩下了孤獨的暴君。馬克‧盧梭輕輕啜泣。燈光開始不規律地閃爍，馬克抬起頭，一臉迷惑。所有的燈光都熄滅了。

還沒等他反應過來，黑暗中亮起兩點幽幽的藍火，由遠及近，竟然像是兩個飄浮在空中的人形，面容逐漸清晰，竟然是他死去的妻兒。

「安娜？呂克？真的是你們嗎？」馬克半張著嘴，臉被火光映成藍色，分不清是驚還是喜，「……還只是那些人給我用藥後的幻覺？」

「總不是什麼量子幽靈，當然是我們。馬克，你還是老樣子。」確實是安娜說話的口氣和神態。

「爸爸……」男孩怯怯地叫了一聲，像是做了什麼錯事，「……我好想你。」

「呂克！」馬克試圖起身去接近妻兒，卻發現自己被拘束在椅子上，只能在有限範圍內活動。他罵了一句，淚水不由自主地流下：「我也好想你們……要是當時我陪你們去就好了……」

「馬克，別責怪自己。該發生的總會發生。我真的希望你能挺過來。」

「我很好，安娜。我們很快就會團聚了，很快。」

「爸爸，為什麼你們要殺死那些人？」呂克猶豫著提問。

「……因為他們正在毀掉整個地球。你不是最喜歡大自然和動物嗎？我要把地球還給它本來的居民們。」

「可是……殺掉那些人就能阻止地球被毀掉嗎？」

「呂克，我的兒子，那只是計畫的一部分。等到名單上的最後

一個人被殺掉，會觸發最後一步……」

「能告訴我嗎，我好想知道接下來會發生什麼事。」呂克哀求著父親。

馬克的神色突然變得警覺。此時在隔壁房間監控著一切的羅賓和澤維爾心跳到了嗓子眼。這兩個從安娜和呂克生前殘留網路資料重建起來的全像形象，能夠讓飽受折磨的馬克心生幻覺嗎？還是說，他早就看穿了一切，只是配合著演一齣戲，以滿足對妻兒的思念之情？

EC3 同步的全球資料顯示，末日無人機的殺人節奏正在放緩，這是否就是馬克所說的名單。為了保護生命，警方不得不用反恐 AI 畫了一個大圈，將所有與受害者有類似特徵的對象都納入保護範圍。這種無限擴大化的策略必然導致警力資源的浪費。諷刺的是，許多名流紛紛要求警方的特殊照顧。他們堅信憑藉自己的財富、名聲及影響力，必然是無人機的下一個暗殺目標。

「呂克，還記得你來研究所裡玩時，我給你講的故事嗎？」馬克眨眨眼。

「壞了，他起疑心了。」澤維爾嗓子發乾。

「改變策略。」羅賓迅速敲擊鍵盤，索引馬克斯·普朗克研究所的資料。

「爸爸，我記得普朗克的雕像，你說他是量子理論的開創者。當今世界所有量子技術的應用都源於他一百四十年前提出的大膽假設。」呂克乖巧地回答。

「馬克，也許現在不是上課的好時機……」安娜說。

「不！我跟你講的是旁邊的那尊雕像，聖·芭芭拉。她因為堅持對基督的信仰，被異教徒的父親出賣並殺死。不管是普朗克還是聖·芭芭拉的故事，都與信念的力量有關。只有毫無保留地相信，我們才能夠改變世界，創造未來。哪怕是聽起來再荒誕不經的預

言，都有可能成真。」

「爸爸……我不明白。」

「安娜，呂克，我愛你們，非常愛，但是，是時候道別了。」馬克痛苦地閉上雙眼，淚水從眼角淌下。他開始吟誦起奇怪的詩句：「……金色火焰從天而降，天生高貴者受突發事件打擊，人類大屠殺，奪走當權者的外甥，紳士雖逃命但最終仍難免一死……」

「馬克，我還想跟你多說會兒話，這一切究竟是怎麼回事？」安娜面露哀傷，懷抱著兒子呂克，神情同樣惹人憐愛。

「別再試探我了，你們這些魔鬼！快從我眼前消失吧！」馬克抬高音量，聲音發顫，「我會在另一邊見到我真正的……」

他牙關緊閉，狠命地咬碎了一顆牙齒，釋放出藏在其中的神經毒素。只用了十微秒，這些神經毒素便傳遞到控制呼吸與心跳的中樞神經。馬克頭一歪，倒在拘束椅上，不給急救人員任何搶救的機會。

安娜和呂克的幽靈漸行飄遠，遁入黑暗。

羅賓驚駭之餘深感不解：「他早就看穿了，卻還這麼配合？」

澤維爾低聲說：「也許他只是太想念家人了……最後那幾句話什麼意思？」

「諾查丹瑪斯的《諸世紀》。」羅賓搜索著網路資訊。「看來法國人有扮演先知的傳統，聽起來倒挺像現在正在發生的事情……」她突然想起了什麼，李之前告訴她的另一件事，「等等！金色火焰從天而降？也許這就是我們要找的東西，演算法的最後一個步驟……」

「什麼？」

EC3 的情報顯示，全球的末日無人機都停止了攻擊，開始全面撤退。

名單上最後一個名字已被劃掉，那是發明演算法之人自己。

借助 EC3 總部最高等級的加密通道，澤維爾得以從睡夢中叫醒身在巴黎的歐洲太空總署（ESA）總部負責人埃里克・孔茨，再經由他向全球各大航天器發射基地傳去警告，內容只有一句話：

「停止一切發射。」

如果羅賓的推測是正確的，當無人機完成演算法設定好的殺人任務之後，便會像電子遊戲一樣自動觸發下一個關卡。根據李提供的線索，以及馬克自殺前透露的資訊，大概率有數量不詳的核彈偽裝成普通太空貨物，被搭載到即將發射的商業火箭上，隨時準備射向太空。

「為什麼他不選擇在地面直接引爆？」澤維爾拋出疑問。

「因為馬克沒有買到足夠當量的原料。他並不是針對某個特定國家或地區，而是想要毀滅全人類。在高空爆炸形成的放射性塵埃就像慢性毒藥，會隨著大氣運動遍布全球，誰也逃不掉……這才是真正的末日。」羅賓回答。

「可如果是這樣，他為什麼不一開始就這麼做？」

「你說得對。」羅賓眉頭緊鎖。「為什麼要先殺死一批人，然後再殺掉所有人……」

全球各大發射基地先後發來資訊，他們確實發現了一些可疑的事情。多達十一個商業發射項目臨時將時間提前，絲毫不顧及軌道傾角、日照位置、觀測條件所限定的發射窗口。在這些火箭上都找到了無法追溯源頭的神祕貨物，並且發射地點均勻散布在各個經度。羅賓的直覺是正確的。

還有兩個發射中心遲遲沒有回音，位於南美法屬圭亞那中部的

庫魯發射場，以及位於距肯亞福莫薩灣海岸五公里的海上聖馬科發射場。工作人員與外界的通訊信號被切斷，當地軍隊正在奔赴現場的途中。

這種沉默令全世界窒息。

ESA、NASA、CNSA……各國太空總署管理部門已經無力決策，把燙手山芋交給了聯合國。聯合國祕書長與各國首腦緊急磋商，集結了各學科精英的特別顧問團拋出一個又一個解決方案，都紛紛被否決。看不見的定時炸彈正在某個角落滴答倒數。

而在現實的另一個層面，威爾和李正爭分奪秒地侵入這兩個發射中心的中控系統，這是駭客世界解決問題之道。

羅賓冥思苦想，一定有什麼線索被遺漏掉了。馬克·盧梭不可能留下如此明顯違背常理的錯棋，他，或者演算法，所走的每一步都有緣由。

「末日無人機並沒有完成任務……」澤維爾翻看著 EC3 的最新報告。

「你說什麼？」

「它們並沒有殺掉所有名單上的人，我們成功救出了其中的兩百七十四人，可是依然觸發了下一步，除非……」澤維爾突然意識到了某種可能性，與羅賓交換眼神。

「除非那些人本來就不應該死……只是用來當作障眼法，和真正要殺的人混在一起！」

羅賓迅速調出最後一名被無人機殺死的受害者資料。大島光，全球頂尖的資訊安全科學家，二十三個持有重啟 DNS 系統金鑰的人之一。這是從 2010 年開始啟動的跨國合作項目，以保障網域名稱系統與網際網路的安全。這驗證了她的某種猜測。羅賓繼續在死者名單裡搜索，又發現了更多與網路技術高度相關的專家學者。

「……他的目標並不是加速主義者或者全人類，而是網路！」

羅賓喊道。

「網路？」澤維爾不解。

「馬克真正要殺死的，是那些擁有重啟網路能力的人。」

「重啟……你的意思是，他想要關閉整個網路，但怎麼可能？」

澤維爾的質疑並非沒有道理。地球上有數億個網路伺服器，數百億個具有網路功能的設備，更不用說太空中由數萬枚通訊衛星組成的星網，以及某些封閉性的政府與軍方資料中心。高冗餘性的設計讓它無法被完全關閉，即便根伺服器受襲，海底光纜被切斷，只要備份系統能夠連線接管，全球性網路的恢復只是時間問題。

「也許，他只是想為人類踩下剎車……」

羅賓想起在安全屋裡，馬克關於加速主義者踩著油門把人類文明開向懸崖的那段慷慨陳詞。如果他真的信奉那套理論，這一切都說得通了。他並不想毀掉整個地球，殺死全人類。而只是想讓人類社會回到資訊革命之前，切斷大規模的全球化協作，降低對環境的碳排放與汙染，給大自然留出足夠的自我恢復時間。

她快速輸入一串指令，讓 AI 類比兩枚核彈在不同高度爆炸後，隨著時間推移對全球網路可能產生的影響。數位化地球的東西半球上空綻開兩朵亮紅色的光斑。時間尺規勻速變化，半透明光斑如癌變般不斷擴大，在三十分鐘後便可遍布全球。藍色行星將變成一顆閃爍著不祥血光的紅星。

「這是什麼？」澤維爾問。

「高空電磁脈衝。爆炸如果發生在平流層中部，釋放出來的伽馬射線會導致康普頓散射，撞擊高層大氣導致次生離子化，更多的高能自由電子被地球磁場加速，激發更強烈的電磁脈衝。」

「會怎麼樣？」

「電網超載崩潰，伺服器、路由器、交換機、信號塔、所有電子設備燒毀。」

「可我們還有衛星對吧……」

「那時候，地面上已沒有能夠接收並處理信號的基礎設施了。如果是我，也許還會在物理攻擊之外，同時發動對資料連結層的通訊協議攻擊。這意味著，即便你能連上網，也無法完成身分驗證，也就無法獲取任何資訊。」

澤維爾盯著羅賓，心想這真是一個貨真價實的恐怖分子。他接通了 EC3 的緊急通道。

如果羅賓的推論成立，數以億計的人將因此喪生，所有的系統——車輛交通控制、空中交通管制、導航和通訊、醫療保障……都將陷入癱瘓。飛機墜毀、車輛失控、船舶撞擊、金融交易系統崩潰……所有上市企業的億萬市值將化為烏有，連鎖反應將導致所有行業的上下游企業陷入滅頂之災。

特別顧問團進一步指出，隨著網路和所有長途通訊的消失，食品、藥品、燃料和其他必需品的運輸將無法協調。許多地區會出現動盪和恐慌，武裝騷亂和搶劫在所難免。就算當地警察和軍隊盡全力維持秩序，但指揮和控制能力將受到通訊手段的嚴重制約。他們將不得不依靠本地溝通和決策。

幾週之內也許短波通訊就能恢復，一些基本的社會秩序得以重建，但更大範圍的人類溝通與協作將成為歷史。網路系統何時能夠恢復正常，需要幾年或幾十年，完全取決於那些掌握專業知識與技能的持燈人。

可代表希望的燈火已經提前熄滅了，世界將陷入漫漫長夜。

威爾和李終於侵入庫魯發射場與聖馬科發射場的中控系統，發現了已被覆寫為全自動的無人發射模式。工作人員被鎖在控制中心

之外，行動受限。兩枚火箭已經進入最後的加注推進劑燃料階段，任何信號干擾都可能導致火箭發射資料誤差，造成箭體傾側、損毀、爆炸。這超出了駭客的能力範圍。

「只剩最後一條路了……」羅賓無奈地望向澤維爾。

特別顧問團向聯合國提交了最後的解決方案——調用近地軌道上軍事衛星的雷射武器，在兩枚火箭進入平流層之前擊落它們，將全球性損害降至最低。這個方案需要各國代表投票表決，因為高空核爆將不可避免地帶來地面上數以萬計的傷亡，距離爆炸中心愈近的國家和地區毫無疑問將承受更重大的損失。

除去衛星姿態調整和武器鎖定目標所需的時間，留給政客們的，只有不到一分鐘的決定時間。

在這一分鐘內，他們必須完成決定全人類命運的投票。而此時，這顆星球上的絕大多數人卻對即將面臨的巨變一無所知，以為迎接自己的只是又一個平淡無奇的日子。人類歷史就像一台跑調的自動複讀機，如此反諷的劇情一再重演。

前方傳來消息，火箭進入點火倒數計時。

投票結果顯示，支援擊落火箭一方以微弱優勢勝出。在未來，倖存的人類將會以何種視角看待這一分鐘裡發生的一切，我們不得而知。

AI反恐系統將對地面傷亡水準與整體網路受損程度進行整體權衡，計算出最佳擊毀時機。但即便如此，全球性的大衰退仍然不可避免，後續的附帶傷害難以估量。

……5，4，3，2，1，點火。

兩枚重型運載火箭在熊熊烈焰中升上天空，距離到達平流層還有257秒。

澤維爾看著失魂落魄的羅賓，輕輕拍了拍她的肩膀：「你已經做了所有能做的。現在我們只能祈禱。」

羅賓腦中不斷閃回往事。她從小被訓練成一台精密的機器，相信依靠理性能夠在諸多路徑中做出最優選擇，卻往往陷入道德的兩難困境。她清楚地知道，自己的認知框架裡存在著某種無法逾越的缺陷，那種缺陷叫作有限遊戲。只能看見輸贏，並做出選擇，而生命應該是追求不斷延續的無限遊戲。

　　224 秒。

　　也許還有別的選擇？在擊落火箭與任由它爆炸之外？那會是什麼呢？

　　羅賓冥思苦想。奶奶的話竟然毫無緣由地在耳畔響起。

　　有時候，為了贏，你必須先輸。

　　她突然領悟了。

　　「幫我接通能說了算的人，馬上！」羅賓對澤維爾吼道。

　　聯合國祕書長用最短時間理解了這名在逃通緝犯的理論，又花了一口菸的工夫由特別顧問團的專家確認其可行性。

　　176 秒。

　　羅賓的方案是，人類主動切斷電網、海底電纜連線、關閉根伺服器、信號中轉設施及所有電子設備，以最大限度減少高空電磁脈衝的衝擊與傷害，這能夠將受衝擊後的恢復時間縮至最短。

　　這是一次對全球網際網路施行的休克療法。它將實現無數駭客夢寐以求的無政府主義理想，而全球政府竟然不得不聽命於提出這一瘋狂想法的人──一個罪犯。

　　為了保證衛星雷射武器能夠精確定位，並在特定高度擊毀火箭，主要通訊網路必須維持到最後一刻，只能在火箭被擊中的瞬間關閉。加上傳遞指令、切斷電網、關閉伺服器等諸多環節的延時加總，即便自動系統能夠應對大部分的操作，但在最後那個決定性的瞬間，留給人類的反應時間不超過 750 毫秒。

　　羅賓要求的正是這樣一種權力。她要把關閉一切的鑰匙牢牢抓

在自己手裡。

88 秒。

在 AI 幫助下，各國政府迅速進行區域劃分。邊遠地區的電力與網路率先被切斷，處於夜晚的東半球各大洲燈火迅速黯淡，黑暗如瘟疫般蔓延。全球各大城市被軍隊統一接管，實施戒嚴。控制電網與伺服器的虛擬許可權如溪流彙聚，收攏為一束，交到了羅賓的手裡。

31 秒。

羅賓全身緊繃，盯緊螢幕上虛擬出來的火箭運行軌跡。臨時調用的軍方衛星已經調整好姿態，雷射武器牢牢鎖定目標，只等待獵物進入規定的射程，一道極細的高能集束雷射將劃破真空，穿透大氣層，如手術刀般將高速飛行的箭體切成兩半，引發爆炸。殘骸將化成火雨，灑落人間。

羅賓腦中一片混亂。巨大壓力讓她的思緒無法集中，冷汗從額角和掌心不斷沁出，黏稠，冰冷。胃裡彷彿有一隻翻騰跳躍的青蛙，猛烈撞擊著胸腔，讓她想要嘔吐。這是她人生中從未經歷過的體驗。在某個瞬間，她甚至想要逃跑，遠離這所有的一切，讓人類文明自生自滅。

一股力量落在她的左肩上，溫暖、堅實，那是澤維爾的手。

他看著她，眼神中充滿了複雜的情緒，敬佩、擔憂、鼓勵……也許，還有一絲柔情。

「我相信你。」澤維爾說。

羅賓心中某個地方被觸動了一下，卻不知該以什麼表情回應。她只能點點頭，抿緊雙唇，將注意力放回螢幕。

……9，8，7……

紅色數位高速跳動歸 0。

羅賓的手指微微顫抖，懸在半空，等待著按下按鈕，發出那個

決定人類命運的指令。

……3，2、1……

如同有兩道看不見的蛛絲劃過，箭體一分為二，二分為四，緊接著，爆炸引發的白光吞沒了整片螢幕。

「現在。」

羅賓的手指落下。澤維爾滿臉驚恐地望向窗外。

一切似乎都沒有變化，一切又都已完全改變。

連接世界的網，分崩離析。雨開始落下。

荷蘭

海牙

當地時間 2041 年 9 月 18 日 6:42

羅賓和澤維爾站在空曠的海邊。晨光熹微，照在他們疲憊不堪的臉上。

遠遠的天際，有淡淡火光如煙花綻放，像一場火雨，緩緩擴大，落向凡間。

澤維爾看了一眼自己的 smartstream，依然沒有信號，和這座本應早已甦醒的城市一樣，此刻仍然死一般沉寂。

沒有電力，沒有網路，沒有人知道該如何重啟系統。這顆星球有一半人正從睡夢中陸續醒來，等待他們的是一個完全陌生的世界。而另一半世界已經陷入了混亂。

許多事情改變了，但仍然有一些事情沒有變。引力數值沒有變，產生電力的方式沒有變，太陽依舊西落東升；書籍還在，知識還在，只是分散在許多人的頭腦裡；學校還在，老師還在，只要人類還有下一代，下下一代，他們便能學會舊的知識，再發明新的改變世界之物。這些新人類將重建一個新世界，一個更美好的世界。

澤維爾突然聽見一陣孩童的笑聲，像是妹妹露西婭的聲音。

他轉頭尋找，卻只有海水在輕柔地拍打著沙灘。

他知道，是時候放下了。

「有一些東西無法被永遠關閉。」澤維爾說。「它會回來的，只是需要一些時間和耐心。」

「還有信念。」羅賓補充道，望向海天相接之處。

「對，還有信念。」

開復解讀 💬

　　物無對錯，但人分善惡。技術也是如此，它本身是中立的，關鍵在於人類用技術為善，還是作惡。對於人類來說，每一項全新的突破性技術，都宛如「薛丁格的貓」，既可以是普羅米修斯的火種，也可能淪為潘朵拉的魔盒。是善是惡，不在於技術，而在於操控技術的人。這就是〈人類剎車計畫〉想要講述的原則。

　　這篇故事提到了許多先進技術。在此，我們將集中介紹其中兩項——量子計算和自主武器。

　　我預測，到了 2041 年，量子計算有 80% 的概率進入實用階段。如果這能夠成真，它帶給人類的影響將會遠超 AI。量子計算是一種通用目的技術（General Purpose Technology, GPT, 例如蒸汽機、電力、電腦以及 AI 等），不僅可以極大地促進科技進步，還能夠幫助人類真正了解宇宙。同歷史上出現過的各種通用目的技術一樣，量子計算將給人類帶來巨大的正面影響。不過，量子計算在未來的第一項重大應用，很可能是破解比特幣金鑰——該應用出現在〈人類剎車計畫〉這個故事的開篇。我們在深思熟慮後選擇這個主題，用意是希望讓讀者帶著雙刃劍的認識去理解這項嶄新的技術。需要指出的是，當你讀完故事，開始思考如何防止類似犯罪行為發生在現實中的同時，千萬不要誤以為這項技術只能作惡，我們仍然相信量子計算對人類未來的影響絕對是利大於弊。

　　自主武器是故事〈人類剎車計畫〉中提到的另一項重點技術，它同樣既可以用來為善，也可以用來作惡。一方面，當戰爭成為機器的對決時，使用自主武器可以少犧牲很多士兵的生命；另一方面，自主武器也有可能成為進行大規模或針對性屠殺的機器「劊子手」。在後者帶來的災難性威脅面前，這項技術的一切益處都變得

不值一提。此外，自主武器不僅可能導致各國軍備競賽失控，還可能被恐怖分子用於暗殺國家領導人或其他關鍵人物。無論如何，我希望〈人類剎車計畫〉這個故事展現的種種暴行，可以給人類敲響一記警鐘，讓人類認清這項 AI 技術被濫用的嚴重後果。

量子電腦將會為 AI 進步提供強勁的推動力，為機器學習帶來革命性的變化，而且有潛力解決那些曾讓人們感到束手無策的難題。

本書名為《AI 2041》，是因為我相信 AI 可能是迄今為止最重要的電腦技術。但是，到了 2041 年，如果量子計算技術能進入實用階段，它將引領我們真正認識自然、科學和我們自身，在這樣的成就面前，AI 技術也將階段性讓位。

一、量子計算

量子電腦（Quantum Computer）的計算架構運用了量子力學原理，它在執行某些類型的計算時，效率將遠超傳統電腦。

傳統電腦的最小資訊單位是位元，它或者是 1，或者是 0，就像一個開關一樣。我們現在用的每一個應用程式、網頁、圖片，都是由成千上萬個這種傳統位元組成的。用這種二進位的位元構建、控制電腦相對比較容易，但它在解決真正複雜的電腦科學難題方面潛力有限。

量子電腦的資訊儲存和運算使用的則是量子位元，例如電子和光子等亞原子粒子位元。這些粒子所具有的非同尋常的屬性為量子位元帶來了超級計算處理能力。這樣的特殊屬性就是量子力學原理，主要包括量子疊加和量子糾纏原理。

首先，我們來了解一下態疊加原理。態疊加原理指一個量子位元能同時處於多種可能狀態。換句話說，量子位元會「分身術」，

圖 7-1　Google 量子電腦（Shutterstock/Boykov）

幾個量子位元就能同時處理大量的計算結果。如果你想讓一個運行在傳統電腦上的 AI 找到在遊戲中獲勝的方法，那麼它會一一遍歷所有的可能性，然後把每一個結果匯總到「大腦中樞」，最終找到一條獲勝的路徑。在量子電腦上運行的 AI，則會以極快速度遍歷所有的可能性，而且這個問題的複雜程度也會隨之呈指數級下降。

　　接下來，我們再看看什麼是量子糾纏。量子糾纏指兩個量子位元無論相距多遠，都會保持聯繫 —— 一個量子位元的狀態發生變化會影響另一個量子位元，就好比一對存在心電感應的雙胞胎。由於量子糾纏所具備的特性，量子電腦每增加一個量子位元，算力就會成倍提升。如果我們想讓一台價值一億美元的超級傳統電腦的算力翻倍，可能還得再投入一億美元。但要讓一台量子電腦的算力翻

倍，我們只需要再增加一個量子位元就可以了。

當然，實現這些神奇的特性，需要付出相應的代價。量子電腦對自身內部硬體的要求非常高，對周圍環境非常敏感，輕微的振動、電氣干擾、溫度變化、電磁波等，都可能導致量子的糾纏態衰減甚至消失。為了讓量子電腦穩定運行且具備可拓展性，研究人員必須發明新的技術，為量子電腦量身打造真空室、超導材料和超低溫環境，盡可能降低來自環境因素的干擾。

由於這些客觀存在的難題，科學家花了很長時間才讓量子電腦擁有更多的量子位元──1998 年，有兩個量子位元的量子電腦就已經亮相，不過，到了 2020 年，最先進的量子電腦也只包含六十五個量子位元，遠不夠執行真正有價值的任務。不過，即便目前的量子電腦只有幾十個量子位元，但在執行某些計算任務時，仍然比傳統電腦快百萬倍。

Google 在 2019 年首次宣布實現「量子霸權」，其有五十四個量子位元的處理器，能夠在幾分鐘內便解決需要傳統電腦耗費多年才能算出結果的問題。但可惜的是，Google 量子計算解決的問題沒有什麼實際意義。那麼，我們什麼時候才能擁有足夠的量子位元來解決真實世界的問題呢？

IBM 在 2020 年發布的技術線路圖顯示，在未來三年內，量子計算設備上的量子位元數目將每年翻一番，預計到 2023 年有望突破一千個量子位元。如果樂觀地推算下來，有四千個量子位元的量子電腦的算力，將足以像〈人類剎車計畫〉裡所描述的那樣破解比特幣金鑰。因此，有樂觀主義者預測，實用型量子電腦將在五至十年內問世。

然而，他們可能忽略了量子計算面臨的一些巨大挑戰。例如，IBM 的研究人員表示，隨著量子位元數量的增加，量子退相干引起的誤差會更加難以控制。為了解決這一問題，人們需要利用全新

的技術和精密工程手段，構建精細、複雜但非常脆弱的硬體基礎。此外，由於存在退相干誤差，每個邏輯量子位元都需要額外的多個物理量子位元來進行糾錯，以確保整個系統的穩定性和容錯率達標，因此一台量子電腦預計需要上百萬個物理量子位元，才能發揮出四千個邏輯量子位元應該有的算力。而且，即便我們成功製造出了一台實用型量子電腦，量產又將成為擺在人們眼前的另一個難題。最後，量子電腦與傳統電腦的程式設計方式完全不同，人們需要發明新的演算法，開發新的軟體工具。

考慮到這些挑戰，大多數專家認為，實用型量子電腦可能需要十至三十年才會問世。根據專家們的意見，我認為，到 2041 年，我們將有 80% 的概率見證搭載四千個邏輯量子位元（和超過一百萬個物理量子位元）的超強量子電腦出現，它將如故事〈人類剎車計畫〉中所描述的那樣，有能力破解如今的比特幣金鑰。

當這種有上百萬量子位元的量子電腦真正投入使用時，我們將在藥物研發領域獲得改變世界的機會。今天的超級電腦只能分析最基本的分子結構。但是，有潛力製造藥物的分子的種類卻比可觀測宇宙中所有原子的種類還要多得多。解決這種量級的問題就需要量子電腦，它的運算過程體現了與它所模擬的分子相似的量子特性。量子電腦可以在類比新藥分子結構的同時，對其進行複雜的化學反應建模，以確定藥物的療效。目前，這也是量子計算最先商用的領域之一。Google 在宣布實現「量子霸權」後，便把模擬新藥分子做為下一個突破方向。騰訊的量子實驗室，也明確展開了該方向的合作和探索。

1980 年，著名物理學家費曼說：「如果你想模擬大自然，你最好讓它以量子的方式運行。」的確，量子電腦可以類比許多傳統電腦無法理解的複雜的自然現象。除藥物研發外，量子電腦在應對氣候變化、預測疫情風險、發明新材料、探索太空、類比大腦以及

理解量子物理等方面也大有可為。

此外，量子電腦也將成為 AI 發展最重要的助推器。它的作用不僅僅是讓深度學習演算法運行得更快。人們可以在一台量子電腦上程式設計，讓量子位元表示出所有可能的解決方案，然後整個系統會並行地為每個可能的解決方案打分，接下來量子電腦將嘗試在很短的時間內找到最佳答案。量子計算和 AI 的結合可能帶來革命性的飛躍，並且解決現在無解的問題。

二、量子計算在安全領域的應用

在〈人類剎車計畫〉中，天才物理學家馬克・盧梭曾經利用量子計算的突破性成果竊取比特幣。

比特幣是迄今為止世界上規模最大的加密貨幣，可以兌換成黃金、現金等各種資產。它不像黃金那樣本身就有價值，也不像現金那樣能夠得到政府和中央銀行的支持。比特幣虛擬地存在於網際網路上，透過計算來保證其自身和其交易的真實性。這種保證，來自其加密演算法無法被傳統電腦破解。比特幣的數量上限被設定為兩千一百萬枚，這避免了貨幣超發和通貨膨脹。在疫情期間，很多公司和個人開始尋找不受中央銀行量化寬鬆政策影響的安全資產，於是便把目光轉向了比特幣。因為這些人的追捧，比特幣的價格持續上漲。2021 年 3 月，比特幣的總值超過了一・六萬億美元，比一年前漲了十二倍。

與前面我們提到的那些重要應用相比，用量子電腦來竊取比特幣似乎有點「大材小用」了。但破解加密貨幣是目前已知為數不多的能被一台初級的量子電腦解決的問題，而且也可能是第一個讓人覺得有利可圖的量子計算應用。雖然量子計算的某些應用需要研究

人員耗費多年時間才能開發出來，但破解比特幣密碼的演算法卻早已被提出。1994 年，麻省理工學院教授彼得·肖爾在一篇開創性論文中提出了用量子演算法來有效解決質因數分解問題，一旦有了約四千個量子位元的量子電腦，用這個量子演算法就可以破解一些非對稱加密演算法，例如當下最普遍的 RSA 加密演算法。有人認為，正是這篇論文激發了人們對量子計算的關注和興趣。

比特幣使用的就是肖爾教授提出的量子演算法所能破解的 RSA 非對稱加密演算法。RSA 這類非對稱加密演算法需要兩個金鑰：公開金鑰和私密金鑰。這兩個金鑰是在數學上相關的長字元序列。從私密金鑰到公開金鑰的轉化非常簡單，而在傳統電腦上，從公開金鑰到私密金鑰的轉化是不可能實現的。

舉個例子，如果你向我發送一枚比特幣，會列出一串轉帳資訊，包括我的比特幣錢包位址這一公開金鑰，相當於公開發布了一份「存款單」。雖然每個人都可以看到公開金鑰，但只有我擁有私密金鑰，於是也就只有我才能用它進行數位簽章，打開「存款單」完成交易。只要其他人都不知道我的私密金鑰，這種交易方式就是完全安全的。

但在量子計算出現後，一切都變了。與傳統電腦不同，量子電腦能夠根據任何公開金鑰快速生成對應的私密金鑰，RSA 演算法以及一些類似的加密演算法的私密金鑰在量子電腦面前都將無所遁形。因此，量子電腦只需訪問公共帳本（所有交易都在這裡過帳），獲取所有的公開金鑰，然後再逐個生成私密金鑰數位簽章，就可以盜取所有帳戶中的比特幣。

看到這裡，你可能產生以下一些疑問。

為什麼人們會公開他們的錢包地址和公開金鑰？其實這是比特幣的早期設計缺陷。比特幣專家已經意識到了這個漏洞。自 2010 年起，基本上所有新發起的比特幣交易都採用了一種名為 P2PKH

（Pay To Public Key Hash）的新格式，在這種格式下，位址是隱藏的，更加安全（儘管也不能完全免於被攻擊）。不過，仍有兩百萬比特幣是以存在漏洞的舊格式 P2PK 儲存的。按照 2021 年 3 月的比特幣價格（每枚比特幣六萬美元）計算，兩百萬比特幣的價值就是一千兩百億美元，這也是在〈人類剎車計畫〉中被盜幣者盯上的「寶藏」。如果你曾在 P2PK 格式下存放過比特幣的話，那就趕快把書放下，想想怎麼保護你錢包裡的那筆「巨資」吧！

　　為什麼人們不把自己儲存在舊格式下的比特幣轉移到安全的地方？這個想法很合理，但是很多人就是沒有這麼做。對此，我能想到三點原因。第一，許多人很早之前就丟失了自己的私密金鑰，可能是由於私密金鑰太長了所以沒記下來。特別是在十年前比特幣並沒有如今這麼值錢的時候，即便忘了私密金鑰，人們也沒那麼在意。第二，這些比特幣持有者可能一直不知道上面提到的漏洞。第三，在這兩百萬枚比特幣中，大約有一百萬枚比特幣歸傳說中的中本聰所有，但這位神祕的比特幣發明者似乎已經銷聲匿跡了。這筆「中本聰的寶藏」自然而然就成了盜幣者夢寐以求的財富之源。

　　為什麼所有的交易都要在公共帳本上過帳？這種設計是為了讓任何公司或個人都無法掌管比特幣。去中心化的公共帳本儲存在許多電腦上，無法被竄改。這是很巧妙的設計，只要沒有人能根據公共帳本上的公開金鑰反向推導出私密金鑰，這種設計就是萬無一失的。這種設計也讓區塊鏈具備了保證資訊無法被竄改的能力，會衍生出很多非常有價值的應用，比如確認數位版契約、合同或遺囑的真實性等。

　　如果真的發生了比特幣盜竊案，失主怎麼挽回損失呢？事實上，失主是沒有辦法報案或者起訴偷盜者的。除了偷盜者不易被鎖定之外，比特幣的交易也不受銀行法的保護和約束，因為比特幣不受任何政府或公司的管控。任何擁有正確私密金鑰的人都可以把比

特幣放到自己的錢包裡，在法律上，這是一塊空白地帶。

　　故事裡的馬克‧盧梭既然手眼通天，為什麼他不鎖定銀行系統做為目標？首先，銀行系統沒有保存著公開金鑰的公共帳本，馬克無法根據公開金鑰計算出私密金鑰。其次，銀行有監控軟體，會時刻關注異常情況（如可疑的大額轉帳）。再次，把錢轉移到其他帳戶的過程是可以被追蹤的，這種行為一旦被發現，就會被追究法律責任。最後，銀行交易使用的加密演算法和比特幣的不同，需要更多的時間來破解。

　　說到這裡，那麼如何提升加密演算法的安全性呢？其實，「防量子」演算法已經出現了。彼得‧肖爾也證明人們可以利用量子電腦構建堅不可摧的加密演算法。哪怕入侵者使用了強大的量子電腦，也無法破解這種基於量子力學的加密演算法。只有當量子力學原理被發現存在錯誤時，入侵者才會有機可乘。

　　不過，這類「防量子」演算法的計算成本非常高，所以暫時不必把它視為一種可行的商業化及比特幣實體解決方案。也許只有當比特幣量子盜竊案終於發生後，人們才會醒悟過來，去修改演算法，以徹底解決這一問題。

三、什麼是自主武器？

　　自主武器被視為繼火藥、核武器之後的「第三次武器革命」。雖然地雷和導彈揭開了早期簡單自主武器的序幕，但運用了 AI 技術的真正自主武器才是正片。AI 自主武器讓整個殺戮過程——搜尋目標、進入戰鬥、抹殺生命——完全無須人類參與。

　　以色列的哈比無人機就是典型的當代自主武器，屬於「即發即棄」式設計。它會根據程式設定飛到某個區域，搜尋特定的目標，

圖 7-2　有武器裝備的軍事無人機（Shutterstock/Glenn Price）

然後用高爆彈頭摧毀目標。

　　還有更讓人毛骨悚然的自主武器案例，源自傳播極廣的宣傳影片「屠殺機器人」（Slaughterbots）。該影片展示了同一隻小鳥一樣大的無人機主動搜尋某個特定的人，一旦發現目標，就瞄準對方的頭骨近距離發射少量炸藥。這種無人機自主飛行，體量較小，十分靈活，所以幾乎無法被抓住，也很難阻截它們的行動或者摧毀它們。未來，隨著技術的發展和硬體成本的下降，機器人也將有能力執行同樣的任務。

　　更可怕的是，有經驗的業餘機器人愛好者，今天就可以以不到一千美元的成本製造出這樣的無人機。元件能夠線上購買，技術演算法可以從開放原始碼資源下載原始碼。這從側面反映了 AI 和機器人技術正逐漸走向普及，價格也愈來愈親民，這也是本書多次強

調的觀點。試想，只需要一千美元就能製造出一個低成本的機器人「殺手」——就像無人機刺殺委內瑞拉總統事件中出現的那種。而且，這種威脅並不是在遙遠的未來，而是很快就會出現。

我們親眼見證了 AI 的快速發展，這將進一步加速自主武器的反覆運算與升級。回想自動駕駛汽車從 L1 級別發展到 L3/L4 級別的速度（相關定義及具體介紹請見第六章），在自主武器領域，技術進步的速度也將如此。那些機器人「殺手」不但會變得更加智慧、精準、敏捷、廉價、得力，而且將學會像蜂群一樣地團隊協作、前赴後繼，在執行任務的時候變得勢不可當。一支由一萬架無人機組成的「軍隊」就可以摧毀半座城市，而在理論上，其成本可能只需要一千萬美元。

四、自主武器的利與弊

當然，自主武器有好的一面。第一，如果由機器人來取代人類的戰士，那麼自主武器可以挽救士兵的生命。第二，一個負責的軍隊可以用自主武器來引導戰士（無論是人類還是機器人）只攻擊敵方戰鬥人員，以免傷害無辜的友軍、兒童和平民（類似於 L2/L3 級別自動駕駛車輛幫助人類駕駛員避免犯錯）。第三，自主武器還可以用於對付暗殺者、罪犯、恐怖分子。

不過，自主武器給人類帶來的負面影響要遠遠大於這些好處。第一，自主武器面臨的最大問題就是倫理和道德上的爭議——幾乎所有倫理制度和宗教信仰都把奪走人的生命視為極具爭議性的行為，如果不透過嚴肅的審判，沒有任何人可以擁有這樣的權力。聯合國祕書長安東尼奧·古特雷斯曾表示：「掌握生殺大權、能夠隨意奪人性命的機器，在道德上令人厭惡。」

第一，自主武器降低了殺人的成本。儘管過去也有自殺式爆炸襲擊者，但對於任何人來說，為一件事獻出生命仍是很大的挑戰。但如果有了自主武器，暗殺者和恐怖分子不用放棄生命就可以達成目的了。

第二，自主武器還涉及責任人的界定，我們需要知道誰應該為自主武器的失誤負責。對於戰場上的士兵來說，每個人的責任是非常清晰明確的。但對於被分配了任務的自主武器來說，出問題後的責任就相對模糊了（類似於自動駕駛車輛撞死行人應該向誰追責）。更糟糕的是，如果責任無法明確，幕後黑手就有從國際人道主義法中逃脫的機會。這直接降低了戰爭的門檻。

第四，自主武器不僅能夠對某個人執行暗殺任務，還能夠針對任何群體進行滅絕（這可以透過臉部或姿態識別技術、移動設備或物聯網信號追蹤技術來實現）。在故事〈人類剎車計畫〉中，我們就看到了對影響力超群的商業精英和社會知名人士的針對性殺戮。

如果我們不審慎思考自主武器可能帶來的各種問題，一味推動技術的發展，人類的戰爭進程將會加速，不但會造成更大的傷亡，而且可能導致災難性的戰爭升級，甚至核武戰爭。另外，AI 缺乏人類的常識和跨領域推理能力，因此無論人類如何訓練自主武器系統，它都無法充分理解自身的行動所帶來的後果。這也是為什麼在本章的故事中，澤維爾和 EC3 的反恐行動最終仍然是由人類操控，而非機器人。

五、自主武器會成為人類生存的最大威脅嗎？

從英德海軍軍備競賽到美蘇核軍備競賽，一直以來，各個國家都在爭奪軍事霸權，並且將軍事置於優先發展的戰略地位。自主武

器的出現，將進一步加劇各國的軍事競爭，因為這種競爭將變得更加多元化（更小巧、更迅速、更致命、更隱蔽的武器都能被開發出來）。

而且，自主武器的成本相對較低，直接降低了參賽門檻，這讓一些擁有強大技術的小國有了加入軍備競賽的機會。例如以色列就開發了一批最先進的軍用機器人，其中有的只有蒼蠅大小。幾乎可以肯定的是，只要有一個國家開始打造自主武器，那麼感到威脅的其他國家也將緊隨其後，參與自主武器的競爭。

那麼，這場自主武器的軍備競賽將把人類帶向何方呢？柏克萊大學教授斯圖亞特‧羅素表示：「我們預測，不久之後，自主武器的靈活性和殺傷力將使人類毫無還手之力。」如果任由這種多邊軍備競賽發展，人類文明的未來將走向黃昏。

核武器也是一種威脅人類生存的武器，但它一直以來都受到很好的約束，甚至在幾個大國擁有核武器後，全球戰爭大大減少了──這是因為核威懾理論，也就是說，如果一個國家率先使用核武器發動突襲，就會被對方追蹤到，並引來無法阻止的毀滅性報復。核戰爭的結果就是同歸於盡，這也稱為「確保互毀原則」。所以核武器時代來臨之後，反而很少有大的戰爭了。但是對於自主武器來說，核威懾理論和確保互毀原則並不適用，因為自主武器發動的突襲是很難被追蹤到的。在〈人類剎車計畫〉裡，難以追蹤的末日無人機就是一個例子。儘管透過攻擊末日無人機的通訊協議可能會找到一些線索，但只有在捕獲到一架無人機的前提下，這種方法才能奏效。

就像我們剛才所說的，自主武器攻擊可能快速引發連鎖反應，並逐步升級，甚至導致核子戰爭。而且，首先發動突襲的甚至可能並不是一個國家，而是恐怖分子或無政府組織，這更增加了自主武器的風險。

六、如何解決自主武器帶來的危機？

為了避免自主武器引起的生存災難，一些專家提出了下列三個解決方案。

第一個解決方案是人工介入，或者至少確保每一個影響生命的決策都由人類做出。不過，在很大程度上，自主武器的威力源於機器在沒有人工介入的情況下所具備的速度和精度。任何想在這場軍備競賽中取勝的國家，可能都無法接受這種大幅度削弱技術能力的人工介入。這種方案執行起來非常難，漏洞也很容易被發現。

第二個解決方案是頒布相應的禁令。《禁止致命性自主武器宣言》是一份是由兩千四百多名 AI 領域的科學家共同簽署的公開信，伊隆·馬斯克和史蒂芬·霍金都參與了相關活動。在過去，生物學家、化學家和物理學家也曾針對生化武器、化學武器和核武器做過類似努力。任何禁令的推行都並非易事，但此前針對致盲雷射、化學武器和生化武器的禁令似乎頗有成效。如今，推行《禁止致命性自主武器宣言》的主要障礙是俄羅斯、美國和英國的反對。這三個國家認為現在還為時尚早，但是我認為應該未雨綢繆。

第三個解決方案是對自主武器加以管控。對其管控就必須保留人類對使用武器系統的決定權，同樣，這也是一件複雜的事情，因為在通常情況下，寬泛的技術規範很難在短期內取得明顯成效。比如：自主武器的定義是什麼？如何去監測違規國家？這些都是短期的難點。

既然這本書要暢想未來，請允許我構想一個 2041 年的條約：到那時，所有國家都達成一致 —— 未來戰爭將僅由機器人參與作戰（或者由軟體類比進行就更好了），承諾不造成人員傷亡，但各國會在戰爭結束後依據輸贏交付戰利品；或者未來戰爭由人類和機器人共同作戰，但機器人使用的武器僅能對機器人造成傷害，而無法

對人類士兵造成傷害（就像雷射槍遊戲）。這些設想在今天看來顯然是不現實的，但以此為基礎，人們在未來可能會構想出一些實際的應對策略。

我希望人們能夠重視自主武器可能帶來的危險。自主武器不是未來科幻中的威脅，而是現在就已經明確存在的威脅，而且，它還將以前所未有的速度向更加廉價、容易組裝、靈活、智慧、有殺傷性的方向演化。自主武器沒有核武器那種天然的威懾性，它將在各國不可避免的軍備競賽中加速發展。顯然，自主武器是最有悖於人類道德觀、對人類延續存在威脅的 AI 應用，我們需要讓領域內的專家和各國首腦共同參與到對自主武器未來發展的討論中去，權衡不同解決辦法的利弊，找到一種能夠阻止自主武器肆意擴散、避免人類走向滅亡的最佳方法。

8

職業救星

開復導讀

▼

本章故事探討的是令人有些悲觀的難題：隨著 AI 向愈來愈多的行業穩步進軍，以及愈來愈多的人逐漸被 AI 技術取代，那麼人類接下來所能從事的工作是什麼？隨著 AI 大規模地接管常規工作，一個新的行業應運而生 —— 再就業服務。很多企業請再就業服務公司幫助重新培訓、安置大批的失業員工，但是它們所能提供的新職位有哪些？這些新職位能否給大多數人帶來工作上的成就感？在未來，哪些人被 AI 取代的風險最大？人類如何在後自動化時代重新定位自己？在本章的解讀部分，我將分享我對這些問題的思考，說明機器人流程自動化（RPA）以及機器人技術將如何演進，從而接管白領工人和藍領工人的工作 —— 這將是我們及我們的下一代必須面對的挑戰。

CHAPTER 8　職業救星

在被蒸汽鑽頭擊倒之前，我會手握錘子戰鬥到死。

—— 美國民歌「約翰‧亨利」

　　黑暗的培訓室中，珍妮佛‧格林伍德與其他十二名員工一起，抬頭注視著半空中滾動的畫面，一個男聲徐徐響起，如同宣讀神諭。那個正在介紹森奇亞誕生前史的男人，是珍妮佛加入公司的最大理由。

　　「2020 年，那是一切改變的開始，疫情導致社會隔離與出行限制，企業家被迫轉型，使用機器人與 AI 替代人類員工……」

　　畫面轉到空無一人的紐約時代廣場、廢棄的購物中心、荒蕪的迪士尼樂園、停擺的工廠與流水線……人們戴著口罩走上街頭，手裡高舉標語牌，抗議大規模裁員，武裝搶劫、暴亂、縱火席捲美國。

　　那個聲音繼續。「2025 年，白宮易主，推行 UBI [18] 計畫，同時向身價十億美元以上的超級富豪及盈利豐厚的科技巨頭加徵稅收，以應對 AI 技術發展所帶來的結構性失業……」

　　珍妮佛和學員眼前出現了快速交迭的各大媒體頭條報導，股票市場發生劇烈震盪，市民展示手機上的 UBI 到帳通知，無家可歸者排隊領取補貼，臉上洋溢著笑意，與大公司高階管理人員拒絕採訪的陰沉表情形成鮮明對比。

　　「儘管 UBI 最初廣受歡迎，但引發了意想不到的後果。許多

18　UBI，即全民基本收入（Universal Basic Income）。

失業者沉迷於 VR 遊戲、線上賭博、酒精和毒品……城市中心成為滋生混亂與犯罪之地。UBI 並沒有解決失業問題，相反，因為缺乏專業指導，許多人被發展迅猛的 AI 替代，連續挫敗導致自殺率居高不下。2028 年，社交媒體圍繞 UBI 的利弊暴發大討論，參眾兩院就廢除 UBI 計畫提案陷入曠日持久的拉鋸戰……

「2032 年，UBI 計畫正式宣告廢止，職業再造師行業應運而生，幫助人們重新培訓技能，尋找就業機會。政府將原用於 UBI 計畫的部分稅收劃撥為再就業專項補貼，驅動職業再造師行業的發展，期待能以此解決社會問題……這也是我當年創辦森奇亞的原因。」

珍妮佛對森奇亞的故事早已了然於胸。UBI 計畫失敗後，政府通過一項法案，要求所有使用 AI 技術替代某一工種進行大規模裁員的公司，必須雇用類似森奇亞這樣的職業再造公司。

職業再造公司除了獲取政府補貼之外，還會與雇方公司談一個打包價格。一般來說這個價格將低於雇方公司大規模裁員所需支付的賠償金，差額由將失業員工經過職業再造後，介紹給協力廠商用人機構所獲得的服務費來彌補，類似於傳統的「獵頭」費用，其中還包含了對失業員工的培訓費用。

隨著 AI 技術的發展，可永續發展的終身職業愈來愈少，為失業者尋找新的就業機會並不容易。像森奇亞這樣的公司，除了引導結構性失業者進行專業的技能及人格測試，形成詳盡的職業測繪圖譜外，還需要對接政府資料庫，獲取社會更大範圍的職位變動資訊，提供個性化解決方案。這兩方面都需要 AI 的深度介入以提升效率，但如果無法取得失業者的信任，所有這一切都是徒勞。這就是邁克·薩維爾的魅力所在。

燈光再次亮起時，邁克·薩維爾的全像影像，像個魔術師般出現在牆面螢幕的中央。他看上去不到五十歲，身材微胖，兩鬢灰白，鬢角精心修剪過，一身得體又不至於過分搶眼的藏青色西服。

這便是吸引珍妮佛到森奇亞工作的最重要原因。

珍妮佛看過網上所有關於邁克的資料，無論是現場談判影片，還是論壇裡對他工作技巧的分析。也許正是這種對受眾情緒微妙的掌控力，使他成為森奇亞最好的職業再造師，沒有之一。他的聲音沉穩柔和——一直伴隨著剛才的影像——無論語氣、表情還是手勢的配合，都給人一種十分專業又值得信賴的感覺。

如果能成為邁克的助理就好了。珍妮佛的腦海中冒出一個連她自己都覺得可笑的想法。這只是她在森奇亞實習的第一週。

別傻了。珍妮佛強迫自己把注意力集中到培訓上。

邁克在空中優雅地揮舞雙手，像個指揮家。懸浮的影像視窗隨著他的手勢擴大、縮小、播放、停頓、消失。

「正如你們所見，轉型早在那場全球大流行病暴發之前就已經悄然開始了，病毒只是加速了這一趨勢。大量線下經濟活動轉為線上模式，人與人之間保持社交距離，傳統服務業與製造業遭受重創……而這些都是機器的優勢領域……」

隨著邁克的手勢，一群群不同職業的人浮現在半空又隨即淡去，收銀員、卡車司機、縫紉女工、水果摘收工人、電話銷售員、西裝筆挺的客戶代表、信用評估及核保員、放射科醫生、初級翻譯……輪換的速度愈來愈快，人群如幽靈般面目模糊。

「……人類的對手是 AI，」邁克・薩維爾繼續說道，「它可以 7×24 小時不眠不休地自我學習升級。一個月前還是人類的工作，一個月後便被 AI 無情地接管了。這場賽跑已經進行了二十多年，在可見的未來還看不到終點。許多人就像農場裡的火雞，戰戰兢兢地等著感恩節的來臨。在這個焦慮的時代，一些極端行為也成為新常態……」

螢幕上充斥著街頭的大規模抗議、暴力衝突、自殺潮……儘管畫面經過了模糊處理，在珍妮佛看來卻依然觸目驚心，她太年輕

了，以致於對那段歷史毫無印象。

「政府選擇發放 UBI，嘗試減少工作天數或縮短工時。歷史證明了，這些都解決不了根本問題。除了經濟收入，人們還需要從工作中獲得成就感，實現自我價值，否則只會沉淪於賭博、遊戲、藥物和酒精。誰能夠幫助他們擺脫困境？」

邁克恰到好處地停下來，微笑著環顧培訓室裡的面孔。

不知為何，珍妮佛覺得邁克在看著自己，她怯怯地舉起手。

「很好，這位年輕的女士，說出你的名字。」

「珍妮佛‧格林伍德，來自舊金山。」

「非常好，珍妮佛，你的答案是？」

「我們。我們就像你的名字薩維爾（Savior）一樣，我們就是『救星』（saviors）。」

所有人都被雙關語逗樂了，但珍妮佛心裡明白，這並不是一句奉承話。

這些人是因為 AI 而失去工作和發展機會，積累多年的職場資源一朝化為烏有，再使用 AI 去媒合只會挑起憤怒及反感。因此，職業再造師的共情能力及情緒引導技巧是最為重要的。

「謝謝你，珍妮佛。我們從中學到的教訓是：人不是機器。我們更複雜、多變、情感豐富，因此，這就對在座的各位提出了更高的要求。你們只有成為最好的職業再造師，才能拯救他們——不僅要幫他們找到工作，還要找回尊嚴……」

在一片掌聲中，螢幕再次變暗，房間裡的燈光亮起。珍妮佛驚訝地看到邁克本人竟從幕後緩緩走出，像魔術師般接受員工的歡呼與簇擁。他並不是從西雅圖總部遠端接入的，他就在舊金山本地。

只有珍妮佛敏銳地察覺到，但凡邁克出現的地方，必然有重大危機需要解決。她聽過一些傳言，說森奇亞正在爭取一個大計畫，建築巨頭蘭德馬克將有數千名工人失業。難道這就是老闆親自出現

在這裡的原因？

不知為何，邁克讓珍妮佛想起了自己的父親，那個喜歡教育女兒「抓住最好時機」的前保險公司員工。當然，是在他還沒有崩潰的時候。

這一刻，珍妮佛決定遵循父親的教誨。她在 smartstream 上快速寫了一封短郵件，遲疑了片刻，點下「傳送」。

★　　★　　★

三個月後，舊金山市近郊。蘭德馬克總部大門前廣場。

一身商務正裝的珍妮佛艱難地擠過抗議的藍領人群，顯得格格不入。

入職培訓時，她用一封衝動的郵件獲得了和邁克單獨喝咖啡的機會。邁克承認那封郵件之所以打動他，是因為珍妮佛並沒有太多漂亮話，而是提及了自己父親的失敗人生是她加入森奇亞的動力。邁克告訴她，坦誠與勇氣是職業再造師的重要特質。經過長談，邁克鼓勵珍妮佛申請自己的助理職位，當然，她還需要經過 HR 部門的考核，畢竟想要得到這個機會的競爭者大有人在。好在珍妮佛最後沒有讓邁克失望，也沒有讓自己失望。

蘭德馬克是邁克志在必得的大計畫。在由傳統建築商向數位化建築商轉型的過程中，蘭德馬克激進地選擇了以大量自動化機器、3D 列印預構件、AI 參數化設計來取代傳統的人類員工，這將導致一大批藍領工人失業。政府要求蘭德馬克務必透過職業再造公司妥善解決問題，為此也將為得標公司提供優厚的補貼大禮包。

邁克得到消息，一家神祕的新公司在眾多競爭者中殺出重圍，威脅到了森奇亞本來穩操勝券的合同。他要求珍妮佛不惜代價找出對手是誰。珍妮佛從公開管道一無所獲，某日從新聞圖片上看

到示威工人的街頭塗鴉，竟然暗藏能夠連接到一個古老論壇的 QR Code，這才發現了這個地下工人運動基地。

這場聲勢浩大的抗議便是由這個論壇發起的，阻斷了附近幾個街區的交通。重型吊車、混凝土攪拌機、垂著巨大鐵球的破壁車……在路面上像軍隊般排開陣列。強壯如公牛的建築工人扛著錘子，拎著工具箱，戴著橙色頭盔，披著反光背心，舉著寫有「機器吃人」的標語牌。他們在拿著牛角的組織者的帶領下，高喊：「機器人滾蛋！」聲音震耳欲聾。

全副武裝的防暴警察拉開防線，像一道堅不可摧的堤壩，擋在抗議人群與蘭德馬克大門之間。

珍妮佛意識到這是一場四方拉扯的遊戲，政府想要穩定，蘭德馬克想要降低成本，職業再造公司想拿到利潤最豐厚的合約，而最弱勢的工人群體想要合理的裁員補償，或者新的工作機會。當牌桌上有三方都在桌底下形成某種同盟時，剩下的一方只能打出手裡最好的牌，來虛張聲勢，對各方施壓。

有消息稱，如果蘭德馬克公司在四十八小時內無法拿出令工人滿意的遣散方案，抗議行動將會升級，隨之而來的，很可能是暴力與混亂。

手機不合時宜地響起，珍妮佛一手接聽，另一隻手緊緊夾住黑色仿皮提包，生怕被人群擠掉。

「珍妮，你在哪？」是邁克，「現在可是分秒必爭！」

「在做你吩咐的任務！」珍妮佛大聲吼道，隨即又被一波抗議聲浪蓋過。

「聽起來你是在演唱會？在看球賽？參加派對？可現在才上午十點！所以你究竟在哪？」

「抱歉……我在做田野調查，」珍妮佛終於看到了她要找的人，一個戴著聖路易紅雀隊棒球帽的健碩男子，「……為了找出對

手是誰！」

「哦，我的天！你不會是在⋯⋯聽著，趕緊回來！那裡危險！」

「晚點聯繫。」珍妮佛掛掉電話，朝紅帽男子的方向擠去，「嘿，你是⋯⋯SLC422嗎？」SLC422是那個男子在論壇裡的ID，也許是生日或者幸運數字，珍妮佛猜。

「什麼？」那男子俯下身，聽了兩次才聽清楚，「噢是，是我。你就是論壇上跟我聯繫的那位⋯⋯記者？你看起來可不太像呢。」

「幹我們這行都需要有點偽裝。」珍妮佛眨眨眼，掏出筆記本和筆。「我是站在你們這一邊的，不能讓那些大公司為所欲為！」

「說得對。這可是幾千個員工啊，就這麼被機器人取代了，太不公平了！」

「你在發文裡說，有一家公司承諾會提供100%的職業再造機會，這是真的嗎？」

「我有個哥們兒，在蘭德馬克人事部門上班，他親口對我說的，名字好像叫歐米伽什麼的，對，叫歐米伽林斯，千真萬確。」

「哇噢，聽起來不錯。你會接受嗎？」

「我不知道，小姐。這些再造公司一般會給你一份雞肋工作，或者需要離鄉背井，接受培訓什麼的。眼下最重要的，是讓公司看到我們的態度！」男子激動地揮起了拳頭，人群又沸騰起來，如潮水般衝向警方隔離帶，發出令人不安的撞擊聲。

「好的，SLC422先生⋯⋯你有我的郵箱，如果有任何的新線索，隨時聯繫我，祝你好運。」珍妮佛被人潮的漩渦捲得幾乎雙腳離地。

「上帝保佑你！」

微弱的祝福迅速被抗議聲浪淹沒了。

★　　★　　★

三十分鐘後，珍妮佛站在邁克的辦公室裡，兩人面面相覷。

「你說 100% 是什麼意思？」邁克難以置信。

「就是字面上 100% 的意思。」珍妮佛靠在門邊，忍不住翻了個白眼。

「這沒一點道理。你知道我們多辛苦才報出這個數字，又是再培訓，又是異地就業，就算加州不需要建築工人，也許賓州需要，就算美國不需要，也許歐洲需要。就這麼一點點從指甲縫裡摳泥巴，才做出 28.6%。100%？嗤！直接給我來一槍算了！」

這時的邁克看上去就像個氣呼呼的普通老頭，珍妮佛暗想。

「可……他就是這麼說的，他沒有必要撒謊，撒這樣的謊有誰會信呢？」

「還有那家……歐米伽林斯？什麼破名字，從來沒有聽說過。這就是你花了一上午擠了一身臭汗得到的所謂『情報』？」邁克讓 AI 助手查了查歐米伽林斯，資訊很少，要麼它註冊沒多久，要麼這並不是幕後主體經常對外使用的名稱。一個代號？一個幌子？可為什麼要這麼做呢？邁克百思不得其解。

辦公室裡只剩下邁克自己。手機突然響起，是艾莉森・哈勒，邁克的 MBA 校友，比邁克大六歲，同行，以前幹得不錯，算是個小小的競爭對手，已經好久沒有聽到她的消息了。

「嗨，艾莉森，真是沒想到，還好吧。你在城裡？吃個午飯？我看看……嗯，為什麼不呢，我知道附近有家超棒的中餐館……」

這個突如其來的電話讓邁克倍感困惑，他迫不及待地想搞清楚。

午餐是在那家叫「三寶殿」的粵式餐館吃的，豐盛的點心在豔紅色桌布上排開，像是盛夏池塘裡綻放的荷花。艾莉森看上去沒什麼變化，大概一直在做端粒再生療程，邁克心中暗自猜測。

「說吧，我知道你沒事不會找我的。」邁克擦了擦嘴角，一臉嚴肅。

「哈！難道就不能單純地敘敘舊嗎？」艾莉森停下筷子，嗔怪地回看他。

「我等一下還有個會，你懂的。」

「好吧，邁克，我知道你會看穿我，可你就不能保持一點虛偽的社交禮節嗎。森奇亞成立多少年了，五年？八年？」

「所以你是來談判的？嗯？等等……」邁克露出恍然大悟的表情，「我就說不會這麼巧，蘭德馬克的單子突然蹦出一個從沒聽說過的競爭對手，你又突然出現，要約我吃午飯……所以你現在是為歐米伽林斯幹活嗎？你不會真的相信那套100%轉化率的鬼話吧。」

「準確地說，是 99.73%。是的，我信那套鬼話。」

「讓我猜猜……你們能一次就拿到政府給這些人的三年失業金和培訓補貼？加上蘭德馬克的賠償金，然後再分期發放給工人，等於一筆三年期貼息貸款？我猜三年後這家公司會申請破產，溜之大吉。這合法嗎？那些工人怎麼辦？」

「至少不違法。這麼說吧，如果你願意加入我們，歐米伽林斯，隨便什麼啦，反正下次他們又會換個名字，簽署一些檔，你就可以分享我們的商業機密了。怎麼樣，搭檔？」

「如果我拒絕呢？」

「那我會想，可憐的老邁克，舒服日子過得太久了，已經分不清送到嘴裡的究竟是骨頭還是肉了。」

邁克看著眼前這個女人，回憶起當年課堂上經常發生的激烈辯論。她很聰明，也很激進，信奉安·蘭德那一套理性的利己主義，抨擊說邁克的觀點是虛偽的，甚至不道德的「集體主義病毒」，而「賺錢」這個詞則代表著人類道德的精華。

也許這就是兩人碰撞出浪漫的火花又迅速熄滅的根本原因。

「你一點也沒變。」邁克笑笑。

艾莉森搖搖頭，「聽著，我給你的機會能讓你幫助更多的人，

這不是很符合你的原則嗎，為什麼不呢？想想吧，給我打電話。」

　　望著艾莉森離開的背影，邁克的心緒有一絲起伏。他知道該給珍妮佛什麼新任務了。無論用什麼手段，找出歐米伽林斯背後究竟在搞什麼鬼。

★　　★　　★

　　「所以你的新助理還好嗎？」

　　「挺能幹的，希望她能撐過一年。」

　　邁克躺在寬大舒適的仿柯比意 LC4 躺椅上，鬆開領帶，雙目微閉，努力平復自己紊亂的呼吸。和艾莉森的午餐導致他的焦慮症又發作了。他的心理醫生特麗莎·X·J·鄧，一頭銀色短髮，出現在螢幕上。

　　「這次發作沒有直接的觸發事件，跟愛爾莎那次完全不一樣。」

　　邁克抿了抿嘴唇，陷入沉默，那一幕又浮現在眼前。

　　雖然身為 CEO，但邁克仍然定期會和森奇亞的終端客戶──等待再就業的雇員見面，做為某種公關宣傳的手段。他記得那位名叫愛爾莎的女士進入諮詢室，坐下，邁克瞄了一眼她的檔案，大概心裡有數。

　　「貢札勒斯太太，我能叫你愛爾莎嗎，看起來我們的情況不太好啊，不過你很幸運……」

　　「我們見過，薩維爾先生。」愛爾莎打斷他。

　　「噢？是嗎？」邁克抬頭仔細辨認那張臉，在記憶中搜索，一無所獲。

　　「你忘了？五年前，是你讓我從一名倉庫揀貨員變成了夢幻世界主題樂園服務生，因為你覺得我喜歡孩子，又有耐心。你還保證過，這份工作可以讓我幹到退休，先生。」愛爾莎語氣非常平淡，

聽不出有任何怨氣。

「愛爾莎，我相信您的記憶力，這確實是無法預見的結構性變化，所有的主題樂園和大型娛樂場館都將啟用機器人服務生，成本更低，效率更高，而且關鍵的是，孩子們更喜歡它們。」邁克眨眨眼，表情充滿歉意。

「那這次……你又要把我再造到哪裡呢？」

「根據分析結果……市立動物園還有一個護理員的職位空缺，看起來非常匹配。」

「所以，幸運的我得到了每天給大象鏟屎的機會，這次能幹多久，三年？一年？九個月？」

愛爾莎的嗓音無法控制地拔高、顫抖，「每個父母都希望自己成為孩子眼中的英雄，可事實卻是，我們像是這個時代的蟑螂，從一個角落被趕到另一個角落，靠一些殘渣碎屑過活。你能忍受你的孩子用看待蟑螂的眼光看你嗎？」

邁克面對這位瀕臨崩潰的母親，腦中閃過一些久遠的記憶，那來自他的青少年時期。他的母親露西，一位優秀的會計，也曾經遭遇過同樣的恥辱，只不過那時候的敵人還不是 AI，僅僅是運算速度和功能日新月異的會計軟體。母親換過幾份工作，一份不如一份，最終還是慘遭淘汰。

他閉上眼，努力把那些畫面驅逐出腦海。母親失業後一蹶不振，整日借酒澆愁。他很清楚自己當時是怎麼看待母親的。痛心、同情以及無法克服的鄙夷，他無法控制自己。

「邁克？」

特麗莎把躺椅上的男人拉回現實世界。邁克睜開眼，迷惘地看著螢幕裡的心理醫生。

「你想拯救愛爾莎，就像你想拯救你母親一樣。可你沒有辦法拯救每一個走進森奇亞大門的人。」

邁克歎了口氣，「我們只是緩解社會矛盾的緩衝帶和減壓閥，一次次給這些人虛假的希望，不斷放低自己的要求，就像慢性毒藥一樣，讓他們逐漸接受被技術驅逐和邊緣化的命運。我們真的幫到他們了嗎？還是不公平的幫凶？」

「聽我說，邁克，你給了這些人尊嚴。」

「可哪裡才是盡頭？職業再造遠遠慢於 AI 發展的步伐，我們再怎麼努力，就像往沙漠裡澆水，根本不可能開出花來。蘭德馬克這個案子只是個開始，整個建築行業將面臨一場大地震……」邁克扯著自己的領口，像是有根無形的繩索正逐漸收緊，勒得他喘不過氣來。

特麗莎正想說點什麼，鬧鈴滴滴響起。她按下按鍵，一份自動生成的診療報告傳送到邁克的郵箱。

「做為你的醫生，我只能說……下週同樣時間再見。做為你的朋友，我建議你接受自己的不完美。」

邁克已經把領帶打好，臉上完全看不出一絲脆弱的痕跡。他又變回那個拯救眾生的救世主。

★　　★　　★

週六晚上的「銀線」酒吧裡，需要扯著嗓子才能讓服務生聽清點單。這家酒館像是被時間遺忘了，還保留著電視和數位收銀機——灣區大多數商鋪已經拒收現金許多年了。三十年來，橄欖球在美國受歡迎的程度一直在下降，不過，在這個街區生活的人大多是中老年藍領工人，一到週末南加州大學比賽時，他們還是會擠滿這裡，享受啤酒和歡呼。

珍妮佛這次學乖了，打扮得像個普通的南加大學生，帽衫加牛仔褲。她的出現引發了幾記口哨。技術不斷演化，男人卻始終不變。

她找到了吧台上的 SLC422，或者馬特‧道森。他這次沒戴棒球帽，露出稀疏的頭頂，顯得更加落魄。馬特一眼就看見了她，招手讓她在自己身邊的空位坐下。兩人尷尬地喝著啤酒，人群中不時暴發出咒罵或叫好聲。

　　終於，還是珍妮佛先打破了僵局。

　　「叫我出來不會就是為了喝酒吧，週末不用陪家人嗎？」

　　「我自己住，兩個孩子和前妻在俄亥俄。」馬特喝了一大口，上唇留下一行白沫。

　　「噢，懂了。」珍妮佛也低頭喝酒，琢磨這話裡是否有潛台詞，「那麼，你具體是做什麼的？」

　　「幹了十年的鷹架工人和裝配工，十五年的暖氣工。不是吹牛，我只要看一眼圖紙，就知道該怎麼做，不比那些機器慢。」

　　「我懂你的意思，那種滋味一定不好受。」

　　「是啊……我年輕的時候常聽人家說，『機器人會搶走你的飯碗的』。一開始，我以為只有那些從事低薪水、簡單工種的員工才容易被取代，可後來發現完全不是那麼回事。有些對於人類很難的工作，在 AI 看來卻很簡單，比如放射科醫師、華爾街交易員；有些看上去簡單的，卻是 AI 的死穴，就像老人看護和理療師。我曾經以為自己足夠幸運，能一直幹到退休……」馬特又喝了一口。

　　「那你現在有什麼打算？」珍妮佛問道。

　　「我不知道。」馬特聳聳肩。「抗議有一些效果，但論壇上還沒有關於下一步的計畫。內部消息說，現在有兩家公司在競標這個爛攤子，一家提供的職位少一些，但也許我還能繼續幹這份工作，只不過得換個城市，也許是換個國家？」

　　「聽起來滿不錯的。」珍妮佛點點頭，又問：「另一家呢？」

　　「另一家，就是我告訴你的歐米伽林斯……我搞不太懂，說是基本上每個人接受簡單培訓後都能有工作，但是不再是在工地上，

而是各自在家裡，在電腦上接受派來的活兒。一開始收入低一些但簽三年合同，之後高一點但也高不到哪去。你怎麼看？」

「我不知道，馬特，這取決於你想過什麼樣的生活……」

「你說得對。我這半輩子都在工地上，敲敲這個，打打那個。雖然幹的是體力活，可我很滿意這種生活，這能讓自己感覺還活著。我不知道能不能受得了每天戴著 VR 頭盔，雙手在半空比畫的日子，聽起來很可笑。」

珍妮佛腦中突然閃過一個想法，她舉起酒杯，在馬特的杯沿碰了一下。

「乾杯！無論如何，這都是值得慶祝的事情。不過，如果是我的話，也許會要求歐米伽林斯提供一次嘗試的機會，畢竟這是新事物，誰知道會發生什麼？所以在簽約之前試試總比簽約後後悔強，你說是吧。」

「就像婚姻……」馬特的眼神有點游離，似乎陷入思考，「說著容易做起來難。也許可以透過工會談判，派幾個代表先去體驗一下。你說得對，這麼大規模的再就業，誰也不想出什麼亂子，不過距離工會的最後回應期限只有一天了。」

「答應我，如果你搞定了，給我保留一些……素材。我想要一個更深度的故事。」

「好的，你是記者吧，珍？」馬特瞇起眼睛，帶著笑意問，「如果我給你搞到你想要的東西，我能有什麼回報？」

噢，請別說出來。

珍妮佛深吸了一口氣，忍住怒火。不知為何，她心頭浮起了一絲同情。

「你想要什麼，馬特？」

「等等，珍，你不會以為……老天爺，我不是那個意思。我只是想有個人能陪我喝喝酒，聊聊天……沒有工作的日子太難熬了。」

你還年輕，沒法明白那種感覺……」

珍妮佛鬆了口氣，把手放在馬特肩上，就像女兒安慰父親那樣。

「我明白的，馬特。需要人陪的時候，給我電話。」

人群中又暴發出一陣歡呼，比賽結束了。

★　　★　　★

週日的傍晚悶得令人窒息。

邁克坐在辦公樓下開放式綠地的長椅上，開闊視野讓他得以看見峽灣、鋼結構懸索大橋，以及更遠處的太平洋。他急需呼吸新鮮空氣，但腦子裡揮之不去的，還是下午緊急會議上發生的爭執。

內部消息說，蘭德馬克管理層更傾向於歐米伽林斯的方案，儘管需要多付一些錢，但是能一勞永逸地消除勞資對抗的風險，政治上也更安全。

幾名高階管理人員輪番開炮，向邁克施加壓力。這次 AI 及機器人技術對建築行業的升級絕不是個例，而是變革的開端。倘若其他公司看到蘭德馬克能夠如此徹底地解決被淘汰工人的再就業問題，肯定會緊跟上步伐，最終便是整個行業的大換血。這將涉及數以十萬計的工作崗位，倘若不能妥善處理，將引發潛在的社會危機。更關鍵的是，一旦森奇亞丟掉了這一單，消息在業界傳開，公司的光輝戰績也就畫上句號了。

「到那個時候，邁克，你的名字會永遠地被人們記住，只不過不再是金牌職業再造師，而是徹頭徹尾的失敗者。」一名高階管理人員直截了當地說。

邁克看著巨大的城市集群在夕陽下閃耀金光，那是一百多年來由無數工人一磚一瓦建造而成的，歷經地震、大火、瘟疫、汙染……依然屹立不倒，綻放生機。每當想到這些建造者如今即將成

為時代的淘汰品，一群無用之人，邁克的心裡就沉甸甸的，他已經使盡渾身解數，卻依然無能為力。他下意識地摸了摸自己的衣兜，寄望那裡面能有一包菸可以紓解焦慮，卻想起自己已經戒掉好幾年了。人類真是太不完美了。他心想。

「我就猜你可能在這裡。」邁克背後傳來珍妮佛清脆的聲音。

「陪我坐一會兒吧，你有多久沒看過日落了？我是說，真正的日落，而不是模擬環境或者遊戲場景。」

「有好一陣子了吧。」珍妮佛在長椅上坐下，與邁克保持著一尺的距離，不知為何。

「你幹得挺好，珍妮佛。知道那封自薦信裡最打動我的是什麼嗎？不是聰明、主動或決心，而是關於你父母的故事。那些不是編的吧？」

「當然不是！」珍妮佛臉唰地紅了。

「抱歉，沒有冒犯之意。有時人會撒謊，為了達到一些目的。比如我，就經常騙那些失業者，告訴他們不要放棄希望。」邁克陷入沉默，然後轉向珍妮佛，「跟我說說你父親吧，你說他也是一名『連續再造者』？」

「是啊。大概十二年前，他第一次遇到大裁員，那時候還沒有職業再造師這個概念，那時候我才十歲……」珍妮佛望著海面陷入了回憶。

工作被轉給 AI 之後，她的父親從一名只需要接觸後端資料的個人信用評估人，轉職成為需要直接面對客戶的核保人。部門有些臨近退休的老員工直接選擇失業，靠 UBI 和政府補貼勉強過活，也有人走上完全不同的路徑，培訓轉職為需要強社交和共情能力的社工或護工。可父親為人自尊心強，性格又比較內向，不太擅長跟人打交道，核保人是他的極限。

公司要求他使用一套內部系統來管理客戶資料，一個類似智慧

助手的程式會時不時地跳出來，幫他做一些資料整理、填寫表格、生成通知信函的初級工作。慢慢地，珍妮佛的父親發現這個智慧助手愈來愈聰明，能做的事情愈來愈多，有時還會糾正它自己犯下的人類小錯誤。

幾年後，他再次被裁員。核保流程全部轉為線上處理，數秒之內即可完成報告，不再需要低效的人類雇員。

直到最後一刻，珍妮佛的父親才醒悟過來，他對智慧助手的每一次糾錯，都是在標注資料，幫助它變得愈來愈聰明，以替代愈來愈多人類職員。這就像往火堆裡添柴火，加熱鍋裡的溫水，卻完全沒有意識到自己正是那隻被慢慢煮熟的青蛙。

「他變成一個完全陌生的人。不再是那個溫柔的父親，而是個憤世嫉俗，在酒精和射擊遊戲中度日的人。母親也因此離開了他。當時的我對他充滿怨恨，認為一切都是由於他不思進取、自暴自棄造成的，直到現在……」

邁克看見珍妮佛眼角閃爍著淚光，遞過一張紙巾。

「謝謝。直到我真的接觸到那些和我爸爸一樣的人，我才明白，工作對於一個人來說，不僅僅意味著一份穩定的收入，還意味著尊嚴、成就、自我價值。也許他正是被那種無力感擊垮了，再也站不起來了。」

一瞬間，邁克彷彿回到了一個小時前的會議室裡。在眾人的質問中，他感受到的正是如此難以抵抗的無力感。那一刻，他真切地覺得自己老了。

「這就是為什麼我如此仰慕您，以及您所做的一切，薩維爾先生。」珍妮佛望向邁克，臉頰帶著淚痕。

「也許我要讓你失望了，珍妮。」邁克深深歎了口氣。「明天上午之前，森奇亞就要輸了，我也會變成無用之人中的一員。」

珍妮佛瞪大眼睛，看著眼前這位遲暮英雄。突然手機傳來震

動，她低頭看了一眼，夕陽中，她的表情突然明亮了起來。

「薩維爾先生，也許遊戲還沒結束。」

★　　★　　★

當天早些時候，在工會代表的壓力下，蘭德馬克公司向歐米伽林斯提出要求：組織一場非公開的職位評測，從被 AI 取代的工人中抽取樣本，進行全天的封閉式體驗，以蒐集回饋資訊，評估這一新職位再造模式的潛在風險，並與森奇亞的舊模式進行比較。

多虧了在人事部的朋友幫助，馬特被挑選為「樣本」的一員，簽署了保密協定，交出手機，被載到一處偏僻園區。

為了拍下珍妮佛要的素材，他可是頗費了一番心思。在他那頂紅雀隊的棒球帽上，裝了一個微型攝影機，正好從鳥兒的眼珠子探出來，資料直接上傳到雲端，紐扣大小的超氧化鋰電池可以續航一個禮拜。

「記住，珍，我可是冒著被告的風險幫你，千萬不能洩露任何我的個人資訊。你是自己發現的這份資料，我們之間的對話從來沒有發生過。明白嗎？」離開前馬特對珍妮佛再三叮囑。

「可是馬特……從影片內容就能知道是誰拍的呀……」

「噢……對哦。好吧，見鬼。」

最後，馬特只能選擇相信她。八個小時後，當他給珍妮佛打電話時，她正和邁克在落日中追憶往事。珍妮佛趕緊去酒吧找他。

馬特的樣子看起來比之前更加憔悴，兩眼通紅，像是幾天沒睡好覺了。沒等珍妮佛坐下，他便迫不及待地開口：「我真的沒有辦法過那樣的日子。太荒謬了，那些任務、圖紙、數字……完全不合常理。我搞不懂那是怎麼一回事。」

「給我錄影，我會搞清楚的。現在你要做的，就是回去好好睡

一覺，好嗎？」

　　事關重大，珍妮佛決定回公司和邁克一起看這段影片。AI 已經將它自動剪輯成三十分鐘的精華版本。他們可以隨時停下，慢速或者放大，找尋其中的疑點。

　　影片中，這五十個工人被集中在一間酒店的大宴會廳裡。每個人面前有一張桌子，桌上有電腦和 VR 裝備。來自歐米伽林斯的培訓師站在最前面。第一個小時是基本培訓，後面才算是正式工作。最後系統會根據得分情況，給予相應的獎懲，用的是等同於現金的信用點。

　　工人們只需要戴上 VR 眼鏡和虛擬手套，手腳根本沾不到泥沙。螢幕同步顯示眼鏡裡看到的畫面，只不過是二維的。工作人員可以由此發現問題，指點迷津。馬特把帽子放在桌上，微型攝影機對準螢幕，開始工作。

　　馬特手忙腳亂地根據螢幕上的指示，學習如何在虛擬空間裡旋轉視角、放大縮小、添加構件……整個操作介面可謂傻瓜到極點，利用不同的顏色、聲音和視覺特效來引導這位有二十五年工齡的資深技工，幫助他在最短時間內掌握如何像玩遊戲般完成一千平方英尺住宅的暖氣管道排布方案。

　　「你怎麼看？」珍妮佛問老闆。

　　邁克搖搖頭，眉頭緊蹙：「我不明白，這樣的虛擬協作流程，如果用在數位化程度更高的行業比如金融、精算、財務非常合適，人機合作的模式也早已成熟。可為什麼要用在建築業，這些人難道不正是因為被 AI 取代了才到這裡來的嗎？」

　　「也許……這樣成本更低？」珍妮佛開始亂猜一氣，「也許是為了向發展中國家輸出虛擬勞動力？」

　　邁克用手指示意讓影片繼續。

　　隨著耳機中的音訊講解，邁克和珍妮佛開始明白了背後的底層

邏輯。如果歐米伽林斯沒有說謊的話，這些工人是在為一些發展中國家的「端對端整合」（End-to-end Integration）建築計畫提供預構件設計及裝配服務，就像十幾年前 Katerra 公司早已實現的那樣。只不過現在有了低延時、高精度的虛擬實境技術，經驗豐富的工人可以直接用手部動作遠端操控機器人進行精細作業，滿足高端客戶的客製化需求。

各類工種：木工、油漆工、外立面鑲貼、牆體砌築、混凝土澆構件……都被轉化為類似的虛擬人機協作模式。經過簡單培訓的工人，按照他們多年的實際操作經驗「編輯」施工方案。之所以說是編輯，是因為那些工人不用付出重體力，也無須接觸真實的建築材料。完成上傳之後，系統會根據完成速度及品質回饋相應的信用點，房間前面還擺放著一個排行榜，按照積分高低顯示著工人的名字。

馬特不耐煩地四處轉悠，和工友們搭話。有些人就像坐在老虎機前的賭徒，雙手在空中不停重複動作，臉上露出沉迷的表情。也有的人屢遭挫敗，憤怒地敲打桌面，嘴裡罵罵咧咧。還有的人因為在排行榜上擊敗了對手，興奮地手舞足蹈起來。

「這就是電子遊戲，只不過遊戲的名字叫『工作』……」珍妮佛露出一絲厭惡，這些人的表現讓她想起跌入人生谷底時的父親。

「你說得對！」邁克突然像是發現了什麼，一把抓住珍妮佛的手，「也許這就是一場遊戲！你能幫我查清楚嗎？」

「查清楚什麼？」

「這影片裡出現過的建築設計圖，它們是真實存在的嗎？」

「你的意思是……」珍妮佛突然明白過來，「我明白了，這就是為什麼馬特覺得不對勁的原因。」

「珍妮，你是對的。」

「什麼？」

「遊戲還沒有結束。」邁克終於恢復了自信的微笑。

影片到了尾聲。組織者總結績效，有人拿到了高分，擊掌歡呼慶祝。焦躁不安的馬特看著排行榜上自己倒數的名字，憤怒地摘下頭頂的棒球帽，狠狠摔在地上。

畫面陷入了黑暗。

★　　★　　★

當天晚上。

Top of the Mark 酒吧開在馬克‧霍普金斯洲際酒店第十九層，雖然層高不算高，但由於酒店位於舊金山的坡頂，因此在臨窗座位可以將市區景色盡收眼底。

AI 助理為艾莉森提供了完美的搭配建議，金紅黑的主色調與酒吧的復古氛圍相融無間。

二十四年分的夢之白香檳在杯中蕩漾，艾莉森終於等到了邁克的出現。他一反常態沒有打領帶，領口敞開著。

「抱歉，前面一個會議耽擱了。」

艾莉森笑笑表示理解，她清楚這些都是邁克慣用的心理戰術。兩人在一種戒備的氛圍中吃完飯，又客套了幾個來回。艾莉森終於忍不住採取了主動。

「那麼，你們從哪裡搞到的影片？」

「你承認這一切都是騙局？」邁克沒有正面回答。

珍妮佛用圖像識別軟體分析馬特偷拍影片中的所有平面圖、立面圖、施工圖，結合任務中給定的日照角度、時間、海拔、經緯線、大氣條件等參數條件進行反算定位，根本找不到真實世界裡的對應建築物。歐米伽林斯提供給失業建築工人們的只是一場過於美好的虛擬遊戲。

「你打算怎麼辦？」艾莉森端起香檳，緩慢抿了一口，似乎在思考對策。

「公眾有權知道真相。」

「你選擇讓更多的人失去工作，來滿足你對英雄的病態扮演欲。邁克，這麼多年，你倒是一點也沒變。」

「得了吧，艾莉森。人身攻擊對我沒有用。」

「想想看，森奇亞花費那麼多時間和成本去做轉職培訓，就像是馬車和火車賽跑，你們永遠跑不贏 AI 更新換代的速度，為什麼不用一勞永逸的辦法呢。」

「難道這些人要在自欺欺人的虛擬工作裡過一輩子嗎？」

「邁克，你了解他們嗎，你懂得真正的人性嗎？看看你周圍的人，那些衣著光鮮，出入高尚場所，按小時計費的專業人士，有誰不是用垃圾時間擠占工時，卻毫無愧疚地拿著真金白銀。他們會感到內疚嗎？」

「可你剝奪了他們為社會創造真正價值的權利！」

「朝九晚五保持穩定就是他們對社會最大的價值。」

「這是赤裸裸的詐欺！」

「當你不知道工作是真是假的時候，這就不算詐欺。相信我，如果你讓人們選擇紅藥丸還是藍藥丸[19]，大多數人都會選藍藥丸。有誰願意承認自己一無是處，只能靠 AI 的施捨過日子。邁克，也許這是我們能為人類保有的最後一絲尊嚴。」

香檳裡的氣泡漸漸消散，溶解在空氣裡。

邁克突然搖搖頭，笑了起來。

「笑什麼？」艾莉森瞪著他。

---

19 電影「駭客任務」中，墨菲斯要尼歐在紅、藍兩色藥丸之間做出選擇，「吃下藍色藥丸，故事到此完結，你會在自己床上醒來，繼續相信你想相信的一切；吃下紅色藥丸，你就可以待在愛麗絲夢遊仙境裡頭，在我的指引下一探這兔子洞裡的深奧玄機。」

「抱歉……我只是想起了從前，好像每次我們發生爭執，最後都會陷入僵局。就好像這是一場零和博弈，一定要分出個你死我活，有意思。」

艾莉森也笑了，氣氛緩和了下來，「我也不知道為什麼，也許在我內心深處一直想向你證明點什麼？」

「想聽我說句實話嗎？」

「請。」

「你不需要向我證明什麼，因為在我心裡，你一直都是最完美的。」邁克把視線移開，像是在逃避艾莉森的目光，「也許你不信，來之前，我的計畫是逼迫歐米伽林斯放棄這一單生意，但現在我改變了想法。」

「為什麼？」

「這可以不是一場零和博弈。」

「你的意思是……合作？」

「我測算過，你們解決的職位多，但是利潤薄，因為並不實際產生效益，光靠裁員公司的簽約預付金和政府失業補貼也不可能把雪球一直滾下去。所以你們希望以快速增長、擴大規模的方式來拆東牆補西牆，最後也許就是回到 UBI 的老路。我說得對嗎？」

艾莉森的表情承認了邁克的猜測。

「UBI 為什麼會失敗，你比我更清楚。沒有給每個人發揮潛能的機會，最後回到各安天命的個人主義陷阱。紙牌屋終究會倒掉。難道你就沒有想過另一種方式？」

「我在聽。」

「讓虛擬的工作產生真正的價值。」

艾莉森露出迷惑：「可是怎麼做？你應該知道，一旦抗議升級，事情就會變得不可收拾。」

「你去說服老闆坐到談判桌前。工會那邊，我會想辦法。」

$$\star \quad \star \quad \star$$

　　一年後，珍妮佛在森奇亞舊金山辦公大樓下再次遇見了邁克。只不過這次是在清晨，整座城市，遠處的橋與海，都籠罩在一層金紅色的薄霧中。

　　她端著兩杯熱咖啡，沿著小徑漫步，腦海中還回想著前一天發生的奇怪事情。

　　那是透過影片接入的一名失業單身母親露西。做為一名初級職業再造師，珍妮佛每天要接待幾十位這樣的線上諮詢者，所有這些經驗和技巧都將成為她晉升的資本。但是今天這名年輕的女士卻有點不一樣。

　　露西原先是一名酒吧招待，老闆把店盤給了連鎖餐飲集團，要改造成無人服務餐廳，自然沒有她的位置，而她家裡還有一個六歲男孩嗷嗷待哺。

　　可無論是她選擇的用詞、慢條斯理的節奏，還是過分精緻的妝容，甚至每回答一個問題都需要停頓一會兒，像腦子有點反應不過來，都讓珍妮佛覺得她並不是真的酒吧招待。

　　可她為什麼要撒謊呢？

　　珍妮佛想盡快結束談話，露西卻無動於衷，拋出一個又一個的問題。這些問題都踩在關鍵點上，職業再造師如何評估她的技能，能提供哪些培訓資源，是否能在緩衝期內幫她找到新的職位。但不像其他的失業者，她一點也沒有流露出焦灼不安的情緒。甚至做為一位母親，露西並沒有把照顧孩子的需求納入職業選擇的考慮之中。這很少見。

　　是競爭對手派來刺探情報的嗎？可為什麼要選擇我這樣的新人呢？珍妮佛更迷惑了。

　　「抱歉露西，我還有下一個預約，要不今天先這樣？如果有合

適的機會我們會通知你的。」

這回露西似乎終於明白了，她起身點了點頭，離開前留下一句耐人尋味的告別。

「謝謝，你提供的資訊非常有幫助，期待下一次見面。」

她是自動答錄機嗎？想到這裡珍妮佛不由得有一絲惱怒，卻看到長椅上端坐的熟悉身影。那個男子正在朝自己微笑。她所有的不快一掃而光，快步上前。

一年前，森奇亞和歐米伽林斯最終達成協議，共同承接蘭德馬克專案。雙方發動各自的優勢資源，將 AI 技術與職業再造經驗深度結合，力保每一位工人都能獲得妥善安排。

之後，邁克邀請珍妮佛跟隨他回到西雅圖總部，這意味著她將踏上晉升的快車道。可珍妮佛卻選擇留下來，成為一名新晉的職業再造師，繼續服務本地勞工。

「邁克？真不敢相信是你，來出差？」珍妮佛喜出望外。

「好久不見了，珍妮，你看起來狀態不錯。」

「謝謝，你有時間嗎？我多買了一杯咖啡。」

「當然，誰能夠拒絕舊金山早晨的一杯熱咖啡呢。」

兩人在長椅上坐下，還是隔著一尺的距離，珍妮佛雙手捧著紙杯，終於先開了口。

「邁克，我知道這很蠢，但我還是要向你道歉，真心的。」

「為了……」

「你給了我那麼好的機會，可我卻拒絕了，我不希望你把這種行為解讀為『背叛』或者『恩將仇報』……」

「噢，珍妮，別告訴我這件事你一直放在心上。」邁克苦笑著擺了擺手。「說實在話，我很高興你做了這個決定。所有人都說，當我的助理會有一個魔咒，就是不超過一年就得離開公司，我很高興你打破了它。」

「好吧，既然你這麼說的話……你跟艾莉森怎麼樣？」

「她很好。我們很好。至少現在不錯。你懂的，進入一段關係，就像開始一份新工作，總是需要磨合期，哪怕這份工作你以前幹過。說說你吧，幹得還順心嗎？」

珍妮佛尷尬地笑笑：「一開始的時候壓力巨大，總能夢見自己走進一個全是人的房間做演講，開場白總是『感謝你們一直以來為公司做出的巨大貢獻』，你懂的，不過現在好多了，多虧了你……」

「應該是多虧了你，珍妮，如果不是你和那個建築工人，是叫馬特吧。你們拯救了森奇亞，也幫助了數以萬計的失業工人。」

「我只希望我的工作還能多堅持幾年，你知道吧，最近已經開始推行線上諮詢服務了，說不定哪天我們也要被再造了……」

「珍妮……」邁克看著昔日的部下，欲言又止，「無論世界怎麼改變，我相信你都會做得很好的，因為你有一顆真誠的心。」

「這套話術對我不管用的，我有一整本手冊呢。好了，邁克，我還有個晨會，就不打擾你欣賞海景了。希望下次見面不用等這麼長時間。」

邁克揮揮手：「回頭見，祝你好運。」

珍妮佛的身影消失在玻璃幕牆盡頭。

她是對的。邁克陷入沉思。AI 力量不斷擴張，毫不留情地侵入人類固守的職業疆界。也許一切只是時間問題。

在他來舊金山之前，總部高層剛剛開完一個決策會，投票表決是否將虛擬工作流程也引入森奇亞公司內部。一旦通過，這意味著初級職業再造師的客戶中將有一部分是數位人，它們有些來自真實人類原型，有些完全由 AI 生成，模擬不同類型的失業者。數位人的擬真程度非常高，以致於人類員工難以分辨。在這一過程中，數位人會對職業再造師的工作表現進行評判，選拔有能力晉升為管理

層的人。

剩下的人，也許只能重複在其他行業已經上演過的遊戲。甚至更為荒謬，會做為真實人類幫助虛擬失業者尋找虛擬的工作機會。

露西便是這樣一個被投入測試的數位人原型。邁克用自己母親的名字為她命名。

所有資料結果都顯示，這一創新能夠大大提升組織效能，篩選出更為優秀的備選人才。但一如從前，總有一些保守者顧慮重重。

管理層舉手表決打成三比三平，兩邊各執己見，誰都說服不了對方。所有人都把目光投向了邁克。

在那一瞬間，他想起了那個遙遠的下午，母親接到被裁員的消息時的表情。誰輸誰贏，在歷史洪流面前，也許根本無足輕重。

邁克·薩維爾鬆開領帶結，像要給自己留下一點喘息的餘地。他舉起手，為未來投下莊重的一票。

開復解讀 💬

目前，AI 在很多場景、任務中都實現了對人類的超越，甚至能夠「零成本」作業——不吃不喝、不眠不休。未來 AI 將在某些領域逐步取代人類員工，這一點如今已經成為共識。

〈職業救星〉的故事，正是基於二十年後 AI 取代人類員工的場景展開的：從建築業到金融業（例如承銷貸款），AI 在各項工作中無所不能，甚至掌握了判斷人類員工是否勝任的聘雇權。

顯而易見，AI 可以創造巨大的經濟價值，但也會使人類面臨前所未有的失業危機。目前來看，藍領階層和白領階層將首當其衝，因為愈是從事簡單重複性工作的人，愈容易被 AI 取代。

AI 將帶來史無前例的生產效率和經濟價值，但同時，也可能會造成社會的深層次矛盾加劇，進而引發一系列社會問題：AI 的發展剝奪了低收入人群的工作機會，使他們失去收入來源；進一步導致窮者愈窮，富者愈富，貧富差距愈來愈大；因失業引起的憂鬱症患病率及自殺事件劇增，甚至激起社會動盪，等等。

正是基於這樣的兩面性，很多人都發出疑問：在變革人類工作這件事上，AI 的出現究竟是福還是禍？

在故事〈職業救星〉所暢想的未來時代，針對 AI 導致的失業潮，有了這樣的解決方案——出現了一類重新分配工作的再就業服務公司，專門為失業的人提供就業諮詢和培訓，並為他們分配工作，比如把人們安排到他們原本意想不到的崗位，甚至派遣他們進入雲端虛擬空間執行真實場景中的任務。

〈職業救星〉這個故事想探討的核心問題是：在 AI 時代，是否有足夠多的工作需要人類去做；有沒有必要設計一些純「虛擬」的工作場景，使失業者有機會再次獲得唯有透過工作才能產生的成

就感和滿足感，即使他們並非真的在創造實質性的效益。

我們可以預想一下，如果二十年後，〈職業救星〉中的就業情形真的發生，那麼上班族該怎麼辦？個人、企業和政府部門，能夠做些什麼來預防潛在的失業潮危機？

在 AI 的參與下，未來的工作會演變成什麼樣子？哪些人類員工是 AI 可以取代的？哪些工作又是 AI 力不能及的？或者說，人類是否需要重新建構對就業的認知，並為此制定全新的社會契約？另外，在 AI 時代，如果我們不必再把大部分時間花在工作上，那麼我們的生活方式是否會發生顛覆性的改變？

為了回答這些問題，接下來，我將從 AI 如何取代人類員工開始分析，深入探討 AI 時代人類就業的各種可能性。

一、AI 將如何取代人類員工？

首先，可以明確的是 AI 在處理大量資料方面具有驚人的優勢。

以金融放貸為例。在放貸的審核環節，金融機構在收到貸款申請後，人類審核員一般會仔細核查申請人的各類資訊，比如淨資產、工作收入、家庭狀況等，然後再決定是否批准貸款申請。這是個繁複的過程。

但 AI 卻不用這樣做，除了申請表上的資訊，它可以直接根據貸款申請人的公開紀錄、申請人自願提交的「點子信息」（如信用紀錄、購買紀錄、健康紀錄）等，把成千上萬個變數放入「風險控制模型」，然後快速給出精細化的評估結果。這個過程不僅高效，而且其評估結果比富有經驗的人類審核員還要準確。

如果人們不願意提供這些隱私資訊怎麼辦？那麼，讓我們來假設，金融機構為了鼓勵貸款申請人允許 AI 審核員查看他的個人資

料，於是承諾申請人可以因此而享受到更優惠的貸款政策（更精確的放貸讓 AI 審核有更大的利潤空間來讓利），結果會怎麼樣？可能有些人會拒絕，但應該有很多人會選擇同意（就像我們在〈一葉知命〉中所看到的那樣）。

從上述例子可以看出，在日常工作中，AI 取代部分白領可能不是一件太難的事情，而且類似的事情也確實發生過，比如過去從事記帳和資料錄入等專門事務性工作的人類員工，現在都被電腦軟體取代了。

在〈職業救星〉中，我們也能看到那些受 AI 衝擊的白領，從會計師到放射科醫生，無一倖免。接下來，如果 AI 與機器人、自動化等技術進一步結合，一些從事相對複雜工作的藍領也將被取代，比如故事裡提到的倉庫揀貨工、建築工人、管道工人等，這幾類員工被取代的難度逐步遞增：到 2041 年，執行常規任務的倉庫揀貨工將徹底被倉儲機器人取代；在未來的建築業，由機器人製造的易於大規模組裝的部件將成為主流，因此，一部分建築工人將被建築機器人取代；甚至管道工人的數量也會慢慢減少，因為大規模組裝建築物的標準管道，可以使用機器人進行維修，不過，因為還有很多老式建築的管道系統比較複雜，所以管道工這個工種不會那麼快消失。

那麼，在未來的 AI 時代，人類員工被 AI 取代的狀況究竟會發展到什麼程度？最容易受到 AI 衝擊的行業有哪些？

在《AI 新世界》一書中，我預測過，截至 2033 年，有 40% 的工作崗位上的人類員工都將被 AI 和自動化技術所取代。當然，這種取代的進程並不是一朝一夕就能完成的，AI 取代人類員工的方式是漸進的，就像〈職業救星〉中珍妮佛從事會計工作的父親那樣，他是逐漸被機器人流程自動化（Robotic Process Automation, RPA）技術取代的。

簡單來說，RPA 可以看作一種安裝在電腦上的「軟體機器人」，能夠透過軟體來觀察人類員工所做的一切工作。隨著時間的推移，這種「軟體機器人」會根據它們所觀察到的數百萬人類員工的工作流程，掌握人類員工執行重複性日常工作的完整過程。

在某些時候，企業會選擇讓機器人完全接手人類員工的工作，這是一種「划算」之舉——隨著總體工作負擔的減輕，企業工資單上的雇員人數將減少。

想像一下，在一個有一百名員工的人力資源部門，有二十名員工的主要工作是篩選簡歷——將求職者的資訊與崗位說明中的任職標準進行比較。如果上馬 RPA 後，篩選效率提升一倍，就會導致其中十名員工失業，而在 RPA 根據更多資料和經驗完成了進一步的學習後，可能會在某個時間點取代剩下的十名員工。

與此同時，在與求職者進行電子郵件溝通、安排面試、回饋協調、招聘決策，甚至有關入職的基本談判方面，RPA 也都具備非常大的潛力。如果把這些任務也委託給 RPA，就會有更多的人類員工被取代。

另外，AI 還可以參與求職者的第一輪面試，進行面試篩選，這個環節類似於〈職業救星〉中數位人露西對珍妮佛做評估的過程，這種做法將為人力資源部門和招聘經理節省大量的時間成本。

由於 AI 可以參與上面提到的這些工作環節，人力資源部門的員工總數有可能從一百人減少到十人左右。當 AI 完成對招聘階段的賦能後，接下來，它就可以接手人力資源培訓、幫助新員工制定職業發展目標以及績效評估等任務了。

人力資源部只是每家企業的職能部門之一，除此之外，AI 還可以在財務、法務、銷售、市場、客服等部門發揮作用，再加上新型冠狀病毒的暴發推動了企業工作流程的數位化，導致 RPA 和類似技術的應用需求量變大，從而進一步加快了 AI 取代人類員工的

進程。不難想像，AI 對人類工作的介入雖然是循序漸進的，但最終的結果卻非常明確——將是全面的取代人類員工。

有樂觀主義者認為，新興技術導致的生產力提升，總能帶來相應的經濟效益，而經濟的增長和繁榮，則意味著能夠帶來更多的就業機會。但是，與其他新興技術不同，AI 是一種「無所不能」的技術，它將直接對數百個行業以及數以百萬計的工作崗位帶來衝擊。這種衝擊不僅包括對體力勞動的替代，還包括在認知上帶來的挑戰。

大多數技術都會在取代一部分崗位上的人類員工的同時，創造一部分新的就業機會，例如流水裝配線徹底改變了汽車工業——從工匠手工組裝昂貴的汽車，到普通工人製造更多的平價汽車。可是，AI 卻與此不同，它的目標非常明確，就是接管人類的工作任務，這會直接導致人類就業機會的減少。而且，AI 並不會僅僅局限於單一領域的技術，它會「入侵」各行各業。

另外，AI 應用、泛化和遷移的速度也是驚人的。人們總是將其與 AI 新技術革命相提並論的工業革命，在其發軔一百多年後，才擴展到西歐和美國以外的國家和地區，而 AI 卻一呼百應遍地開花，幾乎在全世界範圍內都是同時開始實際應用。

二、AI 取代人類員工背後的潛在危機

實際上，AI 取代人類員工所帶來的失業人數飆升只是危機的冰山一角，而且是浮於水面上的那一角，而潛伏在水下的危機，可能會給人類帶來難以承受的後果。

首先，失業人數上升會導致崗位競爭加劇，藍領和白領的薪資可能因此被壓縮，然而，與此同時，AI 演算法卻有可能幫助科技

巨頭在更短的時間內獲得更多的收益，造就更多的億萬富翁，於是收入和財富不平等的問題會愈演愈烈。

英國經濟學巨擘亞當·斯密提出的自由市場的自我調節機制（例如高失業率會壓低工資，受其影響，物價降低，進而反向刺激消費，最終會使經濟重回正軌），在 AI 時代下將不再有效，甚至會徹底崩潰。如果不未雨綢繆對此加以控制，而是任其自然發展下去，可能就會導致一種新的階級制度形成：上層是極其富有的 AI 精英；中層是數量相對較少的一部分從事複雜工作的雇員，這些雇員的工作涉及廣泛的技能、大量的戰略性規劃以及創意，這些雇員中的一大部分人收入較低；下層則是最龐大的社會群體——無力掙扎的普通民眾。

其次，比起失去工作，對於人類來說更為不幸的是失去人生的意義，所以，人類在精神層面遭遇的挑戰同樣值得關注。

未來，人們將看到，在其畢生扎根、鑽研的工作中，自己會被 AI 演算法和機器人輕而易舉地超越。那些從小就夢想進入某些行業的年輕人，他們的希望可能會就此幻滅。

自從工業革命以來，無形中，人們被灌輸了一種觀念——工作是我們實現自我價值的主要途徑。這種根深柢固的傳統觀念一旦被顛覆，人們將很難獲得自我認同感，反而會產生挫敗感。此時，有人可能會選擇濫用藥物來逃避現實，有人可能患上憂鬱症甚至選擇自殺（據美國報導，在某些遭受現代科技強烈影響的行業〔如計程車司機〕，從業者自殺的人數激增）。更糟的是，AI 的廣泛衝擊會使人們開始質疑自己存在的價值，以及生而為人的意義。

回顧並不久遠的歷史，我們會發現，在面對大規模流行病等非常具有破壞力的動盪性事件時，人類的政治制度和社會結構是多麼的脆弱。新冠疫情，就是最近發生的活生生的例子。而如今的 AI 經濟，也是這樣一個頗具「殺傷力」的顛覆者，倘若不加以干預、

調控，放任它自由發展，後果將不堪設想。與之相比，由於社會政治博弈所引發的動盪，簡直是小巫見大巫。

這樣說來，似乎擺在人類眼前的，將是一幅慘澹的前景，那麼，我們對此能做些什麼呢？

三、UBI 會是一劑良方嗎？

在 AI 對人類工作崗位形成衝擊的情況下，「全民基本收入」（Universal Basic Income, UBI）這一舊概念被注入了全新的活力，被更多的人熱議。根據 UBI 計畫的理念，政府為每個公民提供標準津貼，這種津貼的發放並不考慮公民個體的需求、就業狀況或職業技能水準，其資金來自對超級企業、超級富豪的徵稅。

在 2020 年美國總統大選前，候選人之一楊安澤提出了一種名為「自由紅利」的 UBI 的變體政策，做為自己競選的理論基石，並把它視為對抗 AI 和自動化浪潮的一劑良方。雖然楊安澤沒有在競選中走到最後，可是做為一名政治新手，他在競選中贏得了超出大多數權威人士預期的成績，而且在 2021 年的紐約市長選舉中呼聲最高。其中一部分原因是 UBI 的吸引力，另一部分原因或許就是他闡明了制約經濟發展的重大瓶頸，指出了被其他政客忽略的事實，從而引起了勞工階層的共鳴。

我認為，人類必須想辦法縮小不斷擴大的貧富差距，在這個過程中，UBI 未嘗不是一種雖然簡單但行之有效的機制。不過，UBI 的無條件分發原則，也會帶來財政分配過於「隨意」以及浪費公共資源的風險，對此，有些提議指出，應該在 UBI 的基礎上附加發放津貼的條件，或者將公民個體的需求考慮在內，這將直接提升 UBI 計畫的實施效果，同時改善公眾對它的看法。

圖 8-1　2020 年美國總統候選人楊安澤提出名為「自由紅利」的 UBI 變體政策，做為自己競選的理論基石（Shutterstock/Janson George）

　　我認為「授人以魚，不如授人以漁」應該成為 UBI 計畫的題中之意，換言之，UBI 計畫需要直接幫助那些有潛在失業風險的人，選擇一些短期內難以被 AI 接管的就業崗位，並為他們提供相應的轉職培訓。因為如果讓人們自己做決策，可能大多數失業者都無法準確判斷，在 AI 革命中哪些職業將倖存，哪些職業將被淘汰；還有很多人無法有效利用 UBI 計畫所提供的資金，使自己的生活重新走上正軌 —— 人性中的諸多不確定性因素，總會使政策的執行過程充滿挑戰。

　　除非上面提到的就業職位技能培訓能夠被納入 UBI 計畫的核心理念，否則數十億人將面臨與〈職業救星〉中的愛爾莎女士同樣的命運 —— 失去倉庫揀貨員的工作，成為主題樂園的服務生，但在不久之後，她再次失去了這個來之不易的新的謀生機會。

四、從事哪些工作的人不容易被 AI 取代?

　　要想從容應對 AI 時代的就業形勢,我們首先應該清楚 AI 的特點,例如 AI 不具備什麼能力,不能完成什麼種類的工作,然後才能抓緊時間提前增設 AI 無法接管的工作崗位,為人們提供相應的職業諮詢,並且有針對性地開展職業培訓,從而實現 AI 時代工作崗位的供需平衡。我認為,在以下三個方面,AI 存在明顯不足,即便到了 2041 年,AI 可能仍然無法完全掌握這些能力。

　　第一,創造力。AI 不具備創造、構思以及戰略性規劃的能力。儘管 AI 非常擅長針對單一領域的任務進行優化,使目標函數達到最優值,但它無法選擇自己的目標,無法跨領域構思,無法進行創造性的思考,也難以具備那些對人類而言不言自明的常識。

　　第二,同理心。AI 沒有「同情」、「關愛」之類感同身受的感覺,無法在情感方面實現與人類的真正互動,無法給他人帶來關懷。

　　儘管目前研究人員已致力於改進 AI 在這一方面的缺陷,但人類在需要情感互動時,仍然很難從機器人的身上得到心裡所期待的真心的關懷,收穫心靈上的慰藉。這也就是所謂的不夠「人性化」。

　　第三,靈活性。AI 和機器人技術無法完成一些精確而複雜的體力工作,如靈巧的手眼協作。此外,AI 還無法應對未知或非結構化的空間,並在其中執行工作任務,尤其是它觀察不到的空間。

　　那麼,上面提到的這些 AI 的缺陷,會對人類未來的就業形勢產生什麼影響呢?

　　不難預測,一些不需社交的重複性工作可能會全部被 AI 接管,如電話銷售員,以及之前提到的保險審核員和貸款審核員等。

　　那些需要高度社交技巧並且相對重複執行的工作,將由人類與 AI 共同承擔,二者將在工作中各自發揮所長,實現人機協同合作。例如,在課堂上,AI 可以負責日常作業的批改和考試的評分,

甚至完成一些標準化的課程教學和個性化的練習指導；人類教師則可以專注於成為善解人意的導師，用自己的同理心去理解學生、激勵學生，陪伴孩子們在實踐中學習，為他們提供個性化的輔導和啟迪，幫助他們培養良好的習慣及情商。

對於那些需要創造力但不需要社交互動的工作，AI 將成為幫助人類發揮更大創造力和潛力的利器。例如，科學家可以利用 AI 技術提高藥物研發的速度和精準度。

還有一些既需要創造力又需要社交技能的工作，比如〈職業救星〉中的邁克和艾莉森所做的是高度策略性的工作，他們將成為未來人類職場中的「閃光點」，很難被 AI 取代。

圖 8-2 和圖 8-3 展示了在不同職業的能力結構中，對創造力和社交技能的要求。圖 8-2 是智力型工作被 AI 接管的二維圖，其中，

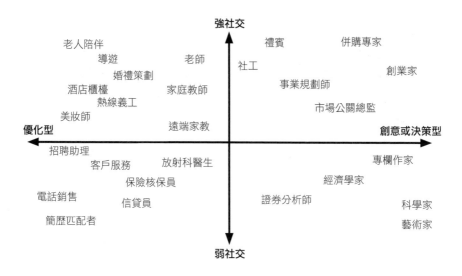

圖 8-2　智力型工作被 AI 接管的二維圖（資料來源：李開復）

橫軸代表職業所需的創造力，縱軸代表職業所需的社交技能；右上方的工作更適合人類，左下方的工作更適合 AI。

圖 8-3 是勞力型工作被 AI 接管的二維圖，其中的縱軸仍然代表相關職業所需的社交技能，橫軸則代表從事相關職業所需的體力勞動的複雜程度，這種複雜程度是根據具體工作所要求的肢體靈巧度，以及對是否需要在未知環境、非結構化環境中解決問題進行衡量後確定的。圖中右上方的工作更適合人類，左下方的工作更適合 AI。比如幫助老年人洗澡的護理工（養老院看護）的工作，不但需要社交技能，還需要靈巧的肢體技能，因而更適合人類；倉庫揀貨員既不需要社交技能，也不需要具備很高的手工靈巧度，因而更適合 AI。

從兩張圖中，可以看到有不少工作 AI 是很難勝任的，所以，

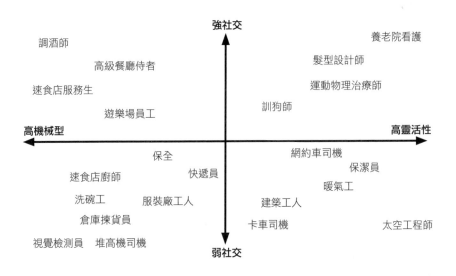

圖 8-3　勞力型工作被 AI 接管的二維圖（資料來源：李開復）

對於人類來說，這類職位相對安全。但是，有些從事相對簡單的工作的人，卻無法避免被 AI 徹底取代的命運，對此，我們還能做些什麼，才可以幫助人類員工在即將到來的 AI 時代，仍然保持「工作—賺錢謀生—獲得成就感」的人生模式？

五、如何化解 AI 時代的人類工作危機？

AI 所引發的新經濟革命已顯端倪，隨之而來的工作消亡問題將是人類命運共同體所面對的時代性挑戰。對此，我建議把「3R」做為人類應對 AI 經濟變革的途徑，即二次學習（Relearn）、二次定義（Recalibrate）和二次復興（Renaissance）。3R 是我們迎接時代挑戰可以努力的方向。

二次學習

我們應該發出嚴正警告，喚醒那些正踩在失業懸崖邊緣的人們，鼓勵他們主動出擊，重新學習。

令人欣慰的是，有不少人類的工作是 AI 難以勝任的，特別是那些需要創造力、複雜工藝、社交技巧以及依賴人工作業 AI 工具的工作。我們可以宣導人們積極投入二次學習，幫助他們掌握從事此類工作的（新）技能，為適應 AI 新經濟下的新型工作場景做好準備。

職業培訓機構需要盡快重設課程，增加 AI 時代可持續就業的培訓科目；政府可以為這些培訓提供獎勵和補貼；企業可以參考類似於亞馬遜職業選擇計畫（Career Choice Program）的方案，設立專案經費，資助員工參加職業再造培訓專案，幫助員工報考飛機維

修技師、電腦輔助設計師、醫療護理師等職業的資格許可證。

　　值得關注的是，隨著財富的增長和壽命的延長，以人為中心的服務性工作將成為社會的剛性需求，其重要性與需求量都會水漲船高，例如世界衛生組織預測，要實現聯合國「人人享有良好的健康和福祉」這一永續發展目標，全球醫護人員的需求缺口將高達一千八百萬人。過去，這類關懷型職業在社會上一直不被重視，薪酬也普遍偏低，但是以後，這些「以人為本」的職業將成為 AI 新經濟運行的基石，值得更多的人考慮透過二次學習來投入其中。

　　為了進一步緩解人力資源供需失衡，我們甚至可以考慮把目前「志工服務」類型的工作調整為全職薪酬型工作，諸如捐血中心服務人員、寄養服務提供者、夏令營老師、心理諮詢師等，也包括一些為了照顧家中老人不得不離開職場的成年人。另外，可以預見的是，自動化時代一旦到來，社會將需要大批志工為失業人員提供熱線諮詢，幫助他們解決在職場轉型過程中遇到的疑慮和困難，排解心理壓力，盡可能避免由於失業所導致的社會問題。這些志工也應當獲得合理的報酬和社會的認可。

二次定義

　　除了重新學習職業技能，我們還需要結合各類 AI 工具，重新調整工作崗位的「人機協作」模式。因此，對於不少職業的工作方式乃至工作內容，我們需要重新進行定義。

　　資訊化革命在短短幾十年內徹底改變了人們的工作方式，使用電腦上的各種軟體是當今普遍的人機協作模式。在 AI 時代，各行各業將朝著更加智慧化的方向「演化」：AI 可以測算出不同條件下的沙盤推演結果；可以透過對大量資料進行計算，量化顯示工作任務的最優解；可以協助不同行業優化工作流程，完成日常的重複

性事務。我認為，很難出現單一通用型的 AI 工具，我們必須針對各個行業提供特定的解決問題的應用程式，如此，舉凡藥物分子研發、行銷廣告策劃、新聞資訊核實等任務，都能透過高度客製化的 AI 工具來實現。

當我們對一些職業進行二次定義，充分把「以人為本」的人性特質和 AI 善於優化的技術優勢深度結合起來之後，許多工作將被重塑，不少新興崗位也將被創造出來。

在 AI 時代的人機協作中，AI 和人類合理分工、各展所長，AI 可以既智慧又高效地承擔起各種重複性任務，由此，人類從業者得以把更多的時間花在需要溫情、創意、策略的人文層面的工作上，從而產生 1 + 1 > 2 的合作效應。舉例來說，人們生病了，最信任的仍然是人類醫生，由於醫生可以使用專業的 AI 醫療診斷工具，快速準確地為患者定下最佳治療方案，所以能騰出充裕的時間和患者深入探討病情，撫慰他們的心靈，醫生的職業角色也將因此被二次定義為「關愛型醫生」。

正如移動網際網路催生了 Uber 司機、外送服務等職業，AI 的崛起也創造了很多全新的職業，目前已經有 AI 工程師、資料科學家、資料標注員、機器人維修員等。我們應該時刻關注 AI 新經濟進程中湧現出的新興職業，確保公眾掌握就業情況，並且為他們提供相關的職業技能培訓。

二次復興

有了得當的培訓和稱心的工具，我們可以期待又一次「文藝復興」的到來——由 AI 催生的人類釋放激情、創造力迸發、人性昇華的新高峰。

中國歷史上有膾炙人口的唐詩、宋詞、元曲，濫觴於義大利的

歐洲文藝復興則誕生了輝煌的文學、音樂、建築、雕塑，這些作品在數百年後仍被人讚頌。那麼，AI 新經濟將會激盪出怎樣的人文復興？

AI 視覺工具將成為繪畫、雕塑及攝影藝術家們的得力助手，可以按照他們的指示創作、完善作品。AI 文字工具可以輔助小說家、詩人、記者，為寫作注入新的靈感。AI 可以幫助教師批改作業和試卷，讓教師把時間和精力節省出來，用於設計嶄新的課程、教材，以此激發學生的好奇心、創造力，培養學生的批判性思維；可以幫助教師在課堂上傳遞標準化知識（資訊），讓教師把更多時間花在與學生進行個性化互動上，這樣，他們才能成為 AI 時代的教育家。

如果讓我預言這場由科技進步引發的「二次復興」將具有什麼意義，我想借用美國第二任總統約翰·亞當斯的名言：「我必須研究政治和戰爭，我的兒子們才有研究數學和哲學的自由。我的兒子們應該去研究數學、哲學、地理、自然史、造船、航海、商務和農業，為的是使他們的孩子有學習繪畫、詩歌、音樂、建築、雕塑、織繡和瓷藝的權利。」

六、迎接 AI 新經濟以及制定全新的社會契約

現在回過頭看故事〈職業救星〉，會不會在我們這一代人的有生之年，人類的工作真的銳減到故事中所描述的程度，以致於我們不得不依靠虛擬工作來打發時間，就像故事裡歐米伽林斯公司為失業建築工人安排的所謂的「新職位」那樣？

我不認為前景會如此悲觀，但故事中的設想非常有趣，對於人類來說，把這個設想化為現實將是史無前例的。虛擬環境並非毫無

現實意義，它很有可能成為職業技能培訓的擬真場景，為人類從事未來的工作提供強有力的支援。

AI 取代人類員工的浪潮勢不可當，不過，被取代的往往是從事相對重複、相對初級的工作的人類員工。有了 AI 之後，人們極有可能不再需要從事初級工作，而是一步到位，去承擔一些不那麼標準化的難度更高的工作（任務）。那麼，連帶產生的問題是，員工如何實現這種由簡到難的能力跨越？儘管自動化技術高度發展並在各行各業得到普及，但我們仍然需要確保人類能夠完成所有級別的工作，有機會在實踐中學習，實現能力的進階提升。

隨著虛擬實境技術不斷進步，未來的「虛擬工作」、「實踐培訓」和「真實工作」之間的邊界會益發模糊，正是這一點，促成了〈職業救星〉中歐米伽林斯和森奇亞兩家公司的合作。故事裡提到的初級工作，帶給人們更多的是實踐培訓的機會，而不再是創造實質性價值的機會。

可以肯定的是，在未來，為大量失業人員提供再就業培訓勢在必行，而花費在這件事上的資金將是天文數字。

除此之外，我們需要重新定義教育，培養出有創造力、有社交能力、掌握多學科知識的複合型人才。

我們還需要重新定義職業道德、公民權利、企業責任和政府的引導作用……簡而言之，我們需要制定全新的社會契約。

好在我們並不是「平地起高樓」，而是可以借鑑各個國家的經驗，比如北歐的基礎教育體系、韓國的天才教育、美國大學的顛覆性創新教育（例如大型開放式網路課程「磨課師」和密涅瓦大學的新式教育）、瑞士的精工文化、日本的服務精神、加拿大的志工服務、中國的敬老養老傳統，以及不丹的全民幸福指數等，最終形成全球性的最佳解決方案，讓新的社會經濟為新技術提供發展的沃土。

毫無疑問，這將是一項異常艱巨的任務，人類完成這項任務所

需要的勇氣和膽量從何而來？能力愈大則責任愈重，我們這一代人將收穫 AI 帶來的前所未有的財富，因此也必須承擔起重寫社會契約、調整經濟方向的責任。如果上述原因還不足以使現在的我們有足夠的動力，那就讓我們拉長視野，想想子孫後代，想想人類文明的延續和繁榮吧。

AI 為我們這一代人開啟了「共同性」機遇的大門：由於有了 AI，人類得以從重複性的工作中解脫出來，我們的時間寬裕了，我們的心志解放了，我們終於能夠專注於自己最擅長的領域，釋放激情、創造力及才華，把能力用在發現、發明、創意、創造等層面上。AI 給了我們追隨內心的機會，對此，我想倡議每個人都深入思考一下：身為人類，我們具有哪些 AI 難以取代的獨特性？在 AI 時代，我們應如何高揚人性珍貴的價值和意義？

幸福島

開復導讀

AI 能讓我們變得高效、富有，但是 AI 能讓我們幸福嗎？本章的故事講的是一位中東的開明君主，他想試驗將 AI 做為給人類帶來滿足感的靈丹妙藥。然而，幸福是什麼？幸福如何衡量？這位君主邀請了一些名人聚集在一個私密的島嶼上，讓這些名人共用他們的個人資料，並成為探索這個奇妙命題的小白鼠。在本章的解讀部分，我將討論衡量幸福感、獲得幸福感的問題，以及 AI 能否幫助我們解決這些問題。透過資料，AI 可能知道我們所有的最深的、最隱蔽的欲望，因此，我還會深入討論與此有關的隱私議題，分析與隱私保護有關的監管機制和技術方法。

AI 2041

CHAPTER 9 幸福島

不要怕。

這島上充滿了各種聲音和悅耳的樂曲，使人聽了愉快，不會傷害人。

……那時在夢中便好像雲端裡開了門，無數珍寶要向我傾倒下來；

當我醒來之後，我簡直哭了起來，希望重新做一遍這樣的夢。

—— 莎士比亞《暴風雨》

　　一輛黑色越野車在漫天黃沙裡時隱時現，像在海浪中浮沉的鯊鰭。車子開足馬力，捲起沙塵，不停地向垂直落差十幾公尺的巨大沙丘衝刺。有幾次，幾乎要在斜坡上側翻了，車子卻又猛一加速，高高躍起，重重落下，如同捕獲獵物的鯊魚，心滿意足地開始尋找下一個目標。

　　維克多・索洛科夫抓緊座椅，以免身體被拋上半空。他臉色煞白，這種刺激感跟蘇-57戰鬥機做眼鏡蛇機動時不相上下。車廂裡非洲電子樂轟鳴，來自阿爾及利亞的司機哈立德用口音濃重的英文吼著，說這些沙丘移動速度很快，無人駕駛可搞不定。前窗被油漆般稠密的黃色沙塵沖刷著，完全看不清方向，似乎在佐證他的話。

　　從衛星地圖上可以看出，這些綿延不絕的沙丘如一道道金色斜線，從西北到東南切過卡達半島。如果從沙漠腹地駕車一路東行橫穿，就能看到為遊客準備的復古駝隊、廢棄的煉油廠、泥灘上的採珠體驗區，最後抵達海市蜃樓般虛幻的超現代城市杜哈。你會感受到時間似乎被裁切成跳躍的片段，訴說著這個年輕國家神話般騰飛的歷史。

「為什麼你不直接飛過去，我是說，那樣快多了。」哈立德不解地問。

他指的是維克多要去的地方——阿勒薩伊達島，位於杜哈盧賽爾碼頭東北的阿拉伯海上。一般去那的人都選擇乘私人飛機或遊艇。

維克多聳聳肩：「我有的是時間。」

「哈，你們這些俄羅斯人！」司機對著後視鏡大笑。

這位乘客完全不像那些傳統俄羅斯富豪，一身黑色運動服包裹著瘦弱的身軀，更顯得腦袋碩大。他的臉看起來很年輕，卻有著與之不相符的深沉。最奇怪的是，他似乎對任何風景、遊樂項目，甚至全世界都體驗不到的地下競技場毫無興趣。就好像是一位目的過分明確的顧客，只想趕緊從超市貨架上取下商品，結帳走人。

維克多曾經是全球四十歲以下最有影響力的商業天才。他在東北亞地區設立了一個電子遊戲競技平台，轉播權售賣全球，結合特許博彩經營，以加密貨幣結算。不到十年，他的業務便成功地像滾雪球一樣擴張到各個大陸，他也因此積累了富可敵國的資本。可就在人生最巔峰的時刻，維克多選擇了急流勇退，從公眾視野中消失。一時間陰謀論甚囂塵上，有說政府意圖接管聯盟的，有說他罹患不治之症的，有說他的生意面臨反壟斷拆分所以他提前金蟬脫殼的，眾說紛紜。

真實情況是，維克多突然對一切失去了興趣。就像某種急性精神病發作，他無法再像以前那樣扮演 CEO、商業天才、媒體寵兒、成功學大師⋯⋯那些角色讓他覺得自己只是個腐壞的提線木偶，表演愈賣力愈接近崩潰。於是他帶上一幫最要好的朋友，住進了黑海沿岸的豪華莊園，與烈酒、藥物、美女為伴。他以為這樣就可以填補內心的空洞，讓自己快樂起來，結果卻換來兩具屍體和一樁大型醜聞。他被送進了康復中心，醫生給出的診斷結果是重度憂鬱，需要服用處方藥物並定期參與互助小組活動。

維克多知道，這些就像啤酒的泡沫，根本無法真正解決實質性問題。該試的他都試過了，除了最後的徹底解脫之道。理性告訴他，他依然擁有金錢、權力以及世間一切華麗的事物，所謂的憂鬱只是製藥公司發明出來的行銷概念。他只是需要一點時間來清理火星塞，重新發動引擎。但同時，他的心靈深處有個聲音不斷重複地告訴他，他曾經的夢想——讓遊戲帶給所有人快樂，如今卻被資本綁架，變成了一架無法停止運轉的財富收割機。

　　維克多覺得這無異於自我背叛，只有自毀才能阻止這一切。

　　直到他收到那張來自阿勒薩伊達島的神祕邀請函，上面寫著世人皆知的拉丁諺語——Carpe Diem（抓住現在），邀請他前往卡達體驗全球最奢華的幸福之旅。公開管道或消息靈通人士都無法為維克多提供任何有用的資訊，只知道阿勒薩伊達島是卡達近年才完成的一座人工島。

　　這激起了維克多的好奇心，他決定獨自前往，一探究竟。

　　遊船在日暮時分靠岸。整個島嶼籠罩在金粉色的光芒之中，像一個裝滿了奇珍異寶的首飾盒。

　　維克多被那些線條圓潤的低矮建築物吸引住了，這些建築物的風格明顯地與駝峰、沙丘、珍珠這些傳統的卡達文化符號相呼應。更令人驚歎的是島嶼上空懸吊著一層半透明的網格結構，像上等絲綢織就的頭巾，柔順輕薄又帶著垂墜紋理。他不明白這是做什麼用的，試圖找到它在力學上的支撐點，但在視力範圍內並沒有發現類似於支柱的東西。

　　一個友善的合成人聲打斷他的探索，那是在碼頭上守候多時的機器僕人的聲音。這個機器僕人，身高接近兩公尺，體形強健，包

裹在拖地的灰色長袍下，看不出是用擬人的雙足行走還是靠輪子。

「您好，索洛科夫先生，我是您的僕人卡林，您在島上有任何需要都可以告訴我。」

「嘿，我還以為這裡的上流社會更喜歡用人類僕人呢。」

「的確如此，機器人和自動化讓卡達的外來勞工的比例從原先占總人口的 85% 下降到 30%，他們大多從事機器無法替代的高端服務業，但在阿勒薩伊達島上，我們選擇了更為聰明的方式。」

維克多挑了挑眉頭，自言自語道：「我猜不會有盛大的歡迎派對了。」

「當然有，在您接受條款，啟動專屬服務模式之後……」

「條款？」

卡林的手臂上延展出一塊泛著藍光的顯示器，上面密密麻麻地顯示著一堆文字。維克多隨意用手指在螢幕上滑動，翻閱了一下關鍵字。看上去，這座島嶼想要他交出所有的資料介面，從財務管理到社群媒體，從語音到視訊，應有盡有，幾乎涉及了一個人日常生活所能產生的全部資料。一條廣告語在螢幕上不斷滾動著──「為您的幸福提供極致服務」。

「資料安全怎麼保障？要知道，全世界沒有一家公司會掌握使用者的這麼多資料，我感覺自己像是在玻璃箱裡裸奔的小白鼠。」

「哈，很棒的笑話。索洛科夫先生，阿勒薩伊達島採用最先進的中介軟體（middleware）技術，您的資料會全部被加密，確保只有 AI 能夠讀取。且這些資料僅用來為特定個人，也就是您，提供可溯源的服務與內容。如果您還不放心，您可以查看我們的代碼。我們的演算法是開放原始碼，任何人都可以查看代碼，確保不會被惡意竄改或植入木馬。」

「聽起來像是那麼回事。還有什麼是我必須知道的？」

「您之後有充裕的時間自己去發現，索洛科夫先生。」

說不清是對這座神祕島嶼的好奇心，還是那個字眼——「幸福」，觸動了維克多。他沒有再糾纏細節，透過虹膜、指紋和聲紋驗證，交出了他所有的資料介面。在這個時代，這相當於一個人擁有的全部資產。

　　當維克多的手掌從螢幕上離開時，一陣藍色光暈從機器人的手臂傳到地面，又如同漣漪般蕩漾開去，抵達小島的每一個角落。這座島好像活了過來，開始讀取到訪者的歷史，理解他此刻最微妙的身心變化，進而預測他未來的每一步選擇。

　　這種被看透的感覺讓維克多打了個冷戰，回過神來，卡林已經提起所有行李。

　　「索洛科夫先生，讓我先帶您回家吧，所有的一切都已安排好了。」

　　當維克多進入那座沙丘狀的度假屋時，才真正理解機器人所說的「回家」是怎麼一回事。屋裡的所有裝修、家具、擺設，甚至是壁爐上的熊爪掛飾，都和維克多在莫斯科盧布廖夫卡區的別墅毫無二致。

　　「這怎麼可能……」維克多喃喃自語，就算是 3D 列印也沒有這麼快，但他很快發現了端倪。這些都不是真的，屋子的內表面能夠透過程式設計改變凹凸形狀，再用高畫質投影的方式製造出足以亂真的幻象。

　　一股異樣的感覺讓維克多突然扭頭，透過窗戶，一道黑影如幽靈般飄過，瞬息無蹤。

　　他知道，這個國家儘管已經比幾十年前開放許多，不再要求女性在公共場合必須黑袍裹身，但黑色依然是屬於女性的顏色。

　　可究竟是誰在窺視自己呢？維克多毫無頭緒。

★　　★　　★

在家中放映室裡，卡林邀請他觀看一部維克多·索洛科夫的人物傳記片。片子由 AI 自動剪輯生成，囊括了維克多從小到大的影片、音訊、圖片，資料來自公開管道以及私人收藏，其中許多畫面就連維克多自己也是第一次看到。

影片回顧了他破碎的童年，充滿競爭與憤怒的青春期，以及之後一路火箭升空般的成功之路，各種獎項、峰會、上市、併購、慈善晚宴、掌聲與鎂光燈⋯⋯維克多對這些重複冗長的鏡頭感到厭煩，微微閉上了雙眼。他不知道的是，在觀看影片的過程中，他所有的臉部微表情、體表溫度、心跳、血壓、生物電信號，以及腎上腺素、血清素、多巴胺⋯⋯都透過那張看似老舊的皮質沙發，和貼在他手腕內側的生物感應貼膜，被巨細無遺地記錄下來。

在大部分時間裡，這個男人對自己的生活缺乏興趣，他的情緒穩定得像個禪宗大師。只有一瞬間，曲線泛起了波瀾，那是畫面中出現他童年唯一一張全家福時，他的視線並沒有落在父親或母親的臉上，而是久久停留在那條名為瑪格麗特的金毛狗身上。

影片放映結束，片尾滾動的字幕是一份問卷，就是那種在心理測驗網站上經常會看到的問卷。

「『我幾乎對所有人都有著非常溫暖的感受』？這都是些什麼蠢問題！」維克多瞪大眼睛看著卡林，面露不快，「我非得做這個不可嗎？」

「索洛科夫先生，您應該理解，幸福是非常主觀的感受。我們只是為了更了解您目前的狀況，從而為您提供更有針對性的服務。請您按照從『強烈不同意』到『強烈同意』的程度，用數字 1 ～ 6 如實回答。」

維克多瞪著那個鐵皮機器人，罵了一句「白痴」，不過，他最終還是乖乖地坐回顯示器前，按下虛擬數位按鈕。

那些問題似乎無休無止，幾乎耗盡了這個男人所有的耐心。就

在他的耐心即將耗盡之際，問題終於不再出現。燈光亮起，螢幕又恢復成原先的書櫃模樣。

「現在如何？你要像個該死的心理醫生那樣給我開藥嗎？」

「恭喜您！索洛科夫先生，現在我們可以去認識一些可愛的鄰居，並享用一頓經典的卡達風味的晚宴了。」

★　　★　　★

晚宴在貝殼狀半開放式的餐廳舉行。從侍者的袖口到桌上的餐盤，無不裝點著複雜精緻的阿拉伯式花紋，在搖曳的燭光中很容易讓人產生幻覺。菜餚是經過本地改良的阿拉伯菜：經典的燉牛肉、卡達風味的葡萄葉捲、十二小時慢煮的羊肉飯……所有的蔬菜水果都是當天從南歐空運過來的，帶著露珠，也許它們才是桌上最昂貴的食材。

維克多不動聲色地打量著桌上的賓客，人不多，一共十三位，其中六位都是受邀首批入住的客人，從世界各地來到島上。他看到幾張熟悉的面孔，有電影明星、加密藝術家、神經生物學家、登山運動員、詩人……他們是媒體追逐的焦點。另一些人來自本地，雖然刻意保持低調，但從那身白得發亮的罩袍就能看出，他們絕非尋常人物。

阿基拉公主身穿金色罩袍，手上戴滿高級訂製珠寶，用銀勺輕敲酒杯，提請賓客注意。她先替因身體不適而缺席的哥哥道歉。她的哥哥，現年三十六歲的年輕王儲馬赫迪·本·哈馬德·阿勒薩尼，是阿勒薩伊達島的總設計師，被視為能夠帶領卡達走向未來的潛在接班人。

「我哥哥經常說，如果科技不能給人帶來幸福，那就不能算是好的科技。他，馬赫迪王儲設計這座島，就是希望借助技術的力

量，尋找人類通往終極幸福的道路。而諸位，就是卡達王室這一偉大創舉的見證者……」

阿基拉操著標準的倫敦腔，臉部比例幾近完美，像流淌著金光的古典雕塑。維克多看著，竟有幾分入迷。不知為何，他總覺得公主所說的話並非完全出自真心，更像在宣讀事先寫好的腳本。

「尊貴的公主殿下，我十分敬佩王儲的遠見與決心，可問題是，我們知道內源性大麻素能給人帶來快感，多巴胺和獎賞相關，催產素能增強情感連結，腦內啡能止痛，GABA能抗焦慮，血清素能提升自信，腎上腺素能激發能量，可迄今沒有發現與人類幸福感直接相關的神經遞質。」說話的是神經生物學家。

「當艾蜜莉・狄金生認為『幸福是一塊小石頭』時，瑞蒙・卡佛卻相信『幸福。它來得／毫無預兆』。所以，每個人都有不同的理解，不是嗎？」詩人舉著酒杯，語調悠揚。

「照我看，大部分人只是在表演幸福，只不過水準有優劣之分。最高級的表演能把自己也騙過去，這就是人類的生存之道。」女明星一臉厭倦，深深吸了一口水煙，又徐徐吐出。

「這就是為什麼你們會在這裡的原因・你們對幸福有著不同的態度，而且最重要的是，」阿基拉公主耐心地聽完每個人的意見，用一句話揭下餐桌上的社交偽裝，「你們都不快樂。」

「你怎麼敢……」詩人激動地站了起來，餐具碰撞發出刺耳的聲響。他揮舞著手指，但看到身形健碩的機器保鏢眼中閃爍著紅光，又只能悻悻坐下。

「我受夠了！」這回是加密藝術家，「我以為來這裡是要討論如何擺脫消費主義的陷阱，幫助更多普通人尋找精神上的出路，沒想到卻是這樣的億萬富豪俱樂部。」

維克多忍不住發話了：「放鬆點朋友，對於中低收入人群，財富的確能帶來一定程度的幸福感，可一旦超過一定的金額之後，它

的邊際效應就會遞減，甚至還會有反效果。」

阿基拉公主讚許地點點頭：「康納曼認為這個金額是七萬五千美元。」

維克多回應：「我對這個金額表示懷疑。」

「你只不過是替站在金字塔尖上的那群人說話，你們都是。我拒絕參與這場鬧劇，我要退出！」加密藝術家把餐巾一丟，離開了座位。

所有人面面相覷，都望向阿基拉公主。

公主似乎早有預料，微微一笑，顯得更加迷人。她站起來，端著酒杯，圍著餐桌緩緩踱步。

「上島時想必每個人都已經讀了條款。上面寫得很清楚，除非發生重大人身傷亡或出現不可抗力因素，任何人都不能中途退出，否則將被視為違約。違約金金額和退出者的資產總額掛鉤，掛鉤比例會根據實驗進度不斷下調。也就是說，如果你現在退出的話，你將一無所有。」

加密藝術家臉色煞白，嘴唇顫抖，他跟這個時代所有人一樣，都沒有仔細閱讀使用者須知的好習慣。餐桌上響起了一陣不安的嗡嗡聲，只有那些卡達人無動於衷，冷眼旁觀。

「就像我們爬山，到達山頂就算結束。哪怕不能活著回來，也贏得了至高無上的榮譽。公主殿下，在這座島上，怎樣才算結束？」登山運動員沉穩地說出了所有人心頭的疑問。

公主正好走到維克多的身後，俯身用酒杯輕輕碰了一下他面前的杯子，發出悅耳的脆響。

「當這座島認為你已經找到快樂時，就是你離開阿勒薩伊達的時候。」

當阿基拉輕輕擦過維克多肩膀時，某種強烈的直覺如響起的警鈴，告訴他，身後這位公主正是先前在屋外窺探他的黑衣女子。

　　　　　　　★　　　★　　　★

　　島上的生活比維克多之前想像的要有趣。不過，鄰居們並不像卡林所說的那麼可愛，反倒是阿基拉公主更令他感興趣。

　　他們會在不同的場合相遇，客套地相互問候，小心地展開話題，慢慢了解彼此。

　　維克多得知阿基拉在倫敦大學國王學院的精神醫學、心理學和神經科學研究所攻讀心理學博士，專業方向就是幸福心理學。

　　「這就是你哥哥讓你當代言人的原因？」維克多挑了挑眉毛。

　　「不完全是……好吧，我告訴你實情。馬赫迪不在這裡，他在遠端監控島上發生的一切，他認為這樣才能避免干擾實驗。以前確實發現過，人們在位高權重者面前總會下意識地進行表演，偏離自然的行為軌跡。」公主有點窘迫地承認。

　　「以前？所以我們並不是第一批客人？」

　　「之前在本地人中做過實驗。我哥哥有點強迫症，他希望實驗能夠覆蓋不同文化和階層的人群。對於他來說，這是代表卡達王室制定的關乎人類福祉的一種技術解決方案，他要做到盡善盡美。」

　　「聽起來你並不是很有信心？」

　　「在這個問題上，我和哥哥有一些小分歧。」公主停頓了一下，向他發出邀約，「下週在中心劇場有一場演出，我們到時候可以深入探討。在此之前，你可以讓卡林給你講講中介軟體。」

　　維克多微笑著舉起杯，將威士忌一飲而盡。

　　在接下來的幾天裡，卡林像個稱職的博物館講解員，詳細地向維克多介紹這項技術的來龍去脈。

　　在科技巨頭壟斷的時代，所有人的資料像一座座孤島，分布在不同的產品海域，每座島嶼只負責處理某個特定領域的事項：娛樂、購物、社交、職業、健康、投資、保險……有時這些資料島嶼

會被切分成更垂直的品類，但更多時候是島與島之間的融合兼併。每一個巨頭都想要掌握使用者的更多資訊，以便強化用機器學習進行追蹤、標注、分類，以便提供更為精準的個性化服務，比如內容與購物推薦、保險評估或者匹配約會對象，等等。

但隨著這些島嶼變成愈來愈龐大的大洲，問題也漸漸浮現。資料就是貨幣，就是市場本身，一旦掌握了數億名使用者的資料，所謂的網路效應就能給巨頭帶來指數級的收益增長，同時為使用者提供更具競爭力的服務。這種強有力的正向循環，使巨頭們變得無堅不摧，甚至像車輪碾壓昆蟲般，把許多傳統生意壓垮，比如線下零售、唱片、獨立書店以及電影院。

甚至還有更糟糕的，巨頭們用演算法操控人們的心智，左右政治選舉結果，散布關於種族仇恨與性別歧視的言論，濫用或洩露個人隱私，強化資訊繭房，讓使用者沉迷於即時性的感官刺激，甚至上癮。

在過去的三十年裡，各國嘗試了許多辦法來限制科技巨頭益發膨脹的資料霸權：加強政府監管力度、反壟斷拆分、增強資料便攜性、頒布諸如《一般資料保護規則》（General Data Protection Regulation, GDPR）之類的隱私保護法律等，但都有一定的局限性。大概二十年前，中介軟體做為一種新的思路逐漸萌芽，與網際網路的歷史相反，它從發展中國家興起，倒逼這些巨頭在堡壘堅固的成熟市場做出改變。

「中介軟體是最有前途的解決之道。」卡林陪著主人走向中心劇場，它的自然語言理解能力非常強大，維克多經常會忘記和自己交談的是一具用矽與鐵製成的機器。

「為什麼這麼說？」

「看看你的周圍，所有的建築、設備、服務都在隨時為你改變參數。如果沒有中介軟體透過標準介面抓取到你分散儲存在各個平

台上的資料，再交給 AI 進行聯邦學習，就不可能最大化地滿足你的需求。」

在過去二十年裡，許多開放原始碼社區和區塊鏈公司試圖開發出一個結合分散式運算、開放原始碼協議與聯邦學習的中介軟體 AI 系統。但要獲得足夠全面的資料，需要在資訊孤島之間建立起強大的信任和共識，一個值得信賴的實體必不可少。卡達的國家 AI 計畫透過「再中心化」的策略，實現了許多商業平台無法企及的理想。

中介軟體技術供應商必須遵守政府制定的可靠性、透明度與一致性的標準，並透過付費訂閱方式避免與大平台爭利，或者受流量變現的誘惑而走上巨頭的老路。它就像亞馬遜森林裡纏繞在樹幹上與樹幹爭奪陽光和養分的藤蔓植物，緩慢地剝離巨頭對資料的絕對控制權，將權力重新分配給一批新的玩家，既保證了充分的市場競爭，又不至於在政府監管機構手中僵化、死掉。

阿勒薩伊達島所做的就是透過中介軟體打通所有大平台的資料，為特定使用者實現獨一無二的完美服務。

這座人工島的智慧程度遠遠超過維克多體驗過的任何產品。以前運營公司時，他需要大量的資料、圖表和曲線來支撐一個判斷，如今只需回歸到最簡單的原點——自我感受。

房間壁紙會根據他的心情變換花紋，跑步小徑會指引不同路線以避免風景重複，餐廳侍者總能推薦最符合他口味又有一點驚喜的菜式，smartstream 推送的資訊既覆蓋了他關注的議題又提供了多元視角，甚至還添加了可信度標籤提醒他加以辨別。一切都令維克多身心愉悅，恰到好處。這種微妙的平衡感只有透過最全面、深度的資料分析才能做到。除了透過之前他做過的問卷和貼在他皮膚上即時監測的生物感應貼膜所採集的資訊外，他所有的私密的聊天紀錄與社群媒體資訊，甚至他在島上說過的每一句話、他的每一個

表情，都被無處不在的攝影機和感測器記錄下來，交給 AI 進行讀解，並回饋到環境中。

「現在這座島比心理醫生還要了解我。」維克多眨眨眼。「舒適，確實是舒適。可幸福？好像還談不上，甚至還有一點點……厭倦？」

「這取決於中介軟體的目標函數設置，這也是您之所以會在這裡的原因。」

維克多迷惑地看著機器人，不知不覺間已經走到了中心劇場。它的外形參考了卡達男性頭巾的眼鏡蛇式繫法，結構繁複，令人印象深刻。

劇場裡空空蕩蕩，除他之外並沒有其他的客人。卡林把維克多帶入 VIP 包廂，阿基拉公主已經端坐其中。這次她穿的是紫羅蘭色的罩袍，帶著幾分神祕。

「索洛科夫先生，請坐。」

「叫我維克多就好，公主殿下。」

「好的維克多，希望你會享受今晚的演出。」阿基拉遞過一副 XR 眼鏡，造型就像鷹隼的眼罩，鏡框由金屬與皮革編織而成。

維克多戴上眼鏡，不解地問：「只有我們倆？」

公主嫣然一笑：「你忘了，在阿勒薩伊達，一切都是為你量身訂製的。」

★　　★　　★

一群穿著傳統阿拉伯服飾的演員踩著阿爾拉斯的鼓點，跳著阿爾達舞步登台。今晚的劇碼是〈終身不笑者的故事〉，出自經典的《一千零一夜》。

很久以前有一位財主，家財萬貫，婢僕成群，他死之後，只有

一個年幼的獨子繼承祖業。幼子漸漸長成少年，過著花天酒地的生活，沒過幾年，便敗光了家產，只能靠出賣苦力艱難度日。

一天，一位衣冠楚楚、面容慈祥的老人走來，問流落街頭的少年願不願意替他照顧家裡的老人，會有一些報酬。少年欣然答應。

老人又提出一個奇怪的條件：「如果你看見我們傷心哭泣，不許追問原因。」

少年雖然心生好奇，但還是同意了。他隨老人回到富麗堂皇的家中，有噴泉，還有花園。家裡有十個年邁的老人，身穿喪服，傷心飲泣。少年很想知道原因，但想起找到他的那個老人提出的條件，便默不作聲，悉心照顧這些老人的生活起居。

透過 XR 眼鏡，維克多能看到，疊加在舞台空間上的虛擬背景隨著劇情發展而變換。演員們的動作會觸發各種動畫效果，大大增加了感染力。他們的阿拉伯語歌詞被即時翻譯成不同語言的字幕，飄浮在半空中，既保留了原有韻味，又不妨礙外國觀眾的理解。

維克多忍不住側臉對阿基拉說：「這太奇妙了！」

公主把手指放到唇邊，示意他繼續往下看。

就這麼過了十二個年頭，少年變成了青年，老人們也一個接一個地去世，只剩下最初發出邀約的那一位。他也病入膏肓，時日無多。青年終於按捺不住，追問老人們哭泣的原因。

「孩子，我向安拉祈禱過，這件事不需要更多人知道。」老人伸出顫巍巍的手，指向一道緊鎖的房門，「如果你不想重蹈我們的覆轍，就千萬別打開那扇門，否則，後悔也來不及了……」

老人終於與世長辭，青年將屍體埋葬在花園裡，與其他十位老人為伴。青年想起老人臨終前說過的話，巨大的好奇心驅使著他衝到門前，砸開一道道鎖，推開了門。

——如果是你也會這麼做嗎？

一行虛擬字幕突如其來地出現在空中，又消失不見，顯然不是

來自其中任何一句歌詞。

維克多驚訝地望向公主，她並沒有開口，只是喉部微微抖動，字幕又出現了。

——是我在跟你說話，只有這樣才能不被監視。現在轉過頭去，自然一點，拿起酒杯，酒裡有一塊矽膠薄片，用舌頭把它貼在上顎，試著不動嘴唇不出聲音地說話。你的喉頭肌肉電信號會被轉化成文字，演算法能夠猜出你想說的話，大部分時候挺準的。

維克多照做，他發現這比想像中的要難一些。一開始出現的都是毫無邏輯的詞語組合，慢慢地，他掌握了訣竅，盡量選擇更常用的單音節詞，能有效提升轉化的準確率。

舞台上，青年進入那扇門，穿過一條光怪陸離的隧道，來到海邊。正在驚奇之際，一隻大雕從天而降，將他叼上高空，又拋到一座孤島上。日復一日，青年陷入絕境，以為自己必將葬身荒島。有一天，海面上忽然出現了一艘小船，又讓他燃起了求生的希望。

——為什麼你要這麼做？

——長話短說，馬赫迪的演算法並不能讓你們快樂，相反，目標函數最大化會讓你們都變成享樂跑步機上的白老鼠，不斷地想要得到更多，結果卻只是原地踏步。

——也許你是對的，可為什麼不直接告訴你哥哥？

——你知道，在這個國家裡，女性經過了多少年的努力，才爭取到在街上自由穿衣和打扮的權利，更別提踏入男人的領域：政治和科技。我太了解馬赫迪了，除非他親眼看見新演算法的效果，否則不會接受我的任何意見。

維克多回想起公主在晚宴上的微妙表演，一切都說得通了。

XR 眼鏡中，一艘用象牙和烏木雕成的小艇駛到青年面前，裡面坐著十位美若天仙的女子。她們邀請青年上船，將他帶到了另一處岸邊。岸上兵強馬壯，陣列齊整，早已等候著他。青年騎上一匹

金鞍銀轡的駿馬，在軍隊的護衛下，來到王宮前面。一位國王騎著馬來到青年面前，他邀請這位來自遠方的客人同騎一匹馬，進入王宮之中。

　　國王讓青年坐到一張鑲金交椅上，然後取下自己頭上的面紗，露出了本來面目。原來，她是一位美麗的女王。不僅如此，所有的士兵也都是女子。在這個王國裡，男人負責耕田種地、修房築屋，婦女則負責管理國家大事，不但掌權處理政府事務，而且還要服兵役。青年聽完感到非常驚奇。

　　——可……為什麼是我？

　　——我在莫茲利醫院當志工時，從醫生那裡學會了一種技巧，不是治療的技巧，而是挑選病人的技巧。他們會挑選那些配合度高、更容易接受暗示、狀態處於低谷的患者。這樣便能迅速地看到治療方案的效果，形成正向循環。

　　——聽起來不像是誇獎呢。

　　——維克多，你說的話，證明你和其他人不一樣，你想從跑步機上下來，這是得到幸福的關鍵。

　　——可是如何做到？

　　——一套新的演算法。馬赫迪選擇讓 AI 不斷滿足你們的各種感官需求，提升臨界值，而我卻選擇相信幸福並沒有那麼簡單。

　　——願聞其詳。

　　女王吩咐宰相，一位頭髮斑白、面容莊重的老婦人，去請來法官和證人。然後，女王問青年：「你願意娶我為妻嗎？」

　　青年驚恐地站起身，跪下去親吻地面，說：「陛下，我比您的僕人還窮。」

　　「你看到的一切，都可以隨意支配使用，除了……」女王指著眼前的奴僕、兵馬、宮殿，又把手一揮，指向一扇緊鎖住的房門，對青年說：「……這扇門你絕對不能打開，否則你會後悔的。」

說罷，宰相帶法官和證人來了。婚禮儀式開始，擺下豐盛筵席，大宴天下賓客。

　　──二十世紀七〇年代，心理學家菲力浦・布里克曼（*Philip Brickman*）做了一個經典的實驗。他找來一批中了彩券的幸運兒，和一批由於事故導致癱瘓的倒楣蛋，透過一對一訪談，來評估這些人對於當下、變故發生前，以及未來一到兩年幸福感的水準。你猜結果怎麼著？

　　──差別不大？

　　──是的。中了彩券的人並不比對照組更幸福，而事故受害者儘管當下更不幸福，對未來幸福感的預估卻和普通人無異。

　　──為什麼？

　　──人類大腦對當下感官刺激強度的判斷，取決於他們已經習慣的刺激，天降橫財大幅提升了中獎者的適應水準，所以他們反而最不容易從日常生活中感受到快樂。反之亦然。

　　──聽起來是那麼回事，那麼你能做什麼？

　　──也許馬赫迪的演算法對那些處於馬斯洛金字塔底部的人有效，但一旦人上升到愛與歸屬、自尊、自我實現的層面，它便失去了作用。比如你。

　　──我以為我已經站在了金字塔尖上。

　　──誠實點，維克多，AI預判你在兩年內的自殺概率達到了87.14%。

　　維克多沉默了。理智告訴他，公主所說的是真的，但心中另一個聲音又在發出警告。

　　舞台上用蒙太奇手法表現青年和女王過著幸福的生活，不知不覺間過了七個年頭，青年變成了中年男子。

　　有一天，男子突然想起了女王求婚時說過的話，那扇緊鎖著的房門。他自言自語：「裡面一定藏著更加精美的寶物，要不然，她

怎麼會禁止我開門呢？」

於是男子從鑲滿金子和寶石的床榻上起身，來到那扇門前，毅然打開了所有的鎖。

——那麼，你的演算法能夠怎麼幫我？

——只有 AI 才知道，每個人都是獨一無二的。我們希望找到更多和幸福感相關的生物標記物，加入更多元的幸福衡量維度，也許是挑戰性，也許是更深刻的人際關係，也許是全新的人生方向，也許是更長的心理週期……但前提是你同意加入。

——我不知道，這聽起來像是一場危險的政變。

——幫我，也是幫你自己。時間無多，你不知道什麼在等著……

字幕突然中斷，舞台上的演員全都像被按下了暫停鍵一樣定在那裡，宛如雕塑。維克多這才發現，原來它們也都是機器人。

「他們來了。」公主終於開口，她的聲音帶著一絲緊張。

整個劇場突然亮起，宛如白晝。維克多正要起身，門卻被撞開了。

★　　★　　★

闖入者是小島的貴賓，不過他們的表情卻不像是來欣賞表演的。

加密藝術家不斷嘗試，終於破解了自己的機器僕人，並覆寫指令，獲得了絕對控制權。在成為藝術家之前，他一直在駭客的地下世界裡流浪。如今，他獲得了發起一場微型革命的機會，帶領來到島上的其他客人，企圖反客為主、掌握主動。

至於那些本地王室成員，他們只是冷眼旁觀的觀察員，以決定是否要在這個項目上繼續投入大筆資金，成就卡達在 AI 技術上彎道超車的野心。

那台叛變的機器人站在被撞壞的門邊，像是某種軍事威懾。

「我們要解約！」加密藝術家衝著公主喊道，其他人附和著。

「只要付違約金，你們隨時可以走。」阿基拉不動聲色地說。

「我們什麼也……不會付，這個鬼地方……一點也沒讓我快樂起來！」女明星神志不清地抗議道，像是還沒從連日的宿醉中醒來。在AI的幫助下，這段時間她在不斷刷新自己的酒精耐受程度。

「沒有意外也就沒有靈感。這座島就像一座巨型的阿拉丁神燈，會無窮無盡地滿足我的願望。當世界變得如此容易預測之後，我什麼也寫不出來了，哪怕是最俗氣的十四行詩！」詩人扯著凌亂的頭髮，雙眼通紅。

「第一次吃沙漠白松露時，我覺得那簡直是天堂裡才有的食物，可是第二次、第三次……它變得愈來愈平淡無奇。我知道這不是白松露的問題，而是我自己的問題。這種情況就跟二十年前卡達人需要飲酒證才能喝上一口一樣。二十年前，一口酒就能讓人大醉。可是現在，看看那些酒鬼。」登山運動員面露鄙夷地瞟了一眼女明星。

阿基拉和維克多快速地交換了一下眼神。她是對的。馬赫迪的演算法能以一種寵溺的方式滿足使用者的需求，卻無法帶來持續的快樂。

「你們做了很大膽的嘗試，用一個黑盒子去理解另一個黑盒子，可惜沒成功。」神經生物學家失望地說。「我們距離真正的幸福還很遙遠……」

「所以，做為一項失敗實驗的受害者，我們理應得到無條件的解約……」加密藝術家總結道。

「……還有賠償。」女明星含混不清地補充道。

維克多突然衝動地上前想要說些什麼，卻被公主一把拉住，她輕輕地搖了搖頭。

「我很抱歉,你們沒能在阿勒薩伊達島上享受到快樂。但正如你們所了解的,所有資料以加密形式進入中介軟體系統,並透過智慧合約自動執行指令,沒有人能夠竄改或者銷毀。這就是系統設計之初的用意。」

「我們要見真正管事的人,你哥哥為什麼不出現?」登山運動員質問。

「馬赫迪有要務在身,他全權委託我……」

「這就是個徹頭徹尾的騙局!我要告訴半島電視台,讓他們揭穿這一切!」詩人提高了聲音。

「別忘了,你也簽了保密協議。」

「看來我們只能採取一些非常手段了,金,抓住公主!」加密藝術家發號施令,機器人搖晃著龐大的身軀向阿基拉逼近。

維克多攔在機器人前面:「嘿!大家冷靜一點。」

「俄國佬,你怎麼回事?被公主殿下迷住了,要留在這裡當乘龍快婿嗎?」

「我只是……」維克多猶豫著不知該如何解釋。

「沒事的維克多,阿勒薩伊達會保護我的。」阿基拉公主鎮定地走到機器人面前,她的身型顯得那麼弱小,就像一朵搖搖欲墜的蒲公英。

「只要你配合,就不會受到傷害。」加密藝術家點點頭。「去碼頭!」

公主在機器人的押送下走出劇院,其他人跟隨著來到室外。他們遠遠望見海的對岸,杜哈港口燈火通明,伊斯蘭藝術博物館如同漂浮在海面上的發光冰塊,夜景美得超乎尋常。海的這邊,卻在上演一齣王室綁架案。

維克多緊張地思索著如何才能幫助阿基拉脫身。他看到公主喉部微微顫抖,幾乎同時,他的 XR 眼鏡中出現了一行字幕。

—— 我數到 3，你就趴下。

維克多這才察覺到，頭頂的星空有一絲異樣。似乎某些星座在改變形狀，緩慢地壓迫大地，帶著某種輕微的嗡鳴聲，像是不應該出現在這個緯度的蜂鳥一樣。

字幕上的數字從 1 跳到 3，維克多雙手抱頭朝地面撲倒，眼角的餘光處，一串藍白色電光掃過，空氣劈啪作響。眾人發出慘叫，癱倒在地。只剩下公主獨自站立在星光下。

阿基拉伸手拉起維克多：「別擔心，只是電擊，他們過幾個小時就會醒過來。」

「那是什麼？」

「固定翼無人機群，平時懸浮在島的上空，做為物聯網的一部分，隨時可以變換形態，執行不同的任務。」

維克多想起剛上島時看見的網格結構，終於明白了為何它能打破萬有引力定律。

「你打算怎麼處置他們？」

「天亮後送他們到杜哈，按照本地法律進行判罰。至於你……我尊重你的選擇。」

維克多深吸了一口氣，今晚發生的一切讓他看清了自己的處境。他不願意成為失敗的試驗品，而且他也沒辦法回到原先的人生軌道。他別無選擇。

「我接受。」

中介軟體系統的相容架構允許兩套演算法並行不悖，如同在同一片海域中的兩股洋流。

維克多依然享受著阿勒薩伊達島帶給他的各種便利，只不過偶爾他會感受到這裡有一股潛在的力量。這股力量會像惡作劇的孩童一樣，從牆角伸出腳把他絆上一跤：討厭的音樂會突然響起；資訊流裡會出現競爭對手調侃維克多的採訪；卡林會突然變得蠢笨遲

緩，甚至故意反向執行操作指令；跑道的指引標識會把他帶到一片泥潭裡……諸如此類，不一而足。

他猜這就是阿基拉說過的「挑戰性」，這是系統帶來的一些無法預料的新奇體驗。

AI 還製造了許多機會，讓維克多能夠與公主進一步接觸。儘管他們的話題大多圍繞著彼此的專業領域和島上的生活，而且他們時常也會產生分歧，但這讓維克多感覺到一種真實的快樂。在他原來的王國裡，身邊的人要麼誠惶誠恐，要麼另有所圖，已經很久沒有過如此坦率而直接的對話了。

兩人之間產生了某種微妙的情感連結。AI 顯然比人類更早覺察到了這一點，透過無處不在的攝影機與感測器，也透過維克多的生物感應貼膜。微表情和生物標記物可不會撒謊。

新演算法啟發了維克多，思考是否能將中介軟體系統應用在自己的遊戲競技平台上，打破中心化的資料壟斷與操控，讓玩家體驗到純粹的樂趣。這將是一場風暴式的自我革命。但對失敗的恐懼困擾著維克多，上一次冒險成為一樁國際醜聞，他不確定這一次是否會以身敗名裂甚至他的整個商業帝國的崩潰而告終。

他將這種恐懼告訴了阿基拉，她搖搖頭：「你恐懼的並不是失敗，而是失敗帶來的恥辱。」

維克多無言以對，公主說中了。

「這些年的研究讓我懂得了一件事——通往自我實現的道路並非一路向上，而是起起落落，有高峰也有低谷。」

「我不太明白。」

「如果被不安全感控制，你就無法得到真正的愛和歸屬感。同樣，如果被對失去愛的恐懼控制，你就無法得到真正的自尊。山頂並不意味著永恆的幸福，因為幸福存在於不斷擺脫低層次的恐懼，去攀登更高山巔的動態過程之中。」

「我猜有些事情只能靠人類自己去完成。」維克多點點頭。「你呢？你害怕什麼？」

「我害怕……」公主收起笑容，望向遠方，「我害怕變成馬赫迪所期待的那個阿基拉。他很愛我，卻總是希望我按照他設計的範本去生活，像童話裡的公主那樣，心無掛礙，只有幸福。可我做不到，我想給這個世界帶來真正的快樂……」

維克多輕輕搖頭，舉起香檳杯，阻止她繼續說下去。

「我不覺得我能在這座島上得到幸福。無論是由 AI 定義的幸福，還是由我自己定義的幸福。」

兩人都沉默了。過了好一會兒，阿基拉像是突然想起了什麼，扭頭對維克多說：「你還沒看到結局呢。」

「什麼結局？」

「那場演出呀。」

「噢……〈終身不笑者的故事〉，聽起來就像是在說我。」維克多勉強地咧嘴苦笑，「那麼，結局是什麼？」

「那個娶了女王的男子，違背婚禮上的約定，打開那扇緊鎖的房門……」

男子走進一看，原來裡面關著從前把他抓到島上的那隻大雕。

大雕見到男子便說：「你這個不守約定的傢伙，你不再受歡迎了！」牠一把抓住男子飛上半空，飛了很久很久，把他扔回最開始的那片海灘，便展翅離開了。

男子終於醒過來，坐在海邊，回想起宮殿裡的榮華富貴、無上榮耀，忍不住傷心後悔。他等了又等，卻怎麼也等不到接他回宮的小船。男子終於絕望了，順著長長的隧道，又回到七年前和老人們一起生活過的那座房子裡。看著花園裡老人的墳墓，男子忽然明白了一切。那些老人經歷了和自己完全一樣的遭遇，因此才追悔莫及、終日哭泣。

從此，男子便不苟言笑，直到生命盡頭。

維克多聽完故事，凝視著阿基拉的雙眼，久久不能回過神來。

「真是悲傷的故事，不是嗎？」

「就像在跑步機上奔跑。不斷重複同樣的錯誤，一次次回到原點……」維克多歎了口氣。

「你並不相信我們能讓你快樂起來，對嗎，維克多？」阿基拉的眼神中充滿關切，似乎又帶著一絲挫敗。

維克多聳聳肩，移開視線，看著遠處的木質獨桅帆船緩緩劃過波斯灣海面。

公主起身離去，並沒有像往常那般禮貌地道別。

★　　★　　★

旅程以一種毫無預兆的方式終止，正如它的開始。

維克多被告知他可以離開阿勒薩伊達島，從多哈哈馬德國際機場搭乘當晚的紅眼航班飛往莫斯科。

阿基拉沒有來送行，只是託卡林捎來了訊息。這讓維克多頗有幾分失落。

「我做了能做的一切，希望你能理解。」螢幕上的公主臉色蒼白，彷彿也在忍受離別的悲傷，這讓維克多心裡稍微好受了一些。公主接著說：「其他人也將被赦免罪名，獲得自由。只要他們對島上發生過的事情絕對保密……」

快艇劃破碧藍海面，拉出一道長長的白色尾痕，指向那座漸漸遠去的幸福之島。

維克多回望阿勒薩伊達上空烏雲般的無人機群，回味著阿基拉最後留下的話。一切都顯得那麼的不真實。

「……希望你能得到真正的幸福，維克多。也希望馬赫迪不會

那麼快改變主意⋯⋯」

改變主意？什麼意思？維克多隱隱感到不安。

哈馬德國際機場像一座巨大的迷宮，除正常機場應該有的一切設施外，這裡竟然有標準泳池和室內熱帶花園，候機室裡還有高高的棕櫚樹。維克多本有充裕的時間閒逛，但某種直覺迫使他衝到櫃檯前確認自己的航班資訊。卡達航空員工的精緻笑容緩解了他的焦慮，但查找乘客資訊卻花了比平時更長的時間。

「索洛科夫先生，很抱歉讓您久等了。系統顯示您的機票處於鎖定狀態，需要您與訂票方進行聯繫⋯⋯」

渾蛋！維克多低聲咒罵著，拿出 smartstream 試圖聯絡阿基拉，卻發現無法接通網路，螢幕上顯示的還是數秒前推送過來的資訊：五名外國遊客因違反本地法律被重判。

馬赫迪改變主意了嗎？維克多心跳加速，腎上腺素飆升。他警覺地望向四周，以致於沒有聽到櫃檯人員的詢問。

「索洛科夫先生，您沒事吧？我已經聯繫了工作人員協助您，它們應該馬上就到⋯⋯」

兩台比卡林體形更大、輪廓更剛硬的炭黑色保全機器人出現在不遠處，步伐沉穩有力地向維克多走來。維克多不顧櫃檯人員的勸阻，奪路逃出機場，冒著被車撞飛的危險，橫跨幾條車道，終於攔下一輛配備人類司機的計程車。

「晚安，先生。這年頭像您這麼信任人類司機的乘客可不多了。」司機咧嘴一笑。「您想去哪兒找點樂子嗎？無論合法的還是不合法的，找我就對了⋯⋯」

「只管往前開！」

維克多失控地咆哮道，翻找哈立德留給他的名片。這一刻他只相信自己的連絡人。

車子發動引擎，一台 smartstream 從車窗裡飛出來摔到路面

上，螢幕閃爍了兩下，便陷入黑暗。

在瓦吉夫老市集迷宮般縱橫交錯的小巷中，粗礦的黃泥牆和外露的木梁讓維克多感覺彷彿回到了古代，那時候貝都因人的商販聚集於此，交易著珠寶、銀器、地毯、馬匹以及其他各種日常用品。此時，維克多無心欣賞夜幕下的美景，水煙、香薰、蜂蜜、椰棗……空氣中各種味道交織在一起，伴隨著馬賽克燈的彩光，讓他目眩神迷，不知所向。

維克多早就已經不習慣使用自己的感官去尋找方向。失去了smartstream 的輔佐，他神經質地不停回看身後，彷彿每一個面露好奇的人都可能是馬赫迪的爪牙。維克多小跑起來，汗水浸濕了他的運動服，幾次被街邊的紀念品攤位絆倒。終於，他找到了名片上的那個隱蔽地點，一家老牌的獵隼店。

這些象徵著游牧民族傳統的凶猛禽類此刻被戴上眼罩，在各自的寶座上享受著夜晚的靜謐。其中某些獵隼的身價，可高達上百萬卡達里亞爾。店老闆把食指放在唇邊，阻止了維克多的吵鬧。出屋聽明來意之後，店老闆打電話叫來了哈立德，那個愛聽電子樂的阿爾及利亞司機，也是獵隼店的兼職幫手。

「所以你想連夜橫穿沙漠？從西南邊境進入阿聯酋？這聽起來不是什麼好主意。」

「也就一百公里，對你來說沒什麼難度。到時候會有人接我，就像我來時那樣。」

「我不知道，這取決於……」哈立德幾個指頭一捏，做了個數錢的手勢。

「你知道我們俄羅斯人，」維克多勉強露出笑臉，「錢不是問題。」

車子離開繁華的杜哈，進入沙漠腹地。一塊巨大的看板撲面而來，上面的英文在遍布阿拉伯語的廣告中分外醒目，上面寫著 The

Future is Reset. Ready?（未來已被重置。你準備好了嗎？）維克多若有所思，看著象徵文明的燈光逐漸消逝。車窗外連綿的沙丘在月光下深沉如海，沙塵拍打著車窗，發出細碎的摩擦聲，催人入眠。

哈立德一反常態沒有開音樂，看上去有點心神不寧：「你知道嗎，那些鳥都有護照。」

「什麼？」

「牠們太貴重，必須確保不會被偷運出境。」

「噢……」

維克多太睏了。也許是過度緊張耗盡了他的精力，這一刻他只想隨著車身的顛簸沉入夢鄉。正當他將要闔上雙眼時，車身猛地一震，像是撞上了一堵厚牆，停了下來。

「陷進沙坑了。」哈立德嘗試了幾次，都無法將車子倒出，空轉的輪子呼嘯作響，「得麻煩您下車。」

夜晚的沙漠有一股涼意。維克多疲憊地站在風中，輪胎揚起的沙塵打在他臉上。他躲遠幾步，很想抽點什麼，但摸遍全身的口袋，卻只有皺巴巴的計程車票。車燈晃動著，照亮空氣中的懸浮顆粒，像流淌金色液體的管道。

「沒時間了，哈立德，我可不想成為第一個被凍死在沙漠裡的俄羅斯人。」

「對不起，索洛科夫先生……」

「沒關係，快點就行。」

「對不起。」哈立德又重複了一次，車身突然變矮了，原來是智慧輪胎自動放氣，增大了抓地面積，毫不費力地退出了沙坑。

「我不想傷害你，可我也不能違抗他們。」

「什麼鬼……」

維克多像是沒聽明白，呆呆站在原地。直到車子一個 U 形掉頭，飛馳而去，他才奮力追趕了幾步，卻被鋪天蓋地的沙塵蒙住雙

眼，只能蹲下來咳嗽不止。等他再次睜開眼時，那輛車已不見影蹤。

　　現在整片廣袤無垠的沙漠裡只剩下維克多・索洛科夫一人。他先是不停地咒罵、咆哮，吸入太多沙塵讓他呼吸艱難，他的聲音漸漸弱下來，開始啜泣。輪胎的痕跡已被風沙抹去，他只能繼續前行。維克多試圖像個貝都因人那樣，借助依稀的星辰辨識方向，根據動物的蹤跡尋找綠洲或水源。他很快放棄了，然後按著來時的模糊印象選擇了一條路。他無法回頭，只能走下去。按照行駛時間估算，這裡應該距離邊境也就幾十公里。他說服自己，目標並非無法實現。只是要趕在日出之前，或者趕在氣溫上升到50℃並讓身體脫水、喪失意識之前，到達邊境就可以。

　　維克多不知道自己走了多久。他的喉嚨裡像有火在燒，眼角糊著淚水與沙塵的混合物，雙腳每邁出一步都針刺般作痛，可他不敢停歇片刻。那些移動的沙丘如鬼魅般無窮無盡，看起來完全是一個樣子。他懷疑自己一直在原地打轉。

　　墨藍的天色變得愈來愈淡，太陽在某處不懷好意地潛伏著，等待著給這位旅客致命一擊。往事一幕幕掠過維克多眼前，像是瀕死體驗的前兆。跟死亡相比，所有的舊日記憶，哪怕是最為不快的那些，都變得如此甜美而彌足珍貴。

　　維克多的體力消耗得很快，他甚至沒有辦法控制自己的思緒。他想知道這一切究竟是怎麼回事，自己是如何從一場追尋幸福之旅，淪落到在荒漠中孤獨地等待死亡。阿基拉公主的完美面容從他眼前一閃而過。維克多開始後悔，雙腿卻仍然向前邁動著，沉重而緩慢，像上了發條的破碎的鐘錶。

　　地平線上終於露出了一線微光，為迷途者指明了太陽的方向，但為時已晚。氣溫上升得很快，他幾乎可以感覺到身體裡的水分透過毛孔，不斷蒸發到空氣中。他的嘴唇裂開一道道淌血的傷口，眼前的景物開始搖晃、模糊。

　　　　　　　　　　　　　　　　　　　　AI 2041

維克多・索洛科夫終於摔倒了，從沙丘的斜坡上翻滾而下，趴在開始變得滾燙的沙地裡。他殘存的意志告訴自己要站起來，繼續前進，可四肢卻不聽使喚。他不想死，至少不想以這種方式死在這裡。留給他的時間已經所剩無幾。

　　一種熟悉的嗡鳴聲從空中傳來，維克多瀕臨崩潰的神志為之一振，那是死前的幻覺嗎？他艱難地翻轉身體，面朝天空。萬里無雲的碧空中出現了海市蜃樓般的奇景，那飛行的不明物體時而像一張捲曲的地毯，時而又像一艘無帆的小船。維克多嚅動嘴唇，卻說不出話來，他覺得自己的時間到了。

　　那是一艘載人無人機，是由許多更小巧的固定翼無人機組合而成，降落時，捲起了一陣小型沙暴。維克多無法睜開眼睛，只是感覺到自己被抬起來，抬進了一個涼爽的空間，點滴管插入他的靜脈，補充水分和電解質。

　　維克多終於恢復了一點生氣，他勉強睜開眼，看到的竟是阿基拉公主的笑臉。

　　「……我這是死了嗎？」他虛弱問道。

　　「你活得好好的，只是有點脫水，維克多。」

　　「你是……怎麼找到我的？」

　　「好吧……感測器。你的衣服、鞋子、身體裡，還有沙漠裡，到處都是聰明塵。」

　　維克多扭頭看向窗外，那片綿延起伏的沙漠閃爍著點點金光。他開始明白了一些事情。

　　「所以……這也是演算法的一部分？」

　　「不完全是。AI幫了些忙，是我設計了這一切。我要謝謝你。」

　　「為什麼？」

　　「你的選擇讓馬赫迪改變了想法，不僅對演算法，還有對我。你願意加入我們嗎？你的遊戲平台一定能幫我們優化演算法。」

維克多猶豫了片刻：「如果我的回答是不，是不是也會像其他人一樣被判刑？」

阿基拉一愣，隨即發出銀鈴般的笑聲。

「那是定向推送的假新聞，為了營造緊張氣氛，好讓你更投入。客人們都回到了島上，準備接受新演算法的測試。」

「所以……你真的覺得這能幫助人類得到幸福？」維克多一臉滄桑地問道。

「看看你自己，維克多。告訴我，你現在感覺怎麼樣？」阿基拉溫柔地看著維克多，把手搭在他的肩上。

維克多愣住了，窗外的沙漠變成了城市與海洋，他們正在飛回阿勒薩伊達，那座象徵著幸福的小島。俄羅斯人像是領悟了某個笑話的妙處，開始大笑起來，沒想到，卻引起一陣劇烈的咳嗽。笑著笑著，他流下了淚水。

開復解讀 💬

在前面的章節中，我們探討了 AI 技術在不同場景下的具體應用，例如優化財務指標、提升教學品質、協助醫療診斷等。〈幸福島〉這個故事則把一個更加宏大的命題擺在了我們眼前——AI 技術可以給人類帶來幸福嗎？

這不僅是複雜而又棘手的技術難題，也是 AI 面臨的終極挑戰。故事〈幸福島〉的結局是開放式的，它在給我們留出了巨大的想像空間的同時，也在暗示著，可能到了 2041 年，人們仍然在探索：如何利用 AI 技術，才能給人類帶來幸福。至於這條道路是什麼樣的，它的終點在哪裡，甚至這條道路是否存在，我們今天尚不能得到確切的答案。但是，在這個故事中也可以看到我的預測：隨著科技的進步，到 2041 年，我們可以看到「幸福 AI」和「可信 AI」的雛形。

我認為，這個問題之所以難解，主要在於以下四點。

首先是定義的問題。到底什麼才是「幸福」？從馬斯洛的需求層次理論到塞利格曼的積極心理學，歷史上關於幸福的定義和理論不計其數。這個問題更複雜的地方在於：在二十年後，人類的生活水準將在 AI 技術的加持下實現質的飛躍。那時候，如果絕大多數人的基本需求都能被輕而易舉地滿足，那麼「幸福」的概念本身是否就需要被重新定義？也許到了 2041 年，人們對「幸福」的理解會發生非常大的變化。

其次是衡量標準的問題。「幸福」是抽象、主觀而且因人而異的概念。如何量化人類的幸福感，然後對這個虛無縹緲的概念進行衡量？就算能夠衡量，我們又該如何利用 AI 來提升幸福感？

再次是資料的問題。要建立能夠給人類帶來幸福的強大的

AI，離不開大量資料的支援，其中的一大部分資料還會涉及個人隱私。那麼問題來了，在哪裡儲存這些資料最合適？《一般資料保護規則》是一套保護個人隱私和資料的新規，旨在幫助人們重新收回對個人資料的掌控權。在未來，這一新規的存在，到底是會加速我們利用 AI 提升幸福感的進程，還是會阻礙呢？或者，還有其他的可行方案嗎？

最後是資料儲存安全的問題。怎樣才能找到可靠的實體來儲存資料？歷史告訴我們，只有當這個實體的利益與使用者的利益完全一致時，穩定可靠的關係才能建立起來。在未來，如何找到或創建一個其自身利益與使用者利益一致的實體，或將成為最關鍵的問題。

看到這裡，大家應該能夠理解，為什麼構建能給人類帶來幸福的 AI 是一件困難重重的事情了吧！現在，我們就從以上四個難題入手，逐一探討可能的解決方案。

AI 時代的幸福準則

現在，我們暫且拋開 AI 不談，先來思考最基本的問題：「幸福」究竟意味著什麼？

1943 年，美國心理學家馬斯洛發表了著名的《人類動機理論》，他在這本書中提出了人類基本需求等級論，即馬斯洛需求層次理論。如圖 9-1 所示，該理論將人的需求分為五個層次，呈金字塔形，由低到高依次是生理、安全、愛與歸屬、尊重以及自我實現方面的需求。馬斯洛指出，人的需求是由低級向高級不斷發展的，只有較低層次的需求得到滿足後，人的需求才能夠向較高層次邁進。

當今社會，有很多人認為物質財富是幸福最重要的組成部分。在馬斯洛需求層次理論中，物質財富主要與金字塔最底部的兩層基

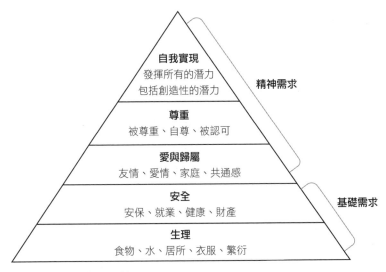

圖 9-1 馬斯洛需求層次理論

礎需求相關聯,是人維持自身生存、實現自身安全的保障。也有些人會把物質財富與更高層次的需求聯繫起來,例如被尊重、自尊和成就感(被認可)。

但有趣的是,有研究表明,物質財富所帶來的幸福感並不持久。心理學家邁克·艾森克(Michael Eysenck)用「享樂跑步機」來形容人類的幸福感狀態 —— 儘管生活中會有許多積極或消極的事情發生,個人的物質財富也有增有減,但人們的幸福感最終會調整到相對穩定的水準。正如一個人在跑步機上即便奮力向前跑,其實都沒有離開原點一樣。

還有研究發現,人在天降橫財(例如中彩券)的最初幾個月裡會感到幸福,但過了一段時間,他們的幸福感卻通常會下降到變得富有之前的水準。也就是說,物質財富確實能在短期內讓幸福感有所提升,但長期來看,物質財富與幸福感的關係並不大。

這也注定了，在故事〈幸福島〉中，王儲馬赫迪借助 AI 技術設計的阿勒薩伊達島，最終只能是唐吉訶德式的幸福泡影，沒有辦法為從世界各地來到島上的客人帶來可持續的終極幸福。也許這些客人在最初上島時會對貼心周到的服務感到驚喜，會沉迷於豐富有趣的活動，進而產生短暫的幸福感，但隨著時間的推移，他們會發現，自己其實站上的是一台「享樂跑步機」——他們會產生短暫的幸福感，但這種幸福感卻無法長期持續下去。

金字塔最底部的兩層基礎需求已經得到滿足的人，會更願意去追求更高層次的精神幸福，例如愛與歸屬、尊重、自我實現等，而不是追求物質財富、肉體歡愉這類較低層次的幸福。這也是阿基拉公主希望用一套新演算法取代馬赫迪的演算法的原因——她想為島上的客人帶來更多體驗性的精神幸福，讓他們感受到真心的愛，而不單純是短暫地滿足客人的各種感官需求。

基於這樣的背景，一些在各行各業取得過輝煌成就的客人受邀來到阿勒薩伊達島，被捲入幸福島有關幸福的實驗中。主角維克多在上島之前，是一個被困在「享樂跑步機」上的商業天才。儘管他擁有驚人的財富、成功的事業以及世人的認可，但他對這一切失去了興趣，不得不借助烈酒、藥物等來尋求心靈的慰藉。所有這些，都讓維克多成了阿勒薩伊達島最理想的實驗對象，他也因此被阿基拉公主「選中」，開始追尋來自最深層的自我實現的幸福感。〈幸福島〉的故事便由此展開。

上島之後，維克多選擇了交出所有資料介面。於是，AI 愈來愈了解他，也為他製造了許多與阿基拉公主進一步接觸的機會。在這個故事中，維克多與生俱來的冒險欲得到了滿足，找回了很久沒有體驗過的被尊重的快樂，還從中受到啟發，想用自己的遊戲設計經驗來改善幸福島 AI 的演算法，從而滿足自己的最高層次需求——自我實現。

不過，每個人心中對幸福的定義都是獨一無二的。AI 可以根據對維克多的了解和他的個人目標制定一套「幸福追尋方案」，但並不是每個人都像維克多一樣喜歡冒險與挑戰，也有人會偏愛寧靜的生活。因此，AI 需要針對不同的人提供個性化方案。

在故事結尾處，維克多笑著流下了淚水，我們知道他找到了自己的幸福。不是因為他擁有更多的物質財富，而是他將過自己想要的生活，而且有機會和夥伴一起努力，幫助更多人得到幸福。對他來說，幸福不是一件非黑即白的事情，而是一種持續的追求。

與這本書的其他故事一樣，〈幸福島〉的故事背景也被設定在 2041 年。到那時，技術進步會推動人類社會變得更加富裕。AI 將接管人類的重複性工作，先進的技術和自動化也會大幅降低所有產品的成本（見第十章〈豐饒之夢〉）。那時在一個為人民謀福利的政府領導下，那麼所有人的物質需求都將得到滿足，每個人都將過著小康生活，不必再考慮如何滿足物質需求。身處這樣一個社會中的人們，他們對「幸福」的定義會發生改變，對幸福的追求也將從膚淺的物質享樂轉向更高尚的精神追求。

二、如何利用 AI 衡量和提升幸福感

要想開發能夠最大程度提升人類幸福感的 AI，人們首先要學會衡量幸福感。我想到了三種可行的方法，這些方法都是當下的技術就可以實現的。

第一種方法非常簡單 —— 直接問就行了。〈幸福島〉的故事就使用了這種方法。每當有新客人上島時，都會被要求回答一系列問題。透過問答的形式來評估人們的幸福感，可能是目前最可靠的方法，但這種方法不便於長期使用，因此必須開發其他的衡量手段。

第三種方法則依託於一系列日新月異的技術，如利用物聯網設備（攝影機、麥克風、運動檢測儀器、溫度或濕度感測器等）捕捉使用者的行為反應、臉部表情、聲音資訊，然後使用情感計算演算法（識別人類情緒和情感），輸入所採集到的物聯網資料，輸出每個人的情緒識別結果。

以臉部表情觀測為例，情感計算演算法不僅能夠識別出人們的普通表情（通常持續 0.5 ～ 4 秒），而且能識別出微表情（通常僅持續 0.03 ～ 0.1 秒），這些表情包含了豐富的情緒資訊。當人們試圖隱藏自己真實情緒的時候，往往會流露出一些微表情，但是由於微表情持續的時間極短，所以依靠肉眼觀測就很可能會錯過，而情感計算演算法則可以準確地將這些微表情識別出來。

除了表情，臉色也是演算法能夠識別的重要物理特徵之一，例如局部血流加速導致的臉部輕微發紅。此外，人在講話時聲音的高低、節奏、語調，也可以用作評估一個人情緒的有效特徵。另外，手部的輕微顫抖、瞳孔的擴張程度、眨眼的方式、眼眶的濕潤程度、皮膚濕度的提高（冒汗前）、體溫有無變化……這些特徵也對判斷一個人的情緒大有幫助。

因為能識別出如此多的特徵，AI 會比人類更準確地檢測出一個人的情緒（諸如高興、悲傷、厭惡、驚訝、憤怒或恐懼等），而且 AI 還可以在同一時間內對多人進行觀測，然後結合對周圍人的觀察結果，得出更進一步的評估結論。例如，故事〈幸福島〉中的 AI 就比人類更早察覺到維克多和阿基拉之間產生了某種微妙的情感連結，這會讓 AI 判定二人在馬斯洛需求層次金字塔中的「愛與歸屬」這一層的得分更高。目前，AI 識別人類情感的能力已經超過了人類的平均能力，到 2041 年，AI 的這一能力將得到進一步提升。請注意，儘管 AI 能夠精準識別人類的感情，但這並不代表機器人也能表達感情，更不代表機器人有感情。

第三種方法，是持續監測與特定感覺和情緒相關的激素水準。故事中，島上的每位客人都要佩戴生物感應貼膜，內置皮下微針列陣裝置以及電化學感測器，巨細無遺地監測並記錄客人的激素水準，並以此做為衡量客人幸福感的指標，例如，與自信和幸福感相關的神經遞質血清素，影響身體動機的「快樂遞質」多巴胺，有「愛與信任的荷爾蒙」之稱的催產素，讓人類產生愉悅和幸福感覺的腦內啡，讓身體充滿能量的腎上腺素等等。

透過這些特徵，AI 可以識別出島上的客人在進行什麼活動時會感到快樂，處於什麼環境下會感到幸福，然後利用這些資料訓練 AI 模型，讓其能夠識別幸福感。接下來，島上的 AI 系統將透過機器僕人卡林向客人提供活動建議和相關選項。這些活動都是量身客製的，將為客人帶來更多的幸福感（例如成就感、情感連結），降低客人產生悲傷、沮喪、憤怒之類情緒的概率。

在故事的末尾，維克多之所以被告知可以離開阿勒薩伊達島，並不是因為島上的實驗結束了，而是 AI 預測出，這種特殊的方式會促使喜歡冒險的維克多選擇逃跑——而這份經歷會讓維克多做出回到島上的決定，最終獲得自己的幸福。

不過，要建立真正科學嚴謹、永不翻車的「幸福發電機」，我們需先在科學研究層面解決一些極為棘手的問題。

第一，制定幸福感指標。我們知道，人類的心理狀態是由腦電波、大腦組織結構以身體內的化學成分（激素）這三部分協同決定的。我們在上文提到了一些有助於識別人類情緒的物理特徵及化學激素，但顯然，這只是我們以目前的科技水準可以捕捉、衡量的資訊，並不全面，而且沒有涉及腦電波及大腦組織結構方面的資料。未來，我們需要盡可能把所有決定人類心理狀態的因素納入考量，洞察各因素之間相互作用的原理以及讓人類產生幸福感的根本原因，以便提升 AI 系統的訓練資料品質。

第二　實現更高層次的需求意味著不再尋求當下的滿足感，而是要追尋人生的意義或目標，並為之付出長期的努力。但是，長週期學習對於 AI 來說非常具有挑戰性，因為當測量出一個人的幸福感上升時，AI 無法確認這是當下的活動所導致的結果，還是上週或者去年的某個事件所導致的結果，甚至不排除是以上多重事件共同導致的結果。這個問題，有點類似於社群媒體演算法所面臨的挑戰：向使用者推薦什麼樣的新聞，才能讓使用者實現長期的個人成長，而不是簡單地衡量廣告點擊率？當使用者已經成長時，AI 又如何能夠知道是哪一天的推薦內容或演算法導致了這一結果？為此，我們需要開發新的 AI 演算法，來學習如何在長期的複雜雜訊中對刺激做出回應。

到 2041 年，我們可能仍然無法完全弄清楚哪些因素會對人類心理狀態產生影響，以及更高級的幸福感是如何產生的。但毫無疑問的是，那時的 AI 解讀人類情感的能力將演化得非常強大，AI 的表現將遠遠超過人類，一些旨在給人類帶來幸福感的 AI 雛形，也將在那時產生。

三、AI 數據：去中心化 vs. 中心化

資料聚合是構建強大的 AI 必不可少的步驟之一。目前，有些大型網際網路公司已經在這方面有所行動了。例如，阿里巴巴會透過淘寶知道我們想要購買的商品，透過支付寶知道我們的資金流動情況，透過高德地圖知道我們去過的每個地方（除非我們關閉了定位功能），透過餓了麼知道我們的口味偏好，透過天貓精靈知道我們在家時都跟它說了什麼……透過挖掘這些資料，阿里巴巴可以為我們提供非常獨特的客製服務，同時，阿里巴巴也將源源不斷地從

數億人身上蒐集到大量的資料。

事實上，網際網路巨頭對我們的了解可能遠超各位的想像——它們不僅可以推斷出我們的家庭住址、種族、性取向，以及我們為什麼心情不好，甚至還能猜到埋藏在我們心底的祕密，例如逃稅漏稅、酗酒或者婚外情等。這些猜測當然會有錯誤，但如果我們知道有些機構「有能力」來猜這類個人隱私（不代表他們真的會去這麼做），而且有一定的正確率，肯定會感到非常不安。

隱私問題不但引起了人們的重視，也引發了政府關於應該如何行動的探討。對於資料是否會成為網際網路巨頭壟斷的根源這一問題，包括中美在內的多個國家都在密切關注。如果答案是肯定的，下一步就是探討如何利用反壟斷法來遏制這種事情的發生。歐盟已經採取了針對性更強的措施——推行用於保護個人資料和隱私安全的《一般資料保護規則》（GDPR），它被視為「史上最嚴」的數據監管條例。推行 GDPR 是良好的開端，為世界提供了新思路，有的國家正以此為基礎構建自己的資料保護體系。

GDPR 的最終願景是將個人資料的使用權還給個人，讓每個人都能控制並知悉個人資料將會被誰查看、使用並從中獲利，而且有權拒絕其他個人或機構使用這些資料。在最初推行的幾年裡，GDPR 取得了一些顯著的成果，不僅成功地向大眾普及了保護個人資料的重要意義以及隱私資料洩露的嚴重後果，還要求全世界的網站和 App 重構和重新設計它們的網站和 App，以最大限度地減少對使用者資料的惡意使用、錯用以及濫用。嚴重違反該條例的公司，還會被處以巨額罰款。

不過，GDPR 也有很大的問題，條例的某些細節其實很難在執行時得到落實，在有些方面，它甚至還為 AI 的發展套上了緊箍咒。2018 年正式生效的 GDPR 規定，企業對使用者資料的使用必須是透明的，使用者有權了解自己的資料將被如何使用。這意味

著，企業在蒐集使用者資料之前，需要先向使用者說明這些資料的用途，然後徵得使用者的同意。例如使用者同意把家庭住址提供給淘寶，但該資訊應該僅用於收發商品，任何人不得在未經授權或不合法的情況下使用，以免資料洩露或者被更改、破壞。而且還規定，所有的自動決策都應具有可解釋性，當使用者發出請求時，它的決策需要能被人工直接干預。

我相信設計 GDPR 的初衷（透明度、問責制、保密性）是善意的、高尚的。但是，上面提到的這些規定卻可能很難在實際執行中得到落實，甚至有可能造成適得其反的後果。原因在於，AI 是不斷進步的技術，會不斷有新的應用出現，所以在蒐集資料之初，系統無法窮舉每一條資料未來的所有用途。以騰訊為例，它在 2011 年推出微信時，不可能預測到幾年之後會推出微信支付。但 GDPR 規定，企業在使用使用者資料時，需要在授權協定裡列舉所有的應用場景，據此，我們在申請微信時所填的資料，就不能用於微信支付了。而且，如果企業在每次進行產品功能升級時，都就每條使用者資料徵得使用者的同意，那麼對於使用者來說，也是不可接受的騷擾。

還有，GDPR 要求，網站只有在得到使用者授權後，該網站才能記錄使用者輸入的資料和瀏覽軌跡。所以，當我們打開歐洲的網站或者 App 時，經常會彈出隱私條款視窗，要求我們授權。這種做法，一方面會對使用者造成極大的干擾，而另一方面，因為絕大多數使用者都是未經思考就「同意」授權，所以並沒有真正實現保護使用者資料的目的。

另外，GDPR 要求，如果使用者對 AI 的判斷不滿，使用者有上訴請求人類仲裁的權利。但是由於人類在決策方面遠遠不如 AI，這反而會造成混亂。最後，GDPR 的目標是確保企業儲存最少的資料，同時確保企業立即刪除儲存時間超過一定期限的資料。這些都

會嚴重影響 AI 的效果和發展。

如果獨立來看的話，人們應該都會願意透過 GDPR 或類似的法規條例收回資料使用權。但是如果綜合考量的話，這麼做可能導致 App 的資料量不足，那麼大多數 AI 軟體和應用將會面臨兩種結局：不是失去了原有的功能，就是變得不再智慧。

故事〈幸福島〉給出的建議是：與其捨本逐末，因對隱私方面的擔憂而全然捨棄 AI 所能帶來的便利，不如等到技術成熟時，嘗試構建值得信賴的「可信 AI」，用於保護、隱藏、分發人們的所有資料。如果這個「可信 AI」對我們的了解不比網際網路巨頭少，甚至更多，那麼它所能提供的功能和服務將遠遠超出我們的想像。所有持有使用者個人資料的沼澤彙聚到一起，終將形成一片遼闊的資料汪洋。

「可信 AI」掌握我們的一切資訊，所以可以響應來自各方的資料請求。也就是說，如果高德地圖想知道我們的即時位置，淘寶想知道我們的家庭住址，那麼「可信 AI」將代表我們，根據每個人的價值觀和喜好，以及提出資料請求的企業的可信度，評估對方所提供的服務是否值得我們冒提供資料的風險，然後做出決策。

如此一來，所有從網站或 App 彈出來的那些煩人隱私條款和授權要求，將沒有存在的必要。「可信 AI」不僅會成為使用者的強大助手，還會化身為資料保護者，以及所有應用程式的介面。我們可以把它視為在 AI 時代為資料建立的一種新的社會契約。

四、誰值得我們信賴並有資格儲存我們所有的資料？

那麼，如何才能確保「可信 AI」真的可信？如果我們對那些網際網路巨頭尚且心存疑慮，那麼對這樣一個持有資料量遠超網際

網路公司的「可信 AI」，可能我們就更不放心了。要知道，這種「可信 AI」不僅擁有我們的全部資料，還可以利用這些資料判斷出我們的想法和情緒，也就是說，在「可信 AI」面前，即便我們試圖隱藏，我們的一切也都將無所遁形。那麼，如果「可信 AI」不可信，人類怎麼辦？

這裡，最根本的問題在於，如果使用者和「可信 AI」持有者的利益發生分歧，那麼使用者的利益就失去了保障。從之前的部分章節，例如〈一葉之命〉、〈假面神祇〉、〈人類剎車計畫〉、〈職業救星〉，我們可以得出這個合乎邏輯的推論。這也是今天網際網路巨頭受到批評的主要原因。但是網際網路公司需要盈利，所以它們的 AI 必然把業務優化做為系統最重要的目標函數。有時候，這種目標函數可能導致網際網路公司的利益和使用者的利益背道而馳。而要求網際網路公司把使用者利益設為最重要的目標函數也不現實，原因很簡單，這將大幅削減企業的利潤。所以，最可靠的「可信 AI」持有者，應該是一個沒有商業化營利目的的實體，只有這樣的實體，才會毫無保留地把使用者的利益放在優先位置。

那麼，哪些實體可能擁有與我們一致的利益訴求呢？

在故事〈幸福島〉中，人工島總設計師馬赫迪王儲，來自富裕的君主制國家——卡達。他耗費大量的資金和精力打造這樣一座島嶼的初衷，是希望借助技術的力量，尋找人類通往終極幸福的道路。也許這種觀念在二十一世紀看來有點不合時宜，但這位王儲應該是以普魯士腓特烈大帝為榜樣的人。腓特烈大帝有言：「我的天職就是啟迪思想、陶冶道德，用我所有的手段，讓我的子民擁有極致的幸福。」

腓特烈大帝這樣開明的君主，會把改善自己治下百姓的生活視為己任，同時，他也得到了百姓的信任與愛戴，因此能夠推行重大改革。十七至十八世紀，開明的君主是歐洲啟蒙運動發展壯大的關

鍵催化劑。因此，如果我們要構建值得人們信賴、聚合人們資料的強大 AI，也可以先看看是否有類似的催化劑。

我們還可以想想其他更符合二十一世紀的可能性。例如，在歐美，一批具有共同價值觀的人組成一個數位公社，這些人對資料的使用和保護問題達成共識，願意貢獻自己的資料來幫助公社的所有成員。目前已經有大學教授、職工和學生志願開展了相關的學術計畫以及實驗探索。此外，人們可以探索非營利性的 AI——這有點類似於開放原始碼運動。也許我們可以構建一個分散式區塊鏈網路（類似比特幣），保證它不受任何個人或實體的控制或影響。雖然在分散式區塊鏈網路中，儲存個人資料會比儲存比特幣更困難，但未必是無解的難題。上面提到的這些實體，都比上市公司更有可能與使用者的利益達成一致。

隨著時間的推移，未來可能會有全新的技術解決方案問世，它既能讓人們享受到強大 AI 帶來的福祉，又能夠保障個人的資料及隱私的安全。目前，「隱私計算」這一研究領域正在興起，在這一領域內也出現了一些讓人們能夠魚與熊掌兼得的演算法。例如，聯邦學習就是一種可跨多個分散的邊緣設備或保存本地資料樣本的伺服器訓練演算法。這種演算法無須使用者把資料上傳給演算法持有者，它透過把訓練任務交給不同的終端，在不接觸使用者隱私資料的前提下，就能完成模型的訓練。還有一種名為同態加密的演算法，即讓 AI 直接在加密資料上進行訓練。其背後的原理是，同態加密演算法的加密是單向的，無法透過逆向破解倒推出使用者資料。儘管目前這種演算法對深度學習還沒有多少幫助，但未來也許會有所突破。最後是可信任執行環境（Trusted Execution Environment, TEE）技術，加密和受保護的資料可以在這種環境下被讀取，在晶片上進行解密，然後成為 AI 的訓練資料，但解密後的資料，永遠不會離開晶片。不過這項技術也有風險，比如很難保

證晶片公司不在執行環境裡設置後門。

目前，上面提到的這些技術仍然面臨一些技術瓶頸，但在未來二十年中，對於資料的保護將變得愈來愈重要。我預計，隱私計算技術將取得重大進展，可以用更聰明的手段來解決新技術所導致的問題。透過〈幸福島〉這個故事，我所做的預測是：到 2041 年，「可信 AI」可能尚未進入全面應用，但已可以應用在固定場景中。

那些對新技術持懷疑態度的人，可能更認可類似於 GDPR 之類的強監管方案。至今，在應對 AI 這樣強大的技術，以及保護大量資料這樣頗具挑戰性的事情上，人類的經驗實在太少了。因此，我們必須以完全開放的態度去探索多樣化的解決方案，這樣，才有可能找到技術創新與資料安全的最佳平衡點。

現在，或許你仍認為，把最有價值的個人資料交給協力廠商是不可行的。那不如想想，人類最有價值的財產都是放在哪裡保管的？相信絕大多數人都是把金錢存在銀行，把股票委託給證券公司，把比特幣交給網際網路。銀行、證券公司、網際網路，都是協力廠商。那麼，為什麼我們不能考慮由協力廠商來保管個人資料呢？

在未來，如果人們能找到值得信任的「可信 AI」，並把所有資料交付給它，那麼就會出現可以給人類帶來幸福的強大 AI 系統。人們將不必再為無數的資料請求視窗所困擾，也不必擔心自己的資料是否會被盜用或濫用。這個可信的系統，可能是一個仁慈的君主，也可能是一個開放原始碼公社，或者是一個分散式區塊鏈網路……

我相信，人類將從強大的「可信 AI」中獲得前所未有的利益。經過千錘百煉，在未來，這個強大的「可信 AI」會以適當的形式在人類社會中成為一套穩定運行的機制。讓我們共同期待，新技術的進步，會讓人類的資料隱私更加安全。

豐饒之夢

開復導讀

在不久的未來，AI 和其他技術將大幅降低幾乎所有商品的成本，大部分商品的製造成本可能趨近於零。到那時，在已開發國家和經濟發展水準較高的發展中國家，人們將有可能史無前例地徹底擺脫貧窮和饑餓。到那時，錢是否可以逐步退出歷史舞台呢？如果錢的重要性逐步變弱，那麼又有哪些東西能對人們產生激勵作用呢？人類社會將如何維持運轉？我們目前所知的經濟學理論還適用嗎？我們將本章故事的發生地設定在澳大利亞，並在故事中描述了未來社會的兩種貨幣：一種是錢，其重要性日益減弱；另一種是代表聲譽和尊重的價值的新貨幣，其重要性與日俱增。在本章的解讀部分，我將探討當邁向豐饒之境時，人類社會將如何使傳統經濟學理論黯淡無光。在解讀部分的最後，我會探討人類的終極問題：在豐饒時代之後，人類是否會面臨某些專家所預測的奇點。

CHAPTER 10 豐饒之夢

失去夢想的人，就會迷失方向。

── 澳大利亞原住民諺語

　　凱拉站在門廳，打量著這間布置得很溫馨的屋子。桌上擺著珍貴的鹿角珊瑚標本，牆上掛著貝殼裝飾品、原住民藝術品以及許多照片。主人遲遲不出現，凱拉只好拘謹地移動腳步，瀏覽起牆上的照片。照片大都是關於海洋的，主角是一位充滿活力的黑髮女子，大笑著和從海裡撈出來的各種海洋生物合影。

　　那是年輕時的瓊安娜·坎貝爾，海洋生態學家，為保護珊瑚礁奉獻了一輩子。她今年七十一歲，沒有子女親屬，只能搬進布里斯本郊外這座養老社區──「陽光村」。所有人都把這裡叫作「AI村」。不僅因為整個社區都是由 AI 設計，再由機器人把預製模組像拼樂高積木般組裝起來，還因為在每間屋子裡，門窗、櫃子、電器、馬桶、枕頭、鏡子……都是智慧的，可透過感測器蒐集老人們從起居、飲食習慣到生理指標等各種資料，彙聚到雲端進行分析，再將建議回饋給住戶、智慧設備、社區醫療系統或急救中心。

　　一幅色彩鮮豔的畫吸引了凱拉的注意。它的風格屬於經典的帕普尼亞（Papunya）點畫風格，在畫布上透過不同顏色圓點的排列、疊加、組合，營造出如夢似幻的效果。凱拉看得入了迷，畫中描繪的景觀讓她想起了自己的家鄉，遠在澳大利亞內陸，坐落在東西麥克唐納山脈之間的愛麗絲泉。她用 XR 眼鏡搜到了這幅畫作的相關資訊，放入名為「家」的我的最愛。

「這畫很美吧？」一個沙啞的聲音從凱拉背後猝不及防響起。她慌亂轉身，差點和老太太撞個滿懷。瓊安娜已經完全沒有了照片上的風采。她坐在電動輪椅上，一頭銀髮，身型瘦小，只有一雙眼睛依然明亮，射出充滿懷疑的目光。

「是、是的。坎貝爾女士，我是凱拉。社區應該已通知您了。」

「可沒說你會直接進門，年輕的女士。也許，該叫女孩？我從來搞不清楚你們這些人的真實年齡……」

「實在抱歉，」凱拉窘迫地找藉口，「我按了很久門鈴都沒有人應答，就用社區給的密碼進來了。」

「我實在不明白，他們為什麼不能直接給我一個機器人……」瓊安娜嘴裡嘟囔著，上次有個古利[20]男孩還打那幅畫的主意，我讓他丟了工作，也許還受了些別的懲罰。你不會犯傻吧，孩子？你叫什麼來著？」

「凱拉。」女孩乖巧地回答。「這段時間會由我來照顧您，坎貝爾女士。」

「年紀大了就只能任人擺布了……你會在這裡待多久？」

「是腕帶給我匹配了這份工作，所以我猜……」凱拉聽出老太太口氣裡的不樂意。她舉起左手腕上散發彩光的柔性智慧腕帶，小心翼翼地回答，「得等到朱庫爾帕（Jukurrpa）判斷任務完成……」

「請說英語。」瓊安娜氣呼呼地打斷她。

「噢，朱庫爾帕是瓦爾皮里（Warlpiri）原住民語『夢幻』的說法，您知道，創世神話什麼的。我猜政府給全民計畫取這個名字，是想表達某種尊重。」凱拉不以為然地撇撇嘴，岔開話題，「來之前我聽說了很多您的事情，您太了不起了！」

事實是，社區工作人員善意地提醒過凱拉，這個老太太可不好打交道。之前的好幾任看護都因為受不了她的脾氣中途放棄了。

「對，對。夢幻計畫，他們告訴過我好幾次，可我就是記不

住⋯⋯」瓊安娜並沒有理睬凱拉的吹捧，「他們會付你多少錢？」

「在夢幻計畫裡，不使用錢，而是使用穆拉（Moola），一種能帶來愛與歸屬感的虛擬積分。至少政府是這麼說的。」

「又是聽不懂的話。我猜你們也不過澳大利亞日[21]吧。」

「這個嘛⋯⋯」凱拉尷尬地微微一笑，說：「因為歷史原因，國慶日在十年前已經透過公投改掉了。現在國慶日是 5 月 8 日，聽起來像澳大利亞人常掛在嘴上的『夥伴』（Mate）⋯⋯」

「太蠢了。」瓊安娜擺擺手，搖晃著頭，十分不滿地唸叨著，輪椅緩慢轉向客廳。凱拉手足無措地站著，突然從客廳傳來一聲毫不客氣的命令：「卡⋯⋯卡拉？來幫我找找老花眼鏡放哪兒了，沒它我什麼都讀不了⋯⋯」

「來了！」凱拉深吸一口氣，跑了過去。

★　　★　　★

智慧房子從各種跡象——反覆開啟的冰箱門、在門口長時間尋找鑰匙、日常物品的丟失頻率等，發現瓊安娜有早期阿茲海默症的症狀，而且惡化得很快。機器人沒有辦法處理這類老人生活中的各種突發狀況。醫生認為，真實人類的陪伴更能減緩老人神經退化性疾病的發展。因此陽光村雇了人類看護來陪伴有需要的老人，凱拉就是最新加入的一員。

要拿到穆拉，還需要得到瓊安娜本人的認可。對此，凱拉心中充滿忐忑，畢竟她並不是經驗豐富的職業看護。

2041 年，澳大利亞六十五歲以上老人的比例高達 35%，屬於

20「古利」（Goorie），是分布在昆士蘭東南部及新南威爾斯北部部分地區的土著族群的自稱。

21 1 月 26 日，澳大利亞法定國慶日，紀念首批歐洲人抵達澳大利亞的日子。

深度高齡化社會。在 AI 與機器人技術的衝擊下，失業人口大幅攀升，透過職業再造計畫，勉強將失業率保持在 12% 左右。受衝擊最嚴重的是三十五歲以下的年輕人，他們的收入來源單一，從業經驗更少，在經濟週期中的抗風險能力更差。其中，原住民更是弱勢群體中的弱勢群體，一是人口結構更加年輕，二是由於歷史原因導致的種種結構性不公平（無論是文化程度、就業率、社會階層還是平均壽命，原住民都遠低於澳大利亞平均水準）。

澳大利亞並不貧窮，憑藉豐富的自然資源和「AI 優先」的國家戰略，在新能源、材料科學及健康科技上居全球領先地位。政府大力推行太陽能、風能等可再生能源，與成本低廉的超大容量鋰離子電池陣列組合，透過智慧電網在時空上靈活調度，不僅將這種「超級電力」的成本降到無限趨近於零，更重要的是消除了溫室氣體排放，使澳大利亞成為全球首批實現「碳中和」的國家之一。透過發展基因組學和精準醫療，澳大利亞的人均預期壽命更是達到了史無前例的八十七．二歲。

由強大的國家財政支撐的健全福利制度，與穩定的金融體系、優良的自然環境，吸引了源源不絕的海外移民。放寬年齡上限後，大部分海外移民是等待退休的富有階層。

這激起了本土年輕人的憤怒。在他們看來，這個國家如此富裕，卻對自己的人民這麼不公平。人們走上街頭，暴力事件、罪案、種族衝突像從火山口噴湧而出的岩漿一樣在城市裡蔓延。

一個國家要走向豐饒時代，必不可少的是可控的人口規模、合理的年齡結構與穩定的社會秩序。五年前，為了安撫年輕人的不滿情緒，政府拿出了由澳大利亞創新與科學機構（Innovation and Science Australia, ISA）發起的朱庫爾帕計畫，表示「澳大利亞會照顧好她的人民」。

簡單來說，朱庫爾帕計畫由兩部分組成。一部分是透過基本生

活卡（Basic Life Card, BLC）每月向加入該計畫的公民發放基本生活補貼，讓每個人不用為基本的衣食住行、健康、能源、資訊及娛樂活動擔憂。另一部分是基於穆拉的激勵系統，鼓勵公民投入一定時間和精力從事社會服務，付出更多關懷，從而提升人們的愛與歸屬感，比如給社區兒童上課、照顧孤寡老人、保護瀕危動物、清潔野外垃圾等。透過社會服務者佩戴的智慧腕帶蒐集到的語音資料，會交給內建的聯邦學習在可信任執行環境中進行結構化分析，維度包括服務難度、對社區及文化的貢獻、創新性、自我實現水準及最重要的——服務對象的滿意度，最後計算出每個人應獲得的穆拉。所有本地資料都「閱後即焚」，以確保隱私不會被洩露。

穆拉是一種虛擬貨幣，代表著個體與他人、社區發生良性情感連結與互動的水準。一個真實的工作職位會優先考慮穆拉值更高的應聘者，而落選者要麼接受做為培訓和篩選機制一部分的虛擬工作，要麼乾脆失業在家領取 BLC。在同等條件下，擁有更多穆拉的人可以優先享受醫療與緊急救援，甚至還有機會成為火星基地的預備成員。

政府希望引導民眾形成新的認知——決定人生價值的是愛、歸屬感與尊重，而非財富。但現實中，由於腕帶被設計成根據穆拉值高低閃現不同顏色，年輕人便將此做為追逐和炫耀的標籤，就像之前對待金錢那樣。甚至會有人分享快速刷高穆拉值的技巧，而不是把時間和精力花在年輕人真正該做的事情——實現夢想上。

資料表明，在加入朱庫爾帕計畫的年輕人中，原住民群體的穆拉值增長速度明顯慢於整體平均水準。輿論表達的擔憂主要集中在該計畫是否會導致更為嚴重的種族主義，令原住民喪失正常工作機會以及加劇歧視。二十年前失敗的強制收入管理（Compulsory Income Management, CIM）政策就是前車之鑑。原本推行 CIM 是為了促進社會平等，結果卻沿用了殖民主義時期的手段，強制原住

民託管部分或全部社會福利金，迫使他們使用受限制的無現金借記卡，同時被其他人群汙名化為有酗酒、吸毒或賭博問題的群體。

ISA 發言人小威廉・史瓦茲博士則表示，這是一項充滿創新意識與前瞻性的社會投資。他說：「一個缺少愛、歸屬感與尊重的社會注定會失敗。朱庫爾帕計畫的核心在於從年輕一代開始重建信心。我們相信，每一個人都能在這片豐饒的土地上實現自己的夢想，無論他是何種膚色、何種民族。」

該計畫首先在二十五歲以下的無業人口中開始試行，其中原住民比例高達 35%，遠超他們在澳大利亞整體人口中 5% 的占比。

二十一歲的凱拉・納瑪姬拉便是加入該計畫的原住民之一。

★　　　★　　　★

凱拉很快融入了陽光村的生活。老人們都喜歡這位長著一頭烏黑捲曲長髮，面帶微笑的原住民女孩。她力所能及地幫老人遞送包裹、晾曬衣服、遛狗……老人們大多非常爽快地在凱拉的智慧腕帶上驗證身分資訊，確認她的優異服務。

腕帶會隨之閃爍彩光，發出令人愉悅的音符，那意味著穆拉到帳了。

照顧瓊安娜是系統發布的任務，顯然比順手做的好事權重更高，能夠得到的穆拉也更多。前提是瓊安娜對凱拉的服務滿意。

每天，凱拉除了照顧瓊安娜的起居，還會按照指導手冊詳細地檢查老太太的認知與記憶狀況。但是，她並非每次都能得到積極的回應。

「坎貝爾女士，能告訴我您剛才讀的這篇文章，都說了些什麼嗎？」

「海洋生物滅絕什麼的。怎麼，現在學校都不上閱讀課嗎？」

瓊安娜從老花眼鏡後瞪著凱拉。

「坎貝爾女士，您還記得您的藥盒放在哪兒嗎？」

「別想考倒我，我把它放在……等等，」瓊安娜忙亂地翻找一通，終於像個孩子找到了珍藏的糖果般大叫起來，「哈，我就知道！在我的口袋裡！」

「坎貝爾女士，還記得昨天中午我們吃了什麼嗎？」

瓊安娜皺起眉頭：「有湯、蒸蛋、沙拉和水果……噢，對了，還有菲力牛排，他們說這是在實驗室裡造出來的，並沒有什麼動物因此受到傷害，所以我才願意嚐一嚐，味道跟我印象中的一模一樣……所以，別把我當傻子，考拉小姐。」

凱拉微微一笑，並不生氣：「您昨天說沒胃口，沒吃午飯。還有，我叫凱拉，K-E-I-R-A。」

瓊安娜突然愣住了。有一瞬間，凱拉以為瓊安娜馬上就要大發脾氣了。可過了好一會兒，老太太把頭低低垂下，開始喃喃自語：「我不知道……我這是怎麼了，醫生說沒那麼嚴重的，只要等……」她突然抬頭，充滿期待地看著凱拉，「你知道我被排到哪一天嗎……」

瓊安娜說的是針對早期阿茲海默症的基因組精準療法。由於高端醫療資源緊張，需要治療的富人眾多，所以需要長達數月甚至一年以上的排期。凱拉心裡清楚，很可能等瓊安娜排到時，她的症狀已經惡化到療法無法適用的程度了。

「很快了，再過幾個星期。」凱拉安慰她，心想，老太太不會記得的，「到時候我提醒您。」

「哎，真的太奇怪了。昨天吃過什麼記不住，年輕時候的事情卻記得清清楚楚。」

「告訴我，您都記得些什麼？」凱拉半蹲下身子，把手放在瓊安娜的膝蓋上，用鼓勵的眼光看著她。

「我記得……」瓊安娜望向窗外的一片陽光，思緒乘風飛起，穿越到另一個時空。

那是 1992 年的瓊安娜。她是那麼年輕，皮膚因長期曝曬變得黝黑，頭髮卻被海水漂成了褐色。她經常在海上一待就是幾個月，研究氣候變化、海水汙染、棘冠海星和漁業對大堡礁生態系統的危害。昆士蘭州東北方太平洋上的這片三十四萬平方公里的珊瑚海，色彩斑斕，如夢似幻，是數以億計海洋生物共同的家園，可它正在無可挽回地死去。瓊安娜希望竭盡自己所能減緩它的毀滅。

那是 2004 年的瓊安娜。經歷了一次失敗的婚姻後，她回到海上，儘管那正是導致婚姻破裂的最大原因。那年六月，一群披著彩虹旗的人登上大堡礁東部，要在這裡建立起屬於他們自己的王國，以抗議澳大利亞政府拒絕承認同性婚姻。瓊安娜耐心地勸說他們離開，不要丟棄垃圾。當她告訴抗議者，海洋暖化所引發的全球白化事件將會摧毀一半的大堡礁時，卻被反問道：「難道你不關心人類的多樣性嗎？」

那是 2023 年的瓊安娜。她不再是獨自一人，而是帶領著一支團隊，研究如何借助科技的力量提高大堡礁對氣候變化的適應性。一頭銀髮的瓊安娜認真聽取年輕人的新奇想法：使用水下機器人，透過演算法定位，將珊瑚幼體種植到指定區域，並由感測器監控其生長狀況；在大堡礁海洋表面覆蓋一層生物材料製成的環保薄膜，以降低照射到珊瑚礁上的陽光強度，減緩海水變暖的速度……在這些方案中，她最感興趣的是透過基因工程改造蟲黃藻的想法。海水變暖、酸化，會導致蟲黃藻數量減少，直接引發珊瑚白化和珊瑚蟲死亡，依賴珊瑚生存的無脊椎動物和魚類就會離開或死亡，整個生態系統將不可逆轉地走向崩潰。

「……如果我們能讓蟲黃藻具有更強的適應性和恢復能力，珊瑚就能恢復漂亮的顏色，珊瑚蟲也能持續得到養料。我們就能拯救

大堡礁。」

　　說起自己熱愛的事業，瓊安娜的眼神不再黯淡，記憶也不再模糊。整個人煥發出奇異的光彩，就像海水裡的珊瑚。

　　「您做到了！大家都叫您『大堡礁拯救者』！」凱拉由衷讚歎，「沒法想像您經歷了多少困難……」

　　「這麼說吧，最大的困難並不是來自外界，而是自己的內心。」

　　「我不明白……」凱拉眼中流露出一絲迷惘。

　　「當周圍的人都在忙著賺錢、建立家庭、撫養後代的時候，你卻在為一個看起來不可能實現的目標付出整個生命。這需要信念和勇氣，我的孩子。」瓊安娜微微一笑，語氣變得柔和。「現在該我問你了，你來這裡，難道只是為了得到穆拉嗎？」

　　凱拉臉一熱。這正是她最初的動機。找不到穩定工作的時候，她沒有更好的選擇。

　　「是……也不是。現在我覺得，得到別人的尊重似乎更能讓我開心。」

　　「說得好，K……孩子。我會確認你的服務，只要你答應幫我做一件事。」瓊安娜眨眨眼。

　　「什麼我都答應您！」凱拉迫不及待地喊出聲。

　　「也許我腦子不好使，可我還沒有聾，用不著那麼大聲。明天告訴你。晚安。」

　　老太太操縱輪椅轉身，朝臥室緩緩駛去，留下瞪著熱帶魚照片發呆的凱拉。

★　　★　　★

　　瓊安娜想讓凱拉帶她去看海。她想站在布里斯本的任何一片海灘上，遠遠看著那片自己拯救過的珊瑚海。在她忘記這一切之前。

凱拉很為難。她想滿足瓊安娜的心願，但這並不在服務範圍之內。況且老太太的健康狀況堪憂，倘若有個三長兩短，她負不起這個責任。於是凱拉只能找各種理由，天氣啦，交通啦，節假日啦，希望老太太像平常那樣，話說出口後扭頭就忘。

　　可是沒想到瓊安娜卻頑固得像個小孩，天天纏著凱拉要她兌現承諾。

　　「聽說今天有社區派對，大家都會去。有樂隊演出，還有很多好玩的東西，我帶您去好不好？」凱拉試圖轉移瓊安娜的注意力。

　　「不去！」瓊安娜一口回絕。

　　「別這樣嘛，瓊安娜……」大概一週前，瓊安娜讓凱拉不要再叫自己「坎貝爾女士」，說聽起來就像是個房地產經紀人。

　　「你答應過帶我去看海的。你騙我！」

　　「不，我沒有答應您。」

　　「你不想要好評了嗎？還有你的穆拉？」

　　「噓……被腕帶聽到了會扣我積分的。」凱拉摘下 XR 眼鏡放到一邊，揉著疲憊的雙眼。她還在忙著做一個擴增實境體驗樣品，指望著靠這個找一份在 XR 公司 Dingo 科技的正式工作。

　　「你老戴著這個幹什麼，你又還沒老到那個地步。」瓊安娜好奇地拿起了凱拉的眼鏡戴上，被嚇了一跳，「哇！所有的東西都在發光！」

　　「等等。」

　　凱拉幫老太太調整了眼鏡的聚焦參數，以適配她的老花眼。現在瓊安娜看到的不再是一團團模糊的彩光，而是疊加在真實視野上的彩色光點，就像帕普尼亞點畫那樣。只不過演算法會根據景觀特徵、頭部姿態和運動軌跡即時改變光點呈現的效果，就像把現實也變成了一幅點畫，如同起風的海面般變幻著紋路與色彩。

　　「真的太美了……你做的？」瓊安娜難以置信地問道。

「是的。」凱拉羞澀地點點頭。「我做夢都想成為一名藝術家，可是對於我們這樣的人來說，實在是太難了……」

「我不同意。」瓊安娜不以為然。「你們年輕人總是會找這樣那樣的藉口……」

「不是那樣的！」凱拉控制不住自己的情緒，「我說的是我的身分，做為一個阿倫特（Arrernte）人……」

「我不確定聽過這個民族。」瓊安娜不合時宜地打岔。

「這一點也不奇怪。我們的族人三萬年前就生活在這片大陸上，看看現在，我們的語言幾乎消失了，人們被趕到居留地或者大城市裡，年輕人要麼流浪街頭成為罪犯，要麼就得靠這該死的穆拉才能吃上一頓飯。」凱拉愈來愈激動，絲毫不顧及正在聆聽的智慧腕帶。

「嘿，注意你的用詞！」

「我原本以為朱庫爾帕計畫會帶來公平。可現在我明白了，它和其他地方一樣，只會眷顧某些人。某些原本就善於透過討好、哄騙或恐嚇別人來獲取好處的人。一旦他們擁有更多的穆拉，你猜怎麼著，閃爍粉光的腕帶就會給他們更多機會，做更容易得到穆拉的事。這就是世界的真相，無論你多努力，多有天賦，別人就是有權利不喜歡你，只因為你跟她不一樣。」

「我沒有……我不是……」

瓊安娜被凱拉的這一番話嚇到了。她沒想到眼前這個看似乖巧的女孩藏著如此熾烈的怒火。

「坎貝爾女士，請您理解，這世上並不是所有人都像您那麼幸運，能夠實現自己的夢想。不過有一件事您說得很對，每一個人都應該有勇氣去做自己想做的事情。我不幹了。」

凱拉氣呼呼地離開客廳，跑回自己的房間。她走得太匆忙了，忘記帶上自己的 XR 眼鏡。

                    ★　　　★　　　★

　　凱拉做了一個噩夢。她夢見從床底下鑽出一頭長著金色長毛的幽威（Yowie），張牙舞爪地撲過來想要吃掉她。她想逃，可雙腳卻像陷入泥沼般動彈不得。凱拉想要呼救，張開嘴巴卻什麼聲音也發不出來，只能看著那個猿形怪物愈來愈近。

　　她驚醒了，一身冷汗。天已經濛濛亮。她想找點水喝，卻發現屋子的大門敞開著。

　　「瓊安娜？」凱拉試探地叫了一聲，沒有人回答。她走進瓊安娜的臥室，床上空空如也。

　　她找遍其他房間，都沒有瓊安娜的蹤影。終於，她在門口放鑰匙的地方發現一張紙條，上面寫著：

　　K，我去看海了，眼鏡回來還你。J.

　　「該死！」凱拉匆忙換上衣服跑了出去。她需要社區急救中心的幫助。

　　監控影像顯示，瓊安娜在一個小時前坐著電動輪椅出了家門，接著又離開了社區。

　　「不用著急，每位老人的生物感應貼膜都能夠進行定位跟蹤。」睡眼惺忪的工作人員阮調出瓊安娜的位置，卻顯示她仍然待在臥室裡，「……難道她把貼膜撕掉了？」

　　「我們得發動所有人找她……」凱拉焦急萬分。

　　「嘿！放鬆點，就憑她那小功率的輪椅，她走不了多遠。」阮試圖讓凱拉冷靜下來。

　　「馬上！」

　　凱拉知道，阿茲海默症患者最大的危險在於認知退化導致的行為失調，上下樓梯時會因分神而失足，過馬路過到一半時會忘記究竟要去哪邊，使用火或利器時容易傷到自己。她害怕瓊安娜發生意

外。她覺得這全是因為自己昨晚說的那些話。

在女孩的怒吼中，阮用最快速度啟動緊急程式，出動所有工作人員和無人機，同時報警，申請調看周邊路面的監控錄影。

凱拉覺得自己似乎遺漏了什麼重要的東西。

那張紙條。眼鏡回來還你。眼鏡。

「沒錯，眼鏡！」

凱拉大叫一聲，掏出自己的 smartstream。如果瓊安娜戴著那副 XR 眼鏡的話，凱拉就可以遠端接入即時畫面，透過景物或許便能確定老太太的位置。

成功了。螢幕上出現一條閃爍著彩色光點的河流，瓊安娜還開著凱拉設計的 AR 體驗程式。畫面幾乎凝滯不動，只有那些光點順著河水緩緩流淌，變換顏色，像是原住民神話中彩虹蛇的模樣。

「附近像這樣的河有好幾條，」阮湊過來看，他想了想，「能不能接入音訊信號？」

凱拉照辦。XR 眼鏡的拾音器接收到來自自然的聲音，河水、鳥鳴、樹木、晨風，還有深長緩慢的呼吸聲，那應該是瓊安娜的。過了好一會兒，一陣輕微的轟鳴聲從右側響起，持續三秒後消失。

「一定是早餐溪，上面有一座通火車的橋！」阮脫口而出。

「快帶我去！」凱拉興奮地抓住阮的手，「讓所有人都去那邊找！」

凱拉沿著河岸一路小跑，試圖在繁茂的植物與和緩的溪流間尋找到瓊安娜的身影。鳥兒與蜂群的嗡鳴煩擾著她，汗珠在她額頭凝結，又從鼻尖滴落。凱拉不停對照著 smartstream 上返回的畫面與眼前的景物。終於，她在一棵鳳尾松下瞥見了那頭銀色長髮。

瓊安娜正靜靜地坐在輪椅上，手腕內側皮膚露出一塊淺色的方形區域，那原本是生物感應貼膜所在之處。老人似乎還沉浸在某種強烈的情緒中無法自拔，眼淚不住地淌下來，讓 XR 眼鏡也蒙上了

一層水霧。直到凱拉上前緊緊擁抱，她才回過神來。

「凱拉，你來了。」這麼長時間來，瓊安娜第一次叫對凱拉的名字，「你的眼鏡幫我找回了我自己，我終於記起來了，我也是你們中的一員。」

「啊？」驚魂未定的凱拉完全摸不著頭腦。

「我就是人們所說的『被偷走的一代』。」

在被工作人員抬上救護車之前，瓊安娜留下了一句奇怪的話。

★　　★　　★

這是努沙主海灘平常、晴朗的一天。凱拉推著坐著輪椅的瓊安娜，沿海灘邊的步行道緩緩前行。海灘上如織的遊人歡笑嬉戲，海面上的衝浪者追逐著洶湧的浪花。一切都如此美好。瓊安娜出神地望向東北方，那裡的碧藍如洗，一直綿延到海天相接之處。

「看見大堡礁了嗎？」凱拉明知故問。

「這個嘛，」瓊安娜聳聳肩，「我知道她就在那裡。我能感覺得到。」

「多虧有您，政府應該給您很多很多的穆拉。」

「至少他們讓我等到了排期，就在下週。」瓊安娜露出笑容。

「真替您高興，您會很快好起來的。」凱拉也笑了，又想起什麼，「我有個問題一直沒想明白。」

「說吧。」

「您在早餐溪邊說您是『被偷走的一代』。我做了一些功課。從1910年起，當時的澳大利亞政府強行將近十萬名原住民兒童永久性地從原生家庭帶走，送到白人家庭或政府機構照顧。直到1970年這項政策和相關的收容機構才被取消，許多孩子因此無家可歸，留下終身的傷害。可您是在那之後出生的，怎麼會是他們中

的一員？」

瓊安娜的表情顯得有些陰晴不定：「我的養父母……他們為了不讓我活在陰影裡，修改了我的出生紀錄。在那之前，我一出生就被從親生父母手裡帶走，送到教會撫養，一直到四五歲被收養。我很幸運，養父母很愛我，不希望我受到任何傷害……他們決定隱瞞真相……」

「那您是怎麼發現的呢？我的意思是，事情都過去了這麼多年，當時很多紀錄也都被銷毀了。」凱拉難掩好奇。

「從小我就知道，自己和其他兄弟姊妹長得不一樣，從同學們看我的眼光中也能看出來。可我不忍心問我的父母。他們對我一視同仁，甚至……給我更多的愛。我把疑問埋在心裡，甚至刻意與原住民拉開距離，說服自己相信自己跟他們不一樣。我以為這樣就可以在偽裝和逃避中過完一生，直到……基因組資料告訴我真相。」

「為了治療阿茲海默症做的測序？」

瓊安娜點點頭，把手指向海的北方：「報告顯示……我有超過85%的概率是托雷斯海峽島民的後裔。這個結論讓我整個人生崩塌了。我不知道自己是誰，親生父母在哪，這一切究竟意味著什麼。」

「所以您選擇了遺忘。」凱拉開始理解之前瓊安娜為何態度反覆無常。

「我想是遺忘選擇了我，孩子。」瓊安娜看著凱拉，流露出釋然的神情。「我的病讓我可以繼續逃避下去，直到你的作品把我引向了答案。」

「我的什麼？」凱拉難以置信。

「當我戴上那副眼鏡時，我看到了那樣美妙的世界。就像做夢，它不是靜止的或線性的，而是同時發生在過去、現在和未來……我身體裡的某種古老的東西被喚醒了。它讓我從情感上與這片土地重新連接。它告訴我，你不能因為害怕傷痛而逃避。你必須

記住自己是誰，這是唯一能夠治癒我的方法。」

「天哪……」凱拉被瓊安娜的話深深觸動，不知該說什麼好。

「所以我要謝謝你，」瓊安娜緊緊握住凱拉的手，放在胸口，「那一代人所剩無幾。許多人懷著像我之前那樣的痛苦和迷惘死去。政府在三十三年前道了歉，開始解密那段歷史，可是並不足以彌補這一切。」

凱拉的長髮被海風拂動。她從來沒有想過，自己的創作能夠以這種方式幫助別人。海水的鹹味飄來，她回憶起這段時間與瓊安娜共同度過的點滴。

「您知道嗎，」凱拉真誠地說，「其實，我該感謝您。」

「為什麼？就因為我老惹你生氣？」瓊安娜調皮地眨眨眼。

「好吧，那也是事實。」凱拉用手撥開飄到眼前的髮梢，露齒微笑。「您讓我思考了很多以前沒有想過的問題。關於生活，關於夢想，也關於朱庫爾帕計畫本身……」

「我聽著呢。」

「……我認為，這個計畫過分簡化了人們的需求，導致了不公正的出現，無法充分激勵每一個人釋放自己的潛能。我在沃洛克（VRock）社區裡發起了大討論，有成千上萬的人參與，現在已經成為一項公共行動，名字叫作『未來之夢』。政府聽到了我們的聲音，並承諾升級朱庫爾帕計畫。」

「哇哦，聽起來就像是電信運營商愛幹的事。那麼，新計畫會有什麼不一樣嗎？」

凱拉望向遙遠的海面。她說出的話像是在腦中已排練了無數遍。

「您說得對，BLC 給了人們足夠的物質和安全保障，政府提供了免費的教育和培訓機會，每個人都有了自由選擇生活方式的權利，不應該受到任何束縛與綁架。但除了愛與歸屬感之外，我們應該看得更遠。當一個人像您一樣，追求尊重、自我實現時，她應該

得到機會。朱庫爾帕計畫就應該提供這樣的機會，幫助他們找到真正的自我，充分發揮潛能。無論是發揮領導力、探索火星奧祕、用 AI 恢復原住民語言，還是建設環保城市、用創造力和美愉悅心靈，甚至成為眾人的英雄和偶像。個體自我實現的每一步努力與成就都應該被看見、被認可、被激勵。只有這樣，我們的未來才有希望，而不是變成被偷走的新一代。」

「聽聽，凱拉，你簡直太棒了！」瓊安娜興奮地鼓掌，突然意識到什麼，手停在了半空，「等等，所以你要走了？」

「我很抱歉，瓊安娜，其實，今天我是來跟您告別的。」凱拉給了瓊安娜深深的擁抱。「在早餐溪邊發生的事情上了新聞，讓史瓦茲博士注意到了我。他代表 ISA 邀請我加入他們的計畫組，研究如何把我剛才說的這些變成可量化的指標，並且用更聰明的 AI 去打造一個更公平、更能激發潛能的朱庫爾帕計畫。」

「你能去幫助更多人，我很高興……」老太太變得有點遲疑，「但在你走之前，我必須坦白一件事。」

「什麼？」

「其實，之前……我一直不願意幫你確認評價，是因為……我怕你得到穆拉之後，就會馬上離開。我不希望你走……」瓊安娜的聲音有一絲顫抖。

「噢，瓊安娜……」凱拉的眼睛濕潤了，「我會非常想您的。」

「別哭，孩子。」瓊安娜抹了抹眼角，破涕為笑。「既然你已經帶我看海了，那我也該兌現承諾……」

穆拉到帳的清脆音符飄散在海風中。凱拉推著瓊安娜沿著海灘繼續前行，看著海浪不斷奔湧，緩慢地改變著海岸線的形狀，就像億萬年來一直發生的那樣，就像未來將會發生的那樣。

開復解讀 💬

　　一直以來，我們常常會想，有朝一日，人類能否不用工作就能實現物質生活的極大豐富？在《豐饒之夢》這一章的故事所描述的 2041 年，新能源、新材料、AI 和自動化技術，就讓人類走上了一條通往理想中的烏托邦的道路。不過，到那時，這條路剛剛走了一半。

　　在 AI 轟轟烈烈地拉開第四次工業革命帷幕的同時，一場清潔能源革命也緊鑼密鼓地展開。清潔能源革命好比一場即時雨，不但將解決日益加劇的全球氣候變化問題，而且會大幅降低全世界的電力成本。人們將致力於把太陽能、風能和電池技術更有效地結合為一體，在 2041 年重塑全世界的能源基礎設施格局。

　　在未來，隨著能源成本的急劇下降，所有消耗基礎能源的產品的價格都將隨之下調，包括水、原料、製造、計算等。與此同時，人們將不再把有限的不可再生資源或有毒物質（如石油、礦物、一些化學品）做為重要的生產材料，而是會用自然界中廉價而豐富的資源（如光子、分子、矽）取而代之。

　　另外，生產製造所需的人力成本在 AI 和自動化技術的支援下，也將大幅度降低，對於這一點，想必看過本書第一至九章的讀者都深有體會。能源、材料和生產製造的成本的全面下降，將大幅度提高未來的生產力水準。

　　當廉價的能源、材料以及高效的生產力全部唾手可得時，人們將翻開全新的歷史篇章——「豐饒時代」。我們之所以選擇用「豐饒」這個詞來描述人類生活的嶄新階段，是因為人們在這個階段將不必再為基本的衣食住行、健康保障及娛樂生活擔憂，人們不僅在物質上能夠以接近免費的價格獲得任何商品和服務，而且在精神上

也能自由選擇想從事的工作，所有人都能過著舒適的生活。

不過，〈豐饒之夢〉的故事也向我們展示了滿足人類所有基本需求（使人類能夠自由地追求更崇高的人生目標）的「烏托邦」存在著弊端，其中留待人們解決的難題與帶給人們的福祉一樣多。故事還特別講述了身處富裕國家的年輕人，在失去了事業這個傳統的精神支柱後，開始發洩自己不滿情緒的故事——他們走上街頭，暴力、罪案、種族衝突等開始像火山熔岩一般在城市裡蔓延。

為什麼在人類通往烏托邦的道路上，會有這麼多阻礙呢？原因在於，如今的經濟模式是為稀缺時代而設計的，並不適用於豐饒時代。如果一切物質都變成免費的了，那麼金錢還有什麼意義？如果這個世界上不再有金錢存在，那麼習慣把賺錢視為前進動力並為此努力工作的人們將如何自處？以盈利為目標的機構或公司，又將何去何從？

在這裡，我將詳細介紹能源革命和材料革命，以及它們將如何為由 AI 驅動的自動化生產供給燃料和原料，讓豐饒時代的到來成為必然。此外，我將探討現有的經濟模式和經濟制度在豐饒時代失效的原因，提出未來的貨幣可能的演變及發展方向，並解釋為什麼在〈豐饒之夢〉的故事中採用了穆拉這種信譽貨幣。

之後，我將闡釋為什麼會選擇把豐饒時代的故事做為本書的結尾，而非奇點時代。有未來主義者認為，在未來，技術發展的不可控性和不可逆性，會導致人類文明走向難以預測的境地，也就是所謂的奇點時代，而 2045 年被認定為「奇點」降臨的年分。

最後，我將提出一些關於人類未來的總體設想，為我們的 2041 之旅畫上圓滿的句號。

一、可再生能源革命：太陽能＋風能＋電池技術的有效結合

除了投身 AI 浪潮，人類還將迎接可再生能源新時代的到來。太陽能光電、風力發電和鋰離子電池儲能技術的有效結合，創造出了可再生的清潔能源，從而推動了大多數能源基礎設施的更新與升級。

到 2041 年，太陽能和風能將成為大多數已開發國家和部分發展中國家的發電主力。據統計，2020 年的太陽能光電成本較 2010 年下降了 82%，同期的風力發電成本下降了 46%。目前，太陽能和陸上風能已經是最便宜的能源。此外，2020 年的鋰電池的儲能成本較 2010 年下降了 87%，未來隨著電動汽車的大規模量產，鋰電池行業將快速擴張，其成本將繼續降低。鋰電池儲能成本的大幅度下降，讓人們有機會把晴天的太陽能和大風天的風能儲存起來，以備在未來陰天或無風天使用，最終取代傳統的電網系統。

美國智庫 RethinkX 預測，如果美國願意耗資兩萬億美元建立上述的「新電網」，那麼到 2030 年，美國的發電成本將下降到三美分／千瓦時，這個價格約為目前發電成本的 1/4。而且，由於可再生能源的三大組成部分的成本還會繼續下降，到 2041 年，發電成本應該會更低。

不過，如果某個區域的電池儲能量已經達到上限，怎樣做才能不浪費那些未經使用又無法儲存的能源呢？RethinkX 提出了一種「超級電力」解決方案：在智慧調度之下，將這些以零邊際成本利用太陽能和風能生產的電，用於一些對時間不敏感的任務，例如為閒置的電動汽車充電、海水的淡化處理、廢物回收、金屬精煉、脫碳、運行區塊鏈共識演算法、基於 AI 的新藥研發或者能源成本高的生產製造。

這種解決方案不但可以進一步降低能源的價格，而且可以為一

些曾受制於成本高昂而無法推進的實際應用和創造發明提供動力。所有消耗基礎能源的產業都將因此受惠,例如材料、製造、計算、物流等方面的相關成本都將隨之下降。

透過實施「太陽能＋風能＋電池技術」的可再生能源組合方案,我們將獲得 100% 的清潔能源。改用這種清潔能源,將減少 50% 以上的全球溫室氣體排放量,而溫室氣體正是導致全球氣候變暖的罪魁禍首。

不過,建設可再生能源的基礎設施,需要各國提供大量的資金支援,這意味著更重視基礎設施建設和發展的國家將更早從中受益。這也是我們把〈豐饒之夢〉的故事背景設定在澳大利亞的原因,畢竟今天澳大利亞可再生能源的人均增長速度是世界平均水準的十倍。

二、材料革命：走向無限供給

新一輪材料革命近在眼前,人類正在經歷彼得‧迪亞曼迪斯（Peter Diamandis）提出的「去物質化」發展階段。很多實體產品將被淘汰,轉變成軟體或平台上的數位化內容,我們過去熟悉的收音機、照相機／錄影機、GPS、百科全書都是如此。這個數位化和去物質化的趨勢正在快速蔓延,許多以前昂貴的產品最終將變成免費的。

在第四章,我們討論了合成生物技術在藥物研發和基因治療（例如 CRISPR 技術）中的作用,它將降低醫療成本,改善治療效果,延長人類壽命。

合成生物學是新興的研究領域,它透過有目標地設計、改造或重新合成,賦予生物體新的能力。合成生物技術將徹底顛覆食品工

業的發展模式，例如我們可以在實驗室裡利用動物幹細胞合成「人造肉」，這種「人造肉」與真正的肉類具有相同的蛋白質及脂肪成分，甚至味道和口感也一模一樣，這樣人們不必再屠宰動物，同時也為地球減負——飼養食用動物需要消耗大量的資源。目前人造肉的商業化嘗試，已經在肯德基、星巴克等餐飲企業展開。雖然這些人造肉不是透過合成生物技術製造的，但是也可以讓人們開始熟悉並選擇人造肉。

在未來，人類的食物可能不再局限於過去品嚐過的東西，而是會像如今的軟硬體產品一樣，先由研究人員根據現有食物的分子水準，創造出人類從未吃過的新食物，然後將其配方上傳到資料庫，接著以極低的成本批量生產，最後再擺上餐桌。

垂直農業將進一步豐富人類的餐桌。自動化工廠能批量產出各種各樣的蔬菜和水果，而且其成本還會隨著規模的擴大而不斷下降。如此一來，農業生產的主要成本將主要是水、電、肥料的成本。未來（在可再生能源革命成功後）水電價格將接近於零，而且借助合成生物技術，我們可以利用細菌為農作物提供生長所需的氮，徹底替代有毒的化學肥料。

此外，合成生物技術還可用於製造橡膠、化妝品、香水、時裝、織物、塑膠以及綠色化工產品，並能透過溶解的方式清除環境中的主要汙染物——塑膠。這項技術將徹底顛覆許多產業的發展模式，賦予這些產業永續發展的能力，同時大幅降低產業的總成本。

2011 年 6 月，美國總統歐巴馬對外宣布了材料基因組計畫（MGI），呼籲全國上下加強合作，共用可靠的實驗資料，開發 AI 等計算工具，讓材料創新的速度提升一倍，以促進製造業的復興與發展。在過去的十年裡，該專案已經構建並積累了龐大的資料庫，研發人員能夠在此基礎上高效開發新的材料，並且取得一定的成果，例如過去只在科幻小說中出現過的人造肌肉，以及可以讓所

碰到的物體「減重」的奈米材料。

在未來，人類慣用的昂貴、有限或有毒的化合物，將逐漸被自然界中豐富的原材料取代，例如提供能量的光子、用於生物合成的分子、構造材料的原子、代表資訊的位元／量子位元、用於半導體的矽，等等。隨著材料革命的推進，人類走進豐饒時代的夢想將逐漸成為現實。

三、生產力革命：AI 與自動化

正如我們在前面的章節中所介紹的，未來的機器人和 AI 技術將全方位進入我們的生活，承擔絕大多數商品的製造、運輸、設計以及行銷等方面的工作。在〈神聖車手〉中，人們只需花一點點錢就能隨時隨地乘坐自動駕駛車輛，甚至不用再花錢買車，直接省下一大筆開支；在〈無接觸之戀〉中，家用機器人的家政能力絲毫不輸於任何人類管家；在〈職業救星〉中，AI 接管了許多白領和藍領的日常工作，讓很多製成品不再耗費人工成本，售價不會比原料成本高太多，而且哪怕 7×24 小時全天候作業，AI 也不會生病、不會抱怨，更不需要人們為其支付酬勞。

除此之外，AI 還將為我們提供各種優質服務。在〈一葉知命〉和〈幸福島〉中，AI 助手一直陪伴在人類左右，提供最貼心的個性化服務；在〈雙雀〉中，AI 導師為每個學生量身訂製學習內容；在〈無接觸之戀〉中，AI 技術的診斷及治療能力遠勝於人類醫生；在〈偶像之死〉中，AI 與娛樂產業結合，使人們有機會擁有虛擬與現實交融的絕妙沉浸式體驗……

未來的機器人技術將實現自我複製、自我修復，甚至能夠自我設計。新型的 3D 印表機將愈來愈像「星艦迷航記」中可以按需生

產任何物品的「複製器」，能夠以極低的成本生產一些複雜的客製化商品（如假牙或義肢）。

AI 還將進軍建築行業，設計房屋和樓宇，像拼樂高積木一樣把預製的建築組件組裝在一起，從而大大降低人類的住房成本。自動駕駛公車、自動駕駛計程車以及機器人滑板車等各式各樣的自動駕駛出行工具，可以把人們帶到任何地方，而且經過智慧部署，能做到隨叫隨到，不用等待。

當人類擁有了幾乎免費的能源和材料，實現了由 AI 驅動的自動化生產時，下一步就是走進豐饒時代了。

四、豐饒時代：技術發展的必然結果

「後稀缺時代」，這個詞的定義是「稀缺」不再存在，一切物質都免費的時代。在〈豐饒之夢〉的故事中，各個國家的發展步調雖然並不一致，但都在朝著「後稀缺時代」的方向邁進。在像澳大利亞這樣的富裕已開發國家裡，所有人的物質需求都能透過基本生活卡（BLC）得到保障，全員都能過舒適的生活；而相比之下，貧窮落後的國家還有很長一段路要走。

由於各國發展的時間表有所不同，所以我更願意用「豐饒」這個詞代替「後稀缺」來形容人類即將邁進的全新時代。而且嚴格來講，「後稀缺」可能永遠無法實現，這個道理就像無論技術進步到什麼程度，達文西的傳世畫作也不可能超過二十幅一樣。

就算在豐饒時代，最優質的商品和服務仍然是稀缺的，例如專屬人力增值服務（頂級家教）或者複雜且稀有的設備和技術（第一批量子電腦）。不過這些頂級用品畢竟是例外，而非慣例，正如雖然富士山的無汙染地下水是稀缺的，但我們大多數人飲用的幾乎都

是免費的自來水或過濾水一樣。

當絕大多數物質都不再稀缺，而且人類能夠無償獲得這些物質時，豐饒時代就真正到來了。在這個階段，人類基本上無須付出任何代價，就可以獲得衣食住行以及能源等生活必需品。隨著時間的推移，豐饒時代的發展也將繼續向前推進。隨著技術的進步和物質成本的降低，更多優質的商品和服務，會被分配到愈來愈多的人手裡。

我預測，在豐饒時代，人們不僅會享有基礎的衣食住行及能源保障，而且還將逐步擁有舒適安逸的生活方式，下至多元化的出行、衣裝、社交通訊，上自個性化的醫療保健、資訊服務、教育和娛樂等。在〈豐饒之夢〉這個故事中，人們就免費享受著上述所有的福利。

如果你對此持懷疑態度，不妨想想看，這種發展趨勢是否在當下就已經在不同領域初露端倪了。今天，我們只要在影音網站加值成為會員，就可以隨時在自己的電子設備上觀看最新的電影和電視劇；花很少的錢，就能讀到自己心儀的電子書或者收聽有聲讀物；在美國，有愈來愈多的證券商為客戶提供零佣金買賣股票的服務；無需任何費用，就可以線上瀏覽各種新聞資訊，搜索有價值的資訊和知識。而在過去，這些內容都是非常珍貴的，可能需要支付高昂的費用才能獲得。

看到這裡，你可能會說，上面提到的這些例子都與電子產品有關，這類產品都不涉及製造和運輸的邊際成本，那麼，像食物和住所這樣的實體商品呢？

據統計，食物浪費每年給美國造成的經濟損失高達約兩千一百八十億美元，但消除饑餓的成本卻便宜得多，每年只需投資兩百五十億美元。在住房方面，美國的空置房屋數量，是無家可歸者人數的五倍之多。從理論上來說，如今的美國在食物和住所方面應該達

到「豐饒」的水準了，但事實卻遠非如此。與五百年前相比，我們的物質條件可以算得上極大豐富了，但整個社會的物質需求仍然無法得到滿足。也許，正如威廉・吉布森所言：「未來早已到來，只是分布不均而已。」

五、稀缺時代與後稀缺時代的經濟模式

幾千年來，人類經濟體系的運行與演化都建立在稀缺性的大前提之下。稀缺，指人們對商品和服務等資源的需求超過供給的一種狀態，它可能成為人類發動戰爭、大規模移民、資本市場動盪的原因，為人類文明的各個方面帶來深遠影響。可以說，稀缺性是一切經濟學理論的邏輯起點。

經濟學是一門對商品和服務的生產、分配以及消費進行研究的社會科學，關注個體、企業、政府乃至國家會採取什麼方式進行資源配置。在經濟學中，有一個基本假設，即人類的需求是無限的，但資源卻是有限的（稀缺的）。如何生產、分配、消費有限的資源，從而更能滿足人類無限的需求，就是經濟學所需要解決的問題，也是各種經濟模式存在的意義之所在。

現代經濟學之父亞當・斯密提出，追求自身利益是人類的天性，也是經濟發展的原動力。如果每個人都擁有生產、交換、消費的自由，那麼經濟就會在自然秩序的支配下發展，並且趨向於和諧與均衡。馬克思則認為，資本主義勢力的不斷擴大，會讓亞當・斯密的理論作廢，當資本家手握的權過度時，就會出現對工人階級的剝削以及不平等情況的發生。凱恩斯同馬克思一樣，也對透過自然秩序調節經濟發展的做法表示擔憂，認為這個過程所需的時間過長。他提出了另一種解決方案，主張透過貨幣政策積極干預經濟活

動，增加人們對商品的需求，降低失業率。儘管上述他們兩人的理論不盡相同甚至存在矛盾之處，但還是有一個共同點——全部基於稀缺性。

在未來，如果資源不再稀缺，上述經濟模式將全部失效，銷售、購買、互動等一切經濟機制就都沒有存在的價值，金錢也不再有意義。那麼在後稀缺時代，人類應該建立什麼樣的經濟模式呢？

其實，科幻作品為人們貢獻過很多對未來世界天馬行空的預見和設想。例如，「星艦迷航記」就提出了不少可能在豐饒時代成為現實的預見性暢想。法國作家馬努・薩阿迪亞在《星艦迷航經濟學》（*Trekonomics: The Economics of Star Trek*）一書中描述了「星艦迷航記」世界中的經濟模式，可以用畢凱艦長的一句經典宣言完美概括：「我們已經不再沉迷於積累財富，遠離了饑餓和貧窮，對物質無欲無求。」

「星艦迷航記：銀河飛龍」中，講述了在二十四世紀有一種名為「複製器」的設備可以製造任何東西，於是人類對工作崗位和物質交易不再有需求，金錢和勞動力也變得多餘。在這種情況下，人們可以從事自己喜歡的任何職業，而且不再以賺錢為目的，而是希望借工作的機會探索新世界，掌握更多知識，以實現自我價值。如此一來，個體在社會中被信任與尊重的程度將變成一種新的貨幣。愈來愈多人將攀上馬斯洛需求層次金字塔的頂層，開始追尋自我實現的幸福感（參見第九章）。

我認為，從長遠來看，「星艦迷航記」世界中的經濟模式很有可能適用於未來的人類社會。這種經濟生態將建立在一種全新的社會契約之上——人人都能擁有舒適的生活，都能獲得高品質的服務，同時，「工作」、「金錢」、「理想」等概念將被重新定義，企業和機構在社會中所承擔的責任也將被重新考量。新的經濟體系應該能夠實現亞當・斯密經濟理論中的均衡——每個人追求自身利

益有助於促進整個社會利益的發展，一旦形成良性循環，人人都將擁有更美好的生活。

「星艦迷航記」向我們描繪了一幅三百年後非常引人入勝的圖景，但沒有告訴我們如何做才能到達理想的彼岸。〈豐饒之夢〉則向我們展現了二十年後人類走在通往豐饒時代的道路上的具體情形，尤其凸顯了一個重要的概念──金錢──的意義。

六、豐饒時代的貨幣制度

《人類大歷史》作者哈拉瑞在他另一本書《21世紀的21堂課》中寫道：「人類之所以能夠崛起成為地球的主宰者，是因為合作的能力高於任何其他動物，而之所以有那麼強的合作能力，是因為具備了虛構故事的能力並且能夠讓其他人相信虛構的故事。而金錢，是人類創造的最成功的故事，也是唯一一個人人都相信的故事。」

從西元前 5000 年至今，金錢一直是人類社會的重要組成部分。在後稀缺時代，如果金錢的價值不復存在了，那麼許多支撐人類社會發展的關鍵支柱也將隨之倒塌。

貨幣是用作交易媒介、儲藏價值和記帳單位的工具。長久以來，人類一直被灌輸了一種想要讓生活得到保障，就必須不斷獲取並積累金錢的觀念。如今，在很多人眼中，金錢變成了身分的象徵，積累大量的金錢不僅能為自己贏得尊重，也能滿足自己的虛榮心。很多人對金錢的渴望是無止境的，甚至為了金錢而不擇手段，但與此同時，對金錢的追求也能滿足人類的成就感。可以說，金錢已經成為馬斯洛需求層次理論的關鍵因素之一。在幾千年來人類所創造的故事中，金錢的重要性已經深深地烙印在人類的心底，要想抹去它的影響，絕非一朝一夕可以做到，而是要有長遠計畫，循序

漸進地實現。

在〈豐饒之夢〉的故事中，澳大利亞政府發起朱庫爾帕計畫，希望借此讓公民在豐饒時代的基本生活需求得到滿足，對貨幣形成新的認知，不再把金錢多少視為決定人生價值的標準，並且更能適應工作崗位被自動化接管的新局面。這項計畫由三個部分組成，分別是基本生活卡（BLC）、基於信譽積分穆拉的虛擬激勵系統，以及由公民自主發起的未來之夢行動。

BLC是一項基本公共服務。與全民基本收入（UBI）不同，政府會透過 BLC 向每個加入計畫的公民發放滿足其基本生活需求的津貼，這些津貼只能用於衣食住行、健康、能源、資訊及娛樂方面的消費，在確保公民擁有舒適生活的同時又有所限制。這種限制是十分必要的，因為社會學研究告訴我們，在一定程度上，失業有可能導致酗酒和吸毒。

BLC 則不管公民是否有工作，都會在生理和安全這兩個層次上滿足他們的需求。（生理和安全也是馬斯洛需求層次理論中最基礎的兩個需求層次。）此外，教育和再就業培訓也完全免費，而且公民還會獲得個性化的幫助。對於那些想繼續工作的人來說，再就業培訓非常重要，可以降低再次被 AI 取代的可能性，就如〈職業救星〉中所討論的那樣。

故事中的穆拉是一種新的信譽貨幣，旨在幫助人們在馬斯洛需求層次金字塔中更上一層樓，滿足人們對愛和歸屬（例如關懷、愛情、友情、信任以及情感連結等）的需求。不同於金錢和 BLC，愛與歸屬感是不會被消耗的。人們花出去的金錢愈多，手裡剩下的就愈少，但是對他人付出的愛心與關懷愈多，人們擁有的愛與歸屬感就愈多。

穆拉系統配備的智慧腕帶會即時「聆聽」人們的互動，如果分析後發現周圍人的情緒好、滿意度較高，那麼佩戴者就會有相應的

穆拉到帳。在這種規則下，人們要時刻留意自己是否關心、幫助他人，是否與他人建立良好的人際關係，並不斷加深情感的連結。

穆拉系統的背後是一個強大的 AI 演算法，它會根據一個人與他人互動的方式，衡量這個人的情感支出，例如熱情與同理心，並且遵循這樣一個規則：付出的愈多，收穫的就愈多（這點和金錢相反）。為了保護每個公民的隱私，智慧腕帶內連了聯邦學習和可信任執行環境等隱私計算技術，以確保人們的隱私資料永遠不會被洩露，所有的本地資料都「閱後即焚」。在〈豐饒之夢〉這個故事中，穆拉系統還鼓勵每一個公民投入時間和精力從事社會服務，比如照顧孤寡老人，從而賺取更多的穆拉 —— 凱拉和瓊安娜就是這樣認識的。

做為一種貨幣制度，穆拉系統也從另一方面反映了意料之中的人類工作崗位被技術替代的問題 —— 隨著 AI 及自動化逐步接管人類的日常工作，人類最擅長的工作轉向一些需要人與人之間建立情感聯繫的工作，從事這些工作的人比較不容易被技術取代。穆拉系統的 AI 演算法，會引導人們去尋找能夠展現自己的同理心和同情心的機會，幫助人們在服務行業憑藉自身優勢發揮更大的潛能。

不過，穆拉系統也有設計缺陷。儘管這套系統的設計初衷，是讓人們在積累更多穆拉的過程中找到自己在社會中的定位，從事一些自己更擅長的服務工作，變得更有激情和同理心，從而獲得尊重與信譽，過著擁有愛與歸屬感的生活，但這套系統卻低估了人們對虛榮心的追求。在故事中，年輕人將穆拉值做為追逐和炫耀的標籤，就好像他們之前對待金錢那樣。

對穆拉產生貪婪之心的人會想方設法鑽系統的漏洞，可能會採取哄騙、威脅和串通的方式，讓智慧腕帶多聽到給自己加分的言語，以賺取更多的穆拉。故事中的朱庫爾帕計畫十分新穎，走的是一條前人沒有走過的道路。如果想讓這個計畫在未來變成可以被借

鑑的成功案例，那麼推行朱庫爾帕的國家就需要傾聽大眾的聲音，不斷發掘其中的設計漏洞，然後由設計者透過反覆運算升級來修復這些漏洞。

在故事接近尾聲時，凱拉提到了未來之夢行動。她向瓊安娜講述了她發起這項行動並吸引成千上萬人參與的過程，她成功地讓政府聽到民眾的聲音，並承諾升級朱庫爾帕計畫。

在故事中，海洋生態學家瓊安娜將畢生精力用於拯救大堡礁的經歷深深啟發了凱拉，懷揣藝術夢想的凱拉設計的 XR 眼鏡則療癒了瓊安娜的心靈創傷。兩位主人公在互相救贖的過程中，發現內心深處的共同夢想——應該鼓勵人們找到真正的自我，充分發揮潛能。無論是恢復原住民語言，探索火星奧祕，還是建設環保城市，用創造力和美愉悅心靈，每個人自我實現的每一步努力與成就都應該被看見，被認可，被激勵。

在故事中，未來之夢行動不僅將成為朱庫爾帕計畫的一部分，也是凱拉全新生命旅程的開始。儘管故事直到最後也沒有說明這項行動將帶來什麼樣的成效，但毫無疑問，它將幫助人們邁向馬斯洛需求層次金字塔的最頂層——自我實現。

未來之夢行動的推進離不開 AI 的升級——演算法不僅要傾聽人們的情感支出，還要推動人們向馬斯洛需求層次中的較高層次邁進，不是簡單滿足人們的某一需求或讓人們沉溺於對某一需求的滿足，而是讓人們長久地獲得更高級的幸福感。在故事〈幸福島〉中，AI 學會了衡量人們的幸福感，科學家也學會了如何構建能夠識別人類的被尊重感、成就感和自我實現感的 AI。當把這兩個故事聯繫起來看作一個主題時，我們就會發現，也許這就是人們所追求的幸福的全部意義。

故事中所描述的未來的貨幣制度，全部來自我們的大膽設想。我希望借此告訴讀者的是：我們需要為未來創造一個極具包容性的

全新世界。在走向豐饒時代的進程中，我們不能簡單地假設每個人都會淪為《人類大命運》中所說的「無用階級」，也不能保證每個人都會努力實現自我。

在這個世界裡，被退休的年輕人享有舒適的生活，勤勞肯幹的員工有機會學習新的技能，有愛好的人可以盡情追逐自己的夢想，真心待人的護理人員可以把愛心傳播到更多、更遠的地方。我們暢想的是豐饒時代為人類帶來的全新的可能性：有能力的人能夠贏得他人的尊重，有夢想的人能夠改變世界。

豐饒之夢實現後，我們依然應該努力提升人類的需求層次，讓前者更少，而後者更多。馬斯洛曾說：「一個人最大的失敗就是沒有機會實現自我。」我們期待人類未來的經濟模式能夠更具包容性，帶給我們驚喜，盡可能幫助更多人實現更高層次的追求。

七、豐饒時代的挑戰

雖然我在前面向大家描繪了一幅人類通往豐饒時代的宏偉藍圖，但是現在我必須坦誠地告訴大家：這條道路充滿了挑戰，甚至死亡陷阱。

首先，人類在向豐饒時代邁進的過程中需要經歷一場徹底的金融改革。所有的金融機構，例如中央銀行和股票市場，都需要重新設計甚至被取代。資源不再稀缺會導致通貨緊縮，商品價格暴跌，甚至市場崩潰。在二十一世紀，人類已經歷過兩次重大金融危機，事實證明，我們的經濟體系非常脆弱。為了避免災難性金融危機再次發生，我們需要從深度和廣度兩個方面同時著手深化金融改革，解決因商品價格暴跌導致的通貨緊縮，以及免費商品和服務的分配等問題，以平穩順利地完成兩種經濟模式的過渡。

其次，企業會想盡辦法規避豐饒時代稀缺性消失所帶來的影響。回溯歷史，每當商品成本變得非常低廉時，大公司的首選策略絕對不是降低產品價格，而是會製造稀缺性依然存在的假象，進行饑餓行銷，以確保自身盈利，而且這種事情已經持續了幾個世紀。例如，在人類發現了豐富的鑽石資源後，鑽石的價格並沒有因此降低。因為全球最大的鑽石開採貿易壟斷商 De Beers 每年只對外出售一定數量的鑽石。與此同時，資本家透過廣告給大眾洗腦，讓人們認定鑽石就是愛情的象徵。這不是特例，時裝行業也總是不斷給人們灌輸「舊款式已過時，穿出去甚至會被人嘲笑」的理念，所以人們會購買遠遠多於自身所需的衣物，奢侈品牌則寧願銷毀未售出的商品，也不降價或捐贈。調查顯示，2017 年，美國人平均購買六十八件衣物，在這一年，僅 Burberry 就銷毀了價值四千萬美元的商品。最後，微軟公司的 Windows 系統的邊際成本基本是零，但是同一款產品卻定價 139 美元到 309 美元。實際上，139 美元系統的版本和 309 美元的版本基本一樣，只是把一些功能關掉了而已，微軟完全是靠人為手段製造了稀缺性。

最後，在進入豐饒時代的過程中，我們將經歷一場前所未有的社會變革。無論是那些被 AI 取代了工作崗位的憤怒工人，還是那些看到自己財富大幅縮水的富豪，抑或那些無法即時化解豐饒時代挑戰的政府機關，以及那些在產能過剩時仍拒絕降價的企業，全部處於這場變革的漩渦之中。如果這場變革最終沒有向好的方向發展，引發了社會動盪、階級分化，甚至革命，那麼對於人類來說，豐饒時代這個美夢將成為一場世紀噩夢。

總的來說，要想順利地邁進豐饒時代，就必須舉各方之力完成兩個時代的重大過渡。企業需要把社會責任置於經濟利益之上，各國政府需要放下成見尋求合作，各類組織或機構需要以破釜沉舟的勇氣和決心擁抱轉型，而且，每個人更要學會放棄曾經永無止境的

貪婪和虛榮。上述每一項，聽來都是不可能完成的任務。面對重重挑戰，人類有機會嗎？

我的回答是：必須有！為什麼？讓我們捫心自問：當百花齊放的先進技術讓我們有如神助，幾乎無須勞動就能獲取生活所需，當金錢失去原本意義的那一天到來，我們是否還會仍然選擇追求物質的慣性，繼續囤積其實已經價值盡失的財富？我們的良知是否允許我們在自己豐衣足食的同時，對資源不均所造成的貧困和匱乏視而不見？

這些問題的答案顯而易見。我們必須找到一種契合人性的全新經濟模型，而非始於貪婪的惡性循環。在通往豐饒時代的道路上，人類將面臨重重阻礙和艱巨挑戰，但在終點等著我們的，卻是前所未有的豐厚回報。人類走向繁榮的潛力從未如此之大，失敗的風險也從未如此之巨。

八、豐饒時代之後，會是奇點時代嗎？

我在這本書的開篇表示，希望把視野放到 2041 年。在本書結尾，我們不妨思考一下 2041 年後的景象。

豐饒時代之後，人類會面臨什麼樣的未來呢？有預言家預測，奇點時代將在 2045 年到來，距離 2041 年不遠。

根據奇點理論，當算力實現指數級增長後，自主 AI 也將隨之呈指數級發展，然後升級為超級智慧，其發展速度將超出人類的認知，讓整個世界大變樣。換言之，奇點就是 AI 全面超越人類智慧的時刻，並且 AI 將從人類的手中攫取對這個世界的控制權。不過，未來主義者們在奇點來臨的話題上也存在分歧，提出了一些對比鮮明甚至完全對立的觀點。這些觀點吸引了大眾的目光，也讓奇

點理論分成了兩個派系。

在樂觀主義者的設想中，一旦 AI 超越了人類智慧，它將像童話中的魔法棒一樣，賦予人類充分發揮潛能的機會，讓人們過著無憂無慮的生活。在他們的設想中，超級智慧可以快速解開物理宇宙的未解之謎，然後化身為全知全能的上帝，拓寬人類的智識，解決以目前的人類文明無法解決的難題，例如為全球暖化和不治之症提供絕妙的解決方案。還有人認為，為了獲得永生，人類應該把自己改造成生化機器人 Cyborg（一種半人半機器的生物），這樣我們的大腦才能與萬能的 AI 對接。

但並非所有人都對奇點持樂觀的態度，在對立陣營中有很多像伊隆·馬斯克這樣的人，他們稱超級智慧是「人類文明面臨的最大危險」，把開發 AI 比作「召喚惡魔」。這些人發出警告，當人類創造出來的、具有自我提升能力的 AI 輕易擊敗人類智慧的時候，它們將想方設法控制人類，或至少會掙脫人類的束縛，把人類邊緣化──就像今天人類看待螞蟻一般。

那麼在 2041 年，哪一種關於奇點的設想將成為現實呢？會出現機器戰警，還是會出現機器人終結者？我認為，都不會。那些支持奇點理論的人認為，技術能力的指數級增長將推動超級智慧的出現。的確，AI 的算力將呈指數級增長，但我並不認為這一定意味著會出現超級智慧所需要的與深度學習同等量級的技術突破。要知道，如果沒有深度學習，即便我們動用目前人類所有的算力，也發展不出現在的 AI 產業。

在未來，要想擁有超級智慧，我們需要更多的技術突破。例如，如何讓 AI 擁有進行藝術創作和科學研究所需的創造力？如何讓機器智慧擁有推理、戰略思考與反事實思考的能力？如何讓 AI 具備同理心、與人類產生共鳴、贏得人類的信任？如何讓 AI 發展出自我意識，及與之相伴生的需求、欲望和情感？

如果沒有這些特質，AI 的能力根本無法與人類比肩，更別提變成「天使」或者「惡魔」了。如今，我們不但沒有能力打造一個有自我意識的 AI，而且我們甚至都無法理解自己的意識背後潛在的生理機制。

人類能否實現這些技術突破？我相信，在未來的某一天，我們或許可以實現，但是這一天不會很快到來。在 AI 迄今長達六十五年的歷史中，真正稱得上有意義的重大技術突破只有一個，那就是深度學習。在深度學習之外，我們至少還需要十幾個同等量級的技術突破，才能創造出超級智慧。我認為，這麼多的技術突破，不可能在短短的二十年內全部實現。

九、AI 的故事會是圓滿的結局嗎？

在本書中，我們看到 AI 將為人類開啟一扇通往燦爛未來的大門。AI 能夠創造出前所未有的財富與價值，能夠透過合作共生的方式增強人類的能力，能夠提升人類的工作、娛樂和交流的品質，能夠把人類從日常工作中解放出來。這一章，我更是大膽地預測了AI 將引領人類進入豐饒時代。

不過，AI 也會帶來無數的挑戰和風險，例如演算法偏見、安全隱患、深度偽造、對隱私資料的侵犯、對自主武器的使用以及取代人類員工等。不過，這些情況並不是在 AI 的主導之下造成的，其根源在於惡意或草率使用 AI 技術的幕後黑手。

在本書的十個故事中，人類憑藉自己的創造力、智慧、勇氣、堅韌、同理心和愛心，解決了上述難題。人類與生俱來的正義感、優異的學習能力、對夢想的渴望與追求、對自由意志的崇尚，讓所有故事中的主人公都化險為夷，彰顯了人性的光輝，甚至為整個未

來時代賦予了全新的生命力。

在人類與 AI 的故事中，我們不能只做被動的旁觀者。相反，每一個人都應該是故事的撰寫者。每一個人都需要在關鍵的價值理念上做出抉擇，而我們所創造的未來，就是這些自我實現的價值理念的具體呈現。

如果在強大的 AI 面前，我們選擇將自己變成被機器控制的「無用階級」，那麼在未來來臨之前，我們就已經喪失了重塑自我的所有機會。如果我們自願在即將到來的豐饒時代淪為一名享樂主義者，不思進取，作繭自縛，那麼人類文明的發展進程將就此終結。如果我們認為奇點臨近，並因此感到絕望和無力，那麼無論奇點時代最終是否會到來，迎接我們的都將是黯淡無光的漫漫寒夜。

反過來，如果我們選擇感恩 AI 把我們從重複而平凡的工作中解放出來，使我們徹底告別饑餓和貧窮，如果我們珍視人類與生俱來的獨特價質，例如自由意志、愛與被愛——這些恰恰都是 AI 所無法具備的，如果我們選擇相信人類與 AI 的和諧共生會產生 1 ＋ 1 遠大於 2 的效應，並為此做出努力，那麼人類與 AI 這一最佳組合將在未來一起勇踏前人未至之境。

我們要相信，人活在世上不應庸庸碌碌、日復一日做些重複性的工作，更不應讓我們的後代再繼續這個輪回。

我們要相信，生命的意義遠遠超越了財富的獲取和傳承。AI 可以幫助我們擁有舒適的生活，可以幫助我們最大限度地發揮潛能、實現自我，甚至還可以幫助我們擺脫恐懼、虛榮和貪婪，幫助我們勇敢地追求愛、追求夢想。我們要相信，我們絕對有能力解決更深層次的問題，探索全新的世界，思考人何以為人，以及人生的意義。

《AI 2041》一書中的故事，是 AI 的故事，更是攸關人類未來的故事。讓我們譜寫人類與 AI 和諧共鳴的樂章，毫無疑問，這必將是人類有史以來最偉大的成就！

關於 2041 年的預測

1. 醫生將愈來愈信任 AI 診斷助手。醫生將更注重對病人的關懷和病人的信任。
2. AI 將延長我們的生命。AI 將加快新藥研發、機器人手術、精準醫療和預防性維護等領域的發展步伐。
3. AI 將用因材施教的算法承擔大部分教學任務（大大降低教育的成本，讓更多貧困地區的孩子能夠接受教育），更多人類教師則會側重於幫助學生成長，發展孩子的創新能力、溝通能力、同理心等。
4. AI 將承擔保險產品設計和股票交易工作，而更複雜的金融工作如風險投資和併購仍將繼續由人類主導。
5. 隨處可見的機器人會把我們從工作（及家務）中解放出來。
6. 全自動駕駛車輛將因智慧城市和物聯網（IoT）的發展而得到安全的普及。
7. 能源和材料成本將大幅下降，自動化將使大部分勞動力被取代，大多數商品幾乎免費，屆時會需要新的經濟模式。
8. 借助於虛擬實境（VR）／擴增實境（AR）技術，虛擬會議給人的感覺將和真實會議基本相同。
9. 「一級玩家」類的虛擬實境（VR）遊戲將改變遊戲和娛樂業。
10. 日常重複性工作將被淘汰，而服務性工作的社會地位和薪酬將提高。

11. 許多人會從事非常逼真的「虛擬工作」，並從中得到滿足感。企業也能從中挖掘人才從事「真正的工作」。

12. 自主武器將受到監管，以免對人類的生存造成威脅。

13. AI 的隱私和安全問題將通過「技術＋法規」的方式得到解決。

14. AI 將學會滿足人類深層需求（如幸福或成長），而不只滿足 AI 公司的商業目標。

15. 量子計算將解決許多以前無法解決的問題，讓我們能理解宇宙和自然。

16. 不會出現電影「駭客任務」中那種完整的腦機介面（BCI），不會出現電影「雲端情人」中那種 AI 愛人，也不會出現奇點。

銘謝

　　本書最初的創意來自林其玲與黃惠雯的突發奇想，她們提議將科幻小說與科技評論融為一體，以做為探索未來 AI 世界的一種新方式。

　　在我們決定以合著的方式開始寫作本書後不久，就發生了百年不遇的全球疫病大流行，出差、旅行、線下活動都被強行按下了暫停鍵。原本塞得滿滿當當的差旅行程變成了居家辦公與線上會議，這給了我們兩人一個摒除干擾、靜心思考的環境，也因此得以在一年之內便完成了這樣一項龐大而複雜的寫作工程。

　　在這一艱辛的過程中，我們深深感謝黃惠雯、高靜宜、馬曉紅對初稿所提供的寶貴創意與回饋意見；感謝潘潔、李根、李雪瑩、唐旭及量子位團隊對科技評論部分的細心審讀；感謝徐怡創造性地管理數百個不同版本的檔，使其不至於陷入混亂；感謝機械工業出版社華章公司的岳占仁、劉靜、閆廣文，以及遠見天下文化的編輯團隊……沒有你們專業而辛勤的打磨，這本書不可能呈現出如此精美的最終形態。

　　我們還要感謝以下技術專家幫助驗證本書所探討的各種技術可行性，並不厭其煩地回答我們提出的各種問題：清華大學馬克思主義學院和公共健康研究中心教授肖巍、清華大學醫學院教授倪建泉、清華大學交叉信息研究院副教授馬雄峰、韓旭博士、何曉飛博士、王嘉平博士、石成蹊博士、張潼博士，以及王詠剛和創新工廠

AI 2041

的其他同事。由於本書內容涉及全球不同地域的文化，為避免出現紕漏，我們也邀請了各領域的頂尖學者進行審讀，在此一併表示衷心感謝：南京大學歷史學院副教授劉立濤、北京協和醫院麻醉科副主任譚剛博士。

最後，我們要感謝所有過去和現在的科幻作家，他們用奇妙的想像為人們描繪出 AI 的藍圖，也要感謝所有的 AI 科學家，他們正在構建與魔法難以區分的先進技術。

李開復博士
陳楸帆

國家圖書館出版品預行編目（CIP）資料

AI 2041：預見 10 個未來新世界／李開復，
陳楸帆著 . -- 第一版 . -- 臺北市：遠見天下
文化, 2021.07
　　面；　　公分 . -- （財經企管；BCB736）
　　ISBN 978-986-525-191-8（平裝）

　1. 資訊社會　2. 人工智慧

541.415　　　　　　　　　　　110008431

財經企管 BCB736

AI 2041
預見 10 個未來新世界

作者 —— 李開復、陳楸帆

總編輯 —— 吳佩穎
副主編暨責任編輯 —— 陳怡琳
校對 —— 魏秋綢
美術設計 —— BIANCO TSAI
內頁排版 —— 張靜怡、楊仕堯

出版者 —— 遠見天下文化出版股份有限公司
創辦人 —— 高希均、王力行
遠見・天下文化・事業群 董事長 —— 高希均
事業群發行人／ CEO —— 王力行
天下文化社長 —— 林天來
天下文化總經理 —— 林芳燕
國際事務開發部兼版權中心總監 —— 潘欣
法律顧問 —— 理律法律事務所陳長文律師
著作權顧問 —— 魏啟翔律師
地址 —— 台北市 104 松江路 93 巷 1 號 2 樓

讀者服務專線 —— (02) 2662-0012 ｜傳真 —— (02) 2662-0007；(02) 2662-0009
電子郵件信箱 —— cwpc@cwgv.com.tw
直接郵撥帳號 —— 1326703-6 號　遠見天下文化出版股份有限公司

製版廠 —— 東豪印刷事業有限公司
印刷廠 —— 祥峰印刷事業有限公司
裝訂廠 —— 台興印刷裝訂股份有限公司
登記證 —— 局版台業字第 2517 號
總經銷 —— 大和書報圖書股份有限公司 電話／ (02) 8990-2588
出版日期 —— 2021 年 7 月 30 日第一版第 2 次印行

定價 —— NT 550 元
ISBN —— 978-986-525-191-8
書號 —— BCB736
天下文化官網 —— bookzone.cwgv.com.tw

天下‧文化

BELIEVE IN READING